Bildungsgerechtigkeit als Versprechen

Johannes Bellmann, Hans Merkens (Hrsg.)

Bildungsgerechtigkeit als Versprechen

Zur Rechtfertigung und Infragestellung eines mehrdeutigen Konzepts

Waxmann 2019
Münster · New York

Bibliografische Information der Deutschen Nationalbibliothek
Die Deutsche Nationalbibliothek verzeichnet diese Publikation
in der Deutschen Nationalbibliografie; detaillierte bibliografische
Daten sind im Internet über http://dnb.dnb.de abrufbar.

ISBN 978-3-8309-3958-0
E-Book ISBN 978-3-8309-8958-5

© Waxmann Verlag GmbH, 2019
Steinfurter Straße 555, 48159 Münster

www.waxmann.com
info@waxmann.com

Umschlaggestaltung: Pleßmann Design, Ascheberg
Umschlagbild: © Heinz Mollet, Bern
Satz: satz&sonders GmbH, Dülmen

Gedruckt auf alterungsbeständigem Papier gemäß ISO 9706

Printed in Germany

Alle Rechte vorbehalten. Nachdruck, auch auszugsweise, verboten.
Kein Teil dieses Werkes darf ohne schriftliche Genehmigung des Verlages
in irgendeiner Form reproduziert oder unter Verwendung elektronischer
Systeme verarbeitet, vervielfältigt oder verbreitet werden.

In Erinnerung an Jörg Ruhloff
(† 3. Dezember 2018)

Inhalt

Johannes Bellmann
Bildungsgerechtigkeit als Versprechen
Zur Einleitung in den Band 9

Dietrich Benner
Über Gerechtigkeit in pädagogischen Kontexten 23

Jörg Ruhloff
Bildungsgerechtigkeit?
Problemgeschichtliche Ergänzungen 41

Helmut Heid
Gerechtigkeit?
Was im Diskurs über Bildungsgerechtigkeit nicht außer Acht bleiben
sollte 61

Helmut Fend
Drei Begriffe der Bildungsgerechtigkeit – Normendiskurse und
empirische Analysen 103

Hans Merkens
Bildungsungleichheit – Bildungsgerechtigkeit
Das Beispiel Berlin 123

Margret Kraul
Private Schulen und Bildungsgerechtigkeit
Ein Widerspruch? 205

Fritz Oser
Das Chancenausgleichsdilemma bei Lehrkräften
Oder: Bildungsgerechtigkeit von innen 235

Florian Waldow
Akteurskonstellationen und die Gerechtigkeit von schulischer
Leistungsbeurteilung in Deutschland, Schweden und England 255

Hans Merkens
Bildungsgerechtigkeit
Eine nicht einlösbare Herausforderung? 279

Autoren und Autorin 287

Johannes Bellmann

Bildungsgerechtigkeit als Versprechen
Zur Einleitung in den Band

Der vorliegende Band geht auf mehrere Kolloquien einer Forschergruppe[1] zum Thema »Bildungsgerechtigkeit« zurück, die auf Einladung der Herausgeber zwischen 2015 und 2017 an der FU-Berlin und an der Universität Münster stattgefunden haben. Frühere Fassungen der Beiträge wurden dort ausführlich diskutiert. Ausnahmen sind der etwas später entstandene Beitrag von Fritz Oser und der Beitrag von Florian Waldow, der ›von außen‹ angefragt wurde, um die international-vergleichende Dimension der Thematik zu beleuchten.

Vor der Forschergruppe zum Thema »Bildungsgerechtigkeit«, zu der erstmals Johannes Bellmann, Helmut Fend und Margret Kraul hinzugekommen sind, gab es auf Initiative von Dietrich Benner und Hans Merkens zwei weitere Forschergruppen, die eine zum Thema »Kritik in der Pädagogik«, die andere zum Thema »Unterricht – Unterrichtstheorie – Unterrichtsforschung«.

Die Forschergruppe »Kritik in der Pädagogik« arbeitete zwischen 1999 und 2004. Mitglieder waren Dietrich Benner, Michele Borrelli, Helmut Heid, Frieda Heyting, Jan Masschelein, Hans Merkens, Jörg Ruhloff, Christopher Winch und Peter Zedler. Ergebnis war das von Dietrich Benner, Michele Borrelli, Frieda Heyting und Christopher Winch herausgegebene 46. Beiheft der »Zeitschrift für Pädagogik« mit dem Titel »Kritik in der Pädagogik. Versuche über das Kritische in Erziehung und Erziehungswissenschaft«. Parallel hierzu wurden die Beiträge in englischer Sprache im von Frieda Heyting und Christopher Winch herausgegebenen Heft 3/2004 des »Journal of Philosophy of Education« veröffentlicht sowie auf Italienisch im von Michele Borrelli 2004 bei Pellegrini herausgegebenen Sammelband »Pedagogica Critica«.

Die Forschergruppe »Unterricht – Unterrichtstheorie – Unterrichtsforschung« arbeitete dann in veränderter Zusammensetzung zwischen 2004 und 2008. Neu hinzu kamen Xu Binyan, Philippe Foray, Walter Müller, Naděžda Pelcová und Jan Sokol sowie Roland Reichenbach. Arbeitsergebnisse der Forschergruppe sind u. a. in dem von Dietrich Benner 2007 bei Schöningh herausgegebenen Sammelband »Bildungsstandards. Instrumente zur Qualitätssicherung im Bildungswesen. Chancen und Grenzen – Beispiele und Perspektiven« publiziert worden. Genannt sei zudem das ebenfalls im Rahmen der Forschergruppe von Roland Reichenbach 2008 in Basel organisierte internationale Kolloquium »Jenseits von Bildungsstandards und

---

[1] Zur besseren Lesbarkeit wird im Folgenden das generische Maskulinum verwendet.

Kompetenzdiskurs? Standortbestimmungen zur Theorie und Empirie des schulischen Unterrichts«. Einzelne Beiträge dieses Kolloquiums wurden im Heft 5/2009 der Zeitschrift »Topolik« publiziert. Auf dem Baseler Kolloquium hatte Helmut Heid mit seinem Vortrag bereits das Thema Bildungsgerechtigkeit aufgegriffen, das dann später zum neuen Arbeitsschwerpunkt der ›dritten‹ Forschergruppe geworden ist.

Kennzeichen aller drei Forschergruppen war eine äußerst produktive Zusammensetzung sowohl eher grundlagentheoretisch als auch eher empirisch arbeitender Kollegen. Der großzügig bemessene zeitliche Rahmen der Kolloquien und die offene und konzentrierte Gesprächsatmosphäre waren ein idealer Raum, in dem auch ›unfertige‹ Gedanken zur Diskussion gestellt werden konnten. Dies ist gerade bei ›großen Themen‹ unerlässlich, die über das Spezialgebiet eines jeden ›Experten‹ hinausreichen.

Das Thema Bildungsgerechtigkeit gehört zweifellos dazu. Selbst gut eingearbeitete Wissenschaftler sind kaum noch in der Lage, die Literatur zu diesem Thema zu überschauen. Das Thema ist in sich komplex: Es umfasst philosophische und ethische Fragen zum Begriff der Gerechtigkeit und der Spezifik des Begriffs von »Bildungsgerechtigkeit«, theoretische und empirische Fragen zu Erscheinungsformen und Ursachen von Bildungsungleichheit, wie sie in der Bildungssoziologie und der empirischen Bildungsforschung gestellt werden, (bildungs-)politische Fragen nach Instrumenten und Maßnahmen, von denen man sich ein »Mehr« an Bildungsgerechtigkeit verspricht, aber auch Fragen nach dem Ort der Kategorie »Bildungsgerechtigkeit« im Begründungszusammenhang Allgemeiner Erziehungswissenschaft. All diese Fragen lassen sich zudem sowohl in ihrer historischen Tiefendimension als auch international-vergleichend betrachten.

Hinzu kommt, dass das Thema in allen Bildungsbereichen – von der Pädagogik der frühen Kindheit bis zur Erwachsenenbildung – eine je spezifische Relevanz besitzt, wobei hier eingestanden werden muss, dass die Mehrzahl der Beiträge dieses Bandes vor allem die Schule in den Blick nimmt. Zudem spielen Fragen von Bildungsgerechtigkeit auch auf unterschiedlichen Systemebenen eine Rolle: von der Ebene des Erziehungssystems als gesellschaftliches Teilsystem und den Fragen seiner (bildungs-)politischen Steuerung, über die Ebene der Organisation (etwa der Einzelschule) und der Frage nach ihrem Beitrag zu Bildungs(un)gerechtigkeit bis hin zur Interaktionsebene und der Frage, inwiefern Bildungsgerechtigkeit nicht zuletzt mit der Qualität von Sozialbeziehungen im Kerngeschäft pädagogischer Interaktion zusammenhängt. Die systemebenenübergreifende Relevanz von Fragen nach Bildungsgerechtigkeit bringt es mit sich, dass immer wieder klärungsbedürftig ist, wer eigentlich die Adressaten der Forderung sind, das Versprechen von Bildungsgerechtigkeit einzulösen. Oftmals bleibt das Versprechen von Bildungsgerechtigkeit inhaltlich diffus und es kommen der Möglichkeit nach ganz unterschiedliche Akteure als Adressaten damit verbundener Verpflichtungen in Frage (von der Bildungspolitik bis zu den pädagogischen Professionellen in Kitas). Dies führt dann dazu, dass trotz aller moralischen Dringlichkeit die Forderung nach Bildungsgerechtigkeit ins Leere läuft. Eine systemebenenspezifische Differenzierung von Gerechtigkeitsproblemen im Feld der Pädagogik (vgl. Benner in diesem Band) versucht, dem entgegenzuarbeiten.

Unübersehbar ist, dass das Thema Bildungsgerechtigkeit in Wissenschaft und Öffentlichkeit seit einigen Jahren (wieder) Konjunktur hat. Worin die Besonderheiten der gegenwärtigen Konjunktur liegen, wird vor allem im historischen Rückblick und Vergleich deutlich. Ein bedeutender historischer Ausgangspunkt des Problems von Bildungsgerechtigkeit sind sicherlich die Selbstbeschreibungen moderner Gesellschaften als Meritokratien und die begleitenden Klagen über die unvollkommene Durchsetzung des Leistungsprinzips. Die Diskussion um Chancengleichheit bzw. »equality of opportunity« im Kontext der Bildungsreform der 1960er und 70er Jahre bildet dann eine erste Konjunktur der theoretischen und empirischen Erforschung der Thematik, in der das oftmals uneingelöste Versprechen eines Aufstiegs durch Bildung (ideologie-)kritisch beleuchtet, zugleich aber auch bildungspolitisch erneuert wurde. Zum einen wurde die Schule als Ort der Reproduktion sozialer Ungleichheit identifiziert, zum anderen versprach man sich von einer größeren Bildungsbeteiligung unterprivilegierter Gruppen ein Mehr an Chancengleichheit. Die Betonung des Zusammenhangs von sozialer Ungleichheit und Bildungsungleichheit war zugleich mit der Überzeugung verbunden, dass Bildungsreformen nur im Zusammenhang mit Gesellschaftsreformen erfolgreich sein können. Auch aus Resignation gegenüber solch weit gesteckten Ambitionen folgten einzelne Versuche einer (neo-)konservativen Neufassung unter der Überschrift »Chancengerechtigkeit«, die neue, z. T. begabungstheoretisch argumentierende Gegenakzente setzten. Man konnte so das sozial-liberale Projekt der Chancengleichheit auch politisch in Frage stellen und eine vermeintlich realistischere Grundlage anbieten, an die auch heutige Konzepte einer »begabungsgerechten« individuellen Förderung anknüpfen (vgl. Heid in diesem Band). In den 1980er und 90er Jahren sind dann Fragen von Bildungsgerechtigkeit zunächst stark in den Hintergrund getreten, was dem von (neo-)liberaler Individualisierung geprägten Klima geschuldet sein mag. Besonders die PISA-Studien haben für eine erneute Aufmerksamkeit für das Thema in Wissenschaft und Öffentlichkeit gesorgt: Bildungs(un)gerechtigkeit wurde zum einen am statistischen Zusammenhang zwischen schulischen Leistungen und sozialer Herkunft festgemacht, der nun anhand neuer Daten bestimmt und öffentlichkeitswirksam international verglichen werden konnte. Bildungs(un)gerechtigkeit wurde so im Kern durch einen Korrelationskoeffizienten bestimmt. Zum anderen wurde Bildungs(un)gerechtigkeit an der Frage des (Nicht-)Erreichens eines Bildungsminimums festgemacht, was die Diskussion um Grundbildung, Basiskompetenzen und Mindeststandards in Gang brachte.

Nur auf der Oberfläche geht es bei den hier nur angedeuteten Konjunkturen um eine Kontinuität *derselben* Thematik; bei größerer Auflösung lässt sich zeigen, dass die Konjunkturen in unterschiedliche kulturelle, politische und epistemologische Rahmungen eingebettet sind, innerhalb derer »Gerechtigkeit« im Kontext von Bildung einen bestimmten Sinn erhält. So betrachtet hat PISA nicht – wie oft behauptet wird – dasselbe Thema erneut auf die Tagesordnung gebracht. PISA kann vielmehr als Ausdruck und Manifestation einer neuen epistemischen Ordnung betrachtet werden, die nicht nur die Bedingungen verändert hat, unter denen man über Bildungs*qualität* forscht, nachdenkt und spricht, sondern eben auch über Bildungs*gerechtigkeit*. »The proliferation of testing and new data-driven accountabilities has changed what counts and what is counted as social justice in education« (Lingard/Sellar/Savage 2016, S. 710). Damit einher geht die Tatsache, dass bestimmte Wissensformen für die Bestimmung von Bildungs(un)gerechtigkeit als relevant erachtet werden, andere dagegen eher als irrelevant.

Eine Besonderheit der gegenwärtigen Konjunktur des Themas ist die Tatsache, dass Fragen von Bildungsgerechtigkeit – anders als in den 1960er und 70er Jahren – vor allem als bildungssystem*interne* Probleme verhandelt werden, was in gewisser Weise auch durch die Umstellung vom Begriff der Chancengleichheit auf den gegenwärtig vorherrschenden Begriff der Bildungsgerechtigkeit signalisiert wird. Auch im englischsprachigen Diskurs wird eine vergleichbare Umstellung beobachtet: »stronger conceptions of social justice as equality of opportunity in an equal society have given way to weaker conceptions of equity as fairness in a meritocratic society« (Lingard/Sellar/Savage 2016, S. 711f.). Sichtbar wird hieran, dass sich der Zusammenhang von Bildungsreform und Gesellschaftsreform inzwischen weitgehend aufgelöst hat. Zwar wird – etwa bei PISA – deutlich gemacht, dass die empirisch feststellbaren gruppenbezogenen Disparitäten in Bildungsbeteiligung und Bildungserfolg zumindest auch Ursachen haben, die über das Bildungssystem selbst hinausgehen, dennoch wird eigentümlicherweise Bildungsgerechtigkeit (wie Bildungsqualität) als eine Frage der »Steuerung im Bildungssystem« behandelt. Diese Neubeschreibung von Bildungsgerechtigkeit als *pädagogisches* Problem steht im Kontext einer tendenziell entpolitisierenden Pädagogisierung anderer gesellschaftlicher Problemlagen (vgl. Bellmann 2015) wie z. B. der Herausforderung von Inklusion. Hierzu passt die Fokussierung der Debatte auf eine »funktional-instrumentelle Sichtweise auf ›Ungleichheit als Problem‹« (Höhne 2018, S. 5), die mit einer Entwertung von Gleichheit als normativem bildungspolitischem Leitprinzip einhergeht (vgl. auch Hopf 2017). Die Aufmerksamkeit richtet sich gegenwärtig auf den »Abbau von Bildungsbarrieren«, auf »Risikogruppen« und »Kompetenzarmut« sowie auf »Schulen in schwieriger Lage«. In den so fokussierten Debatten wird nicht nur deutlich, dass Ungleichheit zunehmend als Problem für Beschäftigungsfähigkeit und gesellschaftliche Integration wahrgenommen wird; sie wird zugleich wahrgenommen als ein mit effektiven Instrumenten der Steuerung und des Managements bearbeitbares Problem. Hiermit verbunden ist eine starke Responsibilisierung der Organisations- und Interaktionsebene. Wie statistische Ausreißer zeigen, können auch »Schulen in schwieriger Lage« den »Turnaround« schaffen. Diese Fälle eines erwartungswidrig gelungenen schulinternen Managements von Qualität und Gerechtigkeit werden dann nicht selten mit Schulpreisen ausgezeichnet und anderen als Vorbild präsentiert. Die Botschaft lautet: Qualität und Gerechtigkeit sind – auch unter widrigen Bedingungen – herstellbar; sie werden als Frage der *best practice* von Schule und Unterricht behandelt (vgl. Bellmann 2016, S. 113 f.).

Die hier nur angedeutete neue diskursive und epistemologische Rahmung hat dem, was unter Gerechtigkeit im Kontext von Bildung verstanden wird, eine neue Bedeutung verliehen. Erstaunlich aber ist, dass in Bildungsforschung und Erziehungswissenschaft für dieses neue Framing selbst nur eine geringe Aufmerksamkeit besteht. Es scheint, als arbeiteten große Teile von Bildungsforschung und Erziehungswissenschaft *innerhalb* der Prämissen, die mit diesem neuen Framing gesetzt sind. Es kann dann nicht verwundern, dass sich in weiten Teilen der Zunft ein Standardverständnis von Bildungsgerechtigkeit durchgesetzt hat, das theoretisch gar nicht mehr eigens ausgewiesen wird, als hieße der Vorsatz: Was im allgemeinen unter Bildungsgerechtigkeit verstanden wird, kann als bekannt vorausgesetzt werden. So kommt etwa ein umfangreicher Beitrag mit dem Titel »Bildungsgerechtigkeit in Deutschland – ein Überblick« (Baumert 2016) ganz ohne Literaturbezüge aus, in denen das operativ in Anspruch genommene Verständnis von Bildungsgerechtigkeit (sozial-)philosophisch oder theoretisch expliziert würde oder gar als Theoriewahl im Horizont von Alternativen begründet würde.

Diese theoretische Selbstgenügsamkeit lässt sich freilich nur innerhalb eines Denkkollektivs aufrechterhalten, dessen methodologische Präferenzen ohnehin an das neue Framing vorangepasst sind. Im weiten Feld der Bildungswissenschaften gelten diese Selbstverständlichkeiten nicht uneingeschränkt. So lässt sich als Reaktion auf ein diskursdominantes Standardverständnis von Bildungsgerechtigkeit in den letzten Jahren eine bemerkenswerte theoretische Ausdifferenzierung der Diskussion um Bildungsgerechtigkeit beobachten. Während das Standardverständnis im Kern Fragen der *Verteilungsgerechtigkeit* fokussiert, haben sich in jüngerer Zeit im Wesentlichen zwei Ansätze etabliert, die Bildungsgerechtigkeit jenseits von Verteilungsfragen thematisieren, nämlich der Ansatz der *Teilhabegerechtigkeit* und der Ansatz der *Anerkennungsgerechtigkeit* (vgl. Wigger 2015; Horster 2015; Hopf 2017). Auch im vorliegenden Band spielt diese Unterscheidung eine Rolle (vgl. insbesondere die Beiträge von Kraul und Merkens).

Teilhabegerechtigkeit fragt nicht, was der eine im Verhältnis zum anderen bekommt oder erreicht; es geht vielmehr um die Frage, was ein jeder braucht, um Chancen auf gesellschaftliche Teilhabe zu haben. Statt über Gerechtigkeit im Sinne einer (relativen) Verteilung zu sprechen, geht es in diesem non-egalitaristischen Ansatz um die Frage (absoluter) Schwellenwerte. In der allgemeinen sozialphilosophischen Diskussion hat Martha Nussbaum (2000, S. 78–80) hierfür eine Liste von

»basic capabilities« zur Diskussion gestellt. In der bildungstheoretischen Diskussion ist dieser Ansatz mit der Idee von »Grundbildung« verbunden worden (vgl. Wigger 2015, S. 83), die im Kontext von PISA als Basiskompetenzen und Mindeststandards empirisch und bildungspolitisch näher bestimmt wurden.

Anerkennungsgerechtigkeit fokussiert nicht auf Bildung als Schlüssel für gesellschaftliche Teilhabe, sondern auf die Qualität der Sozialbeziehungen *innerhalb* pädagogischer Interaktionen selbst. Gerechtigkeit ist auch hier keine Frage der Verteilung, sondern eine Frage der für die Ermöglichung von Bildungsprozessen notwendigen Anerkennung. Im Kern geht es dabei um die Anerkennung der möglichen Autonomie von Heranwachsenden, die Anerkennung ihrer tatsächlichen Bedürfnisse sowie die Anerkennung ihrer sozial relevanten Leistungen. Im Hintergrund stehen allgemeine sozialphilosophische Theorien der Anerkennung (vgl. Honneth 1992), die in der Bildungsphilosophie spezifiziert wurden im Hinblick auf die Besonderheiten einer Interaktion von Mündigen und (noch) nicht Mündigen (vgl. Stojanov 2013).

Durch diese theoretische Ausdifferenzierung der Diskussion deutet sich ein *mehrdimensionaler Begriff von Bildungsgerechtigkeit* an, der der Mehrdimensionalität von Bildung als Subjektwerdung in gesellschaftlichen Kontexten durchaus angemessen ist. Wenn man nämlich mit Helmut Fend (2006) aus einer (struktur-)*funktionalistischen* Perspektive davon ausgeht, dass Bildung unterschiedliche Funktionen gleichzeitig erfüllt (Enkulturation, Qualifikation, Allokation, Integration), dann folgt daraus, dass man über Qualität von Bildung ebenso mehrdimensional denken muss wie über Gerechtigkeit von Bildung. Auch aus Gert Biestas (2014) hiervon zu unterscheidender *normativer* Analyse ergibt sich ein ähnliches Bild: Wenn man von einer »multidimensionality of educational purpose« (S. 128) ausgeht, die Qualifikation, Sozialisation und Subjektivierung gleichermaßen umfasst, dann folgt daraus, dass Qualität von Bildung ein ebenso mehrdimensionaler Begriff sein muss wie Gerechtigkeit von Bildung.

Jede theoretische Perspektive auf Bildungsgerechtigkeit fokussiert dabei einen bestimmten Aspekt von Bildung, der jeweils in seiner Verabsolutierung einseitig wird und einer Korrektur und Ergänzung durch andere Perspektiven bedarf. Hieran wird deutlich, was in der Diskussion um Bildungsgerechtigkeit mitunter unterbelichtet bleibt: Theoretische Ansätze von Bildungsgerechtigkeit enthalten nicht nur unterschiedliche Vorstellungen davon, was ›Gerechtigkeit‹ im Kontext von Bildung meinen kann und soll; sie enthalten zugleich eine mehr oder weniger implizite Vorstellung davon, was in diesem Zusammenhang überhaupt Bildung meint. Dieser oftmals implizite bildungstheoretische Gehalt einer jeden Theorie von Bildungsgerechtigkeit verdient gerade aus erziehungswissenschaftlicher Sicht besondere Aufmerksamkeit. Ein bestimmtes Verständnis von Bildungsgerechtigkeit legt ein bestimmtes Verständnis von Bildung nahe und blendet andere Verständnisse von Bildung aus, was erst im Horizont unterschiedlicher bildungstheoretischer Positionen sichtbar wird. Gerechtigkeitsdiskurse im Bildungsbereich sind also trotz ihrer normativen Unabweisbarkeit alles andere als harmlos. Ihre subtileren Effekte könnten gerade darin bestehen, nicht nur ein bestimmtes Gerechtigkeitsverständnis im Bildungsbereich zu plausibilisieren, sondern zugleich einen bestimmten Blick auf Bildung zu normalisieren, der keineswegs zwingend ist.

Dies lässt sich an den drei erwähnten Ansätzen verdeutlichen: Die Perspektive »Bildungsgerechtigkeit als Verteilungsgerechtigkeit« betrachtet Bildung als Positionsgut, das über Laufbahnen und sozialen Status entscheidet. Wer mehr von diesem knappen Gut besitzt, hat relative Vorteile im Kampf um Karrierechancen. Es geht folglich um Bildung als Humankapital, das einen instrumentellen Wert im Hinblick auf unterschiedliche Erträge besitzt. Der meritokratische Wettbewerb um Bildung spiegelt hier den allgemeinen meritokratischen Wettbewerb einer ›kapitalistischen Wirtschaft‹ in einer ›bürgerlichen Gesellschaft‹. In Rousseau'scher Terminologie könnte man sagen, die Perspektive »Bildung als Verteilungsgerechtigkeit« fokussiert auf die Bildung des *bourgeois*, in der Ungleichheit als legitimes Ergebnis eines allgemeinen Leistungswettbewerbs erscheint.

Die Perspektive »Bildungsgerechtigkeit als Teilhabegerechtigkeit« betrachtet Bildung als Schlüssel für gesellschaftliche Teilhabe, die jedem Bürger gleichermaßen garantiert werden soll. Hier geht es – mit Rousseau gesprochen – um die Bildung der *citoyens*, die als Staatsbürger eines demokratischen Gemeinwesens einander gleich sind. Es geht folglich um Bildung als Bürgerrecht, oder – in einer weltbürgerlichen Gesellschaft – um Bildung als Menschenrecht. Chancengleichheit ist hier nicht die Gleichheit von Startchancen für einen meritokratischen Wettbewerb mit höchst unterschiedlichen Ergebnissen; Chancengleichheit meint hier vielmehr die Gleichheit von Teilhabechancen, die durch bestimmte Mindeststandards bestimmt werden, oberhalb derer dann unterschiedliche Niveaus erreicht werden können, was jedoch aus dieser gerechtigkeitstheoretischen Perspektive als normativ unproblematisch angesehen wird (vgl. Giesinger 2007, S. 377; kritisch hierzu Hopf 2017, S. 35).

Die Perspektive »Bildungsgerechtigkeit als Anerkennungsgerechtigkeit« betrachtet Bildung als Prozess der Entwicklung personaler Autonomie. Dieser Prozess verläuft nicht naturwüchsig; er benötigt vielmehr die Stützung durch eine bestimmte Qualität von Sozialbeziehungen, in denen dem Gegenüber die Möglichkeit personaler Autonomie zugetraut und zugemutet wird. Die Perspektive »Bildung als Anerkennungsgerechtigkeit« bewegt sich somit nah an den mit der Entwicklung von personaler Autonomie und Subjektivität verknüpften modernen Bildungsvorstellungen. Postmoderne und poststrukturalistische Problematisierungen dieser Bildungsvorstellung können freilich im Rahmen dieser Perspektive nicht ohne weiteres integriert werden.

Auf den ersten Blick könnte es nun naheliegen, die drei Ansätze als sich wechselseitig ergänzende Perspektiven auf Bildungsgerechtigkeit zu betrachten. Jede Perspektive erscheint irgendwie plausibel, aber zugleich einseitig und ergänzungsbedürftig. Ein mehrdimensionaler Begriff von Bildungsgerechtigkeit ist aber nicht ohne interne Spannungen. Schon die Tatsache, dass die unterschiedlichen Perspektiven auf Bildungsgerechtigkeit in mehr oder weniger impliziter Weise unterschiedliche Vorstellungen von Bildung plausibilisieren und transportieren, ist ein Hinweis darauf, dass sie nicht ohne Weiteres miteinander vereinbar sind. Wenn etwa argumentiert wird, dass Teilhabegerechtigkeit (bis zu einem Bildungsminimum) und Verteilungsgerechtigkeit (für darüber hinausgehende Niveaus) durchaus miteinander vereinbar seien (vgl. Nerowski 2018), dann wird unterstellt, dass es nur um unterschiedliche Leistungsniveaus gehe, nicht aber um unterschiedliche Vorstellungen von Bildung selbst. Auch der Umstand, dass das PISA-Forschungsprogramm gewissermaßen beiden Gerechtigkeitsverständnissen verpflichtet ist – der Teilhabegerechtigkeit über die Definition und Operationalisierung eines Bildungsminimums und der Verteilungsgerechtigkeit durch die Fokussierung des Zusammenhangs von sozialer Herkunft und der erreichten Kompetenzniveaus über das gesamte Leistungsspektrum – spricht noch nicht dafür, dass sie ohne Weiteres kompatibel sind. Sind denn die für Teilhabe notwendigen Kompetenzen dieselben, die auch für den erfolgreichen meritokratischen Wettbewerb jenseits des Bildungsminimums erforderlich sind? Die unterschiedlichen Akzentuierungen zwischen den Ansätzen werden besonders dann deutlich, wenn die Perspektive Bildungsgerechtigkeit als Anerkennungsgerechtigkeit ins Spiel gebracht wird. Diese steht in dezidierter Spannung zu einer am Leistungsbegriff festgemachten meritokratischen Vorstellung von Bildungsgerechtigkeit (vgl. Stojanov 2013, S. 61).

Hinzu kommen Kontroversen *innerhalb* der Ansätze selbst. Geht es etwa bei Verteilungsgerechtigkeit lediglich – wie in der meritokratischen Standardauffassung – um eine von sozialer Herkunft und anderen askriptiven Faktoren unabhängige Bildung, während Begabung (*ability*) durchaus als legitimer Einflussfaktor für individuelle Bildungsverläufe gilt? Oder bedeutet Bildungsgerechtigkeit wie in einer radikalen Auffassung von Verteilungsgerechtigkeit, dass auch Begabung als ein illegitimer Einflussfaktor für individuelle Bildungsverläufe angesehen wird, da Begabung ebenso wie soziale Herkunft unverdient und vom jeweiligen Individuum nicht verantwortet ist? Denkbar wäre dann, nur die individuelle Anstrengung (*effort*) als legitimen Einflussfaktor für individuelle Bildungsverläufe anzusehen (vgl. Brighouse/Swift 2014), wobei das Problem fortbesteht, dass Anstrengung selbst faktisch wohl immer auch durch das beeinflusst wird, was als »Begabung« gilt oder was vom sozialen Kontext zugemutet und zugetraut wird. Diese Kontroversen zwischen unterschiedlichen Auffassungen von Verteilungsgerechtigkeit machen deutlich, dass die Frage von Bildungsgerechtigkeit immer auch mit der Frage verknüpft ist, was als legitimer Einflussfaktor für Bildungsungleichheit angesehen wird (vgl. Heid in diesem Band). Im Hintergrund spielen moderne Subjektvorstellungen eine zentrale Rolle, was daran deutlich wird, dass am Ende nur diejenige Bildungsungleichheit als gerecht gilt, die auf Entscheidungen eines autonomen Subjekts zurückzuführen ist (vgl. Cortina/Pant 2018, S. 77).

Auch in der Perspektive »Bildungsgerechtigkeit als Teilhabegerechtigkeit« bestehen interne Kontroversen. Hierzu gehört etwa die Frage hinsichtlich der Bestimmung des Schwellenwerts für Teilhabe. Kann man etwa wie Nussbaum eine Liste von universellen grundlegenden *capabilities* aufstellen, die als Voraussetzung für Teilhabe und ein gutes Leben gedacht werden? Stecken hierin nicht starke anthropologische Annahmen, deren universalistische Geltung durchaus fragwürdig ist (vgl. Stojanov 2007, S. 40)? Aus erziehungswissenschaftlicher Sicht ergibt sich zudem die Rückfrage, warum eigentlich Bildung überhaupt zu den *capabilities* gerechnet wird, also den *Voraussetzungen* für Teilhabe, nicht aber zur Seite der *functionings*, in denen sich das mit Teilhabe verbundene Wohlergehen realisiert (vgl. Schrödter 2013). An dieser keineswegs selbstverständlichen theoriestrategischen Entscheidung in den Ansätzen von Teilhabegerechtigkeit wird sichtbar, dass auch hier Bildung eine instrumentelle Funktion zugewiesen wird. Sie ist Voraussetzung und Vorbereitung für etwas, das als eigentlich wertvoll erachtet wird.

Schließlich hat es auch die Perspektive »Bildungsgerechtigkeit als Anerkennungsgerechtigkeit« mit internen Kontroversen und Widersprüchen zu tun. Dies hängt zunächst mit den *unterschiedlichen* Anerkennungsdimensionen (Empathie, moralischer Respekt, soziale Wertschätzung) und der Frage ihrer Gewichtung zusammen. Hinzu kommt, dass besonders in der Rezeption des Ansatzes von Anerkennungsgerechtigkeit oftmals das, was als Wahrnehmung von Bedürfnissen und Wünschen (vgl. Stojanov 2013, S. 64) verstanden wird, sehr weit gefasst wird. Ist es ein Ausdruck von Anerkennungsgerechtigkeit, wenn Eltern im Sinne der vermuteten ›Bildungsbedürfnisse‹ ihrer Kinder Schulwahlen treffen und Schulen sich stärker an den Bildungsbedürfnissen orientieren, die Eltern bei ihren Kindern vermuten (vgl. Merkens in diesem Band)? Wie lässt sich diese Interpretation von Anerkennungsgerechtigkeit von einer Steigerung der Allokationseffizienz durch stärkere Kundenorientierung unterscheiden? Auch hinsichtlich der auf die Autonomie der Heranwachsenden bezogenen Anerkennungsdimension entstehen Probleme. Mit der bereits angesprochenen Nähe zu modernen Bildungsvorstellungen handelt sich der Ansatz von Anerkennungsgerechtigkeit auch diejenigen Paradoxien ein, die bereits mit modernen Bildungs- und Subjektvorstellungen selbst verbunden sind. So unterscheidet etwa Stojanov (2013) zwischen einer prospektiven und einer auf die Gegenwart des Heranwachsenden gerichteten Anerkennungsdimension: Die prospektive Dimension bezieht sich dabei auf die vorgreifende Anerkennung des Potenzials, »sich in der Zukunft als eine selbstbestimmte, eigenverantwortlich handelnde Person mit einzigartigen, gesellschaftlich bedeutenden Fähigkeiten zu entwickeln« (S. 66). Die gegenwartsbezogene Dimension dagegen beziehe sich auf die aktuellen Formen der Subjektivität von Heranwachsenden, ihre Bedürfnisse, Intentionen und Selbstverhältnisse. Während also die besonderen personalisierenden Eigenschaften des Einzelnen als je gegebene Gegenwart des Heranwachsenden gefasst werden, bezieht sich der moralische Respekt auf den allen gleichermaßen zugeschriebenen abstrakten Status einer zukünftigen Möglichkeit. Die Zuordnung von Verschiedenheit zur Gegenwart und Gleichheit zur Zukunft ist allerdings so selbstverständlich nicht. So ist es Teil modernen Bildungsdenkens, Eigentümlichkeit gerade nicht als Voraussetzung, sondern Resultat von Bildungsprozessen zu denken. Die in die Zukunft verlegte Gleichheit autonomer Subjekte ist im Rahmen postmoderner Theoriebildung problematisiert worden. So wird etwa bei Rancière (1987/2008) – in kritischer Abgrenzung von Bourdieu – Gleichheit nicht als Resultat von Emanzipation gedacht, sondern als pragmatische Maxime, mit der jede Emanzipation beginnt.

Resümiert man diese hier nur angedeuteten Probleme in den unterschiedlichen Ansätzen von Bildungsgerechtigkeit, so fällt eine Gemeinsamkeit auf. Das Denken in Kategorien von Bildungsgerechtigkeit lenkt den Blick in der einen oder anderen Weise auf Zukünftiges: Es ist ein Versprechen auf zukünftige Karriere- oder Lebenschancen, zukünftige Teilhabe oder zukünftige Autonomie. Diese grundsätzliche Zukunftsorientierung im Versprechen von Bildungsgerechtigkeit spiegelt dabei den Zukunftsbezug modernen Bildungsdenkens insgesamt. Das Versprechen von Bildungsgerechtigkeit zu hinterfragen, bedeutet also nicht nur zu prüfen, worin dieses Versprechen besteht und wer die Adressaten der Forderung sind, dieses einzulösen; es geht darüber hinaus auch um eine grundsätzlichere Auseinandersetzung mit der Zukunftsorientierung im Versprechen von Bildungsgerechtigkeit, dessen Bindekraft weniger von seiner Einlösung abzuhängen scheint, sondern gerade davon, dass es sich auf etwas Imaginäres richtet.

Zu den Beiträgen

Der Band beginnt mit drei eher grundlagentheoretisch argumentierenden Beiträgen. *Dietrich Benner* wirft die Frage auf, was unter Gerechtigkeit in pädagogischen Kontexten zu verstehen ist und ob es überhaupt einen ausgewiesenen pädagogischen Gerechtigkeitsbegriff gibt, von dem her die öffentlichen und wissenschaftlichen Kontroversen um Gerechtigkeit in pädagogischen Kontexten beurteilt werden können. Statt einen positiven pädagogischen Gerechtigkeitsbegriff zu entwickeln, analysiert der Beitrag vor dem Hintergrund pädagogischer Theoriebildung Ungerechtigkeiten auf unterschiedlichen Ebenen des Erziehungssystems. Das Ergebnis ist eine differenzierte pädagogische Phänomenologie von Ungerechtigkeit in pädagogischen Kontexten, die zugleich Ansatzpunkte für mögliche Veränderungen aufzeigt.

In *Jörg Ruhloffs* Beitrag wird die traditionsreiche Thematisierung des Zusammenhangs von Bildung und Gerechtigkeit an einem ihrer problemgeschichtlich entscheidenden Ursprungskontexte untersucht, und zwar am Beispiel von Platons Entwurf eines gerechten Bildungsstaats. Ruhloff konzentriert sich dabei nicht so sehr auf die verbreitete philosophische Kritik an diesem Entwurf, sondern auf die Frage, warum Platon selbst sein Modell zum Scheitern verurteilt sah. Mit Paul Natorp wird schließlich gezeigt, welche Voraussetzungen gegeben sein müssen, damit das Verlangen nach Gerechtigkeit – als eines ebenso unlösbaren wie unabweisbaren Problems – nicht irrlichtert.

Helmut Heid analysiert in seinem Beitrag zunächst die wertungsmethodologische Struktur praktischer Gerechtigkeitsurteile. Dabei geht er davon aus, dass es Gerechtigkeit als solche gar nicht gibt, sondern immer eine (subjektive) Bewertung von Sachverhalten darstellt. Daran anschließend fragt er nach der argumentationsstrategischen Funktion von Gerechtigkeitsurteilen in der gesellschaftlichen Praxis. Immer geht es aus seiner Sicht darum, eine gegebene Verteilung als gerecht oder ungerecht zu legitimieren bzw. zu delegitimieren. In einem letzten Teil seines Beitrags wird untersucht, inwiefern die dominanten Prinzipien wie das Leistungsprinzip, das Prinzip der Chancengleichheit sowie das Prinzip begabungsgerechter individueller Förderung unter den Bedingungen ihrer Geltung und Anwendung überhaupt geeignet sind, die beklagte Bildungsungerechtigkeit abzubauen.

Der Beitrag von *Helmut Fend* nimmt innerhalb des Sammelbands eine Schanierstelle zwischen eher grundlagentheoretisch und eher empirisch ausgerichteten Beiträgen ein. Ausgehend vom normativen Diskurs um Gerechtigkeit, in dem mit Gleichbehandlung bzw. Prozessgerechtigkeit, meritokratischer Gerechtigkeit und kompensatorischer Gerechtigkeit drei Gerechtigkeitsbegriffe unterschieden werden, fragt Fend in einem zweiten Teil, inwiefern die gegebene Bildungsrealität im Lichte des normativen Diskurses zu bewerten ist. Mit Bezugnahme auf die Befundlage der Bildungssoziologie, darunter auch die von Fend durchgeführte LifE-Studie, können sowohl das Wirksamwerden des meritokratischen Prinzips als auch seine Grenzen aufgezeigt werden. Die Reformen der letzten Jahrzehnte in unterschiedlichen Bereichen des Bildungswesens werden abschließend im Lichte der drei Gerechtigkeitsbegriffe beleuchtet, wobei besonders Ergänzungen zu einer einseitigen Orientierung an meritokratischer Gerechtigkeit ins Auge fallen.

In einer Auseinandersetzung mit dem Diskurs um Bildungsgerechtigkeit in unterschiedlichen Disziplinen, u. a. auch der Volkswirtschaftslehre, kommt *Hans Merkens* im theoretischen Teil seines Beitrags zu einer weiteren Ausdifferenzierung unterschiedlicher Begriffe von Bildungsgerechtigkeit, wobei drei übergeordnete Ansätze unterschieden werden: Verteilungsgerechtigkeit, Partizipationsgerechtigkeit und Anerkennungsgerechtigkeit. Am Beispiel einer eigenen detaillierten Untersuchung von strukturellen Reformen im Sekundarbereich des allgemeinbildenden Schulwesens in Berlin werden Folgen für die Entwicklung dieser unterschiedlichen

Aspekte von Bildungsgerechtigkeit bilanziert und diskutiert. Grundsätzlich unterschätzt wird Merkens zufolge immer noch die Rolle der Eltern, wenn es um die Erfolgschancen von Bemühungen um mehr Bildungsgerechtigkeit geht. Zugleich wird deutlich, dass ein differenzierteres Verständnis von Bildungsgerechtigkeit notwendig ist, das insbesondere auch Bedarfs-, Startchancen- und Prozessgerechtigkeit mit einbezieht.

Auch *Margret Kraul* geht es um eine Beurteilung von Veränderungen im Bildungswesen unter Aspekten von Bildungsgerechtigkeit, nämlich um die Frage, wie der Boom der Privatschulen in den letzten 20 Jahren die Entwicklung von Bildungsgerechtigkeit tangiert hat. Zunächst wird in einem historischen Rückblick die Rolle der Privatschulen im Kontext des öffentlichen Schulwesens beleuchtet. Der theoretische Teil des Beitrags stützt sich auf die inzwischen verbreitete – u. a. auch vom »Chancenspiegel« der Bertelsmann Stiftung genutzte – Unterscheidung zwischen Verteilungs-, Teilhabe- und Anerkennungsgerechtigkeit. Auf der Grundlage einer eigenen Studie, in der quantitative und qualitative Daten über Eltern von Privatschulkindern einer westdeutschen Großstadt erhoben wurden, wird geprüft, inwiefern die Wahl von Privatschulen unterschiedliche Dimensionen von Bildungsgerechtigkeit berührt. Während in der öffentlichen Diskussion den Privatschulen oftmals vor allem Exklusivität zugeschrieben wird, legen die Ergebnisse der Studie eine differenziertere Betrachtung von Privatschulen nahe.

Fritz Oser beleuchtet, inwiefern die Orientierung an Bildungsgerechtigkeit und den unterschiedlichen, z. T. sogar widersprüchlichen damit verknüpften Ansprüchen zu einem Problem im Handeln von Lehrpersonen wird. Am Beispiel einer Interviewstudie mit Lehrpersonen zeigt der Beitrag, dass Lehrpersonen z. T. durchaus über eine hohe moralische Sensibilität verfügen, wenn es um die Schwierigkeit ja bisweilen auch das Dilemma geht, unterschiedlichen Ansprüchen im Umgang mit Schülern und der Bewertung ihrer Leistungen und Anstrengungen gerecht zu werden. Aus dieser Innenperspektive gesehen, wird eine stets unvollkommene Bildungsgerechtigkeit damit zu einer alltäglichen Balanceleistung.

Florian Waldow erweitert die Perspektive auf Bildungsgerechtigkeit durch einen internationalen Vergleich: Am Beispiel von Deutschland, England und Schweden werden Akteurskonstellationen untersucht, die für schulische Leistungsbeurteilung eine Rolle spielen. Obwohl alle drei Länder in der einen oder anderen Weise einem ›meritokratischen‹ Ideal folgen, zeigt die Analyse der jeweiligen Zuständigkeiten und grundlegenden Regeln der Leistungsbeurteilung überraschende Unterschiede in den meritokratischen Gerechtigkeitsüberzeugungen. Diese Einblicke in Ergebnisse der von Florian Waldow geleiteten Nachwuchsgruppe mit dem Projekttitel »Unterschiedliche Welten der Meritokratie? Schulische Leistungsbeurteilung und Verteilungsgerechtigkeit in Deutschland, Schweden und England im Zeitalter der ›standards-based reform‹« legen nahe, dass Vorstellungen von Bildungsgerechtigkeit keinem abstrakten Modell-Universalismus folgen, sondern stets in konkrete Bewertungskulturen von Bildungssystemen eingebettet sind.

Die vorliegenden Beiträge stellen unterschiedliche Facetten von und Perspektiven auf Bildungsgerechtigkeit dar. Bei aller Heterogenität der Beiträge lassen sich doch auch Gemeinsamkeiten erkennen: So teilen die Beiträge eine Skepsis gegenüber verbreiteten eindeutigen Auskünften, was denn unter Bildungsgerechtigkeit zu verstehen sei. Sie bemühen sich unter Bezugnahme auf theoretische Diskussionen und empirische Befunde um eine stärkere Differenzierung der Debatte. Gerade insofern aber das Versprechen von Bildungsgerechtigkeit alles andere als eindeutig ist, betonen einige Beiträge auch die dilemmatische und aporetische Struktur einer Orientierung an diesem Versprechen. Indem sie zeigen, dass Bildungsgerechtigkeit als Versprechen weder einlösbar noch aufgebar ist, sind sie am Ende Beiträge zur Rechtfertigung und Infragestellung eines mehrdeutigen Konzepts.

Gedankt sei an dieser Stelle meiner langjährigen Hilfskraft Lea Faust für ihre Arbeit bei der Korrektur und Formatierung der Beiträge. Dank gebührt auch ihrer Nachfolgerin Johanna Köster für ihre Arbeit in der Abschlussphase des Buchprojekts.

Literatur

Baumert, J. (2016). Bildungsgerechtigkeit in Deutschland – ein Überblick. In D. Döring (Hrsg.), *Auf der Suche nach der richtigen Ordnung* (S. 63–98). Frankfurt a. M.: Societäts-Verlag.

Bellmann, J. (2015). Symptome der gleichzeitigen Politisierung und Entpolitisierung der Erziehungswissenschaft im Kontext datengetriebener Steuerung. *Erziehungswissenschaft. Mitteilungen der Deutschen Gesellschaft für Erziehungswissenschaft (DGfE)*, 26 (50), 45–54.

Bellmann, J. (2016). »A tide that lifts all boats«? Neue Steuerung im Schulsystem und die Nachfrage nach Exzellenz. In M. Bonsen & B. Priebe (Hrsg.), *PISA – Folgen und Fragen. Anstöße zur Qualitätsentwicklung im Bildungssystem*. Reihe Bildung kontrovers (S. 105–122). Seelze: Klett Kallmeyer.

Biesta, G. (2014). *The Beautiful Risk of Education*. Boulder / London: Paradigm Publishers.

Brighous, H./Swift, A. (2014). The place of educational equality in educational justice. In K. Meyer (Hrsg.), *Education, Justice and the Human Good. Fairness and Equality in the educational system* (S. 14–33). London, New York: Routledge.

Fend, H. (2006). *Neue Theorie der Schule. Einführung in das Verstehen von Bildungssystemen*. Wiesbaden: VS Verlag für Sozialwissenschaften.

Giesinger, J. (2007). Was heißt Bildungsgerechtigkeit? *Zeitschrift für Pädagogik*, 53 (3), 362–381.

Höhne, T. (2018). Der anti-egalitäre Bruch in der Bildung. In: K. Walgenbach (Hrsg.), *Bildung und Gesellschaft im 21. Jahrhundert. Zur Neuordnung von Staat, Ökonomie und Privatsphäre*. In Vorber.

Honneth, A. (1992). *Kampf um Anerkennung. Zur moralischen Grammatik sozialer Konflikte*. Frankfurt a. M.: Suhrkamp.

Hopf, W. (2017). Von der Gleichheit der Bildungschancen zur Bildungsgerechtigkeit für alle – ein Abschied auf Raten vom Gleichheitsideal? In M. S. Baader & T. Freytag (Hrsg.), *Bildung und Ungleichheit in Deutschland* (S. 23–37). Wiesbaden: Springer.

Horster, D. (2015). Bildungsgerechtigkeit aus sozialphilosophischer Sicht. In V. Manitius, B. Hermstein, N. Berkemeyer & W. Bos (Hrsg.), *Zur Gerechtigkeit von Schule. Theorien, Konzepte, Analysen*. Münster (S. 42–50). New York: Waxmann.

Lingard, B./Sellar, S./Savage, G. C. (2014). Re-articulating social justice as equity in schooling policy. The effects of testing and data infrastructures. *British Journal of Sociology and Education*, 35 (5), 710–730.

Nerowski, C. (2018). Leistung als Kriterium von Bildungsgerechtigkeit. *Zeitschrift für Erziehungswissenschaft*, 21 (3), 441–464.

Nussbaum, M. C. (2000). *Women and Human Development. The Capabilities Approach*. Cambridge, New York, Melbourne, Madrid, Cape Town, Singapore, Sao Paulo: Cambridge University Press.

Rancière, J. (1987/2008). *Der unwissende Lehrmeister. Fünf Lektionen über intellektuelle Emanzipation*. Wien: Passagen Verlag.

Schödter, M. (2013): Der Capability Approach als Referenzrahmen von Gerechtigkeitsurteilen in der Sozialen Arbeit. In F. Dietrich, M. Heinrich & N. Thieme (Hrsg.), *Bildungsgerechtigkeit jenseits von Chancengleichheit. Theoretische und empirische Ergänzungen und Alternativen zu ›PISA‹* (S. 71–88). Wiesbaden: VS.

Stojanov, K. (2007). Bildungsgerechtigkeit im Spannungsfeld zwischen Verteilungs-, Teilhabe- und Anerkennungsgerechtigkeit. In M. Wimmer, R. Reichenbach & L. Pongratz (Hrsg.), *Gerechtigkeit und Bildung* (S. 29–48). Paderborn: Schöningh.

Stojanov, K. (2013). Bildungsgerechtigkeit als Anerkennungsgerechtigkeit. In F. Dietrich, M. Heinrich & M. Thieme (Hrsg.), *Bildungsgerechtigkeit jenseits von Chancengleichheit. Theoretische und empirische Ergänzungen und Alternativen zu ›PISA‹* (S. 57–69). Wiesbaden: Springer VS.

Wigger, L. (2015). Bildung und Gerechtigkeit. Eine Kritik des Diskurses um Bildungsgerechtigkeit aus bildungstheoretischer Sicht. In V. Manitius, B. Hermstein, N. Berkemeyer & W. Bos (Hrsg.), *Zur Gerechtigkeit von Schule. Theorien, Konzepte, Analysen* (S. 72–92). Münster, New York: Waxmann.

Dietrich Benner

Über Gerechtigkeit in pädagogischen Kontexten

In Deutschland gibt es gegenwärtig einen erneuten Streit darüber, ob das bestehende Bildungssystem als ein gerechtes angesehen werden kann und Anforderungen einer allumfassenden Gerechtigkeit genügt. Einige kritisieren, die deutschen Schulen sicherten für ihre Schülerinnen und Schüler[1] weder Chancengleichheit noch Bildungsgerechtigkeit, und fordern die Einsetzung eines neuen Bildungsrates, von dem sie die Einführung von Gesamtschulen als Regelschulen erwarten, welche die Grundschule, die Sekundarstufe I und die Abiturstufe umfassen und Chancengleichheit und Bildungsgerechtigkeit gewährleisten sollen (siehe http://bildungsrat-fuer-bildungsgerechtigkeit.de/der-weg-zur-petiton/). Andere verteidigen die selektive Struktur des deutschen Erziehungssystems, das neben Gesamtschulen Sekundarschulen und traditionelle Gymnasien kennt, und wollen an dieser Struktur festhalten. Beide Gruppierungen berufen sich auf Prinzipien der Gerechtigkeit, die einen, indem sie die Rechte von Kindern auf eine gemeinsame Bildung betonen und Inklusion im gesamten Erziehungssystem durchzusetzen suchen, die anderen, indem sie eine bis zum Abitur praktizierte Inklusion ablehnen und Selektion als ein anzuerkennendes Erfordernis von Begabungsgerechtigkeit interpretieren.

Die folgenden Ausführungen »Über Gerechtigkeit in pädagogischen Kontexten« suchen zu klären, wie sich die pädagogische Grundlagendiskussion, die erziehungswissenschaftliche Forschung und bildungspolitische Reformen zu diesem Streit verhalten können. Sie erörtern in vier Abschnitten die Frage, was in pädagogischen Kontexten unter Gerechtigkeit zu verstehen ist und ob es überhaupt einen ausgewiesenen pädagogischen Gerechtigkeitsbegriff gibt, von dem aus der angesprochene Streit beurteilt werden kann. Der erste Abschnitt untersucht Beziehungen zwischen Ethik und Gerechtigkeitstheorien in der praktischen Philosophie der Antike und in modernen Ethiken und fragt nach der Bedeutung, die der Eigenlogik modernen pädagogischen Handelns für die Erörterung von Gerechtigkeitsfragen in pädagogischen Kontexten zukommt. Der zweite wendet sich einer Kritik zu, in welcher der Regensburger Erziehungswissenschaftler Helmut Heid gegenwärtige Gerechtigkeitsdiskurse unter den Verdacht gestellt hat, nicht der Herstellung von Gerechtigkeit, sondern der Legitimation von Ungerechtigkeit zu dienen. Der dritte Abschnitt erörtert Gerechtigkeitsprobleme in pädagogischen Kontexten entlang der klassischen Unterscheidung pädagogischer Handlungen in regierende, unterrichtende und beratende Formen der Erziehung. Der vierte schlägt abschließend vor, bei der Entwicklung eines pädagogischen Gerechtigkeitsbegriffs

---

1 Im Folgenden wird zur besseren Lesbarkeit das generische Maskulinum genutzt.

auf positive Gerechtigkeitspostulate zu verzichten und stattdessen bestehende Ungerechtigkeiten im Erziehungssystem zu analysieren sowie nach Wegen und Mitteln zu suchen, wie diese pädagogisch und gesellschaftlich erfolgreich abgebaut werden können.

1. Zum Verhältnis von Moral, Gerechtigkeit und Bildung in ausgewählten Traditionen der praktischen Philosophie

In antiken Mythen ist von keinem dem Menschen angeborenen Sinn für Moral und Gerechtigkeit, sondern von einer Scham und einem Unrechtsempfinden die Rede, welche die Menschen dazu anhalten, zwischen ›gut‹ und ›böse‹ zu unterscheiden und nach dem Guten und Gerechten zu suchen (siehe hierzu die philosophische Interpretation von Hesiods Theogonie in Platons Dialog Protagoras [Platon, 1977]). Die Fähigkeit, Scham und eine gewisse Sensibilität für Ungerechtigkeiten aller Art zu entwickeln, ist den alten Erzählungen nach ursprünglicher als die positiven Moralordnungen und Systeme des Rechts, welche in der Menschheitsgeschichte hervorgebracht wurden (vgl. Die Schrift 1929/1954, Band 1, S. 13–17). An den Ordnungen der Alten zeigt sich dies u. a. daran, dass sie, obwohl positiv kodifiziert, nicht sagen, was das Gute und Gerechte ist, sondern Böses und Ungerechtes markieren, von dem Menschen sich fernhalten sollen. So lesen wir in den Zehn Geboten, der Mensch solle nicht lügen, stehlen, ehebrechen und vieles andere mehr. Was aber die Wahrheit bezeugen, Güter gerecht verteilen und ein gutes Leben führen bedeutet, sagen die Gebote nicht (siehe hierzu sowie zum Folgenden Benner, von Oettingen, Peng & Stępkowski, 2015).

Eine philosophisch reflektierende Erinnerung an negative Moralität und die mit ihr einhergehende Sensibilisierung für Ungerechtigkeit findet sich noch bei Platon, der in seinen Dialogen die zeitgenössischen Sitten und Rechtsordnungen der griechischen Staaten problematisierte und danach fragte, wie diese durch Erziehung, Bildung und Politik verbessert werden könnten. Anders als Platon, der die Erziehung der Kinder und Jugendlichen dem Staat zuordnete, nicht aber seine Bildungskonzeption aus der Politik ableitete, erhob Aristoteles den Begriff der Gerechtigkeit zum Inbegriff des Guten und einer von Menschen anzustrebenden und durch Erziehung anzubahnenden Tugend. In seiner Lehre vom Staat wies er der praktischen Philosophie eine gegenüber der Pädagogik herausgehobene Stellung und dem pädagogischen Handeln eine der Ethik und Politik untergeordnete Funktion im Dienste der von ihm auf allgemeine Begriffe gebrachten positiven Sitten-, Rechts- und Gesellschaftsordnung zu. Von einer Sensibilisierung für Scham und Unrechtsempfinden ist in der Aristotelischen Lehre von der Politik kaum noch die Rede (vgl. Aristoteles, 1968, 1332 b, 1342 b).

Der seit Aristoteles mit einem Vorrang ausgestattete positive Gerechtigkeitsbegriff zielte darauf, dass Menschen in der Polis »nicht vielerlei treiben«, sondern jeder »das Seinige« tut (vgl. den Artikel Gerechtigkeit im historischen Wörterbruch der Philosophie, Sp. 330), eine Formulierung, die sich zwar auch schon bei Platon findet, von diesem aber noch nicht affirmativ, sondern zur Problematisierung dessen verwendet wurde, was für einen jeden als das Seinige anzusehen sei. In modernen demokratischen und republikanischen Staaten wird die auf Platon und Aristoteles zurückgehende Bestimmung zuweilen gebraucht, um Menschen, die von Natur mit einer unbestimmten, weltoffenen Bildsamkeit ausgestattet sind, die in grundlagentheoretischer Hinsicht eine moral- und politikkonstituierende Qualität besitzt, nach ihrer manifest gewordenen Natur, ihren Anlagen und Begabungen sowie Fähigkeiten und Leistungen mit Bezug auf Anforderungen, die das Gemeinwesen an sie stellt, zu klassifizieren und mit unterschiedlichen sozialen Ressourcen und Berechtigungen auszustatten.

Die Alten kannten nicht nur die Unterscheidung zwischen einer unbestimmten, durch Scham und Unrechtsempfinden ausgewiesenen Natur des Menschen und einer nach positiven Normen und Rechtssetzungen vorgenommenen Unterscheidung der Menschen in Sklaven, Handwerker, freie Bürger und Philosophen, ihre Philosophen nahmen zugleich Abgrenzungen zwischen ethisch-moralischen, rechtlich-politischen und edukativ-bildenden Notwendigkeiten und Erfordernissen vor. So unterscheidet Platon zwischen einer dem einzelnen Menschen und einer der Gattung als ganzer aufgegebenen Suche nach dem Guten und Gerechten, die nicht unmittelbar durch positive Gerechtigkeitsbegriffe geleitet werden kann. Und Aristoteles stellte der von ihm positiv an vorgegebenen Zwecken ausgerichteten Rechtsidee immerhin die Idee einer Billigkeit zur Seite, welche verlangt, dass konkrete Fälle in Sitte und Rechtsprechung niemals abstrakt nach allgemeinen positiven Normen, sondern stets auch konkret mit Blick auf den einzelnen Fall behandelt und entschieden werden (vgl. Aristoteles, 1995, 14. Kapitel). Kants Unterscheidung zwischen bestimmender und reflektierender Urteilskraft knüpft hieran an. Sie bindet Entscheidungsfindungen im moralischen Urteilen und Handeln sowie vor Gericht daran zurück, dass sittliche und rechtliche Maximen niemals bloß bestimmend auf einzelne Fälle angewendet, sondern immer zugleich reflektierend im Horizont des konkreten Falls ausgelegt werden. Zu klären ist danach nicht nur, wie der Fall nach einer vorgegebenen positiven Regel zu beurteilen ist, sondern immer auch, ob die positive Regel den Fall angemessen interpretiert oder womöglich abgeändert werden muss (vgl. Kant, 1793/1966, S. 188 ff.; 1966, B § 40.).

Im christlichen Raum wurden Vorstellungen von einer allumfassenden, das gesamte Handeln der Menschen überwölbenden religiösen Gerechtigkeit von Augustinus bis zu Thomas von Aquin entwickelt (vgl. hierzu Flasch, 2015). Das Christentum brachte sowohl ein Verständnis der individuellen Einzigartigkeit eines jeden Menschen und seiner Stellung vor Gott als auch einen universalistischen Gerechtigkeitsbegriff hervor, der das gesamte menschliche Denken und Handeln an religiös bevormundeten Gerechtigkeitsvorstellungen bis hin zu solchen eines am Ende der Geschichte stehenden göttlichen Weltgerichts auszurichten suchte.

Beide, der aristotelische und der christliche Gerechtigkeitsbegriff, sind in der Moderne auf vielfache Weise problematisiert worden:

- erziehungs-, bildungs- und demokratietheoretisch durch Rousseau (1762a/1966 und b/1979), der Gerechtigkeit in allen Bereichen davon abhängig machte, dass die Legitimität ihrer Regeln vertragstheoretisch fundiert ist und Menschen sich nur solchen Gesetzen unterwerfen, an deren Zustandekommen und Interpretation sie mitwirken;
- ethisch, pädagogisch und politisch durch Herbart (1808), der zwischen sittlichen Ideen moralischen Handelns, politischen Ideen gesellschaftlicher Gerechtigkeit und einer eigenlogischen, für beide bedeutsamen Erziehung unterschied;
- ideologie- und gesellschaftskritisch durch Karl Marx (1844/1953, S. 288), der religiöse Legitimationen bestehender gesellschaftlicher Verhältnisse als illegitime Strategien zur Aufrechterhaltung von Klassengesellschaften zu entlarven suchte und Religion, die dies leistet, als »Opium des Volks« kritisiert hat;
- systemtheoretisch durch Luhmann (1984), der in seiner Theorie sozialer Systeme einen Universalismus moralischer, politischer oder theologischer Gerechtigkeitsbegriffe ablehnte und die Gerechtigkeitsthematik beim Rechtssystem als einem besonderen Teilsystem der Gesellschaft verankerte;
- ethisch und politisch durch Rawls (2003), der eine solche Engführung auf das Rechtssystem in Frage stellte und für eine Verteilungsgerechtigkeit eintrat, die eine umfassende Fairness gegenüber gesellschaftlich Benachteiligten aufbringt;
- sowie zuletzt von Michael Walzer (1983/2006), der wie Herbart zwischen unterschiedlichen Sphären von Gerechtigkeit unterscheidet und diese in ausdifferenzierten privaten und öffentlichen Räumen ansiedelt.

Wir unterscheiden heute nicht nur zwischen Scham und Unrechtsempfinden auf der einen und positiven Begriffen von Gerechtigkeit auf der anderen Seite, sondern auch zwischen pädagogischen, moralischen, rechtlichen und politischen Auslegungen des Guten. In der Entwicklung von Sitte, Sittlichkeit und gesellschaftlicher Gerechtigkeit erkennen wir immer auch eine pädagogisch zu bearbeitende Frage. Und die Erziehung nachwachsender Generationen interpretieren wir als eine Praxis, welche Heranwachsende nicht einfach einer bestehenden Ordnung unterwirft, sondern in deren Interpretationen einzuführen und urteils- sowie partizipationsfähig zu machen sucht. Die pädagogische Praxis ist damit mehr als nur ein Anwendungsgebiet für außerpädagogische Norm- und Gerechtigkeitsvorstellungen. Sie ist immer auch ein Prüfstein für deren Tradierbarkeit, Veränderbarkeit und Verbesserbarkeit (vgl. Ruhloff, 1979).

Es gibt nicht nur ethisch-moralische Voraussetzungen wie »innere Freiheit«, »vielseitiges Interesse« und »Wohlwollen« gegenüber Mitmenschen und Fremden, ohne welche politische Gerechtigkeit undenkbar ist, sondern auch eine Abhängigkeit des ethisch-moralischen Handelns von einer politisch geschützten und gesellschaftlich schon erreichten Gerechtigkeit. Eine Verrechtlichung und Politisierung des Privaten wäre darum ebenso verhängnisvoll wie eine Moralisierung von Gerechtigkeit und Politik. Nicht minder abträglich aber wäre eine Funktionalisierung von Erziehung und Bildung im Dienste einer vorgegebenen Moral und Politik oder eine Pädagogisierung des Ethischen und Politischen. Zu Recht hat Hannah Arendt (1958) darauf hingewiesen, dass die Lehrer und Erzieher nicht die Steuerleute in Staat und Gesellschaft, und ich ergänze, dass auch die Politiker nicht Steuerleute der Erziehung und Bildung sind. Eine recht verstandene pädagogische Praxis steht im privat-familiären wie im gesellschaftlich öffentlichen Raum unter der pädagogischen Leitidee eines Wohlwollens, das nachwachsenden Generationen motivlos gewährt werden muss, damit die Neuankömmlinge sich individuell entwickeln, in gesellschaftliche Handlungsfelder eintreten und am gemeinsamen Leben partizipieren können.

Es macht keinen pädagogischen Sinn, zu fragen, ob ein einzelnes Kind, ein Schüler oder ein Jugendlicher das Wohlwollen, das er braucht, auch verdient. Wohlwollen einem Kind, aber auch einem Fremden gegenüber muss nach den besseren Einsichten der praktischen Philosophie motivlos und ohne Seitenblick auf Maßstäbe der Gerechtigkeit gewährt werden, sonst ist es keines. Motivloses Wohlwollen ist eine Voraussetzung der Gerechtigkeit und kann nicht in ein gerechtes und ungerechtes Wohlwollen unterschieden werden.

2. Helmut Heids Kritik an Konzepten einer an Chancen, Begabungen oder Leistungen ausgerichteten Gerechtigkeit

Ohne sich mit Herbart, Rawls und Walzer eingehend auseinanderzusetzen, hat Helmut Heid Versuchen, Erziehung und Erziehungssystem außerpädagogischen Gerechtigkeitsvorstellungen unterzuordnen, entschieden widersprochen.

In seinen Überlegungen »Zur Paradoxie der bildungspolitischen Forderung nach Chancengleichheit« (Heid, 1988) setzte er sich in den späten 1980er Jahren mit einem zuvor für Deutschland entwickelten Schulreformprogramm auseinander, das durch Einführung von Gesamtschulen Chancengleichheit und Chancengerechtigkeit im deutschen Erziehungssystem und in der deutschen Gesellschaft herstellen wollte. Zu diesem Programm führt Heid aus: »Gerechtigkeit ist ein Prinzip (des) interpersonalen Vergleichs und der ungleichen Verteilung von Gütern und Positionen. Mit dem Begriff oder der Idee ›der‹ Chancengerechtigkeit ist für eine Lösung [der mit diesem Begriff angesprochenen; D.B.] Probleme kaum etwas gewonnen …

Chancengerechtigkeit suggeriert allenfalls den ... Anspruch, vielleicht auch nur die größere Unverfrorenheit einer Legitimierung der (Re-)Produktion von Ungleichheit.« (Heid, 1988, S. 14).

In seiner Studie »Gerechtigkeit als Regulativ unterrichtspraktischen Handelns« (Heid, 2005) untersuchte Heid anschließend die innerpädagogische Seite des Gerechtigkeitsproblems und fragte, ob Gerechtigkeit »als Regulativ unterrichtspraktischen Handelns« tauge. Hier stellte er fest, Gerechtigkeit komme nirgends als ein reines, für sich selbst sprechendes Kriterium vor, sondern werde stets als ein Kriterium zur Lösung konkreter inhaltlicher Fragen und Probleme herangezogen. Das gelte auch für pädagogische Konnotationen, z. B. für die Rede von einer Begabungsgerechtigkeit, einer herzustellenden Chancengleichheit oder einer Verteilungsgerechtigkeit nach dem Leistungsprinzip. In allen drei Hinsichten eigneten sich Gerechtigkeitsbegriffe nicht für eine pädagogische Qualifizierung des unterrichtspraktischen Handelns. Forderungen wie die, die Lehrer sollten begabungsgerecht unterrichten, behandelten Begabungen als natürliche Sachverhalte, an die Erziehung unproblematisch anschließen könne. Sie verkennten, dass das Aufscheinen und Betonen bestimmter Begabungen immer schon über ungleiche Lern- und Entwicklungsgelegenheiten sowie divergierende Wertschätzungen und gesellschaftliche Maßstäbe vermittelt sei. Das Plädoyer für eine vermeintliche Begabungsgerechtigkeit lege nahe, in bestimmter Hinsicht höher Begabte stärker zu fördern als in diesen Hinsichten weniger Begabte. Es folge damit keinem pädagogischen Erfordernis von Gerechtigkeit, das ja umgekehrt nahelegen könne, viele und nicht nur bestimmte Begabungen zu fördern sowie für langsamer und schwerer Lernende besondere Formen der Unterstützung einzurichten. Stattdessen verstärke die Rede von einer Anlagen-, Begabungs- und Leistungsgerechtigkeit Begabungs- und Leistungsunterschiede, an deren Entstehen die pädagogische Praxis immer schon beteiligt sei.

In einer dritten Studie zum »Beitrag des Leistungsprinzips zur Rechtfertigung sozialer Ungerechtigkeit« aus dem Jahre 2012 interpretierte Heid auch das Leistungsprinzip als ein Prinzip zur Reproduktion und Verstärkung individueller und gesellschaftlicher Ungleichheit. Es ziele nicht auf einen Abbau oder gar eine Überwindung, sondern auf die Legitimation wie auch immer verursachter Ungleichheit und wirke daher als ein Prinzip der »Rechtfertigung sozialer Ungerechtigkeit«. Den engen Zusammenhang von sozial verursachter Ungleichheit und sozialer Ungerechtigkeit führt Heid darauf zurück, dass die Definitionsmacht darüber, was als Leistung gewürdigt wird, bei denen liegt, die daran interessiert sind, dass ihre eigenen Kinder meritokratisch belohnt werden. Das Leistungsprinzip fördere so positive Karrieren insbesondere bei jenen, die ohnedies seine »Nutznießer« sind, und korrigiere nicht, sondern verstärke ungleiche Bildungschancen.

Ich teile die von Helmut Heid an den Prinzipien einer vermeintlichen Chancen-, Begabungs- und Leistungsgerechtigkeit geübte Kritik und möchte trotzdem dem

Leistungsprinzip nicht jede Legitimität absprechen. Zwar kann seine Anwendung zu Ideologisierungen im Dienste der Nutznießer dieses Prinzips führen, ein Verzicht auf eine angemessene Würdigung individueller Leistungen, die Menschen unter Konkurrenzbedingungen, aber auch im freien Austausch miteinander erbringen, wäre m. E. jedoch nicht weniger ideologisch. Mit der Ablehnung des Leistungsprinzips verbinden nämlich viele die Ideologie einer anzustrebenden egalitären Verteilung aller Güter. Dies scheint mir insofern problematisch zu sein, als damit nicht nur von den Leistungen, sondern auch von den Bedürfnissen und Fähigkeiten der Menschen abstrahiert wird. Die von Herbart und Walzer entwickelten Gerechtigkeitsvorstellungen im Bereich ausdifferenzierter gesellschaftlicher Systeme lassen durchaus eine ungleiche Verteilung von Gütern an Bedürftige und Nicht-Bedürftige sowie Menschen mit besonderen Fähigkeiten zu. Dies muss nicht als ungerecht angesehen werden. Vielmehr kann es legitim sein, auf Besonderheiten Rücksicht zu nehmen und im Falle von Bedürftigkeit von einer Gleichverteilung von Gütern, angefangen von Subsistenzmitteln bis zum Kindergeld und der Unterstützung im Krankheitsfall, abzusehen und Bedürftige Nicht-Bedürftigen bei der finanziellen Unterstützung vorzuziehen, aber auch herausragende Fähigkeiten und Leistungen – z. B. durch die Finanzierung einer Forschungseinrichtung für einen Preisträger – auszuzeichnen.

Gibt es solch legitime Ungleichbehandlungen auch im Bereich von Erziehung und Bildung? Sind auch hier Gerechtigkeitsvorstellungen denkbar, die jenseits der Ideologien einer vermeintlichen Chancen-, Begabungs- oder Leistungsgerechtigkeit bzw. einer egalitären Gleichbehandlung aller besondere pädagogische Rücksichten als gerecht legitimieren? Und was wäre unter einem pädagogischen Gerechtigkeitsbegriff zu verstehen, der Gleiche unter bestimmten Bedingungen ungleich zu behandeln und Ungleiche gleich zu behandeln erlaubte und in anderen Kontexten womöglich ganz auf die Berücksichtigung von Gerechtigkeitsfragen verzichtete?

3. Über Gerechtigkeitsprobleme in pädagogischen Kontexten

Dass die Entwicklung von Begabungen und Talenten durch pädagogische Maßnahmen, je nach Ausrichtung und Intensität, zu unterstützen oder auch nicht zu unterstützen und womöglich sogar durch gegenwirkende Maßnahmen zu hemmen ist, wird niemand bestreiten, der von Erziehung etwas versteht. Wenn Heranwachsende zu vereinseitigen drohen, wird man sie vielseitig zu interessieren suchen, wenn die Entwicklung einer bestimmten Fähigkeit zur Sucht zu werden droht, sind gegenwirkende Maßnahmen zu ergreifen, und wenn die Steigerung bestimmter Leistungen in einem Bereich stattfindet, der, wie die Fähigkeit, unentdeckt zu stehlen, eindeutig als unsittlich zu beurteilen ist, sind, wie Fritz Oser (1998) überzeugend gezeigt hat, missbilligende Maßnahmen, öffentliche Wiedergutmachung sowie Regelungen angezeigt, die zwischen Dieb, Bestohlenen und pädagogisch verantwortlichen Akteuren ausgehandelt werden müssen.

Gerechtigkeitsfragen spielen in allen angesprochenen Fällen weder eine dominante noch eine zu vernachlässigende Rolle. Die Qualität der zu ergreifenden pädagogischen Maßnahmen folgt jedoch niemals schon aus Erfordernissen der Gerechtigkeit, sondern erst daraus, ob zum Beispiel die Entwicklung eines vielseitigen Interesses durch eine Maßnahme unterstützt oder beispielsweise eine Sucht durch bestimmte Gegenwirkungen in der Entwicklung gehemmt oder die Folgen einer Handlung, wie im Falle von Diebstahl, durch Wiedergutmachung fair geregelt werden können. In all diesen Fällen sind die zu ergreifenden Maßnahmen niemals nur von außerpädagogischen Normen, sondern stets zugleich von ihrer pädagogischen Legitimität und Wirksamkeit abhängig.

Dass auf das Lernen und Handeln Heranwachsender nicht durch körperliche Züchtigungen Einfluss genommen werden darf, ist eine spätestens seit Rousseau, Herbart und Schleiermacher öffentlich diskutierte Einsicht. Rousseaus Kritik der Erziehungsmittel Lob und Strafe, Herbarts Begrenzung regierender Maßnahmen auf solche einer keine positiven Ziele verfolgenden Kinderregierung und Schleiermachers Hinweise zu einer begrenzten Notwendigkeit gegenwirkender Maßnahmen waren theoretisch wohl begründet und wurden doch, wie Ariès (1975) und deMausse (1980) in ihren Studien zur Sozialgeschichte der Kindheit gezeigt haben, erst im späten 20. Jahrhundert allgemeine Praxis und rechtlich z. T. sogar noch später abgesichert. Erst einmal musste das Recht der Männer, ihre Frauen zu züchtigen, als Unrecht erkannt werden. Dieses Recht war in Deutschland nach einer längeren Vorgeschichte Teil des Preußischen Landrechts von 1794 und wurde erst 1928 offiziell außer Kraft gesetzt, nachdem es Gerichte von 1896 an nicht mehr angewendet hatten. Dann musste das Recht der Erzieher und Lehrer, ihre Zöglinge und Schüler körperlich zu züchtigen, abgeschafft werden, was in Deutschland erst 1973 geschah. Und schließlich galt es noch das Elternrecht zu reformieren. Seit 2000 verbietet das »Gesetz zur Ächtung von Gewalt in der Erziehung« auch Eltern, ihre Kinder körperlich zu züchtigen.

Beurteilte man Gewalt in der Erziehung nicht pädagogisch-theoretisch, sondern bloß nach Maßstäben staatlich gesetzten positiven Rechts, so wären entsprechende Bestrafungen bis 1973 bzw. 2000 pädagogisch legitim oder zumindest erlaubt gewesen. Es ist aber nicht nur abwegig, Gewaltfragen in der Erziehung einseitig nach den Vorgaben des jeweils geltenden positiven Rechts zu klären, es wäre auch irrig, die Inhalte und methodische Vorgehensweise des in Schulen zu erteilenden Unterrichts allein auf dem Wege der Schulgesetzgebung zu begründen und aus dieser womöglich sogar Konzepte der Didaktik abzuleiten. In Demokratien und Republiken kommt der relativen Autonomie der von Herbart und Walzer unterschiedenen Gerechtigkeitssphären sogar ein Verfassungsrang zu. Das Verfassungsgericht der

Bundesrepublik Deutschland hat dies gegen parlamentarische Gesetzgebungen und Entscheidungen von Regierungen herausgestellt, die sich auf Einschränkungen der pädagogischen Freiheit, die Freiheit der Wissenschaft oder Auslegungen der Religionsfreiheit bezogen.

Es ist also nicht so, dass die drei pädagogischen Handlungsformen einer negativen Kinderregierung, einer unterrichtlichen Erweiterung von Erfahrung und Umgang und einer zu selbstverantwortetem Handeln hinführenden beratenden Erziehung an Maximen einer pädagogischen oder außerpädagogischen Gerechtigkeit auszurichten wären, sondern es verhält sich umgekehrt: Gerechtigkeitsfragen aller Art sind auf eine pädagogische Problematisierung, Thematisierung und Vermittlung angewiesen. So verlangen es nicht nur die theoretischen Pädagogiken seit Rousseau, Herbart und Schleiermacher, sondern auch die weiterentwickelten Begriffe von Erziehung, Bildung, Unterricht, Schule und moderner Intergenerationalität und nicht zuletzt auch die pädagogische Ethik. Sie bestimmt in der Fassung, die sie durch Klaus Prange (2010) erhalten hat, das pädagogisch Richtige nicht mehr wie Hans-Jochen Gamm (1988) aus einer politischen Gesellschaftstheorie und auch nicht länger, wie Wolfgang Brezinka (1988), aus religiösen Voraussetzungen, sondern argumentiert aus einer pädagogisch orientierten, erziehungs-, bildungs- und institutionstheoretisch auszuweisenden Normativität (siehe auch Oelkers 1989).

Für die Erörterung von Gerechtigkeitsfragen in pädagogischen Kontexten bedeutet dies, dass außerpädagogische Gerechtigkeitsvorstellungen einem teilsystemspezifischen »Framing« (Biedermann/Oser 2018, S. 116), einer »Rekontextualisierung« (Fend 2006, S. 174) sowie einer im Erziehungssystem stattfindenden, aber auch in allen anderen Teilsystemen der Gesellschaft zu reflektierenden »Transformation gesellschaftlicher in pädagogisch legitime Einwirkungen« (Benner, 2015, S. 108 ff.) unterzogen werden müssen. Pranges Abhandlung »Die Ethik der Pädagogik« leitet die pädagogische Ethik wie schon Herbarts »Allgemeine Pädagogik« nicht aus einer der konkurrierenden philosophischen Ethiken ab, sondern reflektiert, wie der Titel »Ethik *der* Pädagogik« betont, den Zweck der Erziehung selbst. Sie untersucht nicht Normativitäten, die außerpädagogische Instanzen und Abnehmer an die pädagogische Praxis herantragen, sondern die »Normativität erzieherischen Handelns« und differenziert diese in die »Fürsorge« der Eltern, die »Führung« des Unterrichts in der öffentlichen Erziehung, die »Ethik … pädagogischer Berufe«, die »Ethik der Erziehungswissenschaft« sowie mit Blick auf eine von den Heranwachsenden zu übernehmende »Ethik der Eigenverantwortung«. In einem Anhang finden sich Überlegungen zum »Recht in der Erziehung« und zur »Erziehung im Recht«, welche die von mir geteilten Vorbehalte einer rechtlichen Normierung des Pädagogischen dezidiert begründen und rechtfertigen.

Die Nichtableitbarkeit von Unterrichtsinhalten aus politischen Vorgaben lässt sich auch an der politischen Bildung verdeutlichen, die noch am ehesten zu den vom Staat zu beeinflussenden Gebieten gehört. Von Aristoteles bis Montesquieu wurde eine Vorgehensweise, welche die politische Erziehung und Bildung aus den Verfassungen der Staaten ableitet, für legitim gehalten. Unter modernen, insbesondere demokratischen Bedingungen haben Staat und Politik jedoch die Zuständigkeit und Kompetenz, die pädagogische Praxis zu begründen, sollte eine solche überhaupt jemals bestanden haben, verloren. Zur Erläuterung für das Gemeinte führe ich einen Gemeinschaftskunde- und Politikunterricht an, den ich selbst bei meinem verehrten Gymnasiallehrer Dr. Günter Braun in der Oberstufe erfahren und über den ich bisher nur in China berichtet habe. In seinem Unterricht verwendete dieser eine Fassung des westdeutschen Grundgesetzes, die Ende der 50er Jahre des vorigen Jahrhunderts den Schulen zusammen mit der Landesverfassung kostenlos zur Verfügung gestellt wurde. Sie gab nicht nur den Text des Grundgesetzes der Bundrepublik Deutschland wieder, sondern kommentierte diesen zugleich durch einen wissenschaftlichen Apparat, der nach meiner Erinnerung aus zwei Sorten von Fußnoten bestand. Die eine konzentrierte sich darauf, festzustellen, welche Passagen des Grundgesetzes von welchen Gruppierungen des Parlamentarischen Rats in der Erstfassung des Jahres 1949 verankert worden waren; die andere hielt für alle Änderungen die ursprüngliche und die veränderte bzw. ergänzte Fassung fest und notierte zusätzlich, wann und auf Veranlassung welcher Parteien Änderungen bzw. Ergänzungen beschlossen wurden. Damals waren die Änderungen noch überschaubar; sie betrafen überwiegend die Wiederbewaffnung Deutschlands und die Gründung der Bundeswehr.

Die List der Vernunft im Politikunterricht unseres Lehrers bestand darin, dass er uns das Grundgesetz von seinen Fußnoten her als einen Text lesen lehrte, über den zuvor im Parlamentarischen Rat und später im Parlament gerungen und durch Abstimmungen entschieden worden war. Er vermittelte uns auf diese Weise einen zivilbürgerlichen Zugang zur Verfassung unseres Staates, die u. a. zwei Wege zur Vereinigung der beiden deutschen Nachkriegsstaaten unterschied, den Beitritt der Sowjetisch Besetzten Zone Deutschlands bzw. der Deutschen Demokratischen Republik zum Geltungsbereich des westdeutschen Grundgesetzes und die Ausarbeitung einer gemeinsamen Verfassung. Von dieser hieß es im damaligen Grundgesetz, über sie werde nicht durch Politiker, sondern durch das ganze deutsche Volk zu entscheiden sein. Durch den zugleich textkritischen und zivilbürgerlichen Politikunterricht wurde mit Blick auf alle Paragraphen des Grundgesetzes ein Verfassungsverständnis gefördert, in dem die Schüler als Adressaten der Verfassung nicht deren Untertanen, sondern ihre Interpreten und in gewissem Sinne sogar potentielle Mitautoren waren. Wenn ich hierüber gelegentlich in Vorlesungen an der East China Normal University (ECNU) berichte und dabei den keineswegs revolutionären, sondern deskriptiven und reflektierenden Charakter eines solchen Unterrichts betone, mache ich immer wieder die Erfahrung, dass chinesische Zuhörer darüber nachzudenken beginnen, warum sie ihre Verfassung im Unterricht der öffentlichen Schulen nicht mit Fußnoten zu Verfassungsgehalten aus dem Kaiserreich, der ersten Republik, der Mao-Zeit und der Gegenwart behandeln, sondern stets mit Verfassungen konfrontiert werden, die ihre Geltungsansprüche ohne jedes Wenn und Aber erheben.

Halten wir fest: Gerechtigkeitsfragen sollten aus pädagogischen Gründen im Unterricht rechtskundlich, historisch, vergleichend und problematisierend behandelt werden, nicht aber dogmatisch. Überhaupt ist es nicht Aufgabe von Unterricht, die Domänen, in denen er aktiv wird, dogmatisch zu lehren, sondern bei den Lernenden die Entwicklung einer fachlichen Urteilskompetenz zu fördern. Was gerecht ist, kann solchem Unterricht ebenso wenig vorgegeben werden, wie dieser selbst darüber entscheiden kann, was von den Lernenden als gerecht angesehen werden soll. Für schulischen Unterricht insgesamt gilt, was Herbart von der belehrenden Kraft seiner »Allgemeinen praktischen Philosophie« sagte: Diese urteilt nicht, macht aber urteilen (Herbart, 1808, S. 4). Dies geschieht in anspruchsvollem Unterricht durch die Berücksichtigung unterschiedlicher Positionen und Wissensformen, die es fachlich auszulegen gilt. Zwischen szientifischen, historischen, ideologiekritischen und pragmatischen Wahrheitsansprüchen zu vermitteln, kann nicht Angelegenheit allgemeiner Gerechtigkeitsnormen sein. Gerechte Wissensformen gibt es im Bereich des Ethischen, Politischen oder Religiösen ebenso wenig wie in der Physik. Das Wissen von Schülern wird in allen Fächern nicht danach beurteilt, ob es gerecht oder ungerecht ist, sondern ob es richtig oder falsch ist. Selbst das Wissen um Gerechtigkeit kann nicht als gerecht, sondern nur als richtig oder falsch beurteilt werden, und dies nach verschiedenen Wissensformen, eben historisch, vergleichend, ideologiekritisch, voraussetzungskritisch und pragmatisch. Als Gegenstand von Unterricht gibt es weder ein vorgegebenes, unterrichtlich zu vermittelndes gerechtes Grundgesetz noch irgendeine andere gerechte Verfassung noch gerechte Gefühle.

Ähnliches gilt auch für Sachverhalte und Fragen der Gerechtigkeit, wenn sie in pädagogischen Beratungen thematisiert werden, die auf Übergänge in ein von den Heranwachsenden selbst zu verantwortendes Handeln zielen. Auch hier geben nicht die Verfassung und das positive Recht der Staaten den handelnden Pädagogen die Regeln für ihre Erziehungskunst vor. Pädagogische Beratungspraxis hält vielmehr Heranwachsende dazu an, sich des eigenen Motivationshorizontes zu vergewissern, diesen mit Blick auf konkrete Handlungssituationen zu analysieren sowie Handlungsentwürfe nach ethisch-moralischen Regeln zu prüfen, und sie unterstützt Heranwachsende darin, in ein Handeln nach eigener Einsicht überzugehen. In freier Auslegung einer Maxime, die Schleiermacher für die religiöse Bildung und Praxis aufgestellt hat, können wir mit Blick auf die Behandlung von Gerechtigkeitsfragen in einer beratenden Erziehungspraxis sagen, dass diese Heranwachsende darin befähigen soll, bei allen Handlungen Gerechtigkeitsabwägungen anzustellen, nichts aber nur der Gerechtigkeit wegen zu tun oder nur nach Gerechtigkeitsgesichtspunkten zu entscheiden (siehe hierzu auch den Beitrag von Jörg Ruhloff in diesem Band).

4. Gibt es überhaupt einen pädagogisch ausweisbaren positiven Begriff von Gerechtigkeit? Ein Plädoyer, im Bildungssystem bestehende Ungerechtigkeiten zu bekämpfen

Nachdem von der Bedeutung, aber auch von den Grenzen außerpädagogischer Gerechtigkeitsdiskurse mit Blick auf Fragen und Probleme einer regierenden, unterrichtenden und beratenden Erziehung die Rede war, soll nun im letzten Abschnitt untersucht werden, ob es nicht vielleicht doch einen pädagogisch bedeutsamen Begriff von Gerechtigkeit gibt, der zwar nicht aus dem Rechtssystem, wohl aber aus den Aufgaben und Möglichkeiten der Erziehung selbst gewonnen werden kann. Bei der vorläufigen Klärung dieser Frage werden abschließend klassische pädagogische Institutionen- bzw. Schultheorien zu Rate gezogen, welche die erziehungs- und bildungstheoretischen Orientierungen der pädagogischen Praxis mit konkreten Möglichkeiten und Spielräumen einer öffentlich institutionalisierten Erziehung abzustimmen suchen.

Wendet man sich z. B. den pädagogischen Schultheorien Herbarts und Hegels zu, so fällt zunächst einmal auf, dass Herbart die Institution Schule bei keinem der in seiner Allgemeinen Praktischen Philosophie unterschiedenen gesellschaftlichen Teilsysteme und damit auch bei keiner der für diese geltenden Gerechtigkeitssphären verortet hat, sondern die öffentliche Schule als eine kommunale Einrichtung für die Ausübung des pädagogischen Lehrerberufs definierte (vgl. Herbart, 1810). Als solche muss die allgemeine Schule pädagogische Rücksichten erfüllen und Heranwachsende in grundlegenden, Erfahrung und Umgang erweiternden Lernbereichen durch Unterricht fördern und wegen deren gegenüber der beruflichen Bildung vorgelagerten Bedeutung davon absehen, Lernende vorrangig für einen bestimmten Bereich des Beschäftigungssystems zu qualifizieren.

Folgt man Herbart, so kann die allgemeine, öffentliche Schule keine *Just Community* im Sinne von Kohlberg sein und auch nicht beim Rechts-, Verwaltungs- oder Kultursystem angesiedelt werden. Nach Hegel ist sie eine Institution des Übergangs von der Familie in die bürgerliche Gesellschaft, welche die Einzelnen dazu befähigt, eine »zweifache Existenz« zu entwickeln, nämlich ein individuelles Leben zu führen und am »öffentlichen Leben« zu partizipieren (vgl. Hegel, 1811/1961). Dies ermöglichen nach Humboldts Schulplänen doppelqualifizierende Bildungsgänge, welche Schüler auf jeder Schulstufe gleichzeitig auf den Eintritt in die nächst höhere Schulstufe und den Übergang ins Leben vorbereiten (siehe Humboldt, 1809, S. 169 f.).

Die pädagogische Ordnung von Schulen leidet Schaden, wenn sie nach dem Muster eines der anderen gesellschaftlichen Teilsysteme definiert wird und beispielsweise das Rechts- oder Politiksystem durch eine innerschulische Gerichtsbarkeit oder das Beschäftigungssystem durch Einheitskonzepte von Leben und Lernen nachahmt. Die Künstlichkeit schulischen Lehrens und Lernens verträgt sich nicht mit Vorstellungen eines Lernens durch praktisches Arbeiten, denn die Schüler gehen, wie Hannah Arendt betont hat, in der Schule in keine Lehre, sondern erfahren diese als einen theoretischen Ort, an dem vermittelt wird, was in modernen Gesellschaften im Leben selbst nicht angeeignet werden kann. Was könnte vor diesem Hintergrund unter einem pädagogisch legitimen Gerechtigkeitsprinzip verstanden werden? Als vorläufige Antworten nenne ich einige aus der Tradition bekannte Einsichten:

Schüler werden nicht angemessen durch schulische Erziehung und Unterweisung gefördert, wenn sie hinter ihren Möglichkeiten zurückbleiben; eine Maxime, deren Geltung dadurch relativiert wird, dass niemand wissen kann, wie weit die Möglichkeiten eines Einzelnen reichen und wie sich dieser durch eine andere Erziehung hätte besser entwickeln können. Herbart, auf den die zitierte Maxime zurückgeht, verlangt, Zöglinge und Schüler mit sich selbst zu vergleichen und so ihre Lernfortschritte zu kontrollieren (vgl. Herbart, 1832, S. 168). In der posthum erschienenen Abhandlung »Das Erziehungssystem der Gesellschaft« vertritt Luhmann eine ähnliche Auffassung, wenn er Vergleiche zwischen Schulleistungen von Schülern schon bei unterschiedlichen Lehrern und Schulkassen mit Verweis auf die Individualität der Lernenden und der Lehrenden problematisiert (Luhmann, 2002, S. 73).

Nach Auskunft der herangezogenen Schultheorien lassen sich Gerechtigkeitsfragen in pädagogisch zu führenden Diskursen systematisch nach vier Ebenen ordnen:

– mit Blick auf einzelne pädagogische Interaktionen,
– mit Blick auf pädagogische Interaktionen in Gruppen, Klassen und einzelnen Schulen,
– mit Blick auf die Beurteilung und den Vergleich von Leistungen einzelner Erziehungssysteme,
– mit Blick auf Abhängigkeiten zwischen Entwicklungen im Erziehungssystem und in anderen gesellschaftlichen Systemen.

Mein abschließender Vorschlag lautet, der Ermittlung von Ungerechtigkeiten in Erziehungs- und Bildungsprozessen einen gewissen Vorzug gegenüber Beschreibungen, Beurteilungen und Messungen einzuräumen, die von positiven Gerechtigkeitsnormen ausgehen. Letztere folgen in der Regel entweder naiven reformpädagogischen Vorstellungen, die Erziehung allein auf das Recht des Kindes zu gründen suchen, oder politischen Gerechtigkeitsutopien oder Interessen der Abnehmer von Schulabsolventen, die die Pädagogik letztlich nur instrumentell zu Hilfe rufen, sich aber nicht an pädagogischen Gerechtigkeitsvorstellungen orientieren.

Fragen wir daher abschließend nicht, wie eine gerechte Erziehung und Schule aussehen kann und was Erziehung und Unterricht zur Entwicklung einer gerechten Gesellschaft beizutragen vermögen, sondern fragen wir einmal bescheidener, was auf den zuvor unterschiedenen Ebenen als Merkmale von Ungerechtigkeit angesehen werden muss, die es pädagogisch, aber auch schulreformerisch und bildungspolitisch zu bearbeiten gilt.

Tableau mit Beispielen für Ungerechtigkeiten in Erziehungssystemen, geordnet nach den Ebenen A–D sowie individuellen und systemischen Problemen

			individuell		*systemisch*
A	mit Blick auf einzelne päd. Interaktionen	1	keine Würdigung von Entwicklungsfortschritten der einzelnen Schüler	2	Schülerbeurteilung ohne Prüfung der edukativen und bildenden Qualität des erteilten Unterrichts
B	mit Blick auf einzelne Gruppen, Klassen, Schulen	3	Leistungsvergleiche nach statistischen Mittelwerten ohne Berücksichtigung der Hintergrundmerkmale	4	Leistungsvergleiche nach erreichten Anspruchsniveaus ohne Vergleich der gegebenen sozialen Voraussetzungen für deren Erreichbarkeit
C	mit Blick auf ganze Bildungssysteme	5	keine Möglichkeit, schulische Berechtigungen durch Leistungen im weiteren Lebenslauf zu erweitern	6	Benachteiligung von Kindern aus bildungsfernen Schichten durch Unterrichtsausfall
D	mit Blick auf Bezüge zwischen gesellschaftlichen Systemen	7	fehlende wechselseitige Anpassung von Beschäftigungssystem und Erziehungssystem	8	Verletzung des Gebots sozialer Koedukation durch Gettobildung und Privatschulen

Ungerecht auf der Ebene der einzelnen pädagogischen Interaktion könnte z. B. sein, wenn

(1.) individuelle Lernfortschritte nicht gefördert und gewürdigt werden oder
(2.) Erzieher und professionelle Pädagogen bei der Beurteilung der Heranwachsenden nur Fremdbeurteilungen vornehmen und die Frage nach der Qualität ihres Unterrichts und ihrer pädagogischen Einflussnahmen gar nicht stellen.

Ungerecht auf der Ebene der Gruppe/der Klasse/der Einzelschule usw. sind zu nennen, wenn

(3.) statistische Mittelwerte von Noten/der Verteilung von Berechtigungen etc. unabhängig von der Zusammensetzung der Schülerschaft und den Bildungsabschlüssen der Eltern als gerecht ausgegeben und zum Maßstab vergleichender Bewertungen erhoben werden oder

(4.) Leistungsvergleiche nach erreichten Anspruchsniveaus vorgenommen werden, ohne dass die familialen und sozialen Voraussetzungen für deren Erreichbarkeit kontrolliert werden.

Ungerecht auf der Ebene einzelner Erziehungssysteme sind zu nennen, wenn

(5.) Urteile der Schule als endgültige Urteile über den Bildungsgang Einzelner ausgegeben werden und Veränderungen, die nach der Schulzeit eintreten, keine Beachtung finden oder
(6.) Kinder aus bildungsfernen Schichten durch mangelnde personelle und sachliche Ausstattungen von Schulen oder institutionelle Mängel wie Unterrichtsausfall doppelt benachteiligt werden, weil bei ihnen jene familiäre Unterstützung fehlt, die Kinder aus bildungsnahen Schichten gerade in solchen Situationen vermehrt erfahren.

Ungerechtigkeit mit Blick auf die Beziehungen zwischen Erziehungssystem und anderen gesellschaftlichen Teilsystemen könnte vorliegen, wenn

(7.) Abstimmungsprobleme zwischen dem Erziehungssystem und dem Beschäftigungssystem nicht zumindest auch gesamtpolitisch reflektiert und bearbeitet und beispielsweise die Folgen von Jugendarbeitslosigkeit einseitig dem Erziehungssystem zugeschrieben werden oder
(8.) das Erfordernis sozialer Koedukation, nach dem das, was nur gemeinsam ausgeübt werden kann, auch gemeinsam vermittelt und gelernt werden muss (Aristoteles, 1968, 1337 a 21–34), durch Gettobildung in Schulen für Kinder aus bildungsfernen Schichten oder durch Privatschulen für Mitglieder einer bestimmten Religion oder aus reichen Familien oder für die Nachkömmlinge von Funktionären umgangen wird (vgl. Tenorth, 2016).

Privatschulen können legitim sein, wenn sie Experimentierspielräume eröffnen und nutzen, die im staatlichen Schulsystem erst eine Rolle spielen, nachdem sie sich in Experimentalschulen bewährt haben (siehe hierzu auch den Beitrag von Margret Kraul in diesem Band). Niemals aber dürfen Privatschulen gegen die Maxime verstoßen, dass das Gemeinsame auch gemeinsam vermittelt wird. Darum plädiere ich für Auflagen, die Privatschulen daran hindern, Parallel- bzw. Gegenwelten herzustellen oder zu tradieren, indem sie nur Kinder von Reichen aufnehmen oder nur Kinder, die einer bestimmten Religion angehören, oder die Erziehung von Funktionären an Einrichtungen konzentrieren, die anderen nicht offenstehen. Solche Auflagen könnten darin bestehen, dass Privatschulen Freiplätze für Bedürftige vorsehen müssen oder einen festzulegenden Anteil von Kindern mit anderen kulturellen Herkünften oder religiösen Bindungen aufnehmen müssen, wie es in Berlin die jüdischen Schulen tun, die Wert darauf legen, dass jüdische Heranwachsende in Schule und Schulleben auch mit Nicht-Juden kommunizieren.

Die Frage, ob die Kultivierung eines kritischen Verständnisses von pädagogischer Ungerechtigkeit darüber hinaus zur Entwicklung eines positiven pädagogischen Gerechtigkeitsbegriffs beitragen kann, möchte ich offenhalten und unbeantwortet lassen. Es kann sein, dass ein pädagogischer Begriff von Ungerechtigkeiten in Erziehungs- und Bildungsgängen einen Beitrag zur Entwicklung eines ebenso umfassenden wie differenzierenden Gerechtigkeitsverständnisses leisten kann. Die Eigenlogik pädagogischen Denkens und Handelns darf aber niemals nach Gerechtigkeitsvorstellungen normiert, sondern muss stets mit den Erfordernissen einer regierenden, unterrichtenden und beratenden Erziehung abgestimmt werden. Gerechtigkeitsvorstellungen tendieren dazu, den Anlagen und Begabungen oder der Erziehung eine Allmacht zuzuschreiben, die diese nicht haben.

Das erklärt auch den Dauerstreit, den wir in Deutschland über ein gerechtes Erziehungssystem führen. Diejenigen, die Gerechtigkeit als oberstes Prinzip öffentlicher Erziehung anrufen und eine inklusive Schule für alle fordern, hängen pädagogischen Allmachtsvorstellungen an, diejenigen aber, die die Selektionsfunktion der Schule als gerecht verteidigen, blenden die Wirkungen von Intelligenz, Sozialstatus, Bildungsabschlüssen und Lebensformen der Eltern aus ihrer Betrachtung aus. Aufgabe der öffentlichen Schule ist es aber weder, im Dienst außerpädagogischer Gerechtigkeitsnormierungen Illusionen zu unterstützen, die sie nicht bedienen kann, noch Privilegien und gesellschaftliche Abgrenzungen auf Dauer zu stellen und als gerecht auszugeben, die in demokratischen, republikanischen und sozialistischen Gesellschaften unter Problemstellungen eines guten Lebens aller Gesellschaftsmitglieder hinterfragt werden. Nur wenn sich Schule, Erziehung und Unterricht gegen beide Instrumentalisierungen wehren, können Schulen und Schulreformen einen Beitrag zur Humanisierung moderner Gesellschaften und Sensibilisierung für Fragen der Gerechtigkeit leisten.

Literatur

Arendt, H. (1958). Die Krise der Erziehung. In Dies., *Zwischen Vergangenheit und Zukunft. Übungen im politischen Denken.* Hrsg. von E. Ludz. München, Zürich.

Ariès, P. (1975). *Geschichte der Kindheit*. München: Hanser.

Aristoteles (1968). *Politik*. Nach der Übersetzung von F. Susemihl. München: Rowohlt.

Aristoteles (1995). Nikomachische Ethik. Nach der Übersetzung von E. Rolfes. In Ders., *Philosophische Schriften in sechs Bänden*. Bd. 3. Darmstadt: Wissenschaftliche Buchgesellschaft.

Benner, D. (2015). *Allgemeine Pädagogik* (8. Aufl.). Weinheim: Beltz-Juventa.

Benner, D., von Oettingen, A., Peng, Z. & Stępkowski, D. (2015). *Bildung – Moral – Demokratie*. Paderborn: Schöningh.

Biedermann, H. & Oser, F. (2018). Moral und Politik: Geschwister, die sich nicht lieben? In S. Manzel & M. Oberle (Hrsg.), *Kompetenzorientierung: Potenziale zur Professionalisierung der Politischen Bildung* (S. 113–123). Wiesbaden: Springer VS.

Bildungsrat für Bildungsgerechtigkeit (2017) Bildungsgerechtigkeit: Die Zeit drängt! Verfügbar unter: http://bildungsrat-fuer-bildungsgerechtigkeit.de/der-weg-zur-petiton. [zuletzt Dezember 2018]

Brezinka, W. (1988). *Erziehung in einer wertunsicheren Gesellschaft*. München, Basel: Reinhardt.

deMause, L. (1980). *Hört ihr die Kinder weinen. Eine psychogenetische Geschichte der Kindheit*. Frankfurt/M.: Suhrkamp.

Die Schrift (1929/1954). Verdeutscht von M. Buber gemeinsam mit F. Rosenzweig. 4 Bde. (10. Aufl. 1976). Stuttgart: Lambert-Schneider.

Fend, H. (2006). *Neue Theorie der Schule. Einführung in das Verstehen von Bildungssystemen*. Wiesbaden: VS.

Flasch, K. (2015). *Der Teufel und seine Engel*. München: Beck.

Gamm, H.-J. (1988). *Pädagogische Ethik*. Weinheim: Deutscher Studien Verlag.

Gerechtigkeit (1974). In *Historisches Wörterbuch der Philosophie*. Bd. 3, Sp. 329–338.

Hegel, G. W. F. (1811/1961). Gymnasialrede am 2. September 1811. In Ders., *Sämtliche Werke in 20 Bänden*. Hrsg. von H. Glockner. Bd. 3 (S. 264–280). Stuttgart: Frommann.

Heid, H. (1988). Zur Paradoxie der bildungspolitischen Forderung nach Chancengleichheit. *Zeitschrift für Pädagogik, 34* (1), 1–17.

Heid, H. (2005). Gerechtigkeit als Regulativ unterrichtspraktischen Handelns? In *Schule und Gerechtigkeit*. Dokumentation des Deutschen Lehrertags am 14.04.2005 in der Universität Freiburg i. Br. Hrsg. vom Verband Bildung und Erziehung (S. 32–53). Berlin.

Heid, H. (2012). Der Beitrag des Leistungsprinzips zur Rechtfertigung sozialer Ungerechtigkeit. *Vierteljahresschrift für Heilpädagogik und ihre Nachbargebiete, 81* (1), 22–34.

Herbart, J. F. (1808). *Allgemeine Praktische Philosophie*. Göttingen: Danckwerts.

Herbart, J. F. (1810). Über Erziehung unter öffentlicher Mitwirkung. In Ders., *Pädagogische Schriften*. Hrsg. von W. Asmus. Bd. 1 (S. 143–151). Düsseldorf, München 1964–65: Küpper.

Herbart, J. F. (1832). Pädagogische Briefe oder Briefe über die Anwendung der Psychologie auf die Pädagogik. In Ders., *Pädagogische Schriften*. Hrsg. von W. Asmus. Bd. 2 (S. 157–255). Düsseldorf, München: Küpper.

Humboldt, W. von (1809). Der Königsberger und der Litauische Schulplan. In Ders., *Werke in 5 Bänden*. Hrsg. von A. Flitner und K. Giel. Bd. 4 (S. 168–195). Darmstadt 1960–1981: Wissenschaftliche Buchgesellschaft.

Kant, I. (1793/1966). Kritik der Urteilskraft. In Ders., *Werke in sechs Bänden*. Hrsg. von W. Weichedel. Bd. V (2. Aufl.) (S. 235–600). Darmstadt: Wissenschaftliche Buchgesellschaft.

Kant, I. (1966). Erste Fassung der Einleitung in die Kritik der Urteilskraft. In Ders., *Werke in sechs Bänden*. Hrsg. von W. Weichedel. Bd. V (S. 171–232). Darmstadt: Wissenschaftliche Buchgesellschaft.

Luhmann, N. (1984). *Soziale Systeme. Grundriß einer allgemeinen Theorie*. Frankfurt/M.: Suhrkamp.

Luhmann, N. (2002). *Das Erziehungssystem der Gesellschaft*. Frankfurt/M.: Suhrkamp.

Marx, K. (1844/1953). Zur Kritik der Hegelschen Rechtsphilosophie. In Ders., *Die Frühschriften*. Hrsg. von S. Landshut (S. 207–224). Stuttgart: Kröner.

Oelkers, J. (1989). Besprechung von Wolfgang Brezinka »Erziehung in einer wertunsicheren Gesellschaft« und Hans-Jochen Gamm: »Pädagogische Ethik«. *Zeitschrift für Pädagogik, 35* (4), 731–735.

Oser, F. (1998). Negative Moralität und Entwicklung – Ein undurchsichtiges Verhältnis. *Ethik und Sozialwissenschaften. Streitforum für Erwägungskultur, 9*, 597–608.

Platon (1977). Protagoras. In Ders., *Werke in 8 Bänden*. Griechisch-Deutsch. 1. Bd. (S. 83–217).

Prange, K. (2010). *Die Ethik der Pädagogik*. Paderborn: Schöningh.

Rawls, J. (2003). *Gerechtigkeit als Fairneß. Ein Neuentwurf.* Frankfurt/M.: Suhrkamp.
Rousseau, J.-J. (1762a/1966). *Der Gesellschaftsvertrag. Contrat social.* In der verbesserten Übersetzung von H. Denhardt. Hrsg. von H. Weinstock. Stuttgart: Reclam.
Rousseau, J.-J. (1762b/1979). *Emile oder Von der Erziehung.* München: Winkler.
Ruhloff, J. (1979). *Das ungelöste Normproblem in der Pädagogik.* Heidelberg: Quelle & Meyer.
Tenorth, H.-E. (2016). Was heißt es, eine »katholische« Schule zu betreiben. Skeptische Rückfragen aus der Perspektive der Erziehungswissenschaft. In M. Reitemeyer & W. Verburg (Hrsg.), *Bildung – Zukunft – Hoffnung, Warum Kirche Schule macht* (S. 168–179). Freiburg: Herder.
Walzer, M. (1983/2006). *Spheres of Justice. A Defense of Pluralism and Equality.* New York: Basic Books. Sphären der Gerechtigkeit. Ein Plädoyer für Pluralität und Gleichheit. Frankfurt/M., New York: Campus.

Jörg Ruhloff

Bildungsgerechtigkeit?
Problemgeschichtliche Ergänzungen

1.

Pädagogische Praxistheorie und Theoriepraxis sind in Europa von Beginn an, also seit etwa zweieinhalbtausend Jahren mit der Frage nach Gerechtigkeit verknüpft. Daran wird zuerst weniger in vergangenheitsorientierter als vielmehr in systematischer Absicht erinnert.[1] Es ist der Sache nach für die Thematik der *Bildungsgerechtigkeit* aufschlussreich, wie und warum der früheste und denkerisch vielleicht überhaupt radikalste Versuch, Bildung mit Gerechtigkeit zu verbinden, gescheitert ist. Gemeint ist Platons Entwurf des Modells einer gerechten Stadt, die von Gebildeten regiert wird. An diesen Entwurf ist zwar immer wieder erinnert worden, zumeist jedoch nur unvollständig. Die phantastisch und spektakulär von den tatsächlichen Verhältnissen des Zusammenlebens abweichenden Züge des Entwurfs sind immer wieder herausgestellt worden. Kaum beachtet wurden die Erwägungen, aus denen Platon sein kunstvoll und detailreich entworfenes Modell eines gerechten Bildungsstaates zum Scheitern verurteilt sieht.

Dass es überhaupt zu einer soziokulturellen Konstellation kam, in der zugleich mit dem Verlangen nach Gerechtigkeit auch dasjenige nach Bildung freigesetzt wurde, hängt mit dem Zerfall der Adelsgesellschaft in einigen der griechischen Städte des 5. vorchristlichen Jahrhunderts zusammen. Insbesondere über die Entwicklungen in Athen hat die historische Forschung zu sehr differenzierten Erkenntnissen geführt (vgl. Ober, 2008). Eine Verbindung von Bildungsfragen mit dem Verlangen nach Gerechtigkeit ist demnach keine soziokulturelle Selbstverständlichkeit. Sie hat jedoch gut nachvollziehbare Gründe für sich. Die Mitwirkung der freien Stadtbürger an den politischen Angelegenheiten, die vor der Beseitigung der Tyrannenherrschaft weitgehend ausgeschlossen war, also die *Demokratisierung* im Athen des 5. vorchristlichen Jahrhunderts, ging einher mit einem wachsenden Bedürfnis nach dem dazu erforderlichen Wissen und Mitredenkönnen, ohne dass diese Konstellation als ein kausales Bedingungsverhältnis gedeutet werden müsste (vgl. Fischer, 1998). Sie entfesselte ein Bedürfnis nach Kenntnissen und Redefertigkeiten, sicherlich kaum überwiegend oder gar ausschließlich aus einem reinen Bildungsinteresse, sondern bereits aus dem Interesse der Selbsterhaltung,

---

1 Weitere problemgeschichtliche Aspekte spricht in diesem Band die von Dietrich Benner vorgetragene Studie an. Insofern sind meine Überlegungen »Ergänzungen«.

etwa bei der Verteidigung seiner Rechte, die ein jeder ohne anwaltliche Vertretung selber besorgen musste. Die Sophisten waren die ersten, die diesem Bedürfnis entgegenkamen. Sie boten die Übermittlung von nützlichen Kenntnissen und die Einübung von Redefertigkeiten an, und zwar, soweit wir wissen, zum ersten Mal unterschiedslos für alle Freigeborenen, wenn sie nur zahlen konnten, also ohne die Bedingung des Nachweises einer privilegierten Standesherkunft, die über den Status des freigeborenen männlichen Atheners hinausging. Damit war, zunächst noch eher beiläufig infolge der unterschiedlichen ökonomischen Ausstattung, die Frage nach einer gerechten Verteilung des Zugangs zu Bildungsmöglichkeiten angerührt. Bereits für den frühesten und berühmtesten der Sophisten, für Protagoras von Abdera, scheint der grundsätzliche Zusammenhang deutlich gewesen zu sein zwischen

- den wirtschaftlichen Lebensbedingungen,
- der Genese von menschlicher Tüchtigkeit (areté), der ›Bildung‹,
- der pädagogisch zu ermöglichenden Befähigung dazu, also Erziehung und Unterricht,
- dem Anspruch auf politische Mitwirkung in der Stadt,
- und mit alle dem der Erfüllung einer Implikation von Gerechtigkeit.

Gegen den Zweifel des Sokrates, ob politische Tüchtigkeit überhaupt lehrbar sei, legt Platon dem Sophisten in den Mund: *Deine Bedenken, mein bester Sokrates*, so ungefähr wird Protagoras kolportiert, *deine Bedenken sind offensichtlich abwegig; denn du siehst doch, dass jeder Vernünftige in der Stadt die allergrößte Mühe und größtmögliche finanzielle Mittel daran setzt, seine Söhne den besten Lehrern anzuvertrauen und ihnen die längste und gründlichste Bildung zu gewähren, damit sie so tüchtig wie nur möglich werden* (Platon: Protagoras 325 C ff.). Dass dabei auch die Naturanlage eine Rolle spielt, ist stillschweigend unterstellt und war, wie wohl auch heute noch überwiegend, eine allgemein geteilte Überzeugung im antiken griechischen Siedlungsraum. Das stand in der angedeuteten Redesituation aber nicht zur Debatte. Gefragt war nur, ob Tüchtigkeit überhaupt von Belehrung und Bildung und ineins damit von den dazu erforderlichen Ressourcen abhängt oder nicht. Und wenn, um politisch in Gerechtigkeit zusammen zu leben, jeder Freie zur Tüchtigkeit befähigt werden muss, dann ist die Frage aufgerufen, inwieweit dazu die Chance besteht oder wegen ungerecht verteilter Ressourcen verstellt oder eingeschränkt ist.

Platon hat die Frage nach dem Zusammenhang von Bildung und Gerechtigkeit in den Mittelpunkt seiner Hauptschrift gestellt. Sie ist das zentrale Thema seines Buches über den Staat, d. h. über die Leitung und Organisation des Zusammenlebens in einem autonomen Gemeinwesen von der Größenordnung einer Stadt[2]. Nach sei-

---

2 Für die Blütezeit der Athener Demokratie um 450 v.C. setzen historische Forschungen eine Größenordnung von etwa 40.000 männlichen Vollbürgern an, Verhältnisse also, die über

nem Entwurf wird ein gerechter Staat von Philosophinnen und Philosophen regiert und in Ordnung gehalten, wider alle damalige Üblichkeit ausdrücklich auch von Philosophinnen; weil die Vernunft maßgeblich sein soll, das Geschlecht darüber jedoch so wenig Auskunft gebe wie die Haarfarbe. Philosophen und Philosophinnen, das sind die wenigen, die bis zur echten Bildung, d. h. bis zum äußersten Ziel der uns Menschen möglichen Wahrheitserkenntnis vorzudringen vermögen. Der Bildung in diesem Verständnis wird die politische Funktion der Staatsregierung zugedacht. Regierungsgeschäfte absorbieren allerdings die Bildungsaufgabe nicht. Vom Regieren sollen sich die Funktionsträger der Staatsleitung von Zeit zu Zeit zurückziehen dürfen, um wieder zu philosophieren, mithin ›ihre‹ Bildung oder richtiger: die erweislich allgemeinverbindliche Erkenntnis voranzubringen. Nach der platonischen Modellkonstruktion gelangen die Regenten auch auf einem gerechten Wege an die Regierungsgewalt, und zwar ohne von Anfang an auf die Herrschaft zu schielen; denn sie tragen die Regierungsverpflichtungen eher ungern als eine für das Zusammenleben notwendige Last. Sie übernehmen die politische Leitung der Stadt für begrenzte Zeitspannen aus Einsicht in deren Unerlässlichkeit und als Dank für die ihnen von der Polis gewährte Lebensweise; denn sie behalten in Erinnerung, dass sie die Möglichkeit, sich dem Philosophieren zu widmen, den günstigen Verhältnissen in der Stadt und damit letztlich dem gesamten Gefüge der Polis verdanken. Umgekehrt kommt ihr Philosophieren auch allen Bürgern in Gestalt einer maximal gerechten politischen Ordnung zugute. Dass dieses Polismodell auch auf den Rücken von Arbeitssklaven gesetzt ist, wird von Platon nicht diskutiert und muss für die jetzt enger begrenzten Ausführungen auch nicht verfolgt werden, weil dieser Sachverhalt das systematische Grundverhältnis zwischen Bildung und Gerechtigkeit nicht unmittelbar verändert, wenn, wie bereits von Aristoteles angedeutet, das »Werkzeug« der Sklaverei grundsätzlich durch Erfindung von Maschinen ausgetauscht werden könnte.

Platons Konstruktion eines Bildungsstaates ist vielfach auf mehr oder weniger schroffe Ablehnung gestoßen, auch unter Philosophen vom Fach, beginnend mit Aristoteles, in der klassischen Moderne fortgesetzt durch Kant, in jüngerer Zeit bekräftigt durch Karl Popper. Bei dieser Zurückweisung wurde meistens übergangen oder wenigstens nicht hinreichend gewürdigt, dass und warum Platon selber noch im Fortgang seiner Ausführungen in der Staatsschrift[3] sein Modell einer bildungsgerechten Stadt zum Scheitern verurteilt sieht. Seine Begründung dafür in Erinnerung zu bringen kann das Problembewusstsein schärfen, auch wenn uns die Argumentation ihrem Inhalt nach als abwegig und mit ihren Anklängen an eugenische Kalkulationen auch als abstoßend erscheint. Nach Platon scheitert sein Modell

---

verwandtschaftliche, nachbarschaftliche und freundschaftliche Verzweigungen nähere oder fernere persönliche Bekanntschaften und Bindungen erlauben.

3 Im 8. Buch der Politeia.

nicht an der Unerreichbarkeit von Bildung. Bildung ist erreichbar, wenngleich sie erfahrungsgemäß nicht von allen im gleichen und im vollen Umfang ihrer sachlichen und fachlichen Anforderungen erreicht wird. Bildung bleibt allerdings auch für diejenigen, die sie erreichen, unabschließbar. Platon lässt sein Modell scheitern an der Unerreichbarkeit von Gerechtigkeit.[4] Das deutet sich in der Staatsschrift bereits früh an. Bei der Auswahl derer, die für die höchste Stufe von Unterricht und Erziehung und damit für die Regierung der Stadt vorgesehen sind, muss eine kleine, als ausnahmsweise erlaubt deklarierte Lüge zu Hilfe genommen werden. Mit zweifelloser Sicherheit kann nämlich prognostisch nicht geklärt werden, ob diejenigen, die auf den Weg zu den höchsten, schwierigsten und mit der Regentschaft der Stadt verbundenen Bildungsaufgaben gebracht werden, auch wirklich die zugleich von Natur aus dazu Geeignetsten sind. Es kann nicht mit unbedingter Gewissheit ausgeschlossen werden, dass trotz der zahlreichen pädagogischen Prüfungen gelegentlich einige durch das stets irrtumsanfällige menschliche Agieren ungerechterweise privilegiert worden sind. Die kleine Lüge besteht darin, die Auswahl der künftigen, umfassend gebildeten Regenten für die anderen, denen die Regierungsgewalt begehrenswert erscheint, die jedoch als ungeeignet beurteilt wurden, durch ein Märchen zu beglaubigen. Das Märchen erzählt, dass die Menschen von Natur aus mit einer Beimischung entweder aus Bronze oder aus Silber oder aus Gold ausgestattet sind. Es soll glauben machen, dass die Auswahlentscheidung für den am weitesten führenden Bildungsweg letztlich durch eine unanfechtbare naturale Grundlage gedeckt ist. Wer nämlich mit welcher natürlichen Beimischung geschlagen oder gesegnet sei, genau das sei durch die zahlreichen pädagogischen Maßnahmen, durch die Übungen und die Erprobungen der anfänglich gemeinsamen Erziehung offen gelegt worden. Trotz aller teils kunstvoll neu durchdachten, teils durch lange Überlieferungen bewährten pädagogischen Praktiken gibt es demnach über vollständig gerecht verteilte Bildungswege nach Platons selbstkritischer Auskunft kein Urteil, das mit dem Anspruch einer wissenschaftlich ermittelten Wahrheit vorgebracht werden darf. Die politische Zustimmung zu einer auf Gerechtigkeit abzielenden staatlichen Bildungsordnung muss darum notgedrungen erschlichen werden, wenngleich nicht rundweg und ausschließlich auf diese Weise, sondern sehr wohl auch durch herausragende Befähigungen nachgewiesen.

Aber nicht einmal dieser von vornherein nur zweitbeste, mit einem zugestandener Weise fragwürdigen Überredungsmittel errichtete Bildungsstaat kann auf Dauer bestehen. Denn die mit dem Märchen kaschierte Unwahrheit, dass die Auswahl der zur Bildung Bestimmten auf einem vollständig sicheren Fundament auf-

---

[4] Auch dies kann an Protagoras und an die Auffassung der griechischen Dramatiker, vor allem an Aischylos, insbesondere an dessen *Orestie*, aufgeführt 458 v.C., erinnern. Für Protagoras vgl. dessen in Platons namensgleichem Dialog erzählten Mythos, nach dem der Sinn für Gerechtigkeit (díke) ein Geschenk des Zeus ist und keine genuine Frucht der Anstrengungen und der zahlreichen Leistungen menschlicher Technik.

ruhe, kommt irgendwann unvermeidlich ans Licht. Sie kommt in der Abfolge von Generationen dadurch ans Licht, dass mangels zuverlässiger eugenischer Berechnungen doch einmal die Falschen sich *paaren*, wie man in diesem Falle zoologisch formulieren darf. In der Folge von Paarungen, bei denen unpassende Naturanlagen verschmelzen, werden Nachkommen zur Welt gebracht, die in Beziehung auf ihre naturale Mitgift zur Regierung ungeeignet sind. Es werden nur scheinbar Geeignete auf den Königsweg der Bildung gebracht, und scheinbar Gebildete gelangen an die Herrschaftsgewalt. Infolgedessen wird auch die denkbar gerechteste Stadt unweigerlich untergehen und einen langen Zyklus fortlaufend schlechterer Regierungsformen auslösen bis hin zu der schlechtest möglichen, der Tyrannis. Bei Platon findet sich nichts von einem so häufig als platonisch unterstellten Idealismus qua unrealistischem Optimismus. Aber das nur am Rande!

Systematisch ausschlaggebend ist die Frage nach dem Sachgrund, der die Verbindung von Bildung und Gerechtigkeit im Sinne einer gerechten Erschließung von Bildungswegen scheitern lässt. Platon begründet das Scheitern mit der Unmöglichkeit, die naturalen Bedingungen der Bildung präzise zu erfassen. Er verneint dabei nicht ausdrücklich, dass die von ihm vorgetragene komplexe mathematische Argumentation zu einer Generationen übergreifenden eugenischen Sicherung der Philosophenregentschaft oder vielmehr genauer: von deren naturaler Komponente infolge von geeigneten Zeugungspaarungen grundsätzlich verbessert werden könnte. Das ist im Übrigen nur eine Seite in Platons Argumentation, aber eben auch ein Aspekt seiner Problemstellung; denn gute genetische Anlagen können eine richtige Erziehung keineswegs ersetzen. Ausschlaggebend für die Behauptung der prinzipiellen Unmöglichkeit einer präzisen Bestimmung der naturalen Komponente von Bildungsgerechtigkeit ist die Insuffizienz der Mathematik.[5] Eine mathematische Durchdringung natürlicher Gegebenheiten und Verhältnisse ist nach Platon zwar sehr wohl erforderlich und sie könnte auch noch weiter als bis zu seiner Zeit geschehen vorangetrieben werden. Nach seinen erkenntnistheoretischen Überlegungen kann sie aber niemals zu vollständig verlässlichen Auskünften gelangen. Das kann darum nicht gelingen, weil die Mathematik auf *Hypothesen*, wir würden heute sagen: auf *axiomatischen Setzungen*, aufruht. Von Hypothesen auszugehen bedeutet aber, von grundsätzlich fragwürdigen Prämissen auszugehen und weder von unumstößlichen Grundlagen oder Gewissheiten noch überhaupt von dem, was für die menschliche Erkenntnis erreichbar ist. Sich auf hypothetische Unterlagen zu stellen, sie wie sichere Unterlagen für alles Weitere gelten zu lassen anstatt sie darüber hinaus auch in ihrer Fragwürdigkeit zu erwägen ist zweierlei.

---

5 Die folgende Interpretation erfolgt im Rückgriff auf Platons erkenntnistheoretische Einstufung der Mathematik. Im 8. Buch der Politeia ist in der entsprechenden Passage nur von Berechnungsfehlern die Rede. Für ein zureichendes Verständnis sind jedoch die erkenntnis- und wissenschaftstheoretischen Passagen über Mathematik aus dem 6. und 7. Buch mit heranzuziehen.

Im Unterschied zur Mathematik führt erst das Philosophieren zur »Aufhebung« und Infragestellung der axiomatisch angesetzten Erkenntnisunterlagen. Aber auch das Philosophieren fährt kein abschließendes Wissen ein. Es führt zur Einsicht in die *Problematik* uneingeschränkt wahrer Erkenntnisansprüche. In systematischer Generalisierung läuft diese Argumentation darauf hinaus, dass die Einrichtung gerechter Verhältnisse daran scheitert, dass die dazu erforderlichen empirischen Daten prinzipiell nicht mit der erforderlichen Genauigkeit erfasst werden können, wenn sogar diejenige Disziplin, die größtmögliche empirische Genauigkeit erlaubt, die Mathematik, keine Wahrheit zu garantieren vermag. Erkenntnisse über funktionierende mathematische Modelle reichen nicht aus. Funktionsfähigkeit ersetzt keine Wahrheit. Bildung als Philosophieren entdeckt diese Insuffizienz. Sie eröffnet aber auch nicht mehr als eine auf den Grund gehende Problemeinsicht. Eine letztbegründete wahre Erkenntnis wird von Platon nicht unterstellt.[6] Es wäre jedoch Betrug zu behaupten, dass unsere Erkenntnis- und Handlungsprobleme zuletzt mit der Konstruktion mathematischer Funktionsmodelle zufrieden sein müssten. Die Fragwürdigkeit nur mehr *hypothetischer* bzw. axiomatischer Erkenntnisse nicht wahrzunehmen, darf als eine selbstgefällige Einnistung in der menschlichen Unvollkommenheit bezeichnet werden. Die Folgen einer derartigen Unterschlagung sind nicht harmlos. Der Wahn absoluter oder mit Funktionsmodellen endender Erkenntnisbehauptungen begünstigt unter anderem die Hybris universeller Machbarkeit von allem und jedem. Damit geht als Nebenfolge einher, in die Unbeachtlichkeit zu verschieben, was sich einer derartigen Formierung nicht fügt. Wird trotz der Unmöglichkeit, universelle Machbarkeit zu verwirklichen, an dieser Ausrichtung des Agierens festgehalten, so ist zu Rechtfertigungszwecken die Erfindung von fakes unvermeidlich, zum Beispiel in Gestalt von Hinweisen auf Kompetenzeffekte, die angeblich fortlaufender Verbesserung fähig sind, wenn nur häufig und geschickt genug kontrolliert und der Regelkreis der Selbstoptimierung in Gang gehalten wird.

Bildung und Gerechtigkeit sind im Sinne ihrer frühesten theoretisch explizierten Problemfaltung nicht befriedigend zusammen zu bringen. Der systematische Kern dieser Problemfaltung weist über seine historische Positionierung hinaus: Bei dem unabweislichen Versuch der Verknüpfung von Bildung und Gerechtigkeit kommt ein Faktor ins Spiel, der nicht zur Disposition menschlichen Wissens und Könnens steht. Er kann in seiner Unbestimmbarkeit nicht durch technische Vorkehrungen bewältigt werden. Allein von einem schlichten ökonomischen Verteilungsproblem kann jedoch nicht ausgegangen werden, wenn es um Gerechtigkeit beim Zugang zu Bildungswegen geht. Erziehung und Bildung sind ihrer sachlichen Struktur nach keine prinzipiell herstellbaren und käuflichen Sachen, keine Ausstattungen, die mehr oder weniger gerecht verteilt und appliziert werden könnten. Dass sie bzw. ihre Begriffsnamen, wie beinahe auch alles andere, dahingehend umge-

---

6 Das wird differenziert belegt von Mugerauer, 2007.

fälscht werden können, ändert an diesem Sachverhalt nichts. Sie lassen sich auch nicht je nach tatsächlichen oder angeblichen politischen Gleichheitsbedürfnissen beliebig zurechtschneidern. Fragen einer gerechten Verteilung von Zugangsmöglichkeiten zu Bildungswegen kommen gleichwohl *auch* ins Spiel. Anders wäre die Komplikation nicht zu verstehen, die bereits in Platons Gedankengang mit der Zulassung zur höchsten Stufe von Erziehung und Unterricht und zu den daran geknüpften Regierungsfunktionen verbunden ist. Das weist darauf hin, dass die Zugänge zu bestimmten Bildungswegen möglichst *gerecht* verteilt werden müssen, damit Bildung und eine erträglich gerechte Lebensordnung in einem Staat wenigstens in einem gewissen Umfang gelingen können. Das Problem ist aber damit nicht bereits erledigt.

Die erste der möglichen systematischen Antworten darauf, ob und wie Gerechtigkeit und Bildung miteinander verbunden werden, kann noch einmal so formuliert werden: *Sie können mit uneingeschränkter theoretischer und praktischer Wahrheitsbehauptung nicht miteinander verschmolzen werden.* Dieses Ergebnis ist aus einem zusätzlichen Grund besonders bemerkenswert: In Platons Modellentwurf wird nämlich ein Hindernis entfernt, das heute als eine der hauptsächlichen Schwierigkeiten bei der Gewährung gleicher oder fairer Bildungschancen diskutiert wird. Es wird nämlich die Ungleichheit der sozialisatorischen Bedingungen beziehungsweise die ungleiche Ausstattung mit kulturellem und sonstigem Kapital hinweg gedacht. In seinem Staatsmodell gibt es keine individuelle Zuordnung zwischen Eltern und Kindern, geschweige einen persönlichen Eigentumsanspruch auf die Kinder. Die Eltern kennen ihre eigenen Kinder nicht. Stattdessen nehmen sie alle Kinder der Stadt als die ihren wahr und an. Und im Zuge des Gründungsvorgangs der Modellstadt werden alle unphilosophischen Menschen, die älter als 10 Jahre sind und die als Agenten einer falschen Sozialisation und Erziehung alles verderben könnten, von der Neugründung ferngehalten (Paton: Der Staat, 7. Buch). Auf diese Weise werden im Jugendalter, in dem die unabhängige Vernunft sich meldet und in dem Heranwachsende auf ihre je selbständig zu begründenden Wahrheitsvermeinungen angesprochen werden können, irreführende Beeinflussungen unterbunden.

Die mit der platonischen Argumentation erläuterte These über die Unrealisierbarkeit von Bildungsgerechtigkeit wäre ohne einen Zusatz nicht korrekt: Ein möglichst angemessenes Verhältnis zwischen Gerechtigkeit und Bildung bleibt nämlich trotz der Unerreichbarkeit einer befriedigenden Lösung praktisch folgenreich zu bedenken. Ohne Näherungen an seine Verwirklichung kann ein Gemeinwesen nicht einmal nach Platons pessimistisch scheinender, vielleicht aber eher realistischen Einschätzung auf einige Dauer bestehen. Demnach bleiben Überlegungen geboten, auf welche Weise ein Gemeinwesen so gerecht und so bildungsförderlich wie nur möglich eingerichtet werden kann. Die Beziehung zwischen Bildung und Gerechtigkeit scheint ein unlösbares Problem zu sein. Aber auch unlösbare Probleme sind anzugehen, wenn man nicht in Kauf nehmen möchte, dass alles noch schlimmer kommt als es erkanntermaßen bereits ist. Die Einsicht in die Unlösbarkeit eines Problems ist nicht müßig. Sie verhilft zu einer veränderten Blickweise. Sie macht den Umschlag in Überforderungen sichtbar, ohne möglichst weit gespannte Aufgabenstellungen von vornherein zu unterbinden.

Daraus ergäbe sich zunächst einmal, wo es nötig ist, eine Ernüchterung und eine Freisetzung von Widerstandskraft gegen eine Illusionen nährende Bildungspolitik und gegen deren angeblich szientifische Absicherung durch wissenschaftliche Ratgebungen. Wissenschaften sind nicht prinzipiell immun gegen eine strukturelle Korruption, etwa durch Verdrängung abweichender Frageansätze.

2.

Einige Überlegungen zur begrifflichen Kontur der Verteilungsgerechtigkeit drängen sich an dieser Stelle auf. Der Gesichtspunkt der Verteilung erschöpft den Begriff der Gerechtigkeit nicht. Wenn wir zum Beispiel sagen, ein Lehrer werde mit seiner Beurteilung und Bewertung dem Aufsatz eines Schülers nicht gerecht, geht es nicht um Verteilungsgerechtigkeit, sondern um die Angemessenheit oder Richtigkeit des Urteils über einen Sachverhalt sowie um die Gleichheit der Urteile in ähnlichen Fällen. Fragen der Verteilungsgerechtigkeit scheinen im Übrigen oft, vielleicht sogar stets mit solchen der Angemessenheit verquickt zu sein. Auch in Platons Modell war das der Fall. Wie eine begrenzte und quantitativ aufteilbare Ressource auf eine begrenzte Zahl von Anspruchsberechtigten gerecht aufzuteilen ist, das lässt sich noch ohne Weiteres mathematisch genau ermitteln. Eine Torte lässt sich in gleich große Stücke zerschneiden. Wie aber mit gleichen Anspruchsberechtigungen bei ungleichartigen Lebensbedingungen der Berechtigten umzugehen ist, das ist keine oder zumindest nicht *nur* eine Rechenaufgabe. Wäre es beispielsweise gerecht, Fehler von Anfängern in einem Lerngebiet mit gleicher Strenge zu ahnden wie solche von Fortgeschrittenen? Wie umfangreich darf oder sollte der Etat eines Staates für Bildung und Erziehung im Verhältnis zu den Etats für Verteidigung und für Wirtschaft und Entwicklung geraten? Welche Aufteilung des Bildungsetats auf Altersgruppen und auf individuelle pädagogische Problemlagerungen ist die am ehesten gerechte? Sollte mit den insgesamt verfügbaren Ressourcen eher eine möglichst frühe pädagogische Förderung gestärkt werden oder diejenige im Jugend- und im Erwachsenenalter? Oder sollte auf eine derartige Differenzierung von Ressourcen besser ganz verzichtet werden? Die Erkenntnisse der Sozialisationsforschung oder, weiter gefasst, der Forschungen zu empirischen Bedingungen und Verflechtungen von Lernen und Bildung komplizieren die Verteilungsfrage im Vergleich mit dem platonischen Modell um ein Vielfaches. Auch ohne Platons erkenntnistheoretische Vorbehalte gegen die Möglichkeiten einer mathematisch exakten Erfassung der empirischen Bedingungen, die eine gerechte Einweisung der Heranwachsenden in verschiedene Bildungsbahnen *mit*begründen, darf behauptet werden, dass eine vollständig gesicherte Basis für derartige Verteilungsentscheidungen weder gegeben ist noch in Aussicht steht. Notbehelfe wie die Möglichkeit der Revision zunächst einmal versuchsweise eingeschlagener Lern- und Bildungswege beziehungsweise von deren institutioneller und organisatorischer Einteilung und Zuteilung können pädagogisch schwerlich überzeugen. Wie revisions- und korrekturfreundlich auch immer die Gliederung von Systemen der Einteilung von Bildungswegen sein mag, es haftet derartigen Systemen doch stets der Makel an, dass sie a priori *vergebliche* Wege pädagogisch grundsätzlich in Kauf nehmen. Das kann die Frage nachziehen, ob eine Verteilung von Zugängen zu differenten Bildungswegen nicht stets das pädagogisch Verkehrte ist. Die Propagierung von Grundsätzen wie *Individualisierung, Differenzierung, Diversifizierung* und dergleichen sprengt den fragwürdigen Rahmen nicht, innerhalb dessen solche, im Übrigen respektablen, Leitbegriffe praktiziert werden. Aber kann in einem politischen Gemeinwesen auf eine Organisation von verschiedenartigen Bildungswegen verzichtet werden, durch die zugleich mit einer gewissen Gleichheit immer auch Ungleichheit regeneriert wird? Verteilungsgerechtigkeit in Sachen der Bildungsorganisation scheint ein Dilemma zu bleiben, ohne dass wir deswegen in Theorie und Praxis aus dem Umgang mit diesem Thema entlassen wären. Das treibt unweigerlich auch hinein in den öffentlichen und politisch auszutragenden Streit um eine relativ bessere Bildungsorganisation. Würden wir uns nicht vorhalten lassen müssen, Ungleichheit zu begünstigen, wenn wir vor einem derartigen Streit zurückscheuen? Auch unter formell demokratischen Bedingungen setzen sich gegenwärtig tatsächlich die ökonomisch Stärkeren mit ihren speziellen Regenerierungsinteressen allzu leicht durch, unter anderem durch Umgehung der öffentlichen, staatlich gewährleisteten Bildungseinrichtungen aller Niveauebenen in analogen Privatinstituten. Wer es sich leisten kann, schickt seine Kinder auf ein Internat in England oder auf Privatuniversitäten, die zwar teuer sind, aber günstigere Chancen auf Berufseinmündung auch bei mäßigem Talent versprechen.

Vor aller Suche nach einer annähernd gerechten Einweisung in verschiedenartige Bildungswege steht aber die Erkenntnis, dass eine *uneingeschränkt* gerechte Verteilung der Zugänge zu organisatorisch und institutionell differenten Bildungswegen überhaupt unmöglich ist. Sie ist unmöglich, weil die Angemessenheit und Gleichwertigkeit institutionalisierter Bildungswege für *individuell* abgestimmte Lernmöglichkeiten nicht mit Sicherheit *überindividuell* und *allgemein* vorab beurteilt werden können. Diese Problematik wäre nur für solche Indoktrinierungskonzepte irrelevant, in denen Rücksichten auf individuelle Gegebenheiten entfallen, also etwa für alle Konzepte von Lancierung, in denen ausschließlich die Regeneration von Trägern unveränderlich vorgegebener und ideologisch festgeschriebener Überzeugungen und Leistungsfunktionen für ein Staatsgebilde angestrebt wird. Grundlegende Verbesserungen in Fragen einer möglichst gerechten Eröffnung öffentlich organisierter Bildungswege wird es nicht geben, solange es im Wesentlichen bei politischen Lippenbekenntnissen zur erstrangigen Bedeutsamkeit und Wichtigkeit von einer zudem begrifflich verwaschenen ›Bildung‹ bleibt, die politischen Prioritäten jedoch tatsächlich anders gesetzt werden.

Das Streben nach Bildungsgerechtigkeit verlangt seiner sachlichen Struktur zufolge langfristige, auf die Generationenfolge bezogene Abwägungen über Abhängigkeitsbeziehungen zwischen den verschiedenen öffentlichen Aufgaben und auch über deren Vorrangigkeit und Nachrangigkeit in einem politischen Gemeinwesen. Unter diesen Bedingungen ist es mit einer Unterscheidung von prinzipiell für gleichrangig deklarierten sozialen Grundfunktionen und sozialen Systemen nicht getan. »Hierarchisch« braucht deren Verhältnis zueinander nicht gedacht zu werden, insofern alle Funktionen solche ein und desselben sozialen Zusammenhangs sind (vgl. Benner, 2010). Aber als schlechterdings gleichgewichtig können sie auch schwerlich eingeschätzt werden. Entsprechende Erwägungen sind in der pädagogischen Theorietradition, angefangen mit Platon, auch vorgetragen worden, brauchen also nicht von Grund auf neu erfunden zu werden. In einem großen Format, wie es die Sache erfordert, hat im deutschen Sprachraum vor rund hundert Jahren Paul Natorp mit seinen Ideen zu einer *Sozialpädagogik*, die diesen Namen verdient, ein Ordnungskonzept für die sozialen Grundfunktionen und die Platzierung von Bildung in ihnen vorgeschlagen, an das die Erinnerung lohnt. Zwar sind die sozialanalytischen Erkenntnisse seit Natorps Zeiten erheblich verfeinert worden. Die von ihm unterschiedenen Hauptkoordinaten des sozialen und politischen Raums könnten aber immer noch den Ansatzpunkt zu weiterführenden Überlegungen abgeben. Sie werden übrigens trotz aller erheblich komplizierteren sozialtheoretischen Implikationen gegenwärtiger Beiträge zum Diskurs über Bildungsgerechtigkeit tatsächlich auch heute immer noch und immer wieder explizit und implizit geltend gemacht. Der Systematik des Natorpschen Modells wende ich mich im Folgenden zu.

3.

Natorp unterschied in der Dynamik des sozialen und politischen Lebens drei überdauernde, einander bedingende und einander auch durchdringende Grundfunktionen, die in einer hinreichend vollständigen Pädagogik jedenfalls berücksichtigt werden müssten, die also auch für ein Konzept von Bildungsgerechtigkeit beachtet werden müssten. Diese Funktionen sind: »Wirtschaft, Recht und Erziehung«[7].

---

7 In dieser Formulierung mehrfach in Natorps spätester systematischer Explikation des Begriffs menschlicher Praxis: Natorp, 1925. Zum ersten Entwurf des Konzepts s. Natorp, 1899/1974, dort im Untertitel irrig »Willensbildung«.

Wirtschaft steht für die Funktion der fortlaufenden Erneuerung der materialen Bedingungen jedweden Handelns. In einer reinen Funktionsbetrachtung des Wirtschaftens tritt dabei »aller Qualitätscharakter der Handlung« zunächst zurück. Die soziale Funktion, die durch Arbeit und Wirtschaft erfüllt werden muss, ist der Ausgleich zwischen »Kräfteeinsatz und Kräfteersatz« (Natorp, 1925, S. 384f.). *Recht* steht für die Funktion der sozialen Regelung »korrelativ« einander gegenüberstehender personaler »Rechtsträger und rechtlich Verpflichteter«, die »gegeneinander und beziehungsweise auch miteinander handeln, streiten oder sich vertragen« (Natorp, 1925, S. 385). *Erziehung,* hier als zusammenfassender Ausdruck für pädagogische Aufgaben vom Kleinkindalter bis zur Erwachsenenbildung gebraucht, steht für die Funktion der sozialen »Weiterentwickelung«, die vermittels Kritik zu Korrekturen der tatsächlich vorgefundenen Inhalte und der »Richtung« der soziokulturellen Dynamik führt. »Damit aber treten Wirtschaft und Recht [ihrerseits] unter den höheren Gesichtspunkt der *Erziehung.*« Nach Natorps sozialpolitischem Funktionsmodell »wirkt« die Erziehung »durch die Vermittlung des Rechts auch auf die Wirtschaft zurück, die damit in noch höherem Maße den Sinn des bloß dienenden Mittels annimmt« (Natorp, 1925, S. 386). Bezogen auf eine Theorie des Handelns »wird« erst durch dieses Zusammenspiel der wirtschaftlichen mit der rechtlichen Funktion sowie durch die Unterstellung beider Funktionen unter die Leitung einer erzieherischen Befähigung zur Kritik der Vernünftigkeit geschichtlicher Gegebenheiten »die volle Wirklichkeit der Handlung erreicht«, so fügt Natorp (1925, S. 387) hinzu[8]. In dem tatsächlich weithin vorherrschenden Gebrauch und Verständnis von *Handeln* wird menschliches Handeln zumeist nicht semantisch unterschieden vom *Herstellen* oder es wird auf die Erfüllung irgendwelcher hingenommener Zwecke verkürzt, und das heißt: es wird um seine das soziale Zusammenleben weiterführende, verändernde und unter Umständen korrigierende Bedeutung gebracht. Natorps Grundgedanke lässt sich mit einer gewissen Vergröberung dann auch folgendermaßen fassen: Erst auf dem Wege über eine pädagogisch ermöglichte Kritik an den gegebenen wirtschaftlichen Verhältnissen und an den Rechtsregelungen, durch welche diese Verhältnisse gedeckt werden, kann die Idee von Gerechtigkeit gleichsam mit ihrem spezifischen Gewicht wahrgenommen und wirksam werden. Das wird konsequenterweise auch für Gerechtigkeit in Beziehung auf Bildung gelten und es setzt eine gewisse Eigenstruktur des Bildungswesens voraus. Zu deren Verwirklichung braucht es Macht. Macht wiederum bedarf einer Kraftanstrengung von Menschen, die sich für etwas einsetzen. Wie steht es damit?

Praktische Fortschritte zu einer Linderung von Ungerechtigkeiten bei der Zulassung zu den Institutionen und Organisationen öffentlicher Bildung sind auf dem

---

8 In der Gegenwart hat Jan Masschelein im Anschluss an Hannah Arendt einen ähnlichen Begriff von *Handeln* erziehungstheoretisch geltend gemacht. Arendt ging mit ihrem Konzept wie zuvor Natorp auf die maßgeblichen Unterscheidungen der altgriechischen Philosophie zurück.

Boden dieser Theorie darauf angewiesen, dass Pädagogik und Erziehungswissenschaft wenigstens partiell aus dem untergeordneten Status und Selbstverständnis von Dienstleistungen für die Zwecke anderer sozialer und politischer Funktionserfordernisse heraustreten. Ich unterlasse ein ausgefeiltes Urteil darüber, wie weit wir heute entfernt sind von einer vorrangigen Ausrichtung der Erziehung an ihrer (im Sinne Natorps) spezifischen sozialen Eigenfunktion, also an der Befähigung zur Kritik, zur Weiterentwicklung und zur produktiven Neugestaltung soziokultureller Gegebenheiten und Strukturen. Ich lasse es bei der Bemerkung, dass es gegenwärtig mit Bestrebungen zum Ausbruch aus dem Dienstleistungsgefängnis angesichts verbreiteter Selbstdeutungen von Erzieherinnen und Erziehern sowie auch von einer Reihe von Wissenschaftlerinnen und Wissenschaftlern der Erziehung nicht allzu weit her zu sein scheint. Manches spricht dafür, dass seit den 1960er Jahren im deutschsprachigen politischen Raum eine zunehmende Entkoppelung von Erziehungs- und Bildungskonzepten einerseits, sozialkritischen Theorieansätzen andererseits stattgefunden hat (vgl. Breithausen, 2013). Dass dazu auch ideologische Verirrungen von Sozialkritik, die ein differenziertes Urteilen erschwert haben, beigetragen haben dürften, rechtfertigt nicht die heutige Mangellage und erklärt sie auch nicht hinreichend. Beachtlichkeit gewönnen solche Feststellungen natürlich nur unter der Voraussetzung, dass Natorps Gedankengang einige Wahrheit zu Recht für sich beanspruchen kann.

Von der Trägheit und Feigheit einzelner Funktionsträger, vielleicht sogar von derjenigen ihrer Mehrheit, hängt es sicherlich nicht allein ab, welche der Grundfunktionen in einem Gemeinwesen die soziokulturelle Entwicklungsrichtung dominieren. Wenn jedoch Staaten die Grundrichtung ihrer Bildungspolitik von dem Regime einer internationalen Organisation abhängig machen, deren erklärter Hauptzweck die wirtschaftliche Prosperität ihrer Mitgliedsstaaten ist, und wenn die Maßgaben dieser Organisation die Gestaltung ihres Bildungswesen unter dem leitenden Gesichtspunkt des Umgangs mit ›Humankapital‹ vorzeichnen, dann ist festzuhalten, dass bei einer derart ökonomistischen Dominanz tatsächlich geradezu das Gegenteil dessen geschieht, was nach Natorps Argumentation und nach derjenigen mancher anderer vor ihm und nach ihm vernünftig wäre (vgl. u. a. Frost, 2006).

In dieser Argumentation ist vorausgesetzt, dass eine ökonomische Argumentation von einer pädagogischen deutlich unterschieden werden kann. Diese Voraussetzung ist in einer jüngeren Untersuchung zum Verhältnis von Ökonomie und Pädagogik generell und auch mit einer speziellen Kritik des Natorpschen Denkansatzes als unangemessen zurückgewiesen worden (Bellmann, 2001, zu Natorp insbesondere Abschnitt 3.3.). Alle Aspekte dieser sehr differenzierten Kritik können hier nicht erörtert werden. Nur deren Angelpunkt greife ich jetzt auf. Die Kritik betrifft fundamental das verbreitete Selbstverständnis der deutschsprachigen Allgemeinen Pädagogik im 20. Jahrhundert. Der grundlegende Kontroverspunkt ist die maßgebliche Vorstellung einer durchgreifenden und eindeutigen Unterscheidung pädagogischer und ökonomischer Fragen, wie sie von Natorps sozialpädagogischem Ordnungsmodell scharf akzentuiert wird. Dieses Modell geht zwar davon aus, dass pädagogisches Agieren faktisch stets auch mit ökonomischen Ermöglichungsbedingungen und rechtlichen Rahmungen verflochten ist. Es sieht aber gleichwohl eine klar von ökonomischen Maßgaben abzuhebende Eigenstruktur der Pädagogik vor. Dagegen wurde von Johannes Bellmann kritisch geltend gemacht, »›das Ökonomische‹ nicht allein als äußeres Bedingungsmoment oder spezifischen Gegenstand von Bildungsprozessen wahrzunehmen, sondern als Konstitutionsmoment pädagogischer Prozesse selbst begreifen zu lernen« (Bellmann, 2001, S. 17). Resümierend heißt es am Ende seiner einschlägigen Studie unter anderem: »Wo es um kontingente Selbstentwürfe geht, die lernende Entdeckung und Erarbeitung neuer Handlungsmöglichkeiten, die Kontinuierung kultureller Evolution sowie die Selbstbindung im Rahmen von Institutionen, da sind Kostendimensionen von Anfang an mit im Spiel: In dem Moment, wo man den *Bildungs*prozeß im Horizont quantitativ begrenzter Lebenszeit begreift, sind Opportunitätskosten konkreter Selbstbestimmung unumgänglich« (Bellmann, 2001, S. 261). Insoweit damit die unweigerliche soziokulturelle Verflechtung pädagogischer mit ökonomischen Gesichtspunkten unterstrichen wird, ließe sich diese Akzentuierung noch mit einer Fortschreibung des Natorpschen Ansatzes vereinbaren. Ein unzerreißbarer Zusammenhang zwischen pädagogischen und ökonomischen Sachverhalten wird auch von diesem angesetzt. Wenn aber überhaupt noch unterschieden wird zwischen ökonomischen und pädagogischen Aspekten eines Sachzusammenhangs, so fragt es sich, welcher Gesichtspunkt im Handlungsfall der maßgebliche und richtungsweisende ist. Wäre es pädagogisch sachgerecht und gutzuheißen, beispielsweise die Ermöglichung von unabhängiger politischer Urteilsfähigkeit gegen »Opportunitätskosten« aufzurechnen? Sind die Aufgaben und Fragestellungen und ist die kulturelle geschichtliche Problemlage, in die Erziehung und Unterricht einführen, in der Hauptsache oder durchwegs von der Art, dass die dafür gebrauchte Zeitspanne gegen den entgangenen Nutzen eines alternativen Zeitverbrauchs mit Recht geltend gemacht werden könnte? Hieße das nicht, die Ermöglichung, Nutzen und Schaden erst einmal erwägen zu lernen, also die Ermöglichung eines sinnvollen Gebrauchs von Zeit einem Nützlichkeitskalkül zu unterwerfen, in welchem bereits kategorial vorweg darüber entschieden ist, was sinnvoll und vernünftig ist, nämlich jedenfalls ›Nützlichkeit‹ in dem Sinne, dass der Zeitverbrauch den Zeitgebrauch vorab limitiert? Wird nicht ein Fragen, das von Anfang an die Rücksicht auf den möglichen Nutzen kalkuliert, bereits mit diesem Seitenblick von einer unvoreingenommenen Sacherkenntnis abgeschnitten? Wenn aus der Ermöglichung von Bildung unter anderem die Frage hervorgehen kann, welches Leben sich zu leben lohnt, nachgeordnet wohl auch, welcher Preis dafür zu entrichten ist, zuvor und weiterreichend aber, ob die Lebenszeit überhaupt berechtigter Weise gegen Kosten verrechnet werden kann, ist nicht zu sehen, wie eine vorgreifende Opportunitätskostenkalkulation angesetzt werden könnte. Stattdessen, so scheint mir, müsste eingeräumt werden, dass der pädagogische Fragehorizont dem ökonomischen nicht bloß analogisch koordiniert werden kann, sondern dessen Reichweite übersteigt, darum aber keineswegs ersetzt. Ich vermag nicht abzusehen, ob und wie bei einer konstitutiven Berücksichtigung ökonomischer Gesichtspunkte im pädagogischen Denken und Handeln der kategoriale Unterschied zwischen *Marktpreis* und *Würde* gewahrt werden kann. *Würde* hat ihrem Begriffe nach keinen Preis. Sie kann nicht auf Quanten von Lebenszeitverbrauch abgebildet werden. »Was einen Preis hat, an dessen Stelle kann auch etwas anderes als *Äquivalent* gesetzt werden; was dagegen […] kein Äquivalent verstattet, das hat eine Würde.« (Kant, 1785/1968, S. 434). Falls diese Unterscheidung aufrecht erhalten wird, können zwar innerhalb von Erziehungsaufgaben auch Opportunitätserwägungen zweckmäßig sein. Nicht aber ließe sich damit vereinbaren, Erziehung durchwegs aus derartigen Erwägungen zu konzipieren.

Auf eine der Seiten der von Dietrich Benner herausgearbeiteten Unterscheidung zwischen einer »hierarchisch-teleologischen Ordnungsvorstellung« in der Antike und deren Überwindung in der Neuzeit (vgl. Benner, 2010, Abschn. 3.2.3) lässt sich der Ansatz Natorps m. E. auch nicht eintragen. Die von ihm für die Aufgabenstellung der Pädagogik im Sozialgefüge behauptete Vorrangstellung, die zugleich die Forderung nach einem gesellschaftlichen Fortschritt zugunsten von Bildungsgerechtigkeit trägt, lässt sich in äußerster Verkürzung auf das Postulat bringen, dass die uneingeschränkte Ermöglichung des Fragens und damit der Beteiligung aller an der Aufgabe der möglichen Verbesserung des sozialen status quo den Vorrang hat vor der Einweisung in die Anforderungen dieses status.

Nach dem skizzierten Modell Natorps ist ein Fortschritt in der Realisierung von Bildungsgerechtigkeit wenigstens denkbar. Das treibt die Frage hervor, welche Aufgabe der erziehungswissenschaftlichen Erkenntnis dabei zufallen könnte. In Fortschreibung des Natorpschen Ansatzes dürfte es zur Klärung beitragen, sein Modell von einer anscheinend gleichsinnigen Vorstellung der sozialen Grundgliederung zu unterscheiden, die seit den 1960er Jahren außerordentlich einflussreich war und wohl auch immer noch beträchtlich wirksam ist. Gemeint ist das von Jürgen Habermas vorgetragene Modell der drei quasi-transzendentalen Erkenntnisinteressen, über welche die Wissenschaften an soziale Grundfunktionen geknüpft sind.[9] Auf den ersten Blick könnte der Gedanke Natorps in diesem Konzept wissenschaftlicher Erkenntnisinteressen als aufgehoben und weiter geführt erscheinen. Das »technische Interesse« bei Habermas könnte der von Natorp herausgestellten Funktion des Wirtschaftens beziehungsweise dessen wissenschaftlicher Analyse analog erscheinen. Das von Habermas sogenannte »praktische Interesse« scheint, wenngleich mit einiger Verzerrung, die von Natorp unterschiedene Funktionssphäre rechtlicher Regelung des gesellschaftlichen Zusammenlebens zumindest einzuschließen, inso-

---

9   Hier im Rekurs auf die gedrängte Fassung in dem Aufsatz Habermas, 1968.

fern es Verständigung und einen hermeneutischen Wissenschaftstyp als zugehörig fordert. Das »kritische Interesse«, das Habermas einer bestimmten Ausrichtung von Sozialwissenschaften sowie der Psychoanalyse, nicht aber, jedenfalls nicht explizit, auch der Erziehungswissenschaft, die es mit Beziehung auf Habermas in beträchtlichem Umfang auch für sich reklamierte, zugeschrieben hatte, weist anscheinend Ähnlichkeit mit der kritischen Funktion auf, die Natorp übergreifend der Erziehung und Bildung als Kritik des geschichtlichen Standes des menschlichen Kultivierungsprozesses zugeordnet hatte und wohin nach seinem Konzept auch alles gehört, was in dieser Funktion zusammenläuft. Das ist insbesondere der gesamte Komplex wissenschaftlicher Erkenntnisanstrengungen mit dem zugehörigen institutionellen Gefüge, also den Universitäten und ähnlichen Einrichtungen für Forschung und Bildung.

Spätestens an dem Detail, das die soziale Funktion der Wissenschaften betrifft, wird indessen die Unterschiedlichkeit der beiden Ansätze offensichtlich. Nach dem Modell Natorps gibt es keine Wissenschaften, die nicht zugleich *kritisch* wären, falls sie überhaupt ihrer Aufgabe nachkommen, Erkenntnis zu erweitern und das prinzipiell von jedem nachvollziehbare Fragen zu erneuern. Kritik ist die Voraussetzung der Korrektur und der Überholung erreichten vermeintlichen Wissens. Weiterhin ist differenzierend herauszustellen, dass die Frage nach der sozialen Bindung der Wissenschaften nicht ohne Weiteres zu einem wissenschaftstheoretischen Problem verengt werden kann. Sie ist eine Frage nach der Maßgeblichkeit von Vernunft im politischen Zusammenleben. Das dehnt den Erwartungshorizont für einen möglichen Beitrag wissenschaftlicher Erkenntnis zur Mehrung von Gerechtigkeit. Es wird dann nicht ausreichen, Verbesserungen der Bildungsgerechtigkeit etwa speziell und ausschließlich von einer Gattung angeblich »kritischer« Wissenschaften zu erwarten. Eine derartige Sondergattung kennt Natorps Entwurf nicht. »Kritische Theorie« im Sinne der Prägung durch Adorno wäre hingegen mit Natorps Ansatz vereinbar, wenn damit nicht ausschließlich eine Gestalt von Wissenschaften gemeint ist, sondern ein Denken, das seines bedrängten Ortes in der sozialen beziehungsweise politischen Lebenswelt gewahr geworden ist und das nicht in spezialisierten Forschungen aufgeht.

Eine dem Natorpschen Ansatz ähnliche und das Problem der Gerechtigkeit ausdrücklich exponierende Theorie ist in der Gegenwart unter Einbeziehung von wirtschaftstheoretischen Analysen Amartya Sens von Paul Ricoeur umrissen worden. Sie akzentuiert mit Nachdruck das Recht »auf bestimmte Befähigung« (Sen). Damit scheint sie auf einen rechtlich zu sichernden Funktionsprimat von Erziehung und Bildung hinauszulaufen, der spezifisch für Gesellschaften sein müsste, die sich um Gerechtigkeit bemühen, und insofern mit diesem Bemühen »verwoben« ist (vgl. Kubac & Sattler, 2007).

Welche Einsichten zur spezifischen Bedeutung wissenschaftlicher Erkenntnisse für die Mehrung von Gerechtigkeit können aus dem vergleichenden Schlaglicht auf die Interessentheorie gewonnen werden? Mir scheint, wenigstens drei. An *erster* Stelle eine gleichsam negative. Die negative Einsicht, die an Natorps Anregungen anknüpft, kann lauten: Wissenschaften haben keinen privilegierten Zugang zum Thema der Gerechtigkeit. Sie haben keinen besseren Zugang als andere menschliche Praktiken. Um Gerechtigkeit geht es nicht *aufgrund* wissenschaftlicher Erkenntnisse, falls es um sie geht. Es müsste jedoch *auch* im Zuge wissenschaftlicher Praktiken um Gerechtigkeit gehen, wenn sie ihre soziale und politische Zugehörigkeit nicht ausblenden. Dann kommt *zweitens* die Bedeutung wissenschaftlicher Erkenntnis für die Mehrung von Gerechtigkeit generell und damit auch von Gerechtigkeit im Bildungswesen derart in den Blick, dass ohne wissenschaftliche Anstrengungen keine Klarheit über Ursachen und Gründe von systemischen Ungerechtigkeiten in einem politischen Gemeinwesen erreicht werden kann, zum Beispiel über die sozialisatorischen Mechanismen, wie sie etwa in den hier publizierten Studien von Helmut Fend, Margret Kraul und Hans Merkens aufgedeckt und diskutiert werden. Anders dürften Aktivitäten mit einem präzise relationierten und relativierten Anspruch auf allgemeine Verbindlichkeit nicht geltend gemacht werden können.

An *dritter* Stelle sei herausgehoben, dass die verschiedenen sozialen Funktionssphären nicht gleichrangig sind. Wohl sind sie korrelativ aufeinander bezogen. Keine kann ihre Funktion erfüllen, ohne dass auch die anderen fungieren. Es handelt sich jedoch nicht um in sich geschlossene Systeme mit gleichsam je eigenen Kommunikationsverschlüssen, wie im Rückgriff auf die Systemtheorie möglicherweise angenommen werden könnte. Die Ansprüche der sozialen Funktionssphären können ohne eine selbstkritische Begrenzung, die sie nicht aus der Spezifik ihrer Eigenfunktion schöpfen können, Dominanz- und Unterlegenheitsverhältnisse mit sich bringen, wie es ja auch tatsächlich der Fall ist. Die Erfüllung einer Funktion kann auf unbestimmte Dauer zu Ungunsten einer anderen mehr oder weniger eingeschränkt oder auch dauerhaft marginalisiert werden. Korrelativität schließt mehr oder weniger berechtigte Vorrangigkeiten, Nachrangigkeiten und nicht symmetrische Abhängigkeiten nicht aus. Wenn eine Probleme *stellende* und nicht nur im Dienste etablierter Referenzen Probleme *lösende* Vernunft maßgeblich würde, dann würde den gesellschaftlichen Aufgaben der Erziehung, Bildung, Wissenschaft und Kritik ein Vorrang zukommen. In geschichtlichen Lagen einer besonders bestimmten Dringlichkeit braucht dieser Vorrang Handlungsnötigungen anderer sozialer und individueller Präferenz nicht auszuschließen, beispielsweise in Katastrophensituationen einer sozialen Einheit und bei unabweislichen Überlebensnöten von Individuen. Auf die Begrenzung und Befristung derartiger zeitweiliger Präferenzen käme es aber an, wenn nicht die Kultivierung von Vernunft in den Wind geschrieben wird. Ideologiekritische Wachheit und Analytik, für die Helmut Heids Überlegungen in diesem Band ein Beispiel geben, sind dafür unentbehrlich, ohne dass m. E. eine auf Ideologieverdacht zentrierte Kritik einen rational kritischen Umgang mit der Sache erschöpft. Es kommt an auf eine freimütige (parrhesiastische) und öffentliche Exposition von Argumenten (vgl. Kubac, 2013, bes. Kap. 4). Oder mit anderen Worten: Es kommt darauf an, dass Kritik individuell und gesellschaftlich zu einer Macht wird. Grundsätzlich bleibt funktionstheoretischen Überlegungen hinzuzufügen, dass auch der »Substanzbegriff sein Recht« einfordert[10], mit anderen Worten: dass eine triftige Kritik auch auf die *Inhalte* von Konzepten der Erziehung und Bildung zurückgehen muss.

Für ein politisches Gemeinwesen, in dem Wissenschaften überwiegend in einer Dienstleistungsmentalität verharren, ist eine entsprechende Entwicklung nicht zu erwarten. Unter dieser Bedingung können sie ihre Aufgabe nicht erfüllen, rückhaltlos geprüfte Erkenntnisse für ein gerechteres politisches Zusammenleben hervorzubringen. Sie erfüllen diese Aufgabe nicht dadurch, dass sie Auftragsforschung betreiben und Auftragsdaten in eine auftragsentsprechende wissenschaftsförmige Grammatik einbinden, um sie für eine vorab entschiedene staatliche Regelung, etwa im Sinne eines humankapitalistischen Ansatzes operationstauglich zu präsentieren. Sie erfüllen die zugleich pädagogische und kritische Funktion unter der Voraussetzung nicht, dass aufgrund der Auftragsbindung diejenige Richtung der politischen Entwicklung von Gesellschaften bedient wird, in welcher unabhängig von Forschungen bereits festgeschrieben ist, dass ökonomische Prosperität den Primat vor dem Recht und vor der Erziehung hat.

4.

Zusammenfassend komme ich zu dem folgenden Ergebnis:

Erstens: Gerechtigkeitsstreben und Bildungsstreben gehören zusammen, um das gemeinsame Leben erträglich zu gestalten.

Zweitens: Weder kann Bildung ausschließlich durch eine gerechte Bahnung von Bildungswegen gewährleistet werden noch ist Gerechtigkeit allein und unmittelbar von Bildung abhängig, insofern sie nicht anders als in einem Machtgefüge von nicht aufeinander reduzierbaren sozialen Funktionen vollzogen wird. Schritte in Richtung auf eine bessere Realisierung von Gerechtigkeit im Sinne der Gewährleistung gleichwertiger positiver Rechte auf Bildungsmöglichkeiten brauchen – das ist trivial – relativ unabhängig von pädagogisch eröffneten Einsichten und Lernwegen die nötigen wirtschaftlichen Ressourcen und die politische Macht zur Durchsetzung von begünstigenden Rechten.

---

10 So Richard Hönigswald in seiner Rezension von Ernst Cassirers für die Karriere des Funktionsbegriffs bahnbrechendem Werk »Substanzbegriff und Funktionsbegriff« von 1910.

Drittens: Erziehung und Bildung sind Voraussetzungen für ein angemessenes Verständnis der Problematik von Gerechtigkeit auf dem geschichtlich erreichten kulturellen und zivilisatorischen Niveau des Zusammenlebens. Ohne ein entsprechendes Durchdenken von Problemstellungen irrlichtert das Verlangen nach Gerechtigkeit. Erziehung und Bildung öffnen den Blick für den Mangel an Gerechtigkeit. Negativitätstheoretische Ansätze, wie sie von Fritz Oser verfolgt werden, schärfen die Aufmerksamkeit darauf. Ideologiekritische Analysen bringen unter anderem zutage, inwiefern ein zum Prinzip erhobener Leistungsgedanke und auch meritokratische Vorstellungen zu kurz greifen. Auf dem Boden der Voraussetzung, dass Gerechtigkeit zu den weder lösbaren noch abzuschüttelnden Problemen gehört, können sie die Phantasie für Verbesserungen freisetzen, ohne verbesserte Praktiken wiederum sogleich zu Mustern und Normen zu stilisieren. Normen kommen immer zu spät. Sie unterwandern einen situations- und lagegerechten Vollzug pädagogischer Aufgaben ebenso wie eine wissenschaftliche Ausbildung von Erzieherinnen und Erziehern.

Literatur

Bellmann, J. (2001). *Knappheit als Bildungsproblem. Die Konstruktion des Ökonomischen im Diskurs Allgemeiner Pädagogik*. Weinheim: Deutscher Studienverlag.

Benner, D. (2010). *Allgemeine Pädagogik. Eine systematisch-problemgeschichtliche Einführung in die Grundstruktur des pädagogischen Denkens und Handelns* (6. Aufl.). Weinheim, München: Juventa.

Breithausen, J. (2013). Chancengleichheit? Von verpassten Chancen und fragwürdigen Gleichheiten. *Vierteljahrsschrift für wissenschaftliche Pädagogik*, 89, 89–106.

Fischer, W. (1998). Über Sokrates und die Anfänge des pädagogischen Denkens. In Ders. & D.-J. Löwisch (Hrsg.), *Philosophen als Pädagogen. Wichtige Entwürfe klassischer Denker* (2. Aufl.) (S. 1–25). Darmstadt: Wissenschaftliche Buchgesellschaft.

Frost, U. (Hrsg.). (2006). *Unternehmen Bildung. Die Frankfurter Einsprüche und kontroverse Positionen zur aktuellen Bildungsreform*. Paderborn, München, Wien, Zürich: Schöningh.

Habermas, J. (1968). Erkenntnis und Interesse. In Ders., *Technik und Wissenschaft als ›Ideologie‹* (S. 146–168). Frankfurt/M.: Suhrkamp.

Hönigswald, R. (1912). Substanzbegriff und Funktionsbegriff. Kritische Betrachtungen zu Ernst Cassirers gleichnamigem Werk. *Deutsche Literaturzeitung*, 33, 2821–2843 und 2885–2902.

Kant, I. (1785/1968). *Grundlegung zur Metaphysik der Sitten*. Akademie Ausgabe Bd. IV.

Kubac, R. (2013). *Vergebliche Zusammenhänge? Erkenntnispolitische Relationierungen von Bildung und Kritik*. Paderborn: Schöningh.

Kubac, R. & Sattler, E. (2007). Verwobene Ansprüche. Wege der Anerkennung zwischen Bildung und Gerechtigkeit. In M. Wimmer, R. Reichenbach & L. Pongratz (Hrsg.), *Gerechtigkeit und Bildung* (S. 105–122). Paderborn, München, Wien, Zürich: Schöningh.

Mugerauer, R. (2007). *Wider das Vergessen des sokratischen Nichtwissens. Der Bildungsbeitrag Platons und seine Marginalisierung bei Plotin, Augustin, Eckhart und Luther sowie im reformatorischen Schulwesen. Eine historisch-systematische Untersuchung zur Grundlegung eines sokratisch-skeptischen Bildungskonzepts.* 2 Bde. Marburg: Tectum.

Natorp, P. (1899/1974). *Sozialpädagogik. Theorie der Willenserziehung auf der Grundlage der Gemeinschaft* (Neudruck hrsg. von R. Pippert). Paderborn: Schöningh.

Natorp, P. (1925). *Vorlesungen über praktische Philosophie.* Erlangen: Verlag der Philosophischen Akademie Erlangen.

Ober, J. (2008). *Democracy and knowledge. Innovation and Learning in Classical Athens.* Princeton, New Jersey: Princeton University Press.

Helmut Heid

Gerechtigkeit?
Was im Diskurs über Bildungsgerechtigkeit nicht außer Acht bleiben sollte

»Gerechtigkeit« gehört seit der Antike zu den zentralen Themen der Moralphilosophie (vgl. Hauser u. a., 1974). Und in gesellschaftspolitischen Kontroversen der Gegenwart ist von keiner anderen Norm so viel die Rede wie von »der Gerechtigkeit«. Die geradezu inflationäre und vorbehaltlose Verwendung des Wortes Gerechtigkeit erweckt den Eindruck, dass

(1.) keine Zweifel daran bestehen können, was Gerechtigkeit »ist« und mehr noch,
(2.) dass Zweifel an der bedingungslosen Erwünschtheit dieser Gerechtigkeit völlig ausgeschlossen seien.

Diese Fraglosigkeit veranlasst mich, den Zweifel am Ideal der Gerechtigkeit ins Zentrum meiner Nachdenklichkeit zu stellen. Mich interessiert, was Menschen in ihrer alltäglichen Praxis mit einer Bezugnahme auf das Gerechtigkeitsprinzip konkret bezwecken. Ich gliedere meine Ausführungen in drei Hauptteile:

(1.) Im ersten geht es um einen kurzen Beitrag zu der *wertungsmethodologischen Struktur* des Gerechtigkeitsdiskurses.
(2.) Im zweiten Teil frage ich danach, welche *argumentationsstrategische Funktion* das Gerechtigkeitspostulat in der gesellschaftlichen Praxis erfüllt. Was ich in den beiden genannten Kapiteln kategorial unterscheide, lässt sich in dafür unentbehrlichen Argumentationszusammenhängen nicht trennscharf auseinanderhalten.
(3.) Im dritten Hauptteil interessiert mich, ob diejenigen Prinzipien, die entwickelt worden sind, um die allseits beklagte Bildungs-Ungerechtigkeit zu überwinden, überhaupt *geeignet* sind, unter den gegebenen sozialstrukturellen Bedingungen ihrer Geltung und Anwendung auch zu bewirken, was sie bezwecken.

1. Probleme des Gerechtigkeitsdiskurses

Das Wort Gerechtigkeit wird häufig und in sehr unterschiedlichen Urteils- und Handlungszusammenhängen verwendet (s. z. B. Perelman, 1967; Walzer, 1983/1992; Elster, 1992; Wigger, 2015; Jehling & Hartmann, 2017). So wurde die Forderung einer »Maut für Ausländer«[1] als eine Frage der Gerechtigkeit interpretiert. Und die Tötung eines Ungläubigen sei die »gerechte« Strafe für seinen Unglauben. Versucht man, jenseits der willkürlich herausgegriffenen Beispiele, für die überaus heterogene Verwendung des Wortes Gerechtigkeit einen gemeinsamen Nenner zu finden, so kann man feststellen, dass überall dort, wo in der gesellschaftlichen Praxis auf Gerechtigkeit Bezug genommen wird, intersubjektive *Interessenkonflikte* im Spiel sind[2].

Nun könnte man befürchten, dass durch diese Akzentuierung der Korpus jener Sachverhalte und Verhaltensweisen zu stark eingeengt werde, die mit Bezug auf das Gerechtigkeitsprinzip beurteilt werden (können). So gehe es bei einem Urteil darüber, ob eine Strafe gerecht »sei«, doch nicht um einen Interessenkonflikt. Ich sehe das anders: In dem Augenblick, in dem eine Strafe als gerecht oder ungerecht bewertet wird, kommen Interessenkonflikte ins Spiel. Deutlich wird das bspw. bei Versuchen, ein jeweiliges Straferfordernis[3] zu rechtfertigen[4]. Dafür aufschlussreich sind auch politische Auseinandersetzungen über Regeln, Verfahren und die Rechtfertigung der Auswahl und Berufung von Staatanwälten und Richtern. Ich komme darauf zurück.

Meine zentrale These lautet: Gerechtigkeit ist immer dann ein Thema, wenn es um die *Kritik* oder – und das wird bisher stark vernachlässigt: – um die *Rechtfertigung*

– der Ungleich*behandlung* von Menschen,
– der Ungleich*bewertung* von Handlungen oder Handlungsergebnissen
– oder der ungleichen *Verteilung* materieller oder immaterieller Güter[5] geht.

---

1 Seit dem Wahlkampf zur Bundestagswahl 2013 spielte der umstrittene Vorschlag, auf deutschen Autobahnen eine PKW-»Maut für Ausländer« einzuführen, insbesondere in Bayern eine zentrale Rolle.
2 »Umgekehrt« spielen nicht in allen Interessenkonflikten Gerechtigkeitsfragen eine Rolle. Aber wo von Gerechtigkeit die Rede ist, dort sind Interessenkonflikte im Spiel.
3 Wer hat ein Interesse daran, dass »Schwarzfahrer«, Ladendiebe, Versicherungsbetrüger bestraft werden?
4 Im Strafrecht werden Regeln des *Zusammen*-Lebens definiert. Es gäbe wohl keinen Verstoß gegen eine Regel (Rechtsnorm), wenn es nicht denjenigen (»Straftäter«) gäbe, dem der Verstoß (in welcher Hinsicht auch immer) nützt und denjenigen, dem er (wie indirekt auch immer) schadet.
5 Dazu gehört das (knappe und teure) Gut Bildung. Lerngelegenheiten sind notwendige Bedingungen für Lernerfolge und Lernerfolge bilden – bei Geltung des Leistungsprinzips – die wohl wichtigste Anspruchsgrundlage für eine »entsprechende« soziale Platzierung und Honorierung (vgl. Schelsky, 1959, S. 17 f.; Hüfner, 1978; Lutz, 1982; Kreckel, 1983; Ditton, 2007, bes. Kap. 3; Müller-Benedict, 2008; Maaz, Baumert & Cortina, 2008 und grundlegend: Durkheim, 1902/1973, S. 37–55; Weber, 1917/1958, S. 235 f.). »Verteilungsfragen gehören ganz oben auf die Tagesordnung« (Straubhaar, 2016), wenn es darum geht, die Spaltung der Gesellschaft zu verhindern.

Gerechtigkeit?

In der üblichen gesellschaftspolitischen Diskurs- und Handlungspraxis wird Gerechtigkeit als ein Ideal postuliert, das (noch) nicht verwirklich ist, aber verwirklicht werden soll. Hier sind vor allem die *Kritiker* sozialer Ungleichheit unterwegs. Dass Bezugnahmen auf die Gerechtigkeit aber auch dort eine herausragende Rolle spielen, wo strittige soziale Verhältnisse und Handlungen *gerechtfertigt* werden »müssen«, diese Tatsache findet so gut wie keine Beachtung. Deshalb lege ich auf diese Zweckbestimmung einer Bezugnahme auf Gerechtigkeit mein Hauptaugenmerk.

Rechtfertigungsbedürftig erscheint vor allem »die« soziale *Ungleichheit* (s. bereits Aristoteles, 1967, Buch V; aktuell Grossmann & Kirsch, 2017)[6]. *Gleich*behandlung, *Gleich*bewertung und *Gleich*verteilung werden in der Regel nur von denen als ungerecht beurteilt, die sich von einer sie begünstigenden Realisierungsform von Ungleichheit einen Vorteil versprechen[7] (s. z. B. das Gleichnis von den Arbeitern im Weinberg: Matthäus 20, zit. nach Karrer, 1959, S. 81 f.). Auch in der Bildungspraxis gibt es ein erklärungsbedürftiges Interesse an intersubjektiver Ungleichheit, insbesondere an ungleicher Lernerfolgsbewertung. Abstrakt mag gelten, dass alle Eltern unterschiedslos am Lernerfolg ihrer Kinder interessiert sind. Aber dort, wo Lernerfolge in den Fokus der Gerechtigkeitsfrage geraten, verändern sie ihren Charakter: Dann werden Lernerfolge nicht mehr (nur) sach- oder zweckbezogen, bspw. als das Maß interpretiert, in dem der Zweck unterrichtlichen Handelns erfüllt wurde, sondern sozial: und zwar durch ihren Abstand zu Misserfolgen anderer, ebenfalls am Erfolg Interessierter. Lernerfolge interessieren dann nicht mehr primär als ein Bildungsproblem, sondern als ein Statusproblem[8]: Der Erfolg des einen wird zur Funktion des Misserfolgs anderer (in quantitativer und qualitativer Hinsicht)[9].

Beispiel: Wenn ein Kind mit einer 1 nach Hause kommt, interessieren Eltern sich häufig dafür, wie viele andere Kinder auch eine 1 hatten – und hoffen, dass es nicht allzu viele sind[10]. Denn unter Statusgesichtspunkten ist der Lernerfolg des einen

---

6 Ungleichheit bspw. in der Vermögensverteilung oder das so genannte Wohlstandsgefälle (als nicht zu unterschätzende Bedingungen ungleicher Teilhabe an Lerngelegenheiten bzw. Bildung) sind nicht nur punktuelle, sondern kumulative Phänomene.

7 So scheint bspw. eine Gehaltserhöhung nur dann das Glücksempfinden zu steigern, wenn dadurch die Einkommensdifferenz zu anderen erhöht wird.

8 Bildung sollte in bildungsprogrammatischer Sicht etwas mit Persönlichkeitsentwicklung zu tun haben. Aber »reale« Bildung hatte schon immer auch ganz andere Funktionen: Sie war zu allen Zeiten *immer auch* ein Mittel zur Etablierung einer (*sozial*) legitimen und distinkten Kultur – und zur Rechtfertigung einer kulturellen Hegemonie (so bereits Spranger, 1918/1928 und kritisch: u. a. Weber, 1917/1958, S. 235 f.; Schelsky, 1959; Blankertz, 1969, 1974; Menze, 1966; Friedeburg, 1989; Maaz et al., 2008; Solga, 2008; Müller-Benedict, 2008; Schneider, 2011; Dörre, 2015; Einsiedler, 2015, S. 34 f.; Müller & Reitz, 2015; Hofstetter, 2017; ferner Litt, 1947/1958; Rolff, 1986, S. 222 ff. und Herrlitz, Hopf, Titze & Cloer, 2005).

9 Der Sieger sagt zum Verlierer: Ohne Dich wäre ich kein Sieger – und der Verlierer wäre kein Verlierer, wenn er nicht gleichermaßen am Sieg interessiert gewesen wäre.

10 Aufschlussreich ist auch, dass Skiläufer, die eine (zeitlich) erste Bestzeit erzielt haben, »sichtbar« darauf »fiebern«, dass nachfolgend Startende diese Zeit verfehlen.

umso wertvoller, je größer die Anzahl anderer Kinder ist, die (unter gleichen Lernbedingungen) hinter diesem Erfolg zurückbleiben, obwohl auch sie gleichermaßen nach Erfolg streben. Der Einwand, dass Schule aus programmatisch-*pädagogischer* Sicht dazu da sei, allen Kindern erfolgreiches Lernen zu ermöglichen, kann mit der »Feststellung« beantwortet werden: Das mag schon sein, aber es wäre ungerecht, wenn interpersonelle Lernerfolgsdifferenzen nicht »entsprechend« unterschiedlich bewertet würden. Es gibt sachliche Gründe, Tüchtigkeit[11] kriterienbezogen in eine Rangfolge zu bringen. Aber in dem Maß, in dem die sachliche Begründung in eine *moralische* Rechtfertigung der jeweiligen Tüchtigkeitsrangreihe verwandelt wird, beginnt das Statusinteresse an »der« Bildung die Oberhand zu gewinnen. (Dieser Satz hat den Charakter einer (hoffentlich) zutreffenden Feststellung, sie ist keine Wertung.)

Interpersonale Lernerfolgsdifferenzen gelten weithin als normal und unproblematisch. Aber um die Frage entscheiden zu können, in welcher Hinsicht und warum sie so unproblematisch vielleicht doch nicht sind, müsste Klarheit über einige Voraussetzungen der Entstehung dieser Differenzen bestehen; denn mit Bezug auf die soziale Bezugsnorm gibt es den Erfolg des einen nicht ohne Misserfolge anderer.

- Unter welchen handlungsabhängigen Bedingungen treten interpersonale Lernerfolgsdifferenzen auf? Ich beobachte, dass solche Differenzen auch dort nicht unerwünscht sind, wo sie durch eine darauf gerichtete Optimierung der Lerngelegenheiten vermeidbar wären (s. z. B. Friedeburg, 1989; Becker, 2017; Tillmann, 2009).
- Wer interessiert sich aus welchen Gründen für Lernerfolgs*differenzen* – oder: aus welchen Gründen werden sie nicht nur festgestellt, sondern als unproblematisch bewertet und ausdrücklich befürwortet?[12]
- Wie wird in der pädagogischen und in der gesellschaftlichen Praxis mit Lernerfolgsdifferenzen umgegangen?[13]
- Begünstigt (bereits) die Frage nach der Gerechtigkeit vorgefundener oder erwünschter[14] Lernerfolgsdifferenzen die Vernachlässigung der unterrichtspraktischen Grundfrage: nämlich ob Lernende gelernt haben, was sie lernen sollten oder wollten? Beispielhaft gefragt: Kommt es im Unterricht und insbesondere in

---

11 Als notwendige Voraussetzung kompetenter Erfüllung gesellschaftlicher Arbeitsaufgaben.
12 Es sind u. a. aus nachvollziehbaren Gründen Repräsentanten des Beschäftigungssystems und darüber vermittelt jene Eltern, die verständlicherweise an einer günstigen Platzierung ihrer Kinder in diesem System interessiert sind.
13 Die Rechtfertigung strittiger Ungleichheit erfolgt keineswegs immer explizit, sie ist in komplexen Strukturen und Prozessen gesellschaftlicher und eben auch unterrichtlicher Praxis inkorporiert, bspw. im Berechtigungswesen eines selektiven Bildungs- und des Beschäftigungssystems.
14 Mir liegen Dokumente vor, aus denen hervorgeht, dass die dafür zuständige Bildungsadministration jenseits der Fachlichkeit ausdrücklich die Erfolgs-»*Reihung*« der Prüflinge fordert.

einer Prüfung mehr auf die Selektionseffektivität als auf die Bildungsqualität[15] bestimmter Lerninhalte an (dazu bereits Undeutsch, 1969)?

Die These, dass intersubjektive Lernerfolgsdifferenzen normal seien, ist ebenso fragwürdig wie aber auch die thematisch spezifischere, dass es gerecht »sei«, Gleiches gleich und Ungleiches ungleich zu behandeln (so z. B. Butterwegge, 2017). Abgesehen davon, dass es sich dabei nicht um eine prüfbare Tatsachenfeststellung, sondern um eine Tatsachenbewertung handelt, bleibt diese traditionsreiche Formel in ausschlaggebender Hinsicht geeignet, *unvereinbare* Handlungsstrategien zu legitimieren. Zwar ist damit zu rechnen, dass die unterrichtliche Gleichbehandlung Lernender mit ungleichen Lernvoraussetzungen unter jeweils gegebenen Bedingungen die Ungleichheit vergrößert. Aber die (präzisierungsbedürftige) Ungleichbehandlung[16] von Ungleichem kann (vereinfacht) von zwei gegensätzlichen Strategien der Ungleichbehandlung angeleitet werden und zwei gegensätzliche Effekte dieser Ungleichbehandlung zur Folge haben, und zwar eine, die darauf gerichtet ist, die Lernerfolgsungleichheit zu *verringern*, oder die andere: die vorgefundene Ungleichheit zu vergrößern und zu legitimieren (Matthäus-Prinzip).

Im folgenden Schaubild soll die angesprochene Dynamik formal skizziert werden:

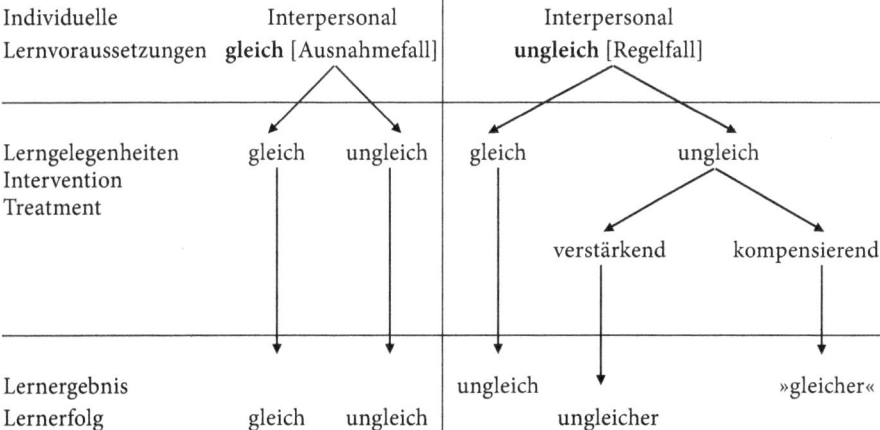

Abbildung 1: Effeke alternativen Umgangs mit gleichen vs. ungleichen Lernvoraussetzungen (Quelle: Heid, 1988, S. 2)

---

15 Das Wort Qualität ist zu präzisieren. Außerdem besteht zwischen Selektionseffektivität und Qualität nicht notwendig ein Widerspruch.

16 Lehrpersonen versichern, alle gleich zu behandeln und fügen bekräftigend hinzu, niemanden zu bevorzugen oder zu benachteiligen. Trotzdem tendieren auch diese Lehrpersonen häufig dazu, Lernende ungleich zu behandeln und dadurch die vorgefundene Ungleichheit zu vergrößern (dazu s. z. B. Rosenthal & Jacobson, 1971; Brophy & Good, 1976; Weinert, 1988 und neue Forschungsbefunde bspw. von Lehmann, Peek & Gänsfuß 1997).

Auch diese schematische Darstellung ist noch viel zu abstrakt. Sie besagt bspw. nichts über die Abhängigkeit interindividueller Lernerfolgsungleichheit von bestimmten *Inhalten* des Unterrichts (s. bereits Undeutsch, 1969) oder von der Bestimmung eines Vergleichskriteriums, nichts über schulstrukturelle Voraussetzungen der Entstehung von Lernerfolgsungleichheit und nichts über unterrichtspraktische Dynamiken, deren jeweilige Realisierungsformen zur Vergrößerung oder Verringerung intersubjektiver Lernerfolgsdifferenzen beitragen können (s. z. B. Brophy & Good, 1976)[17]. Wo testierte Lernerfolge für die gesellschaftliche Platzierung und Honorierung eines Menschen wichtig sind, gewinnt das Interesse an der dafür relevanten Lernerfolgsungleichheit stark an Bedeutung (dazu Mattern & Weißhuhn, 1980).

Zurück zu den Grundlagen des Gerechtigkeitsdiskurses: Die zentrale Gerechtigkeitsformel lautet allerdings: *nicht* »Jedem das Gleiche!« (dazu u. a. Wigger, 2015, S. 74 ff.), sondern: »Jedem, das Seine!« – »suum cuique« (vgl. u.v.a. Dreier, 1985; Prantl, 2008; Lenzen, 2015; differenzierend: Perelman, 1967, S. 14 ff.), das also, was ihm zukommt oder zusteht oder auch: jedem das, worauf er (stets im Vergleich zu anderen) ein Anrecht geltend zu machen vermag. In den (übersetzten) Worten Aristoteles' ist »das Gerechte […] etwas Proportionales« (a. a. O., 1131a). Aber was ist das Seine? Kann es eine von Entscheidungen unabhängige und in diesem Sinn objektive Antwort auf diese Frage geben? Wer kann mit welchen Gründen wem gegenüber welchen Anspruch auf das ihm Zustehende mit jener Verbindlichkeit geltend machen und durchsetzen, die von keinem direkt oder indirekt Betroffenen mit respektablen Gründen bezweifelt werden kann? Auf diese Fragen, deren Beantwortung das Gerechtigkeitsprinzip bezweckt, gibt das (abstrakte) Gerechtigkeitspostulat selbst keine Antwort[18]. Das ist schon deshalb unmöglich, weil es Gerechtigkeit als solche überhaupt nicht gibt. Als gerecht oder ungerecht können nur konkrete soziale Verhältnisse oder Handlungen bewertet werden, die nicht in irgendeinem Sinn von Objektivität gerecht »sind«, sondern entscheidungsabhängig und in diesem Sinn subjektiv als gerecht bewertet werden (können). Damit sind zwei (Kern-)Probleme des Gerechtigkeitsdiskurses angesprochen: ein unmittelbar praktisch-funktionales und ein wertungsmethodologisches – allerdings von ebenso großer praktischer Bedeutung.

---

17 Der »Feststellung«, dass bestimmte Maßnahmen, die sich zur *Reduzierung* interpersonaler Lernerfolgsungleichheit eignen, nicht finanzierbar seien, liegt eine *politische Prioritätensetzung* zugrunde.

18 Wie sehr diese inhaltsleere »Gerechtigkeits«-Formel mit allem und jedem vereinbar ist, zeigt sich in der Tatsache, dass über dem Eingangstor zum Konzentrationslager Buchenwald in eisernen Lettern geschrieben stand und steht: »Jedem das Seine«.

1.1 Der praktisch-funktionale Aspekt eines Gerechtigkeitsurteils

Meine Hauptthese war, dass Gerechtigkeit immer dann ein Thema ist, wenn es um die Kritik *oder* um die Rechtfertigung bestimmter Realisierungsformen von Ungleichheit geht. Ein Kernproblem dieser These besteht darin, dass Kritik und Rechtfertigung strittiger Ungleichheiten *komplementär verknüpft* sind. Nutznießer[19] jeweiliger Ungleichheit haben nur dann Veranlassung, die sie begünstigende Ungleichheit als gerecht zu rechtfertigen, wenn sie erfahren oder befürchten müssen, dass dadurch Benachteiligte[20] die Legitimität der jeweils strittigen Ungleichheit in Frage stellen[21]. Diese Behauptung scheint durch zwei Tatsachen in Frage gestellt zu werden:

(1.) Es sind keineswegs nur oder in erster Linie bildungs- oder gesellschaftspraktisch Benachteiligte, die »unser« Bildungssystem als ungerecht bewerten. Häufiger noch als die Benachteiligten bejahen die dadurch Begünstigten die Frage, ob unser Bildungssystem ungerecht »sei« (s. z. B. Becker, 2006; Becker & Hadjar, 2015). Andererseits scheint es Menschen zu geben, die sich umso mehr damit abfinden, bestimmte soziale Verhältnisse als gerecht anzuerkennen, je stärker sie dadurch benachteiligt werden.

(2.) Zum anderen könnte eingewendet werden, dass die Gerechtigkeitsfrage nicht nur auf soziale Verhältnisse bezogen werden dürfe, sondern auch individuenbezogen relevant sei.

Zu (1.): Die Feststellung, dass auch die durch bestimmte Realisierungsformen sozialer Ungleichheit Begünstigten zu denjenigen gehören, die diese sie begünstigenden Verhältnisse (»theoretisch«) als ungerecht bewerten, ist (a) keineswegs damit unvereinbar, dass sie selbst ihre eigene günstige Position für gerechtfertigt halten (vgl. Lessenich, 2018). »Deshalb« muss und wird diese Kritik sie (b) wohl auch kaum dazu veranlassen, ihre Begünstigung praktisch aufzugeben oder wie auch immer »aufzuteilen«[22]. (c) Unter der Voraussetzung, dass sozioökonomisch

---

19 Es gibt den Nutzen nie ohne Inhalt. Es gibt nicht nur den materiellen, ökonomischen, finanziellen Nutzen, bspw. das Einkommen oder das Vermögen, sondern auch einen mit dem ökonomischen indirekt zusammenhängenden sozialen Nutzen: dazu gehören Bildung, Ansehen, Einfluss, Macht. Was eine Person als Nutzen wertschätzt, kann sich sehr von dem unterscheiden, was ein anderer als Nutzen bewertet. Gerechtigkeitsbedeutsam ist vor allem derjenige Vorteil eines Nutznießers, der mit dem (als solchem bewerteten) Nachteil eines dadurch Benachteiligten in einem Verursachungs- oder Begründungszusammenhang steht.

20 Genauer: Menschen, die sich benachteiligt fühlen.

21 Lessenich, 2018 spricht von einer »Bewegung zur Verteidigung von als gerechtfertigt erachteten und durch den Aufstieg von Außenseitern als gefährdet wahrgenommenen ökonomischen, sozialen und kulturellen Vorrechten.«

22 Sie gehören wohl auch zu denen, die tatsächlich so gut wie nichts gegen die von ihnen kritisierten Zustände unternehmen, obwohl gerade sie am ehesten in der Lage wären (s. Böttcher, 2005.)

Begünstigte sich ihres sozialen Status sicher sein können, vermag ihre Kritik an der Ungerechtigkeit unseres Bildungswesens zur »moralischen« Rechtfertigung ihres eigenen Status beizutragen. Hinzu kommt, dass sozial Begünstigte ihre (abstrakte) Kritik an der Ungerechtigkeit unseres Bildungswesens überdies mit der extrem selten in Zweifel gezogenen Forderung nach Chancengleichheit beglaubigen (können), ohne die Legitimität ihres eigenen herausgehobenen Sozialstatus in Frage stellen zu müssen. Mehr noch: Die Befürwortung dieser Forderung ist durchaus geeignet, drei Funktionen zu erfüllen: Sie beglaubigt die Kritik an der Bildungsungerechtigkeit, sie stellt die Legitimität (Gerechtigkeit) des eigenen Status nicht in Frage und sie lässt die *Gründe* für das Erfordernis unberührt, Chancengleichheit zu fordern (s. dazu bereits Spranger, 1918/1928)[23].

Auf der »anderen Seite« – und das ist eine empirisch überprüfungsbedürftige Erwägung – scheint es Menschen zu geben, die tendenziell und bis zu einer bestimmten kritischen Schwelle umso weniger und vor allem umso wirkungsloser gegen bestimmte Ungleichheitsstrukturen protestieren, je stärker sie dadurch benachteiligt werden. Sie haben *gelernt*, diese Strukturen (aus »realistischer« Einsicht oder aus Resignation) als normal, als funktional, als natürlich, »deshalb« als unabänderlich und eben auch als *nicht ungerecht* zu empfinden: »Das war doch schon immer so!« oder: »Das ist doch überall so!« Außerdem erfahren sie in ihrer alltäglichen gesellschaftlichen Praxis, wie gering ihre sozioökonomische Macht ist, sich gegen die sie benachteiligenden Gerechtigkeitsbeteuerungen mit Erfolgsaussicht zur Wehr zu setzen.

Zu (2.): Ich halte es für zweckmäßig, nur im Hinblick auf *zwischenmenschliche* Beziehungen von Gerechtigkeit zu sprechen. Aber das wird als Verengung kritisiert. Bereits die Formel »Jedem das Seine« – so der Einwand – bezeuge die Subjektbezogenheit des Gerechtigkeitspostulats. Außerdem sei bspw. davon die Rede, dass »jedem Einzelnen« Gerechtigkeit zuteilwerden müsse. Nicht anders sei es dort, wo von »der gerechten Strafe« (Schmidt-Lux, 2017), von der »Teilhabe-« oder »Anerkennungsgerechtigkeit« (s. z. B. Stojanov, 2011) oder davon gesprochen werde, dass jedem (der gleiche) Respekt entgegenzubringen sei.

Ich antworte mit einer Frage: Was sind die Gründe für das Erfordernis, irgendeine der beispielhaft aufgeführten Forderungen *als ein Gebot der Gerechtigkeit* (moralisch) zu rechtfertigen? Wäre die Gerechtigkeitszuschreibung sinnvoll, wenn das dadurch gerechtfertigte Verhalten nicht gegen ein (wie auch immer begründetes und oft sanktionsmächtiges) Interesse Anderer verstieße – so bspw. das Partizipationsansinnen eines Beschäftigten, das dem Personal-»Verantwortlichen« eines Unternehmens nicht gefällt. Aus welchen Gründen und wem gegenüber muss

---

[23] Dass und warum die Verwirklichung postulierter Chancengleichheit unter den mehrfach erwähnten Bedingungen ihrer Realisierung sehr wohl geeignet ist, die (erwünschte) Statusverteilung zu reproduzieren und als gerecht zu legitimieren, wird an späterer Stelle erörtert.

jenseits ihrer Rechtmäßigkeit *auch noch die Gerechtigkeit* einer Strafe beteuert werden – ganz abgesehen davon, dass auch bereits die juridische Strafzumessung eine niemals subjektunabhängige Ermessensentscheidung darstellt? Wäre das ohne diejenigen (Anderen) sinnvoll, die diese Be-Wertung (interessenabhängig) bezweifeln (könnten) und denen gegenüber sie *deshalb* gerechtfertigt werden muss? Die Rede von »der gerechten Strafe« richtet sich an Adressaten, die die Stichhaltigkeit der Argumente bezweifeln (können), mit denen eine strittige Strafpraxis begründet wird. Und dem Bestraften wird mitgeteilt: Deine Strafe ist gerecht, weil jeder andere unter den gleichen Voraussetzungen genauso bestraft worden wäre oder werden würde[24]. Wieweit die Strafe der strafwürdigen Tat *»angemessen«* ist, lässt sich nicht mit Bezug auf die (Objektivität der) Tat, sondern nur mit Bezug auf eine strittige Bewertung der Tat bzw. mit Bezug auf ein entscheidungsabhängiges Strafkriterium beurteilen. Diese Überlegungen veranlassen mich zu behaupten, dass Bezugnahmen auf Gerechtigkeit den *Sozialcharakter* ihrer Zweck- und Funktionsbestimmung anzeigen. Als gerecht wird ein strittiger Zustand gesellschaftlicher Praxis oder ein strittiges Verhalten wohl nur dann bewertet, wenn ein Zweifel an dieser Bewertung nicht ausgeschlossen werden kann. So lange niemand seine Unzufriedenheit mit einer jeweiligen Ungleichheit äußert, steht die darauf bezogene Frage nach der (Un-)Gerechtigkeit gar nicht zur Diskussion[25].

Wer nun einwendet, dass es doch nicht von der Unzufriedenheit irgendeines Menschen abhängen dürfe, ob eine bestimmte Realisierungsform sozialer Ungleichheit gerecht »sei«, der geht womöglich von einer unhaltbaren Voraussetzung aus, nämlich: dass Gerechtigkeit eine Größe sei, die unabhängig von einem subjektiven Gerechtigkeitsurteil real existiert bzw. ein subjektunabhängiges Objekt der Wahrnehmung und Beurteilung sei. Aber genau das ist Gerechtigkeit nicht.

1.2 Der wertungsmethodologische Aspekt eines Gerechtigkeitsurteils

Damit komme ich zu einem zweiten Kernproblem, dem wertungsmethodologischen Aspekt eines Gerechtigkeitsurteils: »Gerechtigkeit« ist kein

- subjektunabhängig existierender Sachverhalt,
- keine Sachverhaltseigenschaft
- und keine aus irgendeinem Sachverhalt oder einer Sachverhaltsfeststellung ableitbare Größe, sondern das Resultat einer stets subjektiven Sachverhaltsbewertung.

---

24 Durch diese Strafe wirst du (gegenüber anderen) nicht benachteiligt.
25 So hat Bedford Strohm in einer Ringvorlesung in der Universität Regensburg am 01.02.2017 nahe an der Position Rawls' ausgeführt, *dass gegen Reichtum so lange nichts einzuwenden sei, wie er den Armen gegenüber gerechtfertigt werden könne.*

Ein als gerecht oder als ungerecht bewerteter Sachverhalt – bspw. eine bestimmte soziale Ungleichheitsstruktur – ist, was sie ist. Ob sie als gerecht oder ungerecht beurteilt zu werden verdient, das ergibt sich nicht aus dem Sachverhalt, sondern aus dessen Bewertung. Man kann und muss aus logischen Gründen

- zwischen dem *Gegenstand* einer Gerechtigkeits-Bewertung einerseits und
- der *Bewertung* dieses Gegenstands (bspw. als gerecht) andererseits unterscheiden.

Aber es ist noch etwas komplizierter: So richtig und wichtig es zum einen ist, die Feststellung des als gerecht bewerteten Sachverhalts einerseits und die Bewertung dieses Sachverhalts andererseits aus logischen Gründen strikt auseinander zu halten, so wichtig ist zum anderen, dass Gerechtigkeit niemals ohne Bezugnahme auf einen als gerecht bewerteten Sachverhalt »existiert«[26]. Nicht alles, was man (aus logischen Gründen) unterscheiden muss, kann man (real) auch trennen. Wenn jemand sagt, dass eine bestimmte Realisierungsform sozialer Ungleichheit ungerecht *ist,* so ist das eine zumindest ungenaue Formulierung, denn kein Zustand oder Prozess gesellschaftlicher Praxis *ist* im strengen Wortsinn gerecht oder ungerecht, es kann sich dabei aber sehr wohl um einen Zustand oder eine Praxis handeln, die als gerecht oder ungerecht *bewertet worden ist oder bewertet wird.* Denn was gerecht »ist«, das zeigt sich nicht in der (bewerteten) Tatsache, die ja ist und bleibt, was sie ist, sondern das resultiert aus deren Be-Wertung. Selbst extreme Einkommens- oder Vermögens- oder Benotungsdifferenzen können von dem einen als gerecht und von einem anderen als ungerecht bewertet werden. Zur Begründung ihrer Wertung berufen deren Autoren sich zwar auch stets auf den bewerteten Sachverhalt und auf kausal damit verknüpfte Sachverhalte, weil andernfalls ihre Wertung »gegenstandslos« wäre. Aber genau genommen rekurrieren sie dabei auf (implizite oder explizite) Sachverhaltsbewertungen[27].

Was ist aber nun dort, wo Gerechtigkeit gegenstandsunabhängig gefordert wird? Im Amtseid des Bundespräsidenten oder auch der Bundeskanzlerin heißt es »Ich schwöre, dass ich [...] Gerechtigkeit gegen jedermann üben werde.« (Art. 56 GG)[28]. Ob Bundespräsident und Bundeskanzlerin jetzt wissen, was konkret zu tun ist, wenn sie Gerechtigkeit üben wollen? Welche Art von Zuständigkeit wird durch eine solche Formel eigentlich begründet?

---

26 Diese Tatsache begünstigt das Missverständnis, dass Gerechtigkeit eine Eigenschaft der als gerecht bewerteten Praxis sei.
27 Wer das Rauchen verurteilen will, bezieht sich auf dieses Rauchen; aber er verurteilt es, weil er es negativ bewertet, und er begründet die Verurteilung mit der Sachverhaltsfeststellung, dass das Rauchen gesundheitsschädliche Effekte hat und er Gesundheitsschädlichkeit – was nicht selbstverständlich ist – negativ bewertet.
28 Anderes Beispiel: In § 1 des Sozialgesetzbuches I steht, dass die einzelnen Sozialleistungen zur Verwirklichung von sozialer Gerechtigkeit (und sozialer Sicherheit) dienen sollen.

Gegenstandsunabhängige (und undifferenzierte) Gerechtigkeitspostulate haben keinen Informationsgehalt. Sie sagen nicht, was zu tun oder was zu unterlassen ist. Unter solchen abstrakten (und gerade deshalb oft emphatisch postulierten) Formeln verschwinden inhaltliche Wertungs-*Differenzen*, auf die es im Gerechtigkeitsdiskurs aber gerade ankommt. Ihre Inhaltsbestimmung wird der Definition derer ausgeliefert, die die Funktion und die soziale Macht haben zu bestimmen, was gerecht »ist«. Inhaltsleere Gerechtigkeitspostulate ermöglichen und erfordern eine Inhaltsbestimmung, die der jeweilige Adressat dieses Postulats selbst als gerecht bewerten kann und muss; denn

- die zitierten Sätze sind nur insofern informativ, als ihr Adressat sie gemäß seiner eigenen Interessen und Überzeugung selektiv mit Inhalt füllt, und
- die Realisierungsform eines als gerecht bewerteten Verhaltens »ist« nur für denjenigen gerecht, der auch selbst dieses Verhalten als gerecht bewertet bzw. anerkennt.

Auch wenn abstrakte Gerechtigkeitsformeln keinen Informationsgehalt besitzen, so sind sie deshalb keineswegs funktionslos (dazu Topitsch, 1960). Sie haben u. a. den beabsichtigten oder unbeabsichtigten Effekt,

- die *Entscheidungsabhängigkeit* und die *Selektivität interessenabhängiger* Bezugnahmen auf »*das*« Gerechtigkeitsprinzip zu verschleiern;
- der subjektiven Wertung den Anschein der unbezweifelbaren, objektiven Geltung zu verschaffen [29] und
- eine kritische Analyse der faktisch als gerecht oder ungerecht bewerteten Praxis zu erübrigen [30].

Erst wenn man diese wertungsmethodologische Struktur praktischer Gerechtigkeitsurteile durchschaut, kann man begreifen, dass und warum ein und dieselbe Konkretisierungsform sozialer Ungleichheit von den *einen* als gerecht und von anderen als ungerecht *bewertet* werden *kann* und gerade dort auch bewertet wird, wo Gerechtigkeit ein Thema ist. Alle wollen dasselbe: Gerechtigkeit. Kein Mensch hat etwas gegen Gerechtigkeit, aber oft sehr wohl und entschieden etwas gegen bestimmte soziale Strukturen oder Handlungen, die von ihren Nutznießern als gerecht und von ihren Kritikern als ungerecht bewertet werden.

Eigentlich müsste man radikaler und konsequenter formulieren und sagen, dass es Unsinn ist, »Gerechtigkeit« zu fordern: Kein Mensch fordert eine oder »die« Gerechtigkeit, die es als solche überhaupt nicht gibt. Stattdessen fordert er Verhältnisse

---

29 obwohl sie zu partikulären Zwecken an das subjektive Gerechtigkeitsempfinden ihrer Adressaten appelliert.
30 Etwas Ähnliches passiert mit dem viel und unwidersprochen zitierten Artikel 1 des Grundgesetzes der Bundesrepublik Deutschland: »Die Würde des Menschen ist unantastbar.« Diesen Satz beschwört auch die Vielzahl jener Ökonomen, die die (gesetzliche) Festlegung eines Mindestlohns mit zweifelhaften Argumenten bekämpfen (vgl. Stiglitz, 2017).

und Verhaltensweisen, die in intersubjektiv differierender Weise als gerecht oder als ungerecht bewertet und in diesem Sinn eben auch moralisiert werden (können).

Nun könnte man annehmen, dass wenigstens mit der Bezugnahme auf *Sachverhalte*, die Gegenstand divergierender Gerechtigkeitsbewertung sind, eine feste Bezugsgröße im Gerechtigkeitsdiskurs gegeben sei. Denn hier gehe es – so die Zuversicht – »lediglich« um eine korrekte Beschreibung (und Erklärung) des Gegenstands der Gerechtigkeitsbeurteilung; und darüber sollte eine Verständigung über die Bewertung dieses Gegenstands doch leicht möglich sein[31]. Zunächst ist richtig, dass ein inhalts*leerer* Gerechtigkeitsdiskurs hoch problematisch (Topitsch, 1960) und deshalb die Klärung des Sachverhalts überaus wichtig ist, auf den sich ein Gerechtigkeitsurteil jeweils bezieht. Andererseits garantiert »die Klärung« des Gegenstands strittiger Gerechtigkeitsurteile keineswegs irgendeine Sorte von Objektivität oder Einvernehmlichkeit solcher Urteile. Ein Blick auf die alltägliche und durchaus auch auf die wissenschaftliche Vergewisserungs-Praxis zeigt, dass nicht nur Bewertungen, sondern auch Feststellungen, Beschreibungen, Erklärungen und Interpretationen ein und desselben Gegenstands erheblich voneinander abweichen (können). Das gilt besonders dort, wo es um ein Wissen über Gegenstände strittiger Gerechtigkeitsbeurteilungen geht. Es muss damit gerechnet werden, dass die Sicht der Sache vom außertheoretischen Interesse an der Sache beeinträchtigt wird. Auch dort, wo es um nichts als um die Sache – hier: um den Gegenstand der Gerechtigkeitsbeurteilung – geht, resultieren empirische Befunde aus einem stets aktiven, selektiven, interpretativen, also entscheidungsabhängigen Vergewisserungsversuch, dessen Steuerung vom jeweiligen (stets fehleranfälligen) Vor-Wissen und vom Interesse am Untersuchungsgegenstand wohl niemals völlig unabhängig ist – bspw. vom Interesse an einer bestimmten Realisierungsform gesellschaftlicher Praxis. Wir haben es nie nur mit (»reinen«) Sachverhalten, sondern immer mit Sachverhalts*wahrnehmungen* und Sachverhalts*interpretationen* zu tun. Das erklärt, warum auch Tatsachenfeststellungen besonders dann differieren (können), wenn es sich dabei um interessenabhängig *strittige* Tatsachen handelt[32] – um vom aktuellen Wirrwarr über fake-news ganz zu schweigen.

---

31 Mit dieser Frage wird die Aufmerksamkeit auf das Erfordernis gelenkt, genau *denjenigen* Gegenstand der Gerechtigkeitsbeurteilung zu klären, den abstrakte Gerechtigkeitspostulate der kritischen Aufmerksamkeit und Überprüfung entziehen. Die Interessenkonflikte, die allen Gerechtigkeitsdiskursen zugrunde liegen, können nur dann »bearbeitet« und gelöst werden, wenn Klarheit darüber herrscht, *was, welche Praxis oder welches Verhalten* denn nun jeweils als gerecht oder ungerecht beurteilt wird. Und auf diese Inhalte bezogen werden übrigens verschiedene Arten von Gerechtigkeit unterschieden – bspw. Anerkennungsgerechtigkeit oder Partizipationsgerechtigkeit oder Verteilungsgerechtigkeit ...

32 Wer an der *Rechtfertigung* einer bestimmten Realisierungsform sozialer Ungleichheit interessiert ist, wird Daten suchen und finden, die *keine* Zunahme der Ungleichheit anzeigen. Wer diese Ungleichheit kritisiert, wird diejenigen Daten besonders herausstellen, die *für* die These zunehmender Ungleichheit sprechen.

Dennoch hat die Klärung des Gegenstands strittiger Gerechtigkeitsurteile auch wertungs-methodologisch einen eigenen und herausragenden Stellenwert. Und der ist in der *prinzipiellen* Differenz zwischen Tatsachen*feststellungen* und Tatsachen*bewertungen* begründet:

- Tatsachenfeststellungen können intersubjektiv überprüft werden und das Ergebnis dieser Überprüfung kann prinzipiell wahr oder falsch sein. Das gilt zumindest prinzipiell auch dort, wo Sachverständige mit unterschiedlicher sozialer Definitions-*Macht* (sehr) unterschiedliche Tatsachenbehauptungen über (scheinbar?) ein und denselben Sachverhalt vertreten. Vergewisserungsmethodische Zweifel sind sehr wichtig, aber sie können den Wahrheitsanspruch der Vergewisserungsaktivitäten nicht außer Kraft setzen[33].
- Tatsachen-*Bewertungen* können prinzipiell nicht wahr oder falsch sein, aber sie können (sozial) gelten oder nicht gelten. Wo es nicht um die Wahrheit eines Arguments, sondern um die Geltung einer Norm geht, dort kommt es auf die soziale Macht derer an, die eine Tatsachenbewertung oder eine Norm geltend machen und durchsetzen (können).

Idealtypisch bzw. prinzipiell gilt, dass es bei Tatsachen*beschreibungen* auf die intersubjektiv nachprüfbare Qualität der dabei verwendeten Argumente und bei Wertungen auf die Macht der Argumentierenden ankommt.

Damit ist einiges über den Stellenwert der verschiedenen Komponenten eines Gerechtigkeitsurteils und über deren Zusammenwirken gesagt. Im Beispiel: Autoren, die einen Sachverhalt oder eine Verhaltensweise als gerecht beurteilen oder als ungerecht kritisieren, beziehen sich zwar auf diesen mit wahrheitsfähigen Sätzen beschriebenen Sachverhalt, aber für die Gerechtigkeitsbeurteilung wesentlich und ausschlaggebend ist die nicht wahrheitsfähige Wertung dessen, der die (soziale) Macht und die Mittel hat, seine Interessen bei der Gerechtigkeitsbeurteilung geltend zu machen und durchzusetzen. Die Sach-*Klärung* kann die Sach-*Bewertung* nicht erübrigen, aber sie ist für die Bewertungs*begründung* unentbehrlich.

Was ich über die Bewertung strittiger *Realisierungs*formen von Ungleichheit ausgeführt habe, gilt auch für die Ungleichbewertung verschiedener *Ursachen* der Entstehung von Ungleichheit: Leistungsabhängige[34] Lernerfolgsdifferenzen »sind« – so die herrschende Auffassung – gerecht. Demgegenüber »sind« intersubjektive Lernerfolgsdifferenzen, die auf den Sozialstatus Lernender zurückgeführt werden können, ungerecht. Sätze dieser Art sind ebenso problematisch wie verbreitet.

---

33 In manchen Fällen kann eine genauere Beschreibung des Gegenstands der Gerechtigkeitsbewertung zur Beilegung der Beurteilungsdifferenz beitragen, aber in anderen Fällen kann damit auch das Gegenteil erreicht werden, wenn die Kontrahenten genauer erfahren, um welche Sachverhalte es dabei überhaupt geht.

34 Auf die Frage, ob Leistung wirklich statusneutral ist, gehe ich noch ausführlich ein.

Sie beinhalten keine intersubjektiv überprüfbaren Tatsachenfeststellungen, sondern subjektive Tatsachenbewertungen, die von der Feststellung der beispielhaft erwähnten Ungleichheits-»Verursachungen« logisch unabhängig sind. Dass diesen Wertungen von niemandem widersprochen wird, ist erstens kein stichhaltiges Argument gegen die Kritik an der logischen Problematik kryptonormativer Tatsachenbehauptungen und widerspricht zweitens dem empirisch bestätigten Befund, dass Angehörige eines oberen und mittleren Sozialstatus einiges dafür tun, den sozialen Abstieg ihrer eigenen Kinder zu verhindern und die abstrakt als ungerecht bewertete Statusabhängigkeit des Erfolgs ihrer Kinder in Kauf zu nehmen und womöglich zu rechtfertigen. Von dieser Abstiegssorge sozioökonomisch mächtiger Nutznießer sozialer Ungleichheit scheint die soziale Dynamik stärker geprägt zu sein als von dem bildungspolitisch propagierten Programm des »Aufstiegs durch Bildung«.

Außerdem wäre es ein Fehler zu übersehen oder zu unterschätzen, dass die soziale Herkunft ein traditionell und interkulturell hoch geschätztes Distinktions- und Diskriminierungskriterium ist, das sich gnadenlos gegen das Pathos durchsetzt, mit dem »die soziale Herkunft« interpersonaler Lernerfolgsdifferenz als ungerecht beklagt wird (dazu bereits Spranger, 1918/1928; Bourdieu & Passeron, 1971; Becker & Lauterbach, 2007; Nachtwey, 2016). Wo es gelingt, die (in der jüngeren Diskussion oft betonte) Einkommens- und Vermögensüberlegenheit »statushoch« Eingeschätzter – etwa durch Stipendien – zu neutralisieren, kommen andere, »feinere« Statusdeterminanten umso stärker zur Geltung. Man täusche sich nicht über die Virtuosität und Wirkmächtigkeit einer Argumentation oder auch einer sozialen Praxis, in deren Kontext »der Stand«, die »Kultur« der sozialen Herkunft (das kulturelle Kapital) als Distinktionskriterien und in der Folge dessen eben auch die *Statusabhängigkeit* interpersonaler (Lernerfolgs-)Ungleichheit etwa mit Bezug auf die »göttliche Ordnung« (s. Lenzen, 2015, S. 114ff. mit Bezug auf Thomas v. Aquin) *oder* das klassische Bildungsideal als die »wahren« Statusdeterminanten gerechtfertigt werden (s. dazu bereits Undeutsch, 1969; Clasen, 2014 und aktuell Munzinger, Helsper & Krüger, 2018).

2. Zur Rechtfertigung gerechtigkeitsbedeutsamer Ungleichheit

Die Argumente, mit denen die »Rechtmäßigkeit« erwünschter Realisierungsformen sozialer Ungleichheit begründet werden, lassen sich (nicht trennscharf) in zwei Klassen einteilen, und zwar 1. in drei traditionsreiche *Grundmuster* direkterer *Rechtfertigung* und 2. in Argumente, die primär darauf abzielen, den Geltungsanspruch einer *Kritik an dieser Ungleichheit* außer Kraft zu setzen oder zu diskreditieren.

2.1 Drei Grundmuster der Rechtfertigung von Ungleichheit

2.1.1 Gottgewollte Ungleichheit

»Die Ungleichheit« unter den Menschen – so lautet der erste (auch im Weltmaßstab) keineswegs überholte Argumentationsstrang – »ist« *gottgewollt*. Im nicht außer Kraft gesetzten Neuen Testament steht geschrieben: »In dem Stande, in dem ein jeder berufen wurde, darin soll er bleiben. Bist du als Sklave berufen worden, so mache dir deswegen keinen Kummer, sondern selbst wenn du frei werden könntest, bleibe umso lieber dabei!« (1 Kor 7, 20ff. – zit. nach Karrer, 1959, S. 477; vgl. auch Geißler, 2016; Höffe, 2010, S. 13ff.; Stratmann, 1995, S. 10f., 27ff.; Ellroy, 2015). Nicht minder eindrucksvoll sind die so genannten Seligpreisungen, über die die Evangelisten Matthäus und Lukas berichten: »Selig ihr Armen, denn euer ist das Reich Gottes […] Selig seid ihr, wenn euch die Menschen […] ausschließen […] denn Euer Lohn ist groß im Himmel!« »Wehe aber euch, ihr Reichen …« (Lk 6, 20ff.). »Die Armen« werden aufs Jenseits vertröstet; dort wird entgolten, was ihnen im Diesseits vorenthalten wird. »Den Reichen« im Diesseits nachzueifern, kann im Jenseits böse enden. Biblische und theologische »Belege« dieser Sorte und weiterer »Glaubensgewissheiten«, bspw. dass »die Frau« »den Sündenfall« verursacht habe und deshalb minderwertig sei (Thomas von Aquin, zit. nach Liedtke, 2013, S. 306), sind durch die ganze Kirchen- und Sozialgeschichte hindurch dazu verwendet worden, die Ungleichheit unter den Menschen zu *erklären* und mit Bezug auf den Willen Gottes zu *rechtfertigen*.

Was ist dazu zu sagen? Diese Rechtfertigungsstrategie ist nach wie vor einflussreich – womöglich bei denjenigen am stärksten, die allen Grund hätten, sich gegen jede und so auch diese Rechtfertigung sozialer Ungleichheit aufzulehnen. Aber auch unabhängig davon, dass diese religiöse Verbrämung strittiger sozialer Ungleichheit die Lebensqualität der im Diesseits sozial Benachteiligten nicht verbessert, hält diese Rechtfertigungsstrategie einer rationalen Kritik nicht Stand, und zwar aus mindestens zwei Gründen:

– Sie rekurriert auf einen »behauptenden« Glauben, den man nur glaubend teilen oder auch nicht teilen kann. *Außerhalb dieses Glaubens und seiner Beteuerung* (= Glaubens-»Gewissheit«) gibt es keine Möglichkeit, den Glaubensinhalt intersubjektiv nachprüfbar als wahr oder falsch zu qualifizieren.
– Die meisten Bezugstexte im Neuen Testament (bspw. die Paulus-Briefe) bestehen aus *Normen*, die aus logischen Gründen prinzipiell nicht wahr oder falsch sein, sondern »nur« akzeptiert oder nicht akzeptiert werden können. Dass sehr viele Menschen sie akzeptieren, verleiht ihnen ihren fortwährenden Einfluss auf die Behauptung oder Überzeugung, dass die Ungleichheit und die implizierte Ungleichwertigkeit unter den Menschen *gottgegeben oder gottgewollt* seien. In vielen Religionen und Kulturen dieser Welt bestehen Wertungen und wertende

Unterscheidungen dieser Art fort (dazu auch Liedtke, 2013 und Geißler, 2016, Kap. VI).

2.1.2 Naturgegebene Ungleichheit

Eng mit der religiösen Rechtfertigungsstrategie verknüpft ist die ebenso traditionsreiche, aber noch weiter verbreitete und vorbehaltloser akzeptierte These, dass die Menschen *von Natur aus* ungleich seien. Zu einem Problem wird diese Auffassung dort, wo

- erstens das – als naturgemäß Apostrophierte als *normative Maßgabe*[35], als das Richtige und Gute interpretiert und
- wo zweitens das Naturgegebene als das Unabänderliche gesehen wird.

Für Aristoteles ist klar, dass es *von Natur* Freie und Sklaven gibt[36] und dass das Dienen für diese zuträglich und gerecht ist. Desgleichen »verhält sich Männliches und Weibliches so zueinander, daß das eine das Bessere, das andere das Schlechtere und das eine das Herrschende und das andere das Dienende ist« (Aristoteles, 1995, S. 10; vgl. auch Ders., 1967, 1134b)[37]. »Bei Aristoteles gibt es drei Herrschaftsformen von Natur: Eltern über Kinder, Freie über Sklaven, Männer über Frauen« (Nida-Rümelin, 2011, S. 21).

Max Liedtke (2017) verdanke ich den Hinweis auf eine Veröffentlichung des Göttinger Philosophen und Ethnographen Christoph Meiners (1790), der keine Zweifel daran gehabt zu haben scheint, dass man von der Hautfarbe und vom Aussehen afrikanischer »Neger« auf deren niedrige Bildungsfähigkeit schließen könne. Er vertrat die Auffassung, dass bestimmte Gruppen von Schwarzen nicht einmal das Niveau bestimmter Menschaffen besäßen. Man könne »ohne Bedenken behaupten, dass die menschenähnlichsten Affen den hässlichen Negern ähnlicher sind, als die Neger den Europäern« (1790, S. 403). Auch Ralph Dahrendorf (1966) verweist auf diesen »ordentlichen Lehrer der Weltweisheit in Göttingen«, der 1792

---

35 Dazu gehört bspw. die Überzeugung, dass das weibliche Geschlecht »von Natur« *weniger wert* ist als das männliche (s. z. B. Geißler, 2016, S. 127 ff.) oder dass Menschen mit schwarzer Hautfarbe »von Natur« *weniger wert* sind als solche mit weißer Hautfarbe.

36 Rousseau, 1755/1978, S. 254 berichtet von »Rechtsgelehrten, die […] behauptet haben, das Kind eines Sklaven sei zum Sklaven geboren.«

37 Nida-Rümelin, 2007 stellt zwar heraus, dass alle hellenischen Stadtstaaten dem Ideal der Autarkie verbunden gewesen seien; und dies bedeute, »dass es keine Herrschaft von Natur aus über freie Menschen geben« könne, die legitim sei. Er konzediert dann aber die antiken Beschränkungen: »Denn als freie Menschen und Bürger wurden lediglich die ›politai‹, die freien, männlichen Haushaltungsvorstände begriffen, die uneingeschränkt *und natürlicherweise* über Sklaven und Frauen ihres ›oikos‹, also ihres Haushaltes, herrschen durften« (S. 41 – Hervorhebung nicht im Original). Vgl. auch Geißer, 2016, Kap. VI.

folgende Weisheit in die Welt gesetzt hat: Ungleichheit der Naturen brachte unfehlbar zu allen Zeiten Ungleichheit der Rechte hervor. Es wäre ebenso unnatürlich und ungerecht, wenn der unmündige Knabe gleiche Rechte mit dem Erwachsenen, das schwache und furchtsame Weib gleiche Rechte mit dem starken und mutigen Mann erlangen sollte (vgl. auch Geißler, 2016). Dahrendorf nennt das die Formulierung jener Ideologie, die allen um ihre Erhaltung besorgten Gesellschaften dazu dient, sich der Gerechtigkeit ihres Unrechts zu versichern (Dahrendorf, 1966, S. 7).

Max Planck hat noch Ende des 19. Jahrhunderts folgendes gesagt: »Wenn eine Frau, was nicht häufig, aber doch bisweilen vorkommt, für die Aufgabe der theoretischen Physik besondere Begabung besitzt […], werde [ich, H.H.] ihr gerne, soweit es überhaupt mit der akademischen Ordnung verträglich ist, den probeweisen und stets widerruflichen Zutritt zu meinen Vorlesungen und Übungen gestatten […]. Andererseits muss ich aber daran festhalten, dass ein solcher Fall immer nur als Ausnahme betrachtet werden kann […] Amazonen sind auch auf geistigem Gebiet naturwidrig. Bei einzelnen praktischen Aufgaben, z. B. der Frauenheilkunde, mögen die Verhältnisse vielleicht anders liegen, im Allgemeinen aber kann man nicht stark genug betonen, dass die Natur selbst der Frau ihren Beruf als Mutter und Hausfrau vorgeschrieben hat, und dass Naturgesetze[38] unter keinen Umständen ohne schwere Schädigung […] ignoriert werden dürfen« (Planck, 1897, S. 256 f.)[39].

Bei der Kritik dieses Rechtfertigungsmusters beschränke ich mich auf wenige zentrale Punkte.

(1.) Wer sich auf »die Natur« bezieht, um eine Norm – hier das Gerechtigkeitspostulat – zu rechtfertigen, muss (zuvor) zwei Probleme gelöst haben oder lösen:

a) Er muss zwischen Natur und natürlich einerseits und Unnatur oder unnatürlich oder widernatürlich andererseits unterscheiden (können). Kann es Nicht- oder Un- oder Wider-Natürliches real geben? Um welches »Naturgesetz« handelt es sich, gegen das das »ausnahmsweise« erfolgreiche Physikstudium einer Frau verstößt? Und durch welche Merkmale ist »die Natur« gekennzeichnet, gegen die verstoßen werden kann, sofern es sinnvoll ist, vor diesem Verstoß zu warnen?

b) Wer »der Natur« die Funktion einer Norm zuschreibt, müsste nicht nur zeigen (können), was gemäß dieser Norm getan werden soll, sondern auch, was dementsprechend vermieden oder verhindert werden soll. Die Natur setzt dem menschlichen Handeln physikalische Grenzen, aber was von dem, was

---

38 Auf die unzulässige Konfundierung sozialer Normen mit Naturgesetzen weise ich hin, gehe ich hier aber nicht ein.
39 Noch nach dem zweiten Weltkrieg durften Frauen nicht berufstätig werden ohne Zustimmung ihres Ehemanns, der bestätigen musste, dass sie deswegen ihre Hausarbeiten nicht vernachlässigen würde. Und bis in die 1960er Jahre hinein war es Frauen durch das geltende Familienrecht untersagt, selbständig Rechtsgeschäfte in größerem Umfang vorzunehmen (Nida-Rümelin, 2011, S. 21).

naturgesetzlich möglich ist, wird durch »die Natur« verboten – oder auch: Was von dem, was möglich ist, soll getan werden? Wer oder was schreibt vor, Kranke zu heilen? »Die Natur« würde sich vielleicht in vielen Fällen für ein Siechtum des Kranken »entscheiden«. »Ist« das oder alles in der Natur Vorkommende gut und gerecht – nur, weil es in der Natur vorkommt? Ist »die Natur« Subjekt der Bestimmung eines Kriteriums, das unentbehrlich ist, um entscheiden zu können, was gut oder gerecht »ist« und getan werden soll – oder was böse »ist« und unterlassen werden soll? Ist es nicht eher so, dass alles in »der Natur« Vorkommende ist, was es ist und von dem einen als gut oder gerecht bewertet wird, weil er es wertschätzt, während ein anderer, dem das nicht gefällt oder dem es schadet, den gleichen Sachverhalt negativ bewertet? (Wie ist das eigentlich mit der Unterscheidung zwischen Kraut und Unkraut?)

(2.) Der Naturbezug ist auch im Bildungssektor weit verbreitet und argumentationsstrategisch wirksam. Erwünschtes wird oft und unwidersprochen als naturgemäß qualifiziert, Unerwünschtes als naturwidrig diskreditiert – gelegentlich auch als mit der göttlichen Schöpfungsordnung unvereinbar. Das Urteil »naturwidrig« hat unendlich viel Elend in diese Welt gebracht. Menschen, deren Verhalten als naturwidrig beurteilt wird, können dadurch psychisch und sozial vernichtet werden – man denke bspw. an die Verurteilung von Homosexualität – oder an rassistische Moralisierungspraktiken.

»Die Natur« ist nicht die Ableitungsvoraussetzung für das jeweils als wünschenswert Erachtete. Vielmehr wird umgekehrt im normativen Naturbezug das jeweils Erwünschte zur Ableitungsvoraussetzung für die Zuschreibung des *wertenden* Attributs »Natur« oder »natürlich« (grundlegend dazu Kant, 1787/1956, S. 498 f.; Welzel, 1951; Kelsen, 1928; Topitsch, 1958; Dahrendorf, 1966; Bayertz, 1987; Haidt & Joseph, 2007; Liedtke, 2013, S. 303 ff.; Hering, 2007, S. 99).

(3.) Es gibt Unterschiede »von Natur« (bspw. zwischen Männern und Frauen), aber daraus lässt sich keine Wertungsdifferenz ableiten: Verschieden*artiges* ist verschiedenartig; man mag es verschieden bewerten, aber man kann diese Wertung nicht aus dem So-Sein der Verschieden-Artigkeit ableiten. Die Ungleich-Bewertung muss strikt von der Ungleichheits-Feststellung unterschieden werden. Verschiedenartiges »ist« nicht verschiedenwertig. Freie und Sklaven waren und sind niemals »von Natur« aus verschieden. Sklaverei ist kein Naturereignis, sondern das Resultat einer politischen und ökonomischen Praxis, die allenfalls ein Wertungserfordernis begründet. Wer Sklaven als minderwertig beurteilt, kann das dafür vorausgesetzte Bewertungskriterium nicht aus der Natur, sondern nur aus ungleichmächtigen sozialen Interessen (-lagen) ableiten, die ihrerseits Gegenstand kritischer Beurteilung sein können.

(4.) Naturgegebenes ist nicht unabänderlich. Im Gegenteil: Unsere gesamte Existenz basiert auf einem biologischen und kulturellen Stoffwechsel mit der dadurch permanent von Menschen gestalteten Natur. Wir bedienen uns der Naturgesetze, um die Natur nach Zwecken zu gestalten, die wir nicht der Natur entnehmen.

In die *Interpretation* der (angeblichen) Natur- oder Gottgegebenheit dieser Ungleichartigkeit wird die gesellschaftspolitisch erwünschte Ungleich*wertigkeit* hineinprojiziert und in der Idee der göttlichen Schöpfungsordnung wechselseitig potenziert. Damit wird eine Rechtfertigungsposition entwickelt, gegen die nur uneinsichtige und sündige Menschen etwas einwenden (können) (z.B. bei Roth, 2008, S. 28 oder Thurau, 2008; kritisch und grundlegend: Welzel, 1951; Kelsen, 1928; Topitsch, 1958; Dahrendorf, 1966; Bayertz, 1987; Haidt & Joseph, 2007; Liedtke, 2013, S. 303 ff.).

2.1.3 Ungleichheit als soziales Funktionserfordernis

Schließlich wird die Ungleichheit unter den Menschen auch oft als gesellschaftliches Funktionserfordernis oder kurz: als Sachzwang postuliert (s. bereits Spranger, 1918/ 1928 und Weinstock, 1958; Deutscher Ausschuss, 1964; Brezinka, 1976; beschreibend: Mattern & Weißhuhn, 1980, S. 157 ff.; kritisch: H. Hartmann, 1968, S. 38 ff., 238 ff.; Steinkamp, 1974, S. 186 ff.; Lutz, 1982; Friedeburg, 1989, S. 476; Solga, 2008; Dörre, 2015). Während im Rechtfertigungs-Rekurs auf »die Natur« (erwünschte) Sachverhalte in Werte verwandelt werden, geschieht beim Sachzwangargument das Umgekehrte: Interessengesteuerte Wertungen werden in scheinbar unbezweifelbare, »objektive« und unabänderliche Sachverhalte oder Sachzwänge verwandelt. Aber so wie Sachen keine Normen, keine Ableitungsvoraussetzungen für Normen und schon gar keine Subjekte der Bestimmung eines Erfordernisses sind, so sind Normen keine Sachen und auch keine Sachzwänge[40].

Es *gibt* Sachzwänge, aber nur in Abhängigkeit von Zwecken, bei deren Bestimmung und *Verwirklichung* Menschen sich nicht über die nur begrenzt beeinflussbaren Bedingungen ihrer Realisierung hinwegsetzen können. Es gibt bspw. Gesetzmäßigkeiten menschlichen Lernens. Darüber kann sich nicht hinwegsetzen, wer die Bedingungen erfolgversprechenden Lernens organisieren will. Aber Gesetzmäßigkeiten dieser Art zwingen nicht zu irgendeinem konkreten, inhaltlich bestimmten Lehren oder Lernen. Ein ebenso banales wie eindrucksvolles Beispiel für die Rechtfertigung sozialer Ungleichheit durch Verweise auf gesellschaftliche Funktionserfordernisse formuliert Heinrich Weinstock (1958) in seinem Buch »Rea-

---

40 Die es ja »eigentlich« nur im Modus einer Sachverhalts*feststellung* gibt und geben kann.

ler Humanismus«: »Dreierlei Menschen braucht die Maschine: den, der sie bedient und in Gang hält; den, der sie repariert und verbessert; schließlich den, der sie erfindet und konstruiert. Hieraus ergibt sich: Die richtige Ordnung der modernen Arbeitswelt …« (S. 121). Es geht hier nicht um »Maschinen« der 1950er Jahre, sondern ums *Prinzip*. Dass beim Wie der Auftragserledigung die jeweiligen technischen Möglichkeiten eine wichtige Rolle spielen, darf nicht darüber hinwegtäuschen, dass sie für die Bestimmung des Wozu und des Was keine maßgebliche, sondern nur eine instrumentelle Rolle spielen. Andere Beispiele liefern Auseinandersetzungen um die richtige Schulpolitik: Sie zeigen schlaglichtartig, wie subjektiv, selektiv, kontrovers und interessenabhängig Kontrahenten sich auf sachliche oder gesellschaftliche Erfordernisse oder Sachzwänge beziehen – und wie überaus widersprüchlich das sein kann, was »die Sache« vermeintlich erfordert oder was »die Gesellschaft«, das heißt konkret: bestimmte gesellschaftliche Interessengruppen aus offensichtlich subjektiven und partikularen Interessen von der Schule und auch von der Schulforschung fordern – und wie selektiv die Kontrahenten sich auf Referenzen beziehen, die einzelne, je nach Rezeptions- und Verwendungs*interesse,* als angeblich sachliche oder wissenschaftliche Grundlage ihrer interessenbestimmten »Argumentation« reklamieren (s. z. B. Tillmann, 2009). So sehen wortführende Nutznießer bestimmter Realisierungsformen sozialer Ungleichheit diese Ungleichheit als wirksamen Anreiz für Anstrengungen, »die letztlich allen zugutekommen« (dazu Offe, 2017).

Fazit: Die drei wichtigsten Strategien zur Rechtfertigung erwünschter Ungleichheit spielen in gesellschafts- und bildungspolitischen Auseinandersetzungen um eine »gerechte« Bildung immer noch eine wichtige Rolle, obwohl sie bereits methodologisch auf unhaltbaren Voraussetzungen beruhen. Sie resultieren – wo und weil es um Gerechtigkeit geht – aus interessengesteuerten Entscheidungen und können nur als solche Gegenstand einer kritischen Analyse und Thema eines kritischen Gerechtigkeitsdiskurses sein.

2.2 Argumente zur Außerkraftsetzung der Kritik an Ungleichheit

Nun kurz zur zweiten Sorte von Strategien, mit denen die Kritik an strittigen Realisierungsformen der Ungleichheit außer Kraft gesetzt oder diskreditiert werden soll: Neben logisch und empirisch fragwürdigen Strategien zur *Rechtfertigung* erwünschter Ungleichheit gibt es eine Vielzahl zweifelhafter Argumente, mit denen die Kritik an dieser Ungleichheit außer Kraft gesetzt oder diskreditiert werden soll. Solche Rechtfertigungsstrategien werden häufiger praktiziert als dokumentiert. Dennoch behaupte ich nicht, dass alle Nutznießer bestimmter Realisierungsformen sozialer Ungleichheit so »argumentieren«, wie ich in einigen ausgewählten Grundformen zu systematisieren versuche.

(1.) Erwünschte Ungleichheit wird in oft ostentativer Diktion und undifferenziert als unbezweifelbare und unabänderliche oder auch als völlig normale Tatsache apostrophiert, gegen die nur »Realitätsblinde« oder »Ideologen« und in diesem Sinn Inkompetente etwas einzuwenden haben[41]. Dass die Menschen ungleich seien, das stehe doch fest – im Doppelsinn der Verwendung dieses Wortes: Es ist unbezweifelbar und es ist unabänderlich. Diese Argumentation verfängt, weil Menschen tatsächlich ungleich sind. Aber bereits der interpersonelle *Vergleich*, der zur Feststellung dieser Ungleichheit erforderlich ist, hat ein dafür unentbehrliches, aber entscheidungsabhängiges Vergleichskriterium zur Voraussetzung. Und in der Bestimmung dieses Vergleichskriteriums kommen der Zweck des Vergleichs und ein inhaltlich bestimmtes Interesse an der Feststellung der Ungleichheit zur Geltung. Die Beschwörung »der Ungleichheit« unter den Menschen funktioniert auch deshalb, weil sie genau diejenigen potentiellen Kritiker dieser Ungleichheit am stärksten »einschüchtert«, die am meisten Grund hätten, gegen sie zu protestieren. So kann Kritikabwehr relativ leicht und erfolgreich funktionieren.

(2.) Die *Zweck*bestimmung der Kritikabwehr wird deutlicher, wo die jeweils erwünschte Ungleichheit als etwas interpretiert wird, das die dadurch Begünstigten gar nicht begünstigt und diejenigen nicht benachteiligt, die sich (»zu Unrecht«) benachteiligt fühlen (Apostel Paulus im 1. Korintherbrief, Kapitel 7, 20–24). Dabei lassen sich zwei Strategien (nicht ganz trennscharf) unterscheiden, eine tugendbezogene und eine ressourcenbezogene: Im ersten Fall beklagen die durch eine bestimmte Realisierungsform der Ungleichheit Begünstigten, dass ihnen diese Situation Sorgen bereite und dass es ihnen – konkret und beispielhaft: – außerordentlich schwerfalle, Beschäftigte entlassen zu »müssen« oder einen Mindestlohn nicht aufbringen zu »können« (dazu z. B. Gauß, 2018) oder im Bildungssystem (bedarfsbezogen) streng auslesen zu müssen. Die andere Variante dieser Rechtfertigungsstrategie besteht darin, dass die Nutznießer strittiger Ungleichheit ihre Vorteile »klein reden« oder bspw. darüber klagen, dass es ihnen in »anderer« Hinsicht aber (viel) schlechter gehe: Im Unterschied zu den Benachteiligten trügen sie die belastende Verantwortung fürs »Ganze« und außerdem das größte Verlust-Risiko. Dafür müsse es einen Ausgleich geben.

(3.) Einen Schritt weiter geht die (halb-wahre) Neigung, (soziale) Nachteile in Vorteile für die sozial Benachteiligten zu verwandeln (vgl. die Seligpreisungen). So kann die Selektion im Bildungssystem und die Aussonderung leistungsschwacher Schüler aus der Schule für »normal Begabte« oft undifferenziert damit gerechtfertigt werden, dass dies (ausschließlich) dem Wohl der Ausgesonderten

---

41 Noch in den 1970er Jahren wurde die Kritik an der sozialen Ungleichheit in Deutschland als eine Gefährdung der »*sozialen Symmetrie*« beargwöhnt.

diene (kritisch dazu Solga, 2008, S. 17 oder Bude, 2008)[42]. Deutlicher noch wird das in bildungsbedeutsamen Initiativen »der deutschen Wirtschaft«[43] (s. z. B. Bericht des DIHT, 1982; Institut der deutschen Wirtschaft, 2003, S. 34 ff.[44]; Geschäftsbericht des BDA, 2017); dort wird der Abbau sozialer Errungenschaften als eine Voraussetzung für die Ausbildungsbereitschaft der Wirtschaftsbetriebe interpretiert. Mindestlöhne oder Sozialabgaben vernichteten Arbeitsplätze; Kündigungsschutz beeinträchtige die Bereitschaft der Unternehmen, Menschen einzustellen (die sie dann nicht mehr so leicht »frei« setzen können). In diesen Zusammenhang gehört auch die These, dass die Erfüllung auch derjenigen Arbeitsaufgaben, die nur geringe (oder eine »andere«) Bildung voraussetzten, von hohem *gesellschaftlichem* Wert sei: »Jeder werde an seinem Platz in der gesellschaftlichen Hierarchie gebraucht!« – fragt sich nur von wem und wofür[45].

Eine weitere Variante wurde in den späten 1970er Jahren in der bayerischen Bildungspolitik prominent vertreten: Es ist besser, jungen Menschen weiterführende Bildung vorzuenthalten, als ihnen später sagen zu müssen, dass sie gar nicht gebraucht würden. Deshalb dürfe man die Bildung nicht vom Leistungsrahmen der Wirtschaft abkoppeln (s. außer Verlautbarungen in Wirtschaft und Politik auch Brezinka 1976). Andernfalls mache man die (von weiterführender Bildung ausgegrenzten) Menschen nur unglücklich, denn es fehlten einfach die sozioökonomischen Gelegenheiten zur Erfüllung ihrer im Bildungssystem erworbenen Ansprüche. Zweck solcher (keineswegs immer erfolgreichen) Botschaften war der verwertungs-»gerechte« Verzicht auf jene weiterführende Bildung, die als Anspruchs-

---

42 Das »Weiterreichen nach unten« (Solga) kann als »Förderung« verbrämt werden.

43 Zur ökonomischen Dimension und zur politischen Relevanz des mit Bildungsgerechtigkeit Angesprochenen vgl. z. B. Schelsky, 1959, S. 17 f.; Hüfner, 1978; Mattern & Weißhuhn, 1980, S. 159; Lutz, 1982; Kreckel, 1983; Lengfeld, Liebig & Märker, 2000; Palentien, 2005; Maaz et al., 2008; grundlegend bereits Durkheim, 1902/1973, S. 37–55 und Weber, 1917/1958'. Dazu beispielhaft: »Als entscheidender Fehler der ›Bildungsexplosion‹ bezeichnete Strauß den Versuch, das Bildungssystem vom ›Leistungsrahmen der Wirtschaft abzukoppeln‹ sowie eine ›Überqualifizierung‹, die zu Unzufriedenheit und Problemen auf dem Arbeitsmarkt führe. [...] Die Forderung nach Chancengleichheit würde als erstes ›eine Reform am lieben Gott‹ erfordern, da die Menschen nicht gleich seien.« (Frankfurter Rundschau, 1983. Vgl. auch Brezinka, 1976).

44 Institut der deutschen Wirtschaft, 2003, S. 36: »Um in Krisenzeiten Arbeitsplätze erhalten zu können, sollte es der Gesetzgeber im Interesse der Arbeitnehmer [!?, H.H.] zulassen, dass im Tausch dafür von den vereinbarten Tariflöhnen nach unten abgewichen werden oder eine längere Arbeitszeit vereinbart werden kann«. Soziale Rechte werde als »ausbildungshemmende Vorschriften« qualifiziert. Die »Umwandlung« unbefristeter in befristete Beschäftigungsverhältnisse wird als »Flexibilisierung« verbrämt. Das sind nur Beispiele.

45 »An solcher Entfaltung auch der einfachen Menschen ist im technischen Zeitalter ebenso viel gelegen wie an der Herausbildung einer Führungsschicht« (Deutscher Ausschuss, 1964, S. 20; vgl. auch Groh-Samberg, 2008, S. 21; Butterwegge, 2010; vgl. auch Dörre, 2015, S. 4, 8). Die beispielhaft erwähnten Wirtschaftsvertreter erwarten den jeweils angesagten Verzicht vor allem von ihren Beschäftigten. Mag sein, dass es ihnen dabei auch um den Erhalt verbleibender Arbeitsplätze geht; aber Einrichtung und Erhalt von Arbeitsplätzen sind wohl weniger Zwecke als vielmehr das Mittel unternehmerischen Erfolgsstrebens.

grundlage für eine »entsprechende« soziale Platzierung und Honorierung hätte geltend gemacht werden können. Die Liste fragwürdiger Aufwertungen ungünstiger sozialer Positionen im Bildungs- wie im Beschäftigungssystem ist lang. Nur noch ein weiteres Beispiel: Lebensverachtende Arbeitsverhältnisse in Niedrigstlohnländern und Niedrigstlöhne seien doch immer noch besser als gar kein Einkommen.

(4.) Wo Argumentationsstrategien dieser Art ihre Wirkung verfehlen, aber auch unabhängig davon, können Kritiker bestimmter Realisierungsformen sozialer Ungleichheit »moralisch« aus dem Feld geschlagen werden: Nutznießer bestehender Ungleichheitsstrukturen werfen ihren Kritikern vor, sie seien *ja bloß neidisch*[46]. *Mit Sätzen dieser Art kann oder soll der Geltungsanspruch sachlicher Argumente moralisch außer Kraft gesetzt und die Kritik von vornherein ins moralische Zwielicht gestellt werden – ohne sich auf die Argumente einlassen zu müssen, mit denen Kritiker ihre Kritik begründen.* Moralisierung »heiligt« jenes definitionsmächtige Interesse an bestimmten Sachverhalten oder Verhaltensweisen, das ohne diese Moralisierung als Interesse erkennbar bliebe.

Die Wirkung solcher Rechtfertigungsstrategien dürfte tendenziell bei jenen am größten sein, die in ihrer Sozialisation gelernt haben und lernen, ihre Benachteiligung ihren eigenen Defiziten zuzuschreiben. Und genau darauf zielt auch die Abwehr der Kritik an bestimmten Strukturen und Prozessen sozialer Benachteiligung.

3. Zu den Prinzipien und Maßnahmen, die eine Überwindung »der Bildungsungerechtigkeit« bezwecken

Die Statusabhängigkeit des Bildungserfolgs wird übereinstimmend als ungerecht bewertet. Obwohl sie von allen, übrigens auch von denen kritisiert wird, die dadurch keineswegs benachteiligt werden (differenziert dazu Müller, 2014, S. 29 ff. mit Bezug auf Roemer, 1998), besteht diese Statusabhängigkeit seit sehr langer Zeit fort (s. z. B. Baumert, 2003, S. 27 ff.)

Das ist vor allem dann besonders erklärungsbedürftig, wenn man folgendes bedenkt: Real existierende Strukturen, Zweckbestimmungen und Prozesse einer Bildungspraxis, die übereinstimmend als ungerecht bewertet wird, sind keine Naturkatastrophen, sondern Resultate gesellschaftlicher Praxis. Wenn und weil das so ist, kann die sozial selektive Funktion dieser Praxis mit den Interessen derer nicht unvereinbar sein, von deren Handeln diese Bildungswirklichkeit zuallererst

---

46 Grundlegend dazu Nusser, 1984. Vgl. auch Schoeck, 1972; Radnitzky, 1982; Gil, 1989; Ignatieff, 1989; Ladwig, 2000, S. 607; Desens, 2008; Nuscheler, 2010; Verlinden, 2010.

abhängt. Muss man deshalb nicht davon ausgehen, dass die Statusabhängigkeit und die statuslegitimierende Funktion interpersonaler Lernerfolgsdifferenzen nicht etwa als ein Versagen, sondern zumindest aus der Sicht ihrer Nutznießer und Befürworter genau umgekehrt als ein Gelingen dieser Bildung angesehen werden kann? (Stichwort: Selektion)[47] – Hinzu kommt, dass die statushohen Kritiker der Statusabhängigkeit zu denen gehören, die besonders oder vielleicht allein in der Lage (gewesen) wären, daran etwas Wesentliches zu ändern (Böttcher, 2005, S. 13). Tatsächlich haben sie so gut wie nichts daran geändert (dazu u. a. Wehler, 2014). Stattdessen tun sie etwas anderes: Sie propagieren oder befürworten jene traditionsreichen Prinzipien zur Gewährleistung größerer Bildungsgerechtigkeit, die zwei argumentationsstrategische Funktionen erfüllen: (a) Sie suggerieren einen Beitrag zur Überwindung der beklagten Bildungsungerechtigkeit; und (b) unter den sozialstrukturellen Bedingungen ihrer Geltung und Anwendung sind sie hervorragend geeignet, nicht nur zur Reproduktion, sondern auch zur Legitimation der Ungleichheit im Bildungssystem beizutragen.

Dabei handelt es sich um das *Leistungsprinzip*, die Forderung nach *Chancengleichheit* und das Prinzip *begabungsgerechter Förderung*.

(1.) Das *Leistungsprinzip* ist als das Prinzip zur Gewährleistung sozialer Verteilungsgerechtigkeit allgemein anerkannt. Jeder soll nach seiner individuellen Leistung gefördert, honoriert und gesellschaftlich platziert werden.

(2.) Besonders weit verbreitet und allgemein befürwortet ist sodann die *Forderung nach Chancengleichheit*: Jeder Heranwachsende soll die gleiche Chance erhalten, im Bildungssystem und durch das Bildungssystem in der pädagogischen und gesellschaftlichen Praxis erfolgreich zu sein.

(3.) Das Prinzip der *begabungsgerechten Förderung* ist alles andere als neu; dennoch ist es wahrscheinlich deshalb wieder besonders aktuell, weil es auf jene Naturgegebenheit menschlicher Lernfähigkeit anspielt, die – so ihre Befürworter – sowohl maßgeblich als auch unabänderlich erscheint: Unter dieser Voraussetzung wäre es gar nicht sinnvoll, eine auf Begabung zurückführbare Lernerfolgsdifferenz zu kritisieren – sie wäre eben »naturgegeben« oder »naturbedingt« und

---

47 Bildung war zu allen Zeiten *immer auch* ein Mittel zur Etablierung einer (*sozial*) legitimen und distinkten Kultur – und zur Rechtfertigung einer kulturellen Hegemonie (so bereits Spranger, 1918/1928 und kritisch: u. a. Weber, 1917/1958, S. 235 f.; Schelsky, 1959; Blankertz, 1969; Menze, 1966; Friedeburg, 1989; Maaz et al., 2008; Solga, 2008; Müller-Benedict, 2008; Schneider, 2011; Dörre, 2015; Einsiedler, 2015, S. 34 f.; Müller & Reitz, 2015). Dass Bildung nichts mit Nutzen und der ökonomischen Wissens- oder Kompetenzverwertung zu tun habe(n sollte), das sagen vor allem diejenigen, die ihren privilegierten sozioökonomischen Status als »Verdienst« ihrer Leistungen im System angeblich zweckfreier Bildung ansehen oder ausgeben und ihren sozialen und ökonomischen Status auch tatsächlich dieser Bildung verdanken. Es handelt sich hierbei um die Ideologie derjenigen, die aus ihrer zweckfreien Bildung »Kapital geschlagen« haben und fortwährend schlagen (dazu auch Litt, 1947/1958; Menze, 1966; Blankertz, 1969; Rolff, 1986, S. 222 ff. und Herrlitz et al., 2005).

besonders geeignet, interpersonelle Ungleichheit im Bildungs- und Beschäftigungssystem zu rechtfertigen (generell dazu Helbig, 1988 u. Kretschmann, 2008, S. 53, 57).

Diese drei Prinzipien hatten zum Zeitpunkt ihrer Entstehung gesellschaftspolitische Sprengkraft. Und es ist nicht zu bestreiten, dass sie die Bildungspraxis im Sinn ihrer ursprünglichen Intention auch beeinflusst haben. Dass aber »die Schule« dennoch auf vielfältige Weise zur (Re-)Produktion genau *jener sozialen* Lernerfolgsungleichheit beiträgt, die durch die Realisierung der drei Prinzipien vermieden werden sollte, bedarf einer Erklärung, die über bereits vorliegende Erklärungsansätze hinausgeht: Bei meinem Versuch, diese These zu begründen, beschränke ich mich auf wenige zentrale Argumente (ausführlicher: Heid, 1985, 1988, 2012).

3.1 Zum Leistungsprinzip

Als ungerecht wird (nur) diejenige Verteilung materieller und immaterieller Güter und (nur) diejenige Verteilung von Menschen auf unterschiedlich bewertete Bildungswege und gesellschaftliche Positionen beurteilt, die nicht durch »entsprechend« ungleiche Leistungen gerechtfertigt werden kann (Rawls, 1971, S. 63; Aktionsrat, 2007; Lengfeld et al., 2000, S. 31; Wolter et al., 2010, S. 32 f.; Brighouse & Swift, 2014; Müller, 2014; Schuetze, 2015, S. 62 f. mit Bezug auf Bellenberg, 2012 und Brenner, 2010). Auf die These, dass das (»gesellschaftliche«) Leistungsprinzip pädagogisch unangemessen sei oder nicht »richtig« angewendet werde (kritisch dazu Rabenstein, Reh, Ricken & Idel, 2013 und bereits Bolte, 1979, Kap. 2), gehe ich hier nicht ein. Ebenso wenig auf die Meinung, die Anwendung dieses Prinzips werde »übertrieben« und führe deshalb zu einer Überforderung Lernender (Stichwort: Leistungsdruck) (vgl. z. B. Bolte, 1979). Stattdessen interessiert mich, ob dieses Prinzip als solches unter den gegebenen Bedingungen seiner Geltung und Anwendung überhaupt geeignet ist, zu bewirken, was es bezweckt, nämlich zur Gewährleistung statusunabhängiger und »*deshalb*« als gerecht zu beurteilender Lernerfolgsdifferenzen beizutragen (ausführlich dazu Heid, 2012): Was »ist« Leistung? Leistung als solche gibt es nicht. Leistung ist kein Objekt einer Bewertung, sondern Resultat der Bewertung eines Objekts i. w. S.. Alles, was unter Leistungsgesichtspunkten beobachtbar ist, ist nicht Leistung, sondern bspw. eine vergleichsweise hohe Ausprägung desjenigen (erwünschten) *Verhaltens* auf einem bestimmten Sachgebiet, das dann in einem von der Feststellung nicht ableitbaren Urteil *als Leistung bewertet* wird.

– Völlig unterschiedliche Verhaltensweisen und -ausprägungen können als Leistung honoriert werden: erfolgreiches rechnen, musizieren, reden, schweigen, laufen, ja-sagen, nein-sagen, heilen und töten und unendlich Vieles mehr (vgl. z. B. Bolte, 1979).

- Ein und dieselbe Verhaltensweise kann von den einen als Leistung und von anderen als Leistungsverweigerung beurteilt werden – bspw. das »Nein« zu einer Handlungsaufforderung, die der Adressat für unverantwortbar hält; den »Mut« oder die »Frechheit« zu sagen, was einem Urteilsmächtigen nicht gefällt, obwohl es wahr ist[48].
- Was als Leistung gilt, das ergibt sich also nicht aus irgendeiner Verhaltensweise an sich, etwa daraus, dass jemand »perfekt«, »schnell« oder »viele« Menschen tötet, sondern aus der (interpersonal *vergleichenden*) *Bewertung* einer solchen Verhaltensweise als Leistung. Diese Feststellung hat Konsequenzen: Wertungen bestehen aus *zwei Sorten von Sätzen,* und zwar
- aus *deskriptiven Sätzen*, in denen der *Gegenstand* der Bewertung (die Verhaltensausprägung) beschrieben wird, ohne den es Leistung gar nicht gibt,
- und aus *wertenden bzw. präskriptiven Sätzen oder Satzfunktionen*, in denen dieser Gegenstand bspw. eine erwünschte Verhaltensweise als Leistung ausgezeichnet wird.

Die normative Komponente eines Werturteils, von der ausschlaggebend abhängt, welche Verhaltensweise als Leistung anerkannt wird, kann prinzipiell nicht als wahr oder falsch beurteilt werden, aber sie impliziert einen Geltungsanspruch. Wo es nicht um die intersubjektiv nachprüfbare Wahrheit eines Arguments, sondern um die Geltung einer Norm geht, dort kommt es auf die (soziale) Macht dessen an, der bestimmen kann, was der Fall sein soll; hier: welche Verhaltensweise als Leistung bewertet und anerkannt werden soll.

Stark vereinfacht: Bei *deskriptiven Sätzen* kommt es auf die Qualität der Argumente, bei präskriptiven Sätzen auf die Macht der Argumentierenden an. Hinsichtlich dieser Macht sind die Menschen ungleich. Und bereits bei der *Entstehung* dieser Ungleichheit spielen genau diejenigen statusrelevanten (Sozialisations-)Faktoren eine herausragende Rolle, die durch das Leistungsprinzip außer Kraft gesetzt bzw. neutralisiert werden sollen. Was Leistung »ist«, das Töten oder das Heilen, zu *tun* oder kritisch zu *beurteilen*, was Vorgesetzte anordnen (s. z. B. Neckel, 2007)[49], das bestimmen vor allem diejenigen, die zum einen die dafür vorausgesetzte Definitionsmacht und zum anderen ein Interesse daran haben, dass ihre eigenen Aktivitäten als (besondere) Leistung anerkannt werden. Das heißt: Prozesse der Geltungsbegründung und Anwendung des Leistungsprinzips haben genau diejenige statusabhängige Ungleichheit in sich aufgenommen, die durch die Anwendung des

---

48 »Rücksichtsloser Gebrauch von Ellbogen ist [...] auch eine ›Leistung‹. Wer sich [...] dagegen wehrt, [...] ist kein Gegner von Leistung, sondern ein Feind der Rücksichtslosigkeit« (Fetscher, 1976).
49 Redlichkeit oder Verantwortungsbewusstsein haben dort oft keine Chance, wo ihre Konsequenzen mit den Interessen derer unvereinbar sind, die die Macht haben zu bestimmen, was zu tun ist!

Leistungsprinzips überwunden werden soll. Das ist der Kerngedanke meiner These, dass »das Leistungsprinzip« prinzipiell ungeeignet ist, soziale Bildungsgerechtigkeit zu verbürgen. *Unter den realen sozialstrukturellen Voraussetzungen seiner Geltung und Anwendung hat das gesellschafts- und bildungspolitisch konkretisierte und praktizierte Leistungsprinzip selbst jene soziale Ungleichheit in sich aufgenommen, die es zu problematisieren, zu kritisieren und zu revidieren verspricht.*

Diese prinzipielle Kritik ist mit der Überzeugung vereinbar, dass »etwas« geleistet werden muss, wenn und wo die (abstrakt so genannten:) gesellschaftlichen Arbeitsaufgaben erfüllt werden müssen – *wenn zuvor oder zugleich geklärt ist*, was, wozu, von wem bestimmt, wie begründet, von wem beurteilt geleistet werden soll. Nichts einzuwenden ist ferner gegen die Erwägung, dass divergierende Anstrengungen auch entsprechend differenziert belohnt werden sollten (dazu Dietrich Benner in diesem Band), wiederum: wenn Fragen nach der Qualität des Was und Wozu der Anstrengungen nicht völlig offen bleiben oder als beliebig[50] angesehen werden.

Wichtig ist in diesem Zusammenhang übrigens auch, dass Menschen das elementare Bedürfnis haben, ihre Kompetenz (Tüchtigkeit) zu erleben und zu genießen (Deci & Ryan, 1993). Und sehr bedenkenswert erscheint mir die (hier nur kurz formulierte) Frage, ob Leistung nicht doch das einzige oder wichtigste Prinzip sei, durch dessen Anwendung die Reproduktion sozialer Ungleichheit durchbrochen werden könne – wenn, so füge ich erneut hinzu, die Frage nach der Qualität der Leistungsinhalte und die Frage danach nicht auf der Strecke bleiben, welche Möglichkeiten Adressaten eines Leistungsappells haben, auch selbst an der Qualitätsbeurteilung der Leistungsinhalte zu partizipieren.

Abschließend frage ich: Wenn es keine abstrakte Leistung, sondern nur als Leistung bewertbare konkrete Verhaltensweisen gibt, warum fordert man dann Leistung oder Leistungsbereitschaft und nicht das als Leistung bewertete *Verhalten? Und: Warum hilft man den Adressaten bildungspraktischen Handelns nicht die Urteilskraft zu entwickeln, die es ihnen ermöglicht, verantwortlich an Entscheidungen darüber zu partizipieren, was als eine wünschenswerte pädagogische oder gesellschaftliche Praxis jenes Engagement verdient, das dann nicht mehr zur Leistung entleert werden muss?* Vielleicht weil mit der abstrakten Forderung die Entscheidungsabhängigkeit und die interessengesteuerte Selektivität jeweiliger Inhaltsbestimmungen von Leistung aus der kritischen Reflexion derer herausgehalten werden sollen, die nicht zu viel und »dumm« fragen, sondern sehr oft von Kindheit an möglichst perfekt *tun* sollen, was dazu Befugte (Eltern, Lehrpersonen, Vorgesetzte) von ihnen verlangen (sehr markant, aufschlussreich und *unkritisch* dazu bereits Rousseau 1762/1965, S. 265f. und Spranger, 1959).

---

50 So könnte sich die »Klasse« des Ordens nach der Anzahl jener Menschen richten, die in einer gewaltsamen Auseinandersetzung getötet werden konnten.

3.2 Zum Prinzip der Chancengleichheit

Es gibt fast keine bildungspolitische Verlautbarung, in der die Forderung nach Chancengleichheit nicht einen zentralen Stellenwert innehat. Ob von der Realisierung dieser Forderung auch die damit bezweckte Reduzierung der Bildungsungerechtigkeit erwartet werden kann, wird kaum in Zweifel gezogen, obwohl für eine Begründung dieses Zweifels einige Argumente genannt werden (können) (ausführlicher: Heydorn, 1969; Bourdieu & Passeron, 1971; Hayek, 1977; Flitner, 1985; Heid, 1988; Groh-Samberg & Hertel, 2015). Auf das einhellige Bedauern darüber, dass die vorbehaltlos erwünschte Chancengleichheit immer noch nicht realisiert worden ist, möchte ich nicht eingehen. Stattdessen interessiert mich die Voraussetzungsfrage, ob das Prinzip der Chancengleichheit überhaupt geeignet ist, zu bewirken, was es programmatisch bezweckt. Ich beschränke mich auf einige zentrale Probleme:

– Chancen gibt es nur im Hinblick auf *erstrebenswerte* und knappe materielle oder immaterielle Güter (Chance *wozu?*). Könnte jeder ein solches Gut erlangen, wäre es sinnlos nur von einer Chance zu reden. Tendenziell gilt, dass eine Chance *umso attraktiver ist, je geringer die Aussicht ist, sie auch zu nutzen*: Je knapper das Gut im Vergleich zur Anzahl derer ist, die es erstreben, oder je stärker die Anzahl der an einem Gut Interessierten die Anzahl der Möglichkeiten übersteigt, dieses Gut auch zu erlangen, desto dringlicher wird es, mit Bezug auf Betroffene Chancengleichheit zu fordern. »Solange [...] jeder die Chance hat, sozial aufzusteigen, solange gelten soziale Ungleichheiten auch dann als akzeptabel, wenn sie zunehmen« (Groh-Samberg & Hertel, 2015, S. 26; Allmendinger, 2003, S. 81f.) Und: Desto dringlicher und »risikoloser« wird es aus der Sicht des Nutznießers kritisierter (Chancen-)Ungleichheit, die Kritiker damit zu besänftigen, dass sie aber doch eine Chance haben oder erhalten sollen. Je mehr Heranwachsende sich bilden oder qualifizieren, also die internalen Voraussetzungen für die Realisierung einer Chance entwickeln, desto *schärfer und aussichtsloser*[51] wird der Wettbewerb *und* desto größer wird die Anzahl derer, die unter sonst gleichen Bedingungen ihre Chancen nicht realisieren können und insofern auf höherem Bildungsniveau scheitern (s. Dahrendorf, 1980; Allmendinger, 2003, S. 82f.)[52].

---

51 »›Das Rennen um dieselben Pokale wird länger.‹. Wenn alle das Abitur haben, braucht man halt für bessere Positionen ein Hochschulstudium. Wenn alle studieren, braucht man [...] ein Graduiertenstudium« usw. (Dahrendorf, 1980; vgl. auch Hirsch, 1976/1980 und Blossfeld, 1983).

52 Im Februar 2017 benötigten die Absolventen eines Gymnasiallehramtsstudiums mit der Fächerkombination Deutsch und Geschichte den Notendurchschnitt 1,18 und Absolventen mit der Fächerkombination Mathematik/Informatik den Notendurchschnitt 3,40, um in den Schuldienst aufgenommen zu werden (Quelle: Bayerisches Kultusministerium, Stand Februar 2017). Ohne das bloß quantitative (Miss-)Verhältnis von Stellen-Angebot einerseits und Nachfrage Studierender nach einer Anstellung in einem Gymnasium andererseits ergäbe diese Regelung keinen Sinn: Denn es kann doch wohl nicht sein, dass angehende Gymnasiallehrer mit der

Denn durch die Vermehrung der Bewerber und durch die Steigerung der Bewerberkompetenzen *allein* wird nicht eine einzige neue Position geschaffen.
– Die Forderung nach Chancengleichheit richtet sich *allein auf die Subjekte einer Chance*: Niemand soll daran gehindert werden sich zu bilden und damit eine notwendige, allerdings nicht auch schon hinreichende Voraussetzung sozialen Aufstiegs zu entwickeln. Das ist der, soweit ich sehe, von niemandem in Zweifel gezogene Kerngedanke des Postulats der Chancengleichheit. Aber dabei werden zwei Sachverhalte übersehen oder vernachlässigt: Erstens ist Aufstieg nur dann eine sinnvolle Kategorie, wenn nicht alle am Aufstieg Interessierten aufsteigen. Jeder Aufstieg hat die Vielzahl derer zur logischen und erst recht zur empirischen Voraussetzung, im Vergleich zu denen bzw. an *denen vorbei* jemand aufsteigt. Aufstieg kann es nur in einer Hierarchie geben, zu der ein Oben und ein Unter (der nicht Aufsteigenden) gehört. Mir ist rätselhaft, wie einmütig und vorbehaltlos der »Aufstieg durch Bildung« propagiert wird. Zweitens darf nicht übersehen werden, dass eine Chance nur so viel wert ist, wie es externale Gelegenheiten gibt, diese Chance auch zu realisieren. Jedoch genau das wird übersehen. Das hat Konsequenzen. Soziale Probleme, auf die das Erfordernis zurückzuführen ist, Chancengleichheit zu fordern, können in individuelle Erfolgs- versus Versagensprobleme verwandelt werden[53] – mit der Nebenwirkung, dass die außersubjektiven Gründe sozialer (Bildungs-)Ungerechtigkeit insofern von einer kritischen Analyse verschont bleiben[54]. Das Scheitern im Wettbewerb um eine günstige Platzierung in Bildung und Beschäftigung kann auch dort als individuelles Versagen interpretiert werden, wo die externalen Gelegenheiten fehlen, ein durch Bildung begründetes Anrecht auf entsprechende Platzierung einzulösen. Unter dieser Voraussetzung mögen *Einzelne* ihre Wettbewerbssituation durch zunehmende Bildungsanstrengungen verbessern, aber unter den durch Bildung oder Qualifizierung nicht zu verändernden Knappheitsverhältnissen nur in dem Maß, in dem sie sich für andere verschlechtern (dazu Heid, 1988; Groh-Samberg & Hertel, 2015, S. 29; Dingeldey, 2015, S. 37). Vor allem diejenigen Befürworter der Chancengleichheit, die im Wettbewerb um attraktive Positionen scheitern, müssen lernen und akzeptieren, dass *Chancen*-Gleichheit mit *Erfolgs*-

---

Fächerkombination Mathematik/Informatik »dümmer« sein dürfen als ihre Kolleginnen mit der Fächerkombination Deutsch und Geschichte.

53 Dahrendorf, 1980 spricht davon, dass die Konzentration auf Chancengleichheit von »wichtigen neuen Problemen moderner, freier Gesellschaften« »ablenke«. Er schlägt vor, wirksame Bürgerrechte mit Beschränkungen der positionellen Konkurrenz zu verbinden, nicht um »ein graues Einerlei« herbeizuführen, sondern um die Entstehung einer kulturellen Vielfalt zu ermöglichen.

54 Man mag die Meinung vertreten, dass soziale Probleme keine legitimen Gegenstände der Bildungsforschung, der Bildungspolitik und der Bildungspraxis seien. Dann muss man aber wenigstens über die Konsequenzen nachdenken, die mit einer Vernachlässigung kausalanalytisch rekonstruierbarer Erklärungs- und bildungspraktisch relevanter Be-Wirkungszusammenhänge verbunden sind.

Ungleichheit reibungslos vereinbar und verbunden ist. *Das Misserfolgsrisiko ist konstitutiver Bestandteil des Chancenkonzepts.*
- Durch die Konzentration der bildungspolitischen Aufmerksamkeit ausschließlich auf das Subjekt einer Chance werden die objektiven Bedingungen der Chancenrealisierung und deren Bedeutung für die Chancenproblematik aus den Augen verloren. Das Problem wird dadurch verschärft, dass die zur weiterführenden Bildung neu zugelassenen Subjekte nicht nur keinen Einfluss auf die externalen Bedingungen der Verwertung ihrer Bildung haben. Sie können diese Realisierungsgelegenheiten längerfristig nicht einmal vorhersehen. Die Realisierung einer Chance hängt aber nicht allein oder primär vom Subjekt der Chance oder davon ab, welche Kompetenzinhalte *Lernende oder Lehrende* für wichtig halten, sondern davon, welche Kompetenzen unter den nur unzulänglich vorhersehbaren Bedingungen der Kompetenzverwertung Erfolg versprechen. Und wenn diese Subjekte sich im Hinblick auf dereinstige Gelegenheiten einer Chancenrealisierung falsch »gebildet« haben, dann kann ihnen auch noch die Schuld für diese Fehlqualifizierung zugeschrieben werden. Dasjenige, von dem die Realisierung einer Chance am meisten abhängt, nämlich die externalen Realisierungs*bedingungen,* hängt am allerwenigsten von demjenigen ab, von dem aber gefordert wird, die internalen Voraussetzungen der Chancenrealisierung eigenverantwortlich zu entwickeln.
- Wer die Forderung nach Chancengleichheit vorbehaltlos billigt, der akzeptiert damit zugleich die Voraussetzungen für das Erfordernis, Chancengleichheit zu postulieren. Wenn meine bisherigen Thesen zur Chancengleichheit der Kritik standhalten, kann es bei der Chancengleichheit sinnvollerweise nur noch darum gehen, die durch Bildung begründeten Ansprüche an Aufstieg neu zu sortieren: Es sind nicht *mehr,* sondern womöglich nur *andere*[55] Menschen, die eine Chance realisieren können. Es sind Menschen, die nur unter Bedingungen Karriere machen (können), auf deren Bestimmung und Gestaltung sie keinen Einfluss haben. Um entscheiden zu können, wer im chancengleichen Wettbewerb um knappe Positionen erfolgreich ist, benötigt man ein Erfolgskriterium. Als Zulassungs- und Erfolgskriterium käme dann wohl nur oder vor allem das bereits kritisierte Leistungsprinzip in Frage, das ich allerdings aus dargelegten Gründen für prinzipiell ungeeignet halte, die Wirksamkeit jener sozialen Herkunft abzuschwächen, die in hier relevanten Begründungszusammenhängen übereinstimmend als ungerecht bewertet wird.

---

55 Den »Austausch« eines sozial günstig durch einen sozial ungünstig Platzierten mag wer will als gerecht bewerten. Bisher vorliegende empirische Untersuchungen deuten allerdings darauf hin, dass für jeden sozial Benachteiligten, der im Bildungs- und Beschäftigungssystem Karriere macht, nicht etwa ein bisher Privilegierter, sondern eher ein ebenso Unterprivilegierter im Wettbewerb um knappe attraktive Positionen ausscheiden muss (Heid, 1988; Groh-Samberg & Hertel, 2015, S. 29).

Das alles muss man nicht kritisieren, aber man sollte es nicht völlig außer Betracht lassen, wenn man Prinzipien und Praktiken entwickelt, die die Überwindung der allseits beklagten Bildungsungerechtigkeit in Aussicht stellen.

3.3 Zum Prinzip begabungsgerechter Förderung

Das Leistungsprinzip ist als *das* Prinzip sozialer Verteilungsgerechtigkeit allgemein anerkannt. Anrechte auf eine jeweils entsprechende soziale Platzierung und Honorierung sollen nach dem Rang der dafür erbrachten und dafür relevanten Leistungen bestimmt werden. Bei der Forderung nach Chancengleichheit geht es darum, dass jeder Mensch prinzipiell gleiche Gelegenheiten erhalten soll, sein individuelles Lern- und Leistungspotential optimal zu entwickeln. Dieses Potential wird häufig als Begabung bezeichnet. Jeder Mensch – so die herrschende Begründung dieser Forderung – soll unabhängig von seiner sozialen Herkunft Gelegenheit erhalten, alles zu lernen, was er lernen *kann,* wozu er – so wird häufig spezifiziert – »von Natur aus« begabt ist. Damit sind Probleme verbunden:

(1.) Eine Bezugsgröße für die gerechte Gestaltung der Bildungspraxis kann die Begabung nur sein, wenn sie *existiert* und identifizierbar ist. *Was »ist« Begabung?* Das, was wir Begabung nennen, ist kein menschliches Organ, sondern ein hypothetisches Konstrukt. Es wurde entwickelt und wird verwendet, um damit interindividuell differierende *Lernerfolge* zu erklären, Ursachen für diese *Differenz* identifizieren und eine »entsprechende«, begabungs-»gerechte« Differenzierung unterrichtlicher Lehraktivitäten legitimieren zu können. Es gibt (in grober Unterscheidung) zwei Grundmuster, interpersonale Lernerfolgsdifferenzen zu erklären: Im einen richtet sich die Aufmerksamkeit auf *handlungsabhängige* Bedingungen der Entstehung dieser Ungleichheit. Die andere Erklärung richtet sich auf *handlungsunabhängige* Bedingungen ihrer Entstehung. Die interessierende Ungleichheit wird dann als eine unabänderliche Naturgegebenheit angesehen, die man »deshalb« akzeptieren müsse. An genau dieser Stelle spielen Rekurse auf »die Begabung« eine Rolle: Schon im Begriff der Begabung schwingt die Bedeutung mit, dass es sich dabei um eine natürliche, »genetisch«[56] (weitgehend) festgelegte Gegebenheit handelt, die sich einer bildungspraktischen Einflussnahme (weitgehend) entzieht. Dass Begabung genetisch »determiniert« sei, das beteuern vor allem solche Akteure in Bildungs- und Gesellschaftspolitik, die ein Interesse daran haben, erwünschte Realisierungsformen und -raten interpersonaler Lernerfolgsungleichheit zu rechtfertigen.

---

56 Was in psychologischen Begabungsdiskursen als »genetisch« bezeichnet wird, hat nichts mit Genetik im naturwissenschaftlichen Sinn zu tun. Psychologen und Pädagogen verwenden keine Elektronenmikroskope, sondern Statistik.

Damit ist ein Problemkomplex angesprochen, dessen kontroverse Behandlung ganze Bibliotheken füllt. Ich kann hier nur kurz auf wenige Punkte eingehen (einen Überblick verschafft Helbig, 1988). Dass Lernpotenziale (Werde-Möglichkeiten) biologisch fundiert sind, kann nicht bestritten werden. Aber diese Möglichkeiten sind nicht offenbar.

(2.) Wie erfährt man etwas über diese Möglichkeiten (Potenziale), die wir Begabung nennen? Wer etwas über Begabung erfahren will, muss Lern- oder Testsituationen organisieren, in denen Lernerfolgs*differenzen* und somit auch Lern*misserfolge stets bezogen auf ein entscheidungsabhängiges Erfolgskriterium auftreten bzw. erzeugt* werden (vgl. z. B. Husén, 1978; Böttcher, 2005, S. 11; Tenorth, 2007)[57]. Wer erfolgreich lernt, der kann lernen. Diese Feststellung erlaubt den trivialen *Rückschluss* auf entsprechendes Lernpotenzial. Was ist aber mit denen, die unter gleichen externalen Lerngelegenheiten nicht erfolgreich sind? Kann man von einem Lernmisserfolg auf fehlende Begabung schließen? Und wäre ein solcher Schluss geeignet, den Abbruch weiterer Lehrbemühungen – als *begabungs-*»gerecht« – zu rechtfertigen? Das, was sich als (Ausdruck von) Begabung »zeigt«, hat aufgehört »naturgegebene« Anlage zu sein, sobald man *sieht*, woraus man auf Begabung (rück-)zu schließen versucht (Litt, 1921/1969, S. 294). Und zwar deshalb, weil messbare Lerneffekte und Lernerfolgsdifferenzen nie nur von den (vermutlich) interindividuell ungleich bzw. »normal« (vgl. Arnold, 1973) verteilten Lernpotenzialen, sondern immer auch von interindividuell *ungleich verteilten Lern-Gelegenheiten* abhängen. Die biologischen Grundlagen erfolgreichen Lernens sind »nur« eine notwendige, niemals aber hinreichende Bedingung jeglichen Lernerfolgs. Dabei handelt es sich um Bedingungen, die im sichtbaren Lerneffekt nicht wirklich separiert werden (können), obwohl es sehr aufwändige und messmethodisch interessante, aber auch umstrittene Versuche gibt, ererbte und erlernte Tüchtigkeiten auseinander zu halten (z. B. in der Zwillingsforschung oder in Adoptivkinduntersuchungen). Wenn ein Lernender eine Lernaufgabe nicht bewältigt, ist es (außer in den Grenzfällen bspw. eines messbaren Gendefekts) außerordentlich schwierig, wenn überhaupt möglich, zweifelsfrei auf Begabungsdefizite rückzuschließen. Ob man daraufhin weitere Lehrbemühungen aussetzen »darf«, ist eine nur durch Entscheidung beantwortbare und wahrscheinlich nur mit Bezug auf bestimmte Wertüberzeugungen oder Interessen zu rechtfertigende Frage (ausführlich dazu Heid, 1985).

---

57 Tendenziell gilt: Je *selektionseffektiver* ein bestimmter Begabungs- oder Tüchtigkeitsinhalt ist (vgl. dazu bereits Undeutsch, 1969; Feldhoff, 1972, S. 25f.; Kronig, 2007; Haeberlin, 2009; Gruschka, 1990), desto größer ist die Wahrscheinlichkeit, dass er als begabungs- und bildungsbedeutsam reklamiert und monopolisiert wird. Aber Obacht: Neuerdings zeigt eine Studie des IPN, dass und wie es möglich erscheint, in »niederen« Schultypen Lern- und Leistungspotentiale zu entdecken und zu fördern, die im traditionellen Bildungssystem oft vernachlässigt werden (NaWi-aktiv, 2010).

(3.) Es gibt Begabung nur im Hinblick auf ein *Wofür*. Eine diagnostisch motivierte Bestimmung dieses Wofür mag noch so sehr um »kulturfreie« und in diesem Sinn statusneutrale Diagnose bemüht sein. Das ändert nichts daran, dass in diesem Wofür wohl immer *auch* ein Interesse an interpersonaler Lernerfolgs*differenz* zur Geltung kommt, schon weil man andernfalls nichts über Begabung in Erfahrung zu bringen vermag. Hinzu kommt das mehrfach erwähnte »gesellschaftliche Interesse an Ungleichheit« (s. Mattern & Weißhuhn, 1980), das heißt an jener *differenzierten* bedarfsbezogenen Verwertbarkeit des Potenzials, um das es in bildungs- und gesellschaftspolitischen Begabungsdiskursen in aller Regel geht (s. z. B. Baethge, 1970, S. 78; Steinkamp, 1974, S. 189 ff.; vbw, 2007). Dieses Interesse an interpersonalen Lernerfolgs- und an daraus rückgeschlossenen Begabungs*differenzen* ist in der Bestimmung und Anwendung schulisch praktizierter Erfolgs- und Selektionskriterien sowie in den unterrichtlich wie subtil auch immer organisierten Selektionsprozessen und -strukturen inkorporiert (s. z. B. Latscha, 1966; Ferdinand, 1971; Rosenthal & Jacobson, 1971; Brophy & Good, 1976 ; Lehmann, Peek & Gänsfuß, 1997; Ditton, 2007; Einsiedler, 2015). Im bildungspolitischen und -praktischen Alltag heißt das u. a.: Der Punkt, bis zu dem ein Lernender in einem selektiven Bildungssystem (im Vergleich zu anderen) noch als lernfähig oder bildsam (»übertrittsgeeignet«) gilt, bis zu dem es also als (volkswirtschaftlich) vertretbar angesehen wird, durch zusätzliche Investitionen (von finanziellen Mitteln, Zeit, Anstrengungen) weitere Lernerfolge zu ermöglichen, wird nicht unabhängig vom quantitativen und qualitativen Bedarf an Qualifizierten auf den verschiedenen Stufen der Qualifikationshierarchie und nicht unabhängig von der politischen und ökonomischen Entscheidung darüber bestimmt, wie viel den jeweiligen politischen und ökonomischen Entscheidungsträgern zusätzliche Investitionen noch wert sind.

(4.) Welche Bildungspraxis ist mit der Forderung nach begabungs-»gerechter« Förderung *unvereinbar*? Diejenige, in der Umfang und Intensität der Lehraktivitäten *gesteigert* werden, um eine (kriterienabhängig) diagnostizierte und womöglich lernabhängige »Minderbegabung« *auszugleichen*? Oder diejenige, die das Anspruchsniveau und den Ressourceneinsatz *reduziert*, wo es um die Unterstützung eines als minderbegabt Klassifizierten geht – eben um dieser vermeintlichen Minderbegabung *gerecht* zu werden (Stichwort: Matthäus-Prinzip)? Das bemerkenswerte Engagement, mit dem Bildungsforscher, Bildungspolitiker und Bildungspraktiker sich seit einiger Zeit besonders um die Förderung Hochbegabter kümmern, bestätigt das mehrfach erwähnte Interesse an Differenzierung. Allerdings werden Befürworter des Gerechtigkeitspostulats umso weniger gegen die Hochbegabtenförderung einzuwenden haben, je weniger damit eine Vernachlässigung durchschnittlich oder »Minder-Begabter« einhergeht.

(5.) Es ist weithin üblich, wenn aus dargelegten Gründen auch problematisch, Lernmisserfolge durch Begabungsmängel zu »erklären«. Das kann dazu führen, dass die Suche nach Misserfolgs*ursachen* abgebrochen wird, bevor damit begonnen wurde. Wenn es stimmt, dass das, was Begabung genannt wird, eine von Sozialisations- und Lernprozessen niemals unabhängige (dazu Kärner, 2015) und stets auch auf die Deckung eines hierarchisch strukturierten Qualifikationsbedarfs bezogene »Größe« ist, dann ist darin mindestens zweierlei impliziert, nämlich, (a) dass auch das Begabungskonzept wesentliche Elemente jener sozialen Ungleichheit (Statusabhängigkeit) in sich aufgenommen hat, die es zu überwinden verspricht, aber zu rechtfertigen vermag. (b) Das Programm »begabungs-gerechter Förderung« ist deshalb nicht nur ungeeignet, die Statusunabhängigkeit der Bildung zu *gewährleisten*. Im Gegenteil: Es kommt zu denjenigen Prinzipien hinzu, die durchaus geeignet sind, zur Legitimation einer statusabhängigen Lernerfolgsungleichheit beizutragen.

4. Konsequenzen?

Was kann man tun, wenn man sich nicht von vornherein damit abfindet, dass das Gerechtigkeitsprinzip Diskriminierung – im Doppelsinn der Verwendung dieses Wortes als Unterscheidung und als Abwertung – bezweckt und bewirkt – oder anders ausgedrückt: wenn man einem nicht domestizierten Gerechtigkeitsprinzip in der Praxis mehr Geltung verschaffen möchte? Es erscheint mir prinzipiell unmöglich, Gerechtigkeit herzustellen oder herbeizuführen und zwar erstens, weil es Gerechtigkeit ohne ihren Inhalt gar nicht gibt. Man könnte nur oder müsste Verhältnisse realisieren, die von niemandem als ungerecht beurteilt werden. Mit Bezug auf solche Verhältnisse – wenn es sie denn gäbe – wäre Gerechtigkeit dann wohl gar kein Thema. Zweitens: Gerechtigkeitsforderungen erheben Personen oder Personengruppen, die sich durch bestimmte soziale Strukturen oder Prozesse benachteiligt fühlen. Nutznießer solcher Strukturen und Prozesse, die es ohne diese Nutznießer so wohl gar nicht gäbe, haben ein Interesse daran, diese Verhältnisse als gerecht zu rechtfertigen. Nur unter der Voraussetzung dieses Interessenkonflikts und insbesondere unter der Voraussetzung, dass die Kontrahenten versuchen, ihre widerstreitenden Interesse mit Bezug auf das Gerechtigkeitsprinzip zu rechtfertigen, ist und *bleibt* Gerechtigkeit ein unerledigtes Thema.

Aus diesen (und weiteren) Gründen kann Gerechtigkeit – gleich welchen Verständnisses – wohl auch kein Ziel pädagogischer oder gesellschaftlicher Praxis sein. Gerechtigkeit ist allenfalls ein Projekt – nur realisierbar als *unablässiger und unabschließbarer* Versuch, in einem öffentlichen Diskurs die Qualität der Argumente zu überprüfen, mit denen die Befürwortung oder die Kritik strittiger sozialer

Verhältnisse und Verhaltensweisen gerechtfertigt werden (siehe dazu auch Kelsen, 2002, S. 9; Rawls, 1971 Dahrendorf, 1979; Flitner, 1985)[58].

Literatur

Aktionsrat Bildung (Blossfeld, H.-P., Bos, W., Lenzen, D., Müller-Bölling, D., Oelkers, J., Prenzel, M. & Wößmann, L.). (2007). *Bildungsgerechtigkeit*. Wiesbaden: VS-Verlag.

Allmendinger, J. (2003). Soziale Herkunft, Schule und Kompetenz. In Hanns Seidel Stiftung (Hrsg.), *Politische Studien. Sonderheft 3* (S. 79–90). München: Adwerb Verlag.

Aristoteles (1967). *Nikomachische Ethik*. Übersetzt und kommentiert von F. Dirlmeier (4. Aufl.). Darmstadt: Wissenschaftliche Buchgesellschaft.

Aristoteles (1995). *Politik*. Übersetzt von E. Rolfes. Hamburg: Meiner.

Arnold, W. (1973). Begabung: angeboren oder erworben? *Umschau in Wissenschaft und Technik, 73*, 332–335.

Baethge, M. (1970). *Ausbildung und Herrschaft. Unternehmerinteressen in der Bildungspolitik*. Frankfurt/M.: Europäische Verlagsanstalt.

Baumert, J. (2003). PISA 2000. Die Studie im Überblick. In Hanns Seidel Stiftung (Hrsg.), *Politische Studien. Sonderheft 3* (S. 8–35). München: Adwerb Verlag.

Bayertz, K. (1987). Naturphilosophie als Ethik. *Philosophia Naturalis, 24*, 157–185.

BDA/DIE ARBEITGEBER (2018). *Geschäftsbericht 2017*. Berlin: BDA.

Becker, R. (2006). Dauerhafte Bildungsungleichheit als unerwartete Folge der Bildungsexpansion? In: A. Hadjar & R. Becker (Hrsg.), *Bildungsexpansion – Erwartete und unerwartete Folgen* (S. 27–62). Wiesbaden: VS Verlag.

Becker, R. (2017). Entstehung und Reproduktion dauerhafter Bildungsungleichheiten. In Ders. (Hrsg.), *Lehrbuch der Bildungssoziologie* (3. Aufl.) (S. 89–150). Wiesbaden: Springer VS.

Becker, R. & Hadjar, A. (2015). »Individualisation« and class structure: how individual lives are still affected by social inequalities. *International Social Science Journal (ISSI), 207/208*, 211–223.

Becker, R. & Lauterbach, W. (2007). Dauerhafte Bildungsungleichheiten – Ursachen, Mechanismen, Prozesse und Wirkungen. In R. Becker & W. Lauterbach (Hrsg.), *Bildung als Privileg? Erklärungen und Befunde zu den Ursachen der Bildungsungleichheit* (2. Aufl.) (S. 9–40). Wiesbaden: VS Verlag für Sozialwissenschaften.

Bellenberg, G. (2012). Bildungsgerechtigkeit beim Übergang von der Grundschule in die Sekundarschule I – Empirische Befunde zum Prozess der Übergangsentscheidung. In Institut für Bildungsforschung und Bildungsrecht (Hrsg.), *Selektion und Gerechtigkeit in der Schule* (S. 59–78). Baden-Baden: Nomos.

Blankertz, H. (1969). *Bildung im Zeitalter der großen Industrie*. Hannover: Schroedel-Verlag.

Blossfeld, H.-P. (1983). Höherqualifizierung und Verdrängung – Konsequenzen der Bildungsexpansion in den Siebziger Jahren. In M. Haller & W. Müller (Hrsg.), *Beschäftigungssystem im gesellschaftlichen Wandel* (S. 184–240). Frankfurt/M.: Campus.

---

58 Eine positive Bestimmung »der Gerechtigkeit« mag abstrakt und inhaltsunspezifisch möglich erscheinen; effektiv und praktisch umsetzbar ist »mehr Gerechtigkeit« wahrscheinlich nur über die Kritik und Revision der mit überprüfbaren Argumenten als ungerecht beurteilten realen gesellschaftlichen Verhältnisse.

Böttcher, W. (2005). Soziale Gerechtigkeit und Bildungsqualität. *Forum E, 58* (2), 18–25.
Bolte, K. M. (1979). *Leistung und Leistungsprinzip. Zur Konzeption, Wirklichkeit und Möglichkeit eines gesellschaftlichen Gestaltungsprinzips.* Opladen: Leske + Budrich.
Bourdieu, P. & Passeron, J.-C. (1971). *Die Illusion der Chancengleichheit. Untersuchungen zur Soziologie des Bildungswesens am Beispiel Frankreichs* (Teil II). Stuttgart: Klett.
Brenner, P. J. (2010). *Bildungsgerechtigkeit*. Stuttgart: Kohlhammer.
Brezinka, W. (1976). Vererbung, Chancengleichheit, Schulorganisation. *Lehren und Lernen, 2* (4), 1–7.
Brighouse, H. & Swift, A. (2014). The Place of Educational Equality in Educational Justice. In K. Meyer (Hrsg.), *Education, Justice, and the Human Good* (S. 14–33). New York: Routledge.
Brophy, J. E. & Good, T. L. (1976). *Die Lehrer-Schüler-Interaktion*. München: Urban & Schwarzenberg.
Bude, H. (2008). *Die Ausgeschlossenen. Das Ende vom Traum einer gerechten Gesellschaft.* München: Hanser Verlag.
Butterwegge, C. (2010). Armut in einem reichen Land. Diskurse zu »Entschichtungstendenzen«, »neuen Unterschichten« und »abgehängtem Prekariat«. In J. Rehm & J. Twisselmann (Hrsg.), *Wirtschaft um des Menschen willen* (S. 135–159). Nürnberg: mabase verlag.
Butterwegge, C. (2017). Ein teurer Irrweg. *Süddeutsche Zeitung*, Nr. 234 vom 11.10., S. 2.
Clasen, A. (2014). *Bildung als Statussymbol. Hauptschule und Schulstrukturen nach PISA.* Weinheim: Beltz Juventa.
Dahrendorf, R. (1966). *Über den Ursprung der Ungleichheit unter den Menschen.* Tübingen: Mohr-Siebeck.
Dahrendorf, R. (1979). *Lebenschancen. Anläufe zur sozialen und politischen Theorie.* Frankfurt/M.: Suhrkamp.
Dahrendorf, R. (1980). Chancengleichheit ist nur ein Traum. Möglichkeiten und Grenzen des sozialen Aufstiegs, *DIE ZEIT*, Nr. 46 vom 07.11., S. 12.
Deci, E. L. & Ryan, R. M. (1993). Die Selbstbestimmungstheorie der Motivation und ihre Bedeutung für die Pädagogik. *Zeitschrift für Pädagogik, 39,* 223–238.
Desens, M. (2008). Neid als Grundrechtsausübungsmotiv. Zur Durchsetzung des Gleichbehandlungsanspruchs bei gleichheitswidrigen Gesetzen. *Archiv des öffentlichen Rechts, Bd. 133,* Heft 3.
Deutscher Ausschuss für das Erziehungs- und Bildungswesen (1964). *Empfehlungen zum Aufbau der Hauptschule.* Stuttgart: Klett, S. 5–49.
Deutscher Industrie- und Handelstag (DIHT) (1982). *Bericht 1982.* Bonn: DIHT.
Dingeldey, I. (2015). Bilanz und Perspektiven des aktivierenden Wohlfahrtsstaates. *Aus Politik und Zeitgeschichte, 65* (10), 33–40.
Ditton, H. (Hrsg.). (2007). *Kompetenzaufbau und Laufbahnen im Schulsystem. Ergebnisse einer Längsschnittuntersuchung an Grundschulen.* Münster: Waxmann.
Dörre, K. (2015). Unterklassen. Plädoyer für die analytische Verwendung eines zwiespältigen Begriffs. *Aus Politik und Zeitgeschichte, 65* (10), 3–10.
Dreier, R. (1985). Recht und Gerechtigkeit. In D. Grimm (Hrsg.), *Einführung in das Recht* (S. 95–127). Heidelberg: Müller-Verlag.
Durkheim, E. (1902/1973). *Erziehung, Moral und Gesellschaft.* Neuwied: Luchterhand.
Einsiedler, W. (2015). *Geschichte der Grundschulpädagogik.* Bad Heilbrunn: Klinkhardt.
Ellroy J. (2015). Gottes Gnade und der Menschen Verbrechen (Interview). *Neue Zürcher Zeitung* vom 22.06., S. 35.
Elster, J. (1992). *Local justice.* New York: Russel Sage Foundation.
Feldhoff, J. (1972). Schule und soziale Selektion. In H. Hielscher (Hrsg.), *Schule als Ort sozialer Selektion* (S. 18–36). Heidelberg: Quelle & Meyer.

Ferdinand, W. (1971). *Chancengleichheit durch Vorklassen?* Essen: Neue Deutsche Schule.
Fetscher, I. (1976). Was ist schlecht an der »Leistungsgesellschaft«? Ein Beitrag zum Kampf um politische Begriffe. *Frankfurter Rundschau*, Nr. 101 vom 30.04., S. III (Vorabdruck).
Flitner, A. (1985). Gerechtigkeit als Problem der Schule und als Thema der Bildungsreform. *Zeitschrift für Pädagogik, 31* (1), 1–26.
Frankfurter Rundschau (1983). Franz Josef Strauß spricht von »kultureller Entartung«. *Frankfurter Rundschau* vom 31.01.1983, S. 1.
Friedeburg, L. v. (1989). *Bildungsreform in Deutschland. Geschichte und gesellschaftlicher Widerspruch*. Frankfurt/M.: Suhrkamp.
Gauß, K.-M. (2018). Demut: Nirgendwo gibt es heute ein solches Gedrängel an Tugendhaften wie unter den Mächtigen. Bescheidenheit ist mittlerweile eine strategische Waffe. *Süddeutsche Zeitung*, Nr. 34 vom 10./11.02., S. 5.
Geißler, H. (2016). *Was müsste Luther heute sagen?* Berlin: Ullstein.
Gil, A. (1989). Die kommunikative Herausforderung. Wer wirtschaftet, muß den Menschen einbeziehen. *Gesellschaftspolitische Standpunkte, 3* (1/2), 10–11.
Groh-Samberg, O. (2008). Zunahme verfestigter Armut in Deutschland. *zur debatte, 38* (7), 21–22.
Groh-Samberg, O. & Hertel, F. R. (2015). Ende der Aufstiegsgesellschaft? *Aus Politik und Zeitgeschichte, 65* (10), 15–32.
Grossmann, V. & Kirsch, G. (2017). Aufstieg wieder möglich machen. *Süddeutsche Zeitung*, Nr. 208 vom 09./10.09., S. 24.
Gruschka, A. (1990). Über den Gemeinspruch: Was alle können, ist leicht, also nichts wert, was wenige können, ist schwer und wertvoll. *Pädagogische Korrespondenz, Heft 7*, 33–40.
Haeberlin, U. (2009). Chancengleichheit als Kulturen verbindende Abwertung von Schwachen? In W. Melzer & R. Tippelt (Hrsg.), *Kulturen der Bildung. Beiträge zum 21. Kongress der Deutschen Gesellschaft für Erziehungswissenschaft* (S. 139–154). Opladen: Verlag Barbara Budrich.
Haidt, J. & Joseph, C. (2007). The moral mind: How five sets of innate moral intuitions guide the development of many culture-specific virtues, and perhaps even modules. In P. Carruthers, S. Laurence & S. Stich (Hrsg.), *The Innate Mind, Vol. 3: Foundations and the Future*. DOI:10.1093/acprof:oso/9780195332834.001.0001.
Hartmann, H. (1968). *Der deutsche Unternehmer: Autorität und Organisation*. Frankfurt/M.: Europäische Verlagsanstalt.
Hauser, R., Kohlenberger, H.K. & Loos, F., Schreiber, H.-L., Welzel, H. (1974). Gerechtigkeit. In J. Ritter & K. Gründer (Hrsg.), *Historisches Wörterbuch der Philosophie*. Bd. 3 (S. 330–338). Basel: Schwabe & Co.
Hayek, F. A. von (1977). Die Illusion der sozialen Gerechtigkeit. In *Schicksal? Grenzen der Machbarkeit. Ein Symposion* (S. 91–103). München: dtv.
Heid, H. (1985). Über die Entscheidbarkeit der Annahme erbbedingter Begabungsgrenzen. *Die Deutsche Schule, 77* (2), 101–108.
Heid, H. (1988). Zur Paradoxie der bildungspolitischen Forderung nach Chancengleichheit. *Zeitschrift für Pädagogik, 34* (1), 1–17.
Heid, H. (2012). Der Beitrag des Leistungsprinzips zur Rechtfertigung sozialer Ungerechtigkeit. *Vierteljahresschrift für Heilpädagogik und ihre Nachbargebiete, VHN 81* (1), 22–34.
Helbig, P. (1988). *Begabung im pädagogischen Denken*. Weinheim/München: Juventa.
Hering, W. T. (2007). *Wie Wissenschaft ihr Wissen schafft. Vom Wesen naturwissenschaftlichen Denkens*. Reinbek: Rowohlt.
Herrlitz, H.-G., Hopf, W., Titze, H. & Cloer, F. (2005). *Deutsche Schulgeschichte von 1800 bis zur Gegenwart*. Weinheim: Juventa-Verlag.

Heydorn, H.-J. (1969). Ungleichheit für alle. *Das Argument. Zeitschrift für Philosophie und Sozialwissenschaften*, 11 (5/6), 361–388.

Hirsch, F. (1976/1980). *Die sozialen Grenzen des Wachstums. Eine ökonomische Analyse der Wachstumskrise*. Reinbek: Rowohlt-Verlag.

Höffe, O. (2010). *Gerechtigkeit* (4. Aufl.). München: Verlag C. H. Beck.

Hofstetter, D. (2017). *Die schulische Selektion als soziale Praxis. Aushandlungen von Bildungsentscheidungen beim Übergang von der Primarschule in die Sekundarstufe I*. Weinheim: Beltz Juventa.

Hüfner, K. (Hrsg.). (1978). *Bildung, Ungleichheit und Lebenschancen*. Frankfurt/M.: Diesterweg-Verlag.

Husén, T. (1978). Strategien zur Bildungsungleichheit. In K. Hüfner (Hrsg.), *Bildung, Ungleichheit und Lebenschancen* (S. 110–142). Frankfurt/M.: Diesterweg-Verlag.

Ignatieff, M. (1989). Citizenship and Moral Narcissism. *The Political Quarterly*, 60, 63–74.

Institut der deutschen Wirtschaft Köln (2003). *Arbeitsmarktreform: Ein Anfang ist gemacht*. Köln: Deutscher Instituts-Verlag.

Jehling, M. & Hartmann, T. (2017). Gerechtigkeit und Infrastrukturplanung. *Politische Studien*, 68 (475), 80–88.

Kärner, T. (2015). *Erwartungswidrige Minderleistung und Belastung im kaufmännischen Unterricht*. Frankfurt/M.: Lang.

Kant, I. (1787/1956). Critik der reinen Vernunft. In Ders., *Werke in sechs Bänden*. Hrsg. von W. Weischedel. Bd. II. Darmstadt: Wiss. Buchgesellschaft.

Karrer, O. (1959). *Neues Testament*. München: Verlag Ars Sacra (Josef Müller).

Kelsen, H. (1928). Die Idee des Naturrechts. In Ders. (1964), *Aufsätze zur Ideologiekritik* (S. 73–113). Neuwied: Luchterhand-Verlag.

Kelsen, H. (2002). *Was ist Gerechtigkeit?* Stuttgart: Reclam.

Kreckel, R. (Hrsg.). (1983). *Soziale Ungleichheiten. Sonderband 2 der Sozialen Welt*. Göttingen: Schwartz-Verlag.

Kretschmann, C. (2008). Studienstrukturreform an deutschen Hochschulen. Soziale Herkunft und Bildungsentscheidungen. Eine empirische Zwischenbilanz zum Bologna-Prozess. *SOFI Working Paper*, Nr. 3. Vefügbar unter https://www.ssoar.info/ssoar/handle/document/27718 [zuletzt November 2018]

Kronig, W. (2007). *Die systematische Zufälligkeit des Bildungserfolgs*. Bern: Haupt-Verlag.

Ladwig, B. (2000). Gerechtigkeit und Gleichheit. *Prokla*, 30 (121), 585–610.

Latscha, F. (1966). Der Einfluss des Primarlehrers. In F. Hess, F. Latscha & W. Schneider (Hrsg.), *Die Ungleichheit der Bildungschancen* (S. 185–258). Olten: Walter Verlag.

Lehmann, R. H., Peek, R. & Gänsfuß, R. (1997). *Aspekte der Lernausgangslage von Schülerinnen und Schülern der fünften Klassen an Hamburger Schulen*. Hamburg: Behörde für Schule, Jugend und Berufsbildung. Amt für Schule.

Lengfeld, H., Liebig, S. & Märker, A. (2000). Politisches Engagement, Protest und die Bedeutung sozialer Ungerechtigkeit. *Aus Politik und Zeitgeschichte*, 7–8, 22–31.

Lenzen, D. (2015). Stichwort: Gerechtigkeit und Erziehung. In V. Manitius, B. Hermstein, N. Berkemeyer & W. Bos (Hrsg.), *Zur Gerechtigkeit von Schule. Theorien, Konzepte, Analysen* (S. 111–130). Münster: Waxmann. [Erstveröffentlichung 1998]

Lessenich, S. (2018). Der Klassenkampf der Mitte. Wider die Mär, im Erfolg der Rechtsnationalisten verberge sich ein Aufbegehren der Unterschichten. Nein, es sind die Aufsteiger der vergangenen Jahrzehnte, die um ihre Privilegien fürchten. *Süddeutsche Zeitung*, Nr. 2 vom 03.01., S. 9.

Liedtke, M. (2013). »Alle Menschen sind frei und gleich an Würde und Rechten geboren« (UN-Menschenrechtserklärung 1948, Artikel 1). Geschichtliche und evolutionstheoretische Aspekte eines elementaren Menschenrechts, unter besonderer Berücksichtigung der Gleichheit aller Menschen. In O. Bender, S. Kanitscheider & A. K. Treml (Hrsg.), *Gleichheit und Ungleichheit, Symmetrie und Asymmetrie. Erscheinungs- und Verlaufsformen, Funktion und Folgen in Natur und Kultur* (Matreier Gespräche 38) (S. 285–323). Norderstedt: Books on Demand.

Liedtke, M. (2017). Wie weit ist der Mensch erziehbar? Über Bildungsgrenzen und ihre Verschiebbarkeit unter Einbezug evolutionstheoretischer und kulturethologischer Aspekte. In O. Bender, S. Kanitscheider & B. Ruso (Hrsg.), *Grenzen in Natur und Kultur. Zonen der Begegnung und Verschmelzung, der Trennung und des Konflikts* (Matreier Gespräche 42) (S. 137–159). Norderstedt: Books on Demand.

Litt, T. (1921/1969). Das Wesen des pädagogischen Denkens. In F. Nicolin (Hrsg.), *Pädagogik als Wissenschaft* (S. 268–304). Darmstadt: Wissenschaftliche Buchgesellschaft.

Litt, T. (1947/1958). Berufsbildung und Allgemeinbildung. In Ders., *Berufsbildung, Fachbildung, Menschenbildung* (S. 9–46). Bonn: Bundeszentrale für Heimatdienst.

Lutz, B. (1982). Die gesellschaftliche Funktion des Gymnasiums. In *Gymnasiale Bildung und Industriegesellschaft. Dokumentation einer Tagung im Wissenschaftszentrum Bonn*. Hrsg. vom Stifterverband für die Deutsche Wissenschaft (Materialien zur Bildungspolitik 9) (S. 25–36). Essen: Stifterverband.

Maaz, K., Baumert, J. & Cortina, K. S. (2008). Soziale und regionale Ungleichheit im deutschen Bildungswesen. In K. S. Cortina, J. Baumert, A. Leschinsky, K. U. Mayer & L. Trommer (Hrsg.), *Das Bildungswesen in der Bundesrepublik Deutschland* (S. 205–243). Reinbek: Rowohlt.

Mattern, C. & Weißhuhn, G. (1980). *Einführung in die ökonomische Theorie von Bildung, Arbeit und Produktion*. Frankfurt/M./Aarau: Diesterweg & Sauerländer.

Meiners, C. (1790). Über die Natur der afrikanischen Neger und die davon abhängende Befreyung oder Einschränkung der Schwarzen. *Göttingisches Historisches Magazin, 6* (3), 387–456.

Menze, C. (1966). Überlegungen zur Kritik am humanistischen Bildungsverständnis in unserer Zeit. *Pädagogische Rundschau, 20*, 417–434.

Müller, H.-P. & Reitz, T. (2015). *Bildung und Klassenbildung: Kritische Perspektiven auf eine Leitinstitution der Gegenwart*. Weinheim/Basel: Beltz.

Müller, W. E. (2014). *Konzeptionen der Gerechtigkeit*. Stuttgart: Kohlhammer.

Müller-Benedict, V. (2008). Soziale Ungleichheit des Bildungserfolgs – persönliche und institutionelle Ursachen. *zur debatte, 38* (7), 22–24.

Munzinger, P., Helsper, W. & Krüger, H.-H. (2018). Geschlossene Gesellschaft. Die da oben, die da unten: An deutschen Schulen vollzieht sich seit Jahren eine »heimliche Entmischung«. *Süddeutsche Zeitung*, Nr. 53 vom 05.03., S. 22.

Nachtwey, O. (2016). *Die Abstiegsgesellschaft. Über das Aufbegehren in der regressiven Moderne*. Berlin: Suhrkamp.

NaWi-aktiv (2010) – mehr als eine Förderung naturwissenschaftlicher Kompetenz. *IPN Blätter, 24* (3/10), S. 1 und 3 (Projektleiter: Dr. Tim Höffler, IPN).

Neckel, S. (2007). Die Millionenfürsten. Managergehälter und Leistungsprinzip. *Süddeutsche Zeitung* vom 18.12., S. 14.

Nida-Rümelin, J. (2007). Die normative Dimension der europäischen Integration. *Politische Studien, 58* (416), 36–46.

Nida-Rümelin, J. (2011). Humanismus als Leitkultur. *zur debatte,* 8/2011, 19–22.

Nuscheler, F. (2010). Ethische Überzeugungskraft und politische Wirkungslosigkeit der katholischen Soziallehre. *zur debatte,* 4/2010, 8–10.

Nusser, K.-H. (1984). Neid. In J. Ritter & K. Gründer (Hrsg.), *Historisches Wörterbuch der Philosophie*. Bd. 6 (Sp. 695-706). Basel: Schwabe & Co.

Offe, C. (2017). Die Halbwertszeit der Illusion (Interview). *Süddeutsche Zeitung*, Nr. 203 vom 04.09., S. 10.

Palentien, C. (2005). Aufwachsen in Armut – Aufwachsen in Bildungsarmut. *Zeitschrift für Pädagogik, 51* (2), 154-169.

Perelman, C. (1967). *Über die Gerechtigkeit* (Schwarze Reihe, Bd. 45). München: C.H. Beck.

Planck, M. (1897). Physik. In A. Kirchhoff (Hrsg.): *Die akademische Frau. Gutachten hervorragender Universitätsprofessoren, Frauenlehrer und Schriftsteller über die Befähigung der Frau zum wissenschaftlichen Studium und Berufe* (S. 256-257). Berlin: Steinitz.

Prantl, H. (2008). Die ewige Suche nach der Gerechtigkeit. *Süddeutsche Zeitung*, Nr. 269 vom 19.11., S. 26.

Rabenstein, K., Reh, S., Ricken, N. & Idel, T.-S. (2013). Ethnographie pädagogischer Differenzordnungen. Methodologische Probleme einer ethnographischen Erforschung der sozial selektiven Herstellung von Schulerfolg im Unterricht. *Zeitschrift für Pädagogik, 59* (4), 668-690.

Radnitzky, G. (1982). Das Verhältnis von individuellen Freiheitsrechten und Sozialrechten. Zeitgeist im Zeichen des Fetisch der Gleichheit. In L. Bossle & G. Radnitzky (Hrsg.), *Selbstgefährdung der offenen Gesellschaft* (S. 63-125). Würzburg: Naumann.

Rawls, J. (1971). *A Theory of Justice*. Cambridge MA: Harvard University Press.

Roemer, J. E. (1998). *Equality of Opportunity*. Cambridge MA: Harvard University Press.

Rolff, H.-G. (1986). Arbeitsteilung, Qualifikation und Bildung. In W. Fricke, K. Johannson, K. Krahn, W. Kruse, G. Peter & V. Volkholz (Hrsg.), *Jahrbuch Arbeit und Technik in Nordrhein-Westfalen 1986* (S. 219-228). Bonn: Verlag Neue Gesellschaft.

Rosenthal, R. & Jacobson, L. (1971). *Pygmalion im Unterricht*. Weinheim: Beltz.

Roth, S. (2008). Soziale Absicherung und Leistungsgerechtigkeit – Belastbare Pfeiler der Sozialen Marktwirtschaft. *zur debatte, 38* (7), 28.

Rousseau, J.-J. (1755/1978). *Abhandlung über den Ursprung und die Grundlagen der Ungleichheit unter den Menschen*. Schriften Bd 1. Hrsg. von H. Ritter. München/Wien: Carl Hanser Verlag 1978 (Reprint).

Rousseau, J.-J. (1762/1965). *Emile oder Über die Erziehung*. Hrsg. von M. Rang. Stuttgart: Reclam-Verlag.

Schelsky, H. (1959). *Schule und Erziehung in der industriellen Gesellschaft*. Würzburg: Werkbund-Verlag.

Schmidt-Lux, T. (2017). *Gerechte Strafe. Legitimationskonflikte um vigilante Gewalt*. Reihe: Edition Soziologie.

Schneider, T. (2011). Die Bedeutung der sozialen Herkunft und des Migrationshintergrunds für Lehrerurteile am Beispiel der Grundschulempfehlung. *Zeitschrift für Erziehungswissenschaft, 14*, 371-396.

Schoeck, H. (1972). *Der Neid und die Gesellschaft*. Freiburg: Herder.

Schuetze, H. G. (2015). Schule, Recht und Gerechtigkeit. In V. Manitius, B. Hermstein, N. Berkemeyer & W. Bos (Hrsg.), *Zur Gerechtigkeit von Schule. Theorien, Konzepte, Analysen* (S. 51-71). Münster: Waxmann.

Solga, H. (2008). Institutionelle Ursachen von Bildungsungleichheiten. In R. Wernstedt & M. John-Ohnesorg (Hrsg.), *Soziale Herkunft entscheidet über Bildungserfolg* (S. 15-17). Berlin: Friedrich-Ebert-Stiftung.

Spranger, E. (1918/1928). Das Problem des Aufstiegs. In Ders., *Kultur und Erziehung*, (4. Aufl.) (S. 205-226). Leipzig: Quelle & Meyer.

Spranger, E. (1959). Erziehung zum Verantwortungsbewußtsein. In *Probleme einer Schulreform. Eine Vortragsreihe* (S. 181–195). Stuttgart: Kröner.

Steinkamp, G. (1974). Analyse und Kritik des Leistungsprinzips im Ausbildungs- und Berufssystem industrieller Gesellschaften. In K. Hurrelmann (Hrsg.), *Soziologie der Erziehung* (S. 159–211). Weinheim: Beltz.

Stiglitz, J. (2017). »Trump wirft eine Granate in die Weltordnung« (Interview). *Süddeutsche Zeitung*, Nr. 231 vom 07./08.10., S. 25.

Stojanov, K. (2011): *Bildungsgerechtigkeit: Rekonstruktionen eines umkämpften Begriffs*. Wiesbaden: VS-Verlag f. Sozialwiss.

Stratmann, K. (1995). Die Propagierung von Arbeitsamkeit, Fleiß und Sparsamkeit. Zur zentralen Disziplinierung der Unterschichten im 19. Jahrhundert. *Zeitschrift für bayerische Sparkassengeschichte, 9,* 7–60.

Straubhaar, T. (2016). Ein neuer Gesellschaftsvertrag. *Süddeutsche Zeitung*, Nr. 283 vom 07.12., S. 2.

Tenorth, H.-E. (2007). *Ein Votum für Leistungsuniversalismus auch in Schulen – mit einer Warnung vor dem »Antinomischen Blick«*. Vortrag in der Heinrich Böll-Stiftung – März 2007 Typoskript beim Verfasser.

Thurau, M. (2008). Scheine mit dem Schöpfer. Der BWL-Emeritus Friedrich Hanssmann und seine verquere Vorlesung. *Süddeutsche Zeitung*, Nr. 37 vom 13.02., S. 51.

Tillmann, K.-J. (2009). Sechsjährige Primarschule in Hamburg: Empirische Befunde und pädagogische Bewertungen. *Hamburg macht Schule. Zeitschrift für Hamburger Lehrkräfte und Elternräte, 21,* Sonderheft, 10–29.

Topitsch, E. (1958). Restauration des Naturrechts? Sachgehalt und Normsetzung in der Rechtstheorie. In Ders. (1961), *Sozialphilosophie zwischen Ideologie und Wissenschaft* (S. 53–70). Neuwied: Luchterhand Verlag.

Topitsch, E. (1960). Über Leerformeln. Zur Pragmatik des Sprachgebrauchs in Philosophie und politischer Theorie. In Ders. (Hrsg.), *Probleme der Wissenschaftstheorie* (S. 233–264). Wien: Springer-Verlag.

Undeutsch, U. (1969). Zum Problem der begabungsgerechten Auslese beim Eintritt in die Höhere Schule und während der Schulzeit. In H. Roth (Hrsg.), *Begabung und Lernen* (S. 377–405). Stuttgart: Klett-Verlag.

Vbw – Vereinigung der Bayerischen Wirtschaft e. V. (Hrsg.). (2007). *Bildungsgerechtigkeit. Jahresgutachten 2007*. Wiesbaden: VS Verlag.

Verlinden, B. (2010). »Die einzige Todsünde, die keinen Spaß macht«. Neid gilt als sozial inakzeptabel, doch er kann auch Triebkraft für mehr Gerechtigkeit sein. *Süddeutsche Zeitung* vom 03.09., S. 16.

Walzer, M. (1983/1992). *Spheres of Justice*. New York: Basic Books/Sphären der Gerechtigkeit. Frankfurt/M.: Campus-Verlag.

Weber, M. (1917/1958). Wahlrecht und Demokratie in Deutschland. In Ders., *Gesammelte Politische Schriften*. Hrsg. von J. Winckelmann (2. Aufl.) (S. 233–279). Tübingen: Mohr-Siebeck.

Wehler, H.-U. (2014). Kritik der sozialen Ungleichheit in Deutschland. *Süddeutsche Zeitung*, Nr. 108 vom 12.05., S. 10.

Weinert, F. E. (1988). Kann nicht sein, was nicht sein darf? *Zeitschrift für Pädagogische Psychologie, 2* (2), 113–117.

Weinstock, H. (1958). *Realer Humanismus. Eine Ausschau nach Möglichkeiten seiner Verwirklichung* (2. Aufl.). Heidelberg: Quelle & Meyer.

Welzel, H. (1951). *Naturrecht und materiale Gerechtigkeit. Prolegomena zu einer Rechtsphilosophie*. Göttingen: Vandenhoeck & Ruprecht.

Wigger, L. (2015). Bildung und Gerechtigkeit – Eine Kritik des Diskurses um Bildungsgerechtigkeit aus bildungstheoretischer Sicht. In V. Manitius, B. Hermstein, N. Berkemeyer & W. Bos (Hrsg.), *Zur Gerechtigkeit von Schule. Theorien, Konzepte, Analysen* (S. 72–92). Münster: Waxmann.

Wolter, S. C., Annen, L., Cattaneo, M. A., Denzler, S., Diem, A., Grossenbacher, S., Hof, S., Kull, M. & Vögeli-Mantovani, U. (2010). *Bildungsbericht Schweiz 2010.* Aarau: Schweizerische Koordinierungsstelle für Bildungsforschung.

Helmut Fend

Drei Begriffe der Bildungsgerechtigkeit – Normendiskurse und empirische Analysen

Die Welt ist nicht gerecht. »Der Vater im Himmel lässt seine Sonne aufgehen über Böse und Gute und lässt regnen über Gerechte und Ungerechte« (Matthäus 5,45). In der Variante von Goethe: »Denn fühllos ist die Natur, es scheint die Sonne über Gerechte und Ungerechte …«.

Der Weg zur Erkenntnis, dass Gerechtigkeit eine humane Schöpfung ist, ist nicht weit: »Eigentlich ist es nur des Menschen, gerecht zu sein und Gerechtigkeit zu üben, denn die Götter lassen alles gewähren, ihre Sonne scheint über Gerechte und Ungerechte; der Mensch allein geht nach Würdigkeit und Verdienst aus« (J.W. von Goethe, Gespräche, mit Riemer, 6.9.1810).

Also führt kein Weg daran vorbei, den humanen Schöpfungen nachzugehen und uns kundig zu machen, wie in der Kulturgeschichte des Menschen so etwas entstanden ist wie Vorstellungen, was »gerecht« wäre und welchen Sachverhalten wir dieses Attribut zuordnen. Denn das eine ist klar: Gerechtigkeit ist keine Sache, sie ist vielmehr das Resultat der Zuschreibung eines als positiv gedachten Merkmals (s. Helmut Heid in diesem Band). Sie strukturiert die Wirklichkeit nach normativen Auszeichnungen.

1. Der normative Diskurs: Was ist im Bildungswesen »gerecht«?

Goethe selbst spricht von Würdigkeit und Verdienst, nach denen der Mensch ausgeht. Über würdige und verdienstvolle Menschen soll die Sonne heller strahlen. Gerechtigkeit bemisst sich dann nach dem Verdienst und der Würde des Menschen, nicht nach Zufälligkeiten der Natur oder nach Zufälligkeiten der Geburt. Die erworbenen Verdienste der Bürger treten hier vor die überkommenen Verdienste der Geburt und des Adels. In vorweggenommener Systematik tritt hier erstmals in der Geschichte die Meritokratie in den Vordergrund: die Verleihung von Prämien nach mühevoll erworbenen Verdiensten und die gerechte Gradierung der Menschen nach diesen Verdiensten.

Damit ist ein neuer Maßstab in die Gradierung des Menschen nach normativen Maßstäben gekommen, der in der Moderne dominant werden sollte: die Gradierung des Menschen nach selbst erworbenen Kompetenzen und Verdiensten. War Jahrhunderte lang die Beurteilung des Menschen nach dem Grad seiner Sündhaftigkeit bzw. seiner Frömmigkeit der Maßstab, so richtete sich dieser in der Moderne zunehmend auf sein erworbenes Können. Auch die institutionellen Kontexte, in denen dies gerahmt und verankert wurde, haben sich verändert, von der Kirche zum Staat.

Von hier ist der Weg zu Maßstäben eines gerechten Bildungswesens nicht weit: Gerecht ist es dann, wenn es unterschiedliche Belohnungen nach unterschiedlichen Verdiensten vergibt, sprich, wenn es die Vergabe von Verdiensten und ihrer Dokumentation in Berechtigungen, in Schulabschlüssen nach den erworbenen Kompetenzen vergibt und alle anderen Kriterien wie Geschlecht, Rasse, Herkunft, Aussehen in die Irrelevanz verbannt.

Doch an diesem Punkt greife ich schon zu weit vor. Noten, Berechtigungen, Schulabschlüsse verweisen auf einen Grad der Institutionenbildung, der zur Zeit von Goethe noch in weiter Ferne lag. Aber in der Zeit Goethes begann der lange Weg des Bildungswesens, in dem der Adel ins Examen gezwungen und der Besuch einer Universität nicht mehr von der Standeszugehörigkeit, sondern vom bestandenen Abitur abhängig wurde.

Dennoch, eine Kernidee tritt aus dem Dunkel: Gerechtigkeit als normative, von Menschen erfundene Auszeichnung bezieht sich auf ein Verhältnis zwischen Menschen. Sie bezeichnet zu akzeptierende und nicht zu akzeptierende Ungleichheit zwischen Menschen. Ungleich sollen Menschen behandelt werden, wenn sie ungleiche, selbst erworbene Verdienste zeigen. Ungleiche Verdienste gleich zu behandeln würde als ungerecht attribuiert – natürlich besonders jenen gegenüber, die sich große Verdienste erarbeitet haben und dennoch nicht belohnt werden. Auch diesen Fall kennt die Bibel, wenn der Besitzer des Weinberges seine spät kommenden Arbeiter gleich bezahlt wie jene, die sich den ganz Tag gequält haben. Dies aber gilt in der Bibel nicht als Beispiel für Gerechtigkeit oder Ungerechtigkeit, sondern als Gleichnis vom Himmelreich, wenngleich wir es als Beispiel für Ungerechtigkeit auf Erden missverstehen.

Gerechtigkeit als gerechtfertigte Ungleichheit ist hier die Formel. Für das Bildungswesen hat Dreeben (1968) den dafür paradigmatischen institutionellen Kontext beschrieben. Es ist die Schulklasse, die als Abbild der gesellschaftlichen Ungleichheit und Gleichheit dient.

Wir stellen uns die sich millionenfach auch heute noch wiederholende Klassensituation vor: Die Lehrperson vollzieht eine Lektion, in der sie nach einem systematischen Aufbau und nach wiederholten Übungen an alle Schülerinnen und Schüler die gleichen Aufgaben stellt. Sie organisiert also am Ende einer Unterrichtseinheit eine Prüfung. Jede Schülerin und jeder Schüler arbeitet für sich. Er hatte zuhause Gelegenheit zu üben und sich vorzubereiten. An alle wird nun die gleiche Anforderung gestellt. Die Lehrperson sammelt die Arbeiten ein, nimmt sie mit nach Hause und prüft Richtiges und Falsches. Sie zählt und zählt Klassenarbeit für Klassenarbeit durch. Danach stellt sie fest: fünf haben gar keine Fehler, einer hat zwei Fehler, fünf haben drei bis fünf Fehler, zwei haben keine Aufgabe richtig gelöst. Unvermeidlich erfolgt danach die Rückmeldung an die Schulklasse und eventuell die Vergabe von Noten. Die rothaarige Susanne hat eine Eins, der afroamerikanische Junge ebenfalls, der blonde, stupsnasige Junge eine Fünf. Vier Regulative sieht Dreeben am Werk, die zur Prämienvergabe nach Verdienst führen: die Norm der *Universalität* (gleiche Anforderungen an alle), die Norm der *Spezifizität* (nur die Fehler zählen, nicht Aussehen oder Verhalten), die Norm der *individuellen Verantwortlichkeit* und die Norm der *Leistungsgüte*.

In seinen Worten: »... wenn ich die hier zentralen Ideen als Normen bezeichne, dann deshalb weil sie Individuen als legitime Verpflichtungen für die Regulation ihres Verhaltens in den entsprechenden Situationen akzeptieren. Konkret gesprochen akzeptieren sie, (1) daß sie auf sich gestellt handeln sollen (solange keine gemeinschaftliche Anstrengung verlangt wird), daß sie persönliche Verantwortung für ihr Handeln zu übernehmen haben und daß sie für die Konsequenzen der eigenen Handlungen aufkommen müssen; (2) daß sie Aufgaben aktiv in Angriff nehmen sollen und daß sie bei der Meisterung von Problemen Gütemaßstäbe zu beachten haben; (3) daß andere das Recht haben, sie ohne Ansehen der Person in bestimmten Bereichen als Mitglieder einer Kategorie zu betrachten und (4) daß sie nicht in allen Bereichen als individuelle Personen in ihrer Ganzheit gewertet, sondern lediglich in bezug auf einige wenige Merkmale beurteilt werden« (Dreeben, 1968, S. 63f.).

Die Grundlage für die Gerechtigkeit von Ungleichheit ist hier die Unterstellung der Gleichbehandlung durch die Institution. Und natürlich die Gleichbehandlung durch die Lehrpersonen. Der »gerechte« Lehrer war in den 50er und 60er Jahren eine beliebte Wahrnehmungsdimension guter Lehrer. Wann war der Lehrer gerecht? Wenn er keine Kinder bevorzugt behandelte, wenn er nicht den einen die Zuwendung vorenthielt und anderen vermehrt zukommen ließ. Wenn er nicht bei den einen Fehler übersah oder alles gut fand, bei anderen jedes Haar in der Suppe erspähte. Der »parteiische« Lehrer war der gehasste Unhold.

In der institutionell maximierten Gleichbehandlung unterscheidet sich dieser Fokus im Übrigen von dem der Familie. Hier wird nicht die Gleichbehandlung »maximiert«, sondern die individuelle Eigenart. Aus einer Gegenüberstellung von Familie und Schule als Erziehungskontexte wird dies einsehbar:

Familie und Schule als Erziehungskontexte (nach Dreeben, 1968)

Familie	*Schule*
wenige Personen	große Gruppe »Gleicher«
lange Dauer der sozialen Beziehung	begrenzte Dauer der sozialen Beziehung
Altersheterogenität	Altershomogenität
partikulare und emotionale Beziehungen	universale Beziehungen
einmaliger individueller Status	gleiche Rechte aller
zugeschriebener Status	erworbener Status
personales Interesse der Mitglieder der Familie aneinander	spezifische Interessen
individuelle Behandlung	Gleichbehandlung
Gegenseitigkeit und Hilfe aus »Liebe«	Anerkennung wegen Leistung spezifische Aufgabenstellung: Prüfung der vergleichbaren Leistung
emotionale Grundlagen der Autorität	instrumentelle Grundlagen der Autorität Klasse als öffentlicher Ort der vergleichenden Leistungsbewertung
Normen: Kind wird als individuelles Kind geliebt	*Normen:* individuelle Verantwortung Ausrichtung an Qualitätsstandards leistungsspezifische Betrachtungsweise Universalismus der Erwartungen

Das Modell der Schulklasse als altershomogener Lerngruppe ist natürlich ein Idealtypus, eine Vereinfachung, um die Grundregeln der vergleichenden Bewertung zu veranschaulichen. Schülerinnen und Schüler durchlaufen »Schulklassen«, z. B. von der ersten zur zehnten Schulstufe. Sie begegnen dabei steigenden Anforderungen, werden aber in der Regel in jedem Jahrgang wieder am Maßstab der Schulklasse gemessen. Noten bringen dies zum Ausdruck. Diese Langzeitplanung taktet den Bildungsverlauf in Anspruchsgruppen, aber auch in unterschiedliche inhaltliche Bildungsbereiche, in denen die Schülerschaft »gemessen« und beurteilt wird. In den letzten zweihundert Jahren hat sich ein immer wieder korrigiertes und verfeinertes institutionelles Arrangement herausgebildet, das die Bildungs- und die Lebenswege oft über zwanzig Jahre regelt.

Von hier ist der Weg nicht weit zur Kernauffassung von Gerechtigkeit in der Bildungssoziologie. Sie firmiert hier als Ausdruck der Meritokratie, als durch Verdienst legitimierte Ungleichheit, die täglich und über Jahre sich im Rahmen des Bildungswesens herausbildet. Ungerechtigkeit wird hier zur Formel für die *Abweichung der Vergabe von Privilegien durch die Schule von dokumentiertem Wissen und Können.* Die Bildungssoziologie hat unzählige Anstrengungen unternommen, die *Größenordnungen* dieser Abweichungen in verschiedenen Lebensphasen und in verschiedenen Ländern, bei verschieden gestalteten Schulstrukturen und bei verschieden gestimmten Lehrerschaften zu messen, ihren *Ursachen* nachzugehen und *Remeduren* zu empfehlen.

Wäre die Meritokratie das ausschließliche Regulativ des Zusammenlebens und das ausschließliche Regulativ für differentielle Belohnungen, dann hätten wir eine herzlose Gesellschaft, in der Stärkere belohnt und der Schwächere allein gelassen wird. Die Schule wäre gleichermaßen eine Sportarena, in der in verschiedenen Disziplinen immer wieder zum vergleichenden Wettkampf angetreten wird und die Sieger belohnt werden. Aus der Summe der Siege ergäben sich Berechtigungen, die in höhere oder niedrigere Wettkampfzonen führen.

Schule *nur* so zu sehen würde sie zu einer inhumanen Institution degradieren. Im Mittelpunkt des Auftrags der Schule – wie er normativ in Verfassungen niedergelegt ist – steht nicht der Vergleich von Schülerleistungen, sondern der Auftrag, der sich an *alle* Schüler richtet: ihre Talente optimal zu entwickeln, alle zu Wissen und Kompetenzen zu führen, die eine eigenständige Lebensführung und Teilhabe am gemeinschaftlichen Leben ermöglichen. *Jeder* Schülerin und *jedem* Schüler *gerecht* zu werden, wird hier zum Kriterium des Guten und nicht die gerechte differentielle Beurteilung jedes Einzelnen. Die Meritokratie wird durch einen solchen Verfassungsauftrag erst in zweiter Reihe bedeutsam, sie wird gleichsam unterfüttert durch gleiche Rechte aller.

Eine zweite Ergänzung erscheint mir unerlässlich. Sie resultiert aus den *unterschiedlichen* individuellen und sozialen Voraussetzungen, unter denen den jeweiligen *gleichen* Ansprüchen der meritokratischen Schulklasse entsprochen werden soll. Viele dieser Voraussetzungen sind unverschuldet. Unverschuldet ist die genetische Ausstattung, die vererbte Krankheit, die Geburtskomplikation. Unverschuldet ist aber auch das fähigkeitsmindernde Aufwachsen in Armut, die Vernachlässigung durch unverschuldet psychisch kranke Eltern. Gerecht ist hier durchaus, dass solche Kinder ein *Mehr* an Förderung erhalten, dass die Gemeinschaft mehr Mittel für sie aufwendet, um die Benachteiligung auszugleichen. Verkörpert die Meritokratie die Gerechtigkeit der Marktwirtschaft, dann repräsentiert das Mehr an kompensatorischer Förderung das Soziale in dieser Marktwirtschaft. Gerecht ist hier also nicht das gleiche Maß an Belohnung, Zuwendung und Anerkennung, sondern das Mehr an Förderung und Unterstützung. Es soll auch dazu beitragen, dass die Grundrechte auf optimale individuelle Förderung, auf bestmögliche eigenständige Lebensführung und gesellschaftliche Teilhabe auch für sie erhalten bleiben.

Rechte auf differentielle Förderung haben jedoch auch nicht benachteiligte Kinder und Jugendliche. Auch Hochbegabte haben sie, auch ihnen kann eine Sonderbehandlung zukommen (z. B. der Verleih eines wertvollen Instruments, ein Stipendium für einen Auslandsaufenthalt), die als gerecht empfunden werden kann.

Die Gerechtigkeit der Meritokratie wird damit nicht außer Kraft gesetzt, wohl aber relativiert. Was es bedeuten würde, sie außer Kraft zu setzen, konnte man in einer Frühphase der ehemaligen DDR sehen. In ihr sollten Arbeiter- und Bauernkinder bevorzugt werden, auch jenseits ihrer Leistungsfähigkeiten. Kinder des Bürgertums und Kinder aus regimekritischen Elternhäusern wurde – und dies keineswegs nur zu Beginn der DDR – der Zugang zu höherer Bildung erschwert oder gar versperrt.

Kein normatives Regulativ für die Organisation des Zusammenlebens, des Gemeinwesens steht für sich. Andere Regulative sind am Werk. Der mächtigste Gegenspieler zu »gerecht« gemeinten Eingriffen ist das Regulativ der Freiheit. In Verfassungen, wie jener der freiheitlichen Grundordnung, sind sowohl die Unantastbarkeit der Würde des Menschen als auch Freiheiten festgeschrieben. Zu ihnen gehört die Freiheit der Berufswahl, die Freiheit der Forschung, die Freiheit der Eltern in der Erziehung ihrer Kinder. Zu letzteren gehört auch die Wahl von Bildungswegen, wenn die vereinbarten Regelungen eingehalten werden: etwa bestimmte schulische Leistungen erbracht werden. Diese Entscheidungsfreiheit kann mit zunehmender Rechtsmündigkeit auch auf die heranwachsenden Menschenkinder übertragen werden.

Ebenso wenig wie die Regulative für Gerechtigkeit im Bildungswesen alleine stehen, sondern von Rechten der Entscheidungsfreiheiten gerahmt, flankiert, ja fundamentiert werden, steht das Bildungswesen allein, ist es eine kontextlos wirkende Institution. Es ist in gesellschaftliche Zusammenhänge eingebunden, in das Beschäftigungssystem, die politischen Strukturen, die kulturellen Deutungs- und Kompetenzbereiche und in die mehr oder weniger egalitären sozialen Strukturen. Die Chancen des Bildungswesens, »gerecht« zu sein, hängen nicht unwesentlich von diesen sie umfassenden Strukturen ab. Sie bestimmen vor allem, auf welche auf die Schule folgenden Ungleichheiten die Schule hinführt. Viele Soziologen haben kritisiert, dass in der Schule die gesellschaftlichen Ungleichheiten reproduziert werden. Schule könne nur in dem Maße gerecht sein, als die Gesellschaft gerecht ist. Umgekehrt hängt dann die Legitimität von Ungleichheit im Bildungswesen von der Legitimität von Ungleichheit in der Gesellschaft ab. Gleiches gilt für die Gleichheit in Gesellschaft und Schule. Gilt in der Gesellschaft das Leistungsprinzip, dann kann dies auch in der Schule gelten. Wird es als Legitimation von verdienter Ungleichheit verstanden, dann gilt selbiges für die Schule. Ist es nur interessebedingtes Legitimieren von (unverdienten) Vorteilen, dann gilt gleiches für die Schule.

In der Tat: In der Gesellschaft, im Gemeinwesen insgesamt und in der Schule gelten parallele Maßstäbe der gleichen Rechte für alle, der Rechte auf Solidarität und der Rechte auf verdiente Unterschiedlichkeit. Wie immer man »Leistung« definieren mag: Die Leistungen im Lernen und später im beruflichen Handeln gelten dabei als Maßstäbe für diese Unterschiedlichkeit.

Ohne auf diese Diskussion im nötigen Detail eingehen zu können, erlaube ich mir hier die Einschränkung auf die Gerechtigkeitsbegriffe im Bildungswesen. Dabei schlage ich *drei Gerechtigkeitsbegriffe* vor. Sie sollen hier präzisiert werden vor dem Hintergrund eines einfachen logischen Schemas. Es geht von der Annahme aus, *dass der Begriff der Gerechtigkeit immer relationale Verhältnisse* beschreibt: was einer Person A im Vergleich zu Person B zukommt, um etwas als gerecht zu betrachten. Es kann sich natürlich auch um Aggregate handeln: was also einer Gruppe A im Vergleich zur Gruppe B zukommt, um als gerecht zu gelten.

Im Schema A wird davon ausgegangen, dass Menschen Merkmale zugeschrieben werden, unter denen sie als gleich oder ungleich definiert werden. Auf diese als gleich oder ungleich zugeschriebenen Merkmale kann gleich oder ungleich reagiert werden.

Wird z. B. allen Menschen das Merkmal der Bildsamkeit zugeschrieben, dann ist es ungerecht, wenn einigen dieses Merkmal aberkannt wird und sie deshalb anders behandelt werden als jene, die lernen können. Exklusionen aus allgemeinen Merkmalen – etwa von Personen, deren Würde nicht unantastbar ist – führen zu »Ungerechtigkeit«.

Es gibt aber auch die Konstellation, dass Personen ungleich sind (definiert werden) und gleich behandelt werden. Wenn sich Personen unterschiedlich anstrengen und gleich belohnt werden, dann wird dies als ungerecht attribuiert.

	Behandlung	
Definition als	*gleich*	*ungleich*
gleich – alle besitzen ein Merkmal (z. B. Menschenrechte)	Gleiche Rechte auf Entfaltung von Talenten für alle GLEICHBEHANDLUNG/ PROZESSGERECHTIG-KEIT	Ein Mehr an Förderung für unverschuldet Benachteiligte KOMPENSATORISCHE GERECHTIGKEIT
ungleich – Merkmale werden als unterschiedlich definiert (z. B. Talente)	Ungleiche Merkmale (Leistungen) werden gleich belohnt MERITOKRATISCHE GERECHTIGKEIT	

In diesem Zusammenhang soll es nicht darum gehen, diese Gerechtigkeitsbegriffe vor dem Hintergrund der umfangreichen philosophischen Literatur etwa jener von Sen (1992), Nussbaum (2014), Rawls (2006), Honneth (2010), Stojanov (2013) usw. zu diskutieren. Dies geschieht in anderen Beiträgen dieses Bandes. Hier geht es mir um die verschiedenen Gerechtigkeitsbegriffe, denen ich in den letzten Jahrzehnten immer wieder begegnet bin.

Der oberste Gerechtigkeitsbegriff postuliert Gleichbehandlung, dass allen das Gleiche zukommen soll und niemand von Grundrechten ausgeschlossen werden darf. Im Dritten Reich kam die Verletzung dieses Gerechtigkeitsbegriffs dadurch zum Ausdruck, dass die Zugehörigkeit zum deutschen Volkskörper erst die Rechtsfähigkeit konstituierte. Im Bildungsbereich wäre dieser oberste Gerechtigkeitsbegriff, in dem Gleichen Gleiches widerfahren soll, dann verletzt, wenn z. B. Frauen der Zugang zu einer Hochschulbildung verwehrt würde. Positiv formuliert bedeutet hier Gerechtigkeit gleichen Zugang zu Bildungsmöglichkeiten, gleiche Chancen der optimalen Entfaltung der eigenen Talente. In einer erweiterten Fassung dieses Gerechtigkeitsbegriffes könnte man von »*Prozessgerechtigkeit*« sprechen (s. Hans Merkens in diesem Band). Darunter wäre zu verstehen, dass alle Kinder und Jugendlichen im Bildungswesen die gleichen Chancen haben sollten, optimale Angebote der Realisierung der eigenen Talente und Neigungen zu erfahren.

Ein zweiter Gerechtigkeitsbegriff formuliert *Kriterien der Gleichbehandlung von Ungleichem*. Wer ein anspruchsvolles Musikstück perfekt vorführt, der soll gleich behandelt werden wie jemand, der dies auch tut. Wer ein Stück nur mittelmäßig produziert, der soll gleich beurteilt werden wie jemand, der dies auch tut. Gleichzeitig soll jemand aus der Spitzengruppe nicht gleich beurteilt werden wie jemand aus dem Mittelmaß. Gleichheit im Gleichen und Ungleichheit im Ungleichen definieren hier Gerechtigkeit. Wer bei einem Diktat null Fehler hat soll gleich beurteilt werden wie jemand, der dieses Ergebnis ebenfalls erzielt. Er soll gleichzeitig anders beurteilt werden wie jemand, der zehn Fehler produziert hat. Wenn Prämien und Privilegien mit diesen Beurteilungen verbunden werden, dann sollen sie – um gerecht zu sein – nach den gleichen Kriterien vergeben werden. Unschwer ist hier Gerechtigkeit eine solche nach Verdiensten, eine *meritokratische Gerechtigkeit*. Abkürzend kann hier von gerechtfertigter Ungleichheit gesprochen werden. Sie wird in der Regel auch verbunden mit einer fairen Beurteilung von »Leistungsunterschieden«, also von *Verfahrensgerechtigkeit* (s. Florian Waldow und Kathleen Falkenberg in diesem Band).

Ein dritter Gerechtigkeitsbegriff rekurriert auf gerechtfertigte – gerechte – Ungleichbehandlung. Er postuliert nicht gleiche Angebote, die individuell genutzt werden können und dadurch Ungleichheit produzieren, sondern er postuliert ein *gerechtfertigtes Mehr* für bestimmte Personen und Gruppen, also eine Ungleichbehandlung. Es kommt dort zum Tragen, wo unverschuldet Benachteiligungen bestehen bzw. dort, wo Grundrechte der Entfaltung der Fähigkeiten und Teilhabe an einem selbst gestalteten sozialen und kulturellen Leben gefährdet sind. Diese Ausprägung einer *kompensatorischen Gerechtigkeit* betrifft somit jene Personen und Gruppen, die in Situationen der faktischen Benachteiligung leben bzw. die das Risiko einer eingeschränkten Grundlage für eine vernünftige und selbständige Lebensführung in ihrer Umwelt erleben. Hier wird ein »Mehr« an Förderung als gerecht angesehen.

Eine »gute Welt« erschöpft sich jedoch nicht in der Realisierung von Gerechtigkeitsnormen. Es gibt andere Rechte, die zu ihnen in einem Spannungsverhältnis stehen können. Es sind dies z. B. *Freiheitsrechte*, wie sie oben erwähnt wurden.

Die drei hier vorgestellten Gerechtigkeitsbegriffe, die zusammen erst eine »gerechte Welt« mitkonstituieren können, finden sich in verschiedenen Gerechtigkeitsdiskursen wieder. So ist der Gerechtigkeitsbegriff von Rawls eine Kombination des kompensatorischen und meritokratischen Gerechtigkeitsbegriffs. Im experimentellen Blindverfahren (veil of ignorance), in dem Personen über ungleiche Privilegien entscheiden müssen, ohne zu wissen, wie es ihnen selbst ergehen würde, wird von den »Blinden« für Ungleichheit optiert, wenn es dadurch jenen, die die ungünstigsten Voraussetzungen haben, besser geht, als wenn Gleichheit realisiert wäre. Dieses »Basisniveau«, das im Bildungswesen nur durch ein kompensatorisches Mehr an Förderung erreicht werden kann, taucht in mehreren Gerechtigkeitsdiskursen auf, etwa auch in jenen von Nussbaum und Sen, und impliziert dann das Recht auf ein solches Bildungsniveau, das zur menschenwürdigen Teilhabe an der sozialen und kulturellen Wirklichkeit qualifiziert und die Grundlage für eine selbständige Lebensführung schafft.

In den letzten Jahren ist ein Gerechtigkeitsbegriff aufgetaucht, der auf den ersten Blick schwer in die schulische Gestaltung einzuordnen ist: die Anerkennungsgerechtigkeit (Honneth, Stojanov). Damit wird ein allen zukommendes Recht verstanden, das dazu führen soll, dass die jeweilige Besonderheit an Talenten und Interessen ein Recht auf »Gesehen-werden«, auf Anerkennung hat. Es kann unschwer in die obigen Gerechtigkeitsbegriffe eingeordnet werden und als »Prozessgerechtigkeit«, als Bildungsgerechtigkeit im allgemeinsten Sinne verstanden werden.

Bei allen diesen Diskursen wird mehr oder weniger explizit die meritokratische Gerechtigkeit kritisiert. Stojanov tut dies sehr deutlich, indem er dieses Prinzip gänzlich aus dem Bildungswesen verbannt sehen möchte. Selektion und Allokation – dahinter verbirgt sich die Meritokratie – sollen nicht vom Bildungswesen vorgenommen werden, sondern von aufnehmenden Instanzen, etwa von Berufsausbildungsangeboten oder von den Hochschulen. Diese sollten dann selber die für sie »passenden« Personen auswählen. Meritokratie bedeutete im Bildungswesen in den letzten hundert Jahren, dass unzählige Kinder und Jugendliche, deren Eltern nicht im Besitz von Bildungstiteln waren, über ihre vergleichsweise sehr guten Leistungen sozial aufsteigen konnten. Das Bildungswesen war ihre größte Lebenschance. Über Leistungen im Bildungswesen war für sie ein Zugang zu Kultur, zu Bildung, zu sozialen Gruppen, zu Einkommen und Gesundheit möglich. Diese meritokratischen Strukturen können sehr unterschiedlich organisiert werden. Dabei sollten jeweils Maßnahmen danach geprüft werden, ob sie zu Leistungsgerechtigkeit beitragen oder unverdiente Faktoren einen größeren Einfluss haben.

Es geht mir im Folgenden darum, diesen normativen Horizont mit der Bildungsrealität zu konfrontieren. Es soll in aller Kürze dargestellt werden, wie die schulische Wirklichkeit in den letzten Jahrzehnten im Lichte verschiedener Gerechtigkeitsvorstellungen gesehen wurde, wie letztere operationalisiert wurden und wie an deren Realisierung gearbeitet wurde.

2. Die Bildungsrealität im Lichte des normativen Diskurses

Bis zu dieser Stelle habe ich mich ausschließlich in der Domäne normativer Diskurse bewegt. Wer sie führt, hat in der Regel eine daran gemessene »Wirklichkeit« im Auge, die ihn antreibt, etwas als gerecht oder ungerecht zu beurteilen. Die normativen Ideale korrespondieren häufig mit einer sozialen Wirklichkeit, sie reagieren auf diese, modifizieren oder verfestigen sie. Sie sind in Institutionen inkorporiert und werden so zu einem Regulativ sozialen Handelns.

Aber: Gerechtigkeit ist nicht das einzige Regulativ sozialen Handelns, nicht die einzige Handlungsdeterminante. Die normierenden Institutionen und individuellen Ethiken, jene der Freiheit und der Gerechtigkeit, treffen auf den »Leviathan«, auf die Kräfte der Macht, auf Interessen und auf Egoismen, auf die Kräfte der Unterdrückung und der Vorherrschaft. Im Glücksfalle gelingt die Zivilisierung.

Aber es bleibt, auch im Umkreis des Bildungswesens, so, dass Interessen und Vorteile, Ungleichgewichte von sozialen und individuellen Ressourcen auf die normativen Regulative der Freiheitsrechte, der Bildungsrechte, der Meritokratie und der Caritas treffen. Welche soziale Wirklichkeit erzeugt dieses Zusammentreffen?

Bei dieser Frage schlägt die Stunde der Bildungssoziologen. Sie können nun beschreiben, wie stark die realen Verhältnisse von den Normen abweichen, sie können Grade der Ungerechtigkeit ermitteln. Wie sich zeigen wird, haben Soziologen vor allem das Kriterium der meritokratischen Gerechtigkeit operationalisiert.

Nach dem normativen Regulativ der Meritokratie würden wir einem Bildungswesen das Attribut »gerecht« zuschreiben, wenn in ihm die Bildungslaufbahnen nur von den Talenten und Anstrengungen der Schülerinnen und Schüler abhängen würden, die sich in Wissen und Kompetenzen und deren Beurteilung (bei uns in Noten) niederschlagen. Andere Merkmale von Personen wie Geschlecht, soziale Herkunft, regionale Herkunft, Hautfarbe usw. dürften keine Rolle spielen. Es geht hier also um gerechte Prämien im Sinne der leistungsabhängigen Zuweisung von Schulabschlüssen mit unterschiedlichem Niveau, an das dann weitere Prämien angeschlossen werden.

Für diese Form der Gerechtigkeitszuschreibung gibt es nun ein *unbedingtes* und ein *bedingtes* Kriterium. Das unbedingte Kriterium ist streng und postuliert, dass Personen aus verschiedenen Gruppen, z. B. Mädchen und Jungen oder Arbeiterkinder und Akademikerkinder, zu gleichen Anteilen etwa das Abitur bestehen sollten. Also 50 % der Mädchen und 50 % der Jungen sollten dies schaffen. Wenn es in der Bevölkerung 30 % Arbeiterkinder gibt, dann sollten auch 30 % beim Abitur vertreten sein, gibt es 10 % Akademiker, dann sollten die Kinder auch zu 10 % beim Abitur vertreten sein. Dieser Begriff der unbedingten Gerechtigkeit geht davon aus, dass die Talente zwischen Jungen und Mädchen oder zwischen Arbeiterkindern und

Akademikerkindern gleich verteilt sind. Das Ausmaß der Ungerechtigkeit kann man dann in einem Maß, dem so genannten CUG-Maß, präzise bestimmen (s. Fend, Knörzer, Nagl, Specht & Väth-Szusdziara, 1976).

Eine solche exakte Repräsentation könnten Vertreter des meritokratischen Prinzips für ungerecht halten, da sie die »Verdienste« ausblendet, also die erbrachten Leistungen, die dahinter stehenden Talente und Anstrengungen. Sie fordern damit eine bedingte Verteilung von Kindern auf verschiedene Abschlüsse, bedingt durch diese Talente, die in verschiedenen sozialen Schichten ungleich verteilt sein können. Wenn man diese – bei allen Vorbehalten – durch Intelligenztests misst, dann könnte man den Grad der Ungerechtigkeit als Ausmaß der Abweichung von der »intelligenzbedingten« Vertretung einer sozialen Gruppe bei den Abiturienten definieren. Ein Beispiel kann dies illustrieren.

In einer Studie aus den 70er Jahren haben wir die Kinder in drei Intelligenzdrittel eingeteilt und untersucht, wie viele von diesen in verschieden anspruchsvollen Schulformen vertreten waren, z. B. in Gymnasien. Als nicht-meritokratisches Kriterium haben wir die soziale Herkunft eingeführt. Danach ergab sich die Situation wie in Tabelle 1 dargestellt.

Tabelle 1: Besuchte Schulform in der 9. Schulstufe nach Intelligenzgruppen und sozialer Herkunft

Intelligenzgruppen (1-26/27-31/32-45) CFT-2	soziale Herkunft SES Kleining&Moore (1-3/5-7)	besuchte Schulform			
		N	Haupt-schule	Real-schule	Gymna-sium
unteres Intelligenzdrittel	Ober-Mittelschicht	54	24	33	43
	Arbeiterschicht	277	75	21	5
mittleres Intelligenzdrittel	Ober-Mittelschicht	49	8	27	65
	Arbeiterschicht	243	65	21	14
oberes Intelligenzdrittel	Ober-Mittelschicht	92	4	20	76
	Arbeiterschicht	192	46	35	19

(Zeilenprozente; Gesamtschulstudie 1978/79, NRW, NI (Fend, 1982))

Der Grad an Ungerechtigkeit im meritokratischen Sinne ist hier sehr krass. 43 % des *unteren* Intelligenzdrittels sind auf dem Gymnasium, wenn die Eltern selber aus der Ober- und Mittelschicht kommen. Vergleichsweise sind nur 19 % der Kinder des *oberen* Intelligenzdrittels auf dem Gymnasium, wenn die Eltern aus der Arbeiterschicht kommen.

Diese Ergebnisse wiederholen sich in der LifE-Studie für die Kohorte der 1965/66-Geborenen. Die Reproduktion des Abiturs bei Abitureltern bzw. der Aufstieg zum Abitur aus nicht gymnasialen Elternhäusern wird hier mit dem verbalen

Kompetenzniveau konfrontiert. Auch hier sind wieder drei Kompetenzniveaus definiert.

Tabelle 2: Bildungsaufstieg und Bildungsabstieg nach Kompetenzgruppen (Verbale Kompetenz*), gemessen im Alter von 13, 14 und 15 Jahren, Summenwert über drei Jahre)
Terzile (Wertebereich 30-42/43-47/48-60)

Bildungsniveau der Eltern	unteres Kompetenzdrittel*)		mittleres Kompetenzdrittel		oberes Kompetenzdrittel	
	Bildungsniveau der Kinder		Bildungsniveau der Kinder		Bildungsniveau der Kinder	
	ohne Abitur	mit Abitur	ohne Abitur	mit Abitur	ohne Abitur	mit Abitur
Eltern ohne Abitur	89%	11%	84%	16%	45%	55%
Eltern mit Abitur	74%	26%	42%	58%	18%	82%
Odd-ratios	2,91		7,02		3,73	

* Kurzfassung eines Wortverständnistests der IEA (International Association for the Evaluation of Educational Achievement, Thorndike, 1973).

Die Tabelle 2 zeigt ein klares Bild: Es ist die mittlere Kompetenzgruppe, in der sich der Bildungshintergrund der Eltern besonders stark auswirkt. Hier betragen die Odds-ratios etwa 1:7, im Vergleich zu etwa 1:3 in den anderen Gruppen. Der Vorteil des Elternhauses wirkt sich also bei einer durchschnittlichen Begabung der Kinder besonders stark aus. Bei diesem Kompetenzniveau kommt es besonders auf die Ressourcen des Elternhauses an. Kinder aus Elternhäusern ohne Abiturerfahrung müssen im obersten Drittel des Kompetenzniveaus sein, um die gleichen Chancen zu haben wie Schüler aus Abiturfamilien mit mittlerem Kompetenzniveau. Erst wenn Kinder aus Nicht-Abitur-Familien in diesem oberen Drittel sind, haben sie nennenswert größere Chancen, selber das Abitur zu erreichen. Ob sie im unteren oder mittleren Drittel sind, macht keinen Unterschied – ganz im Gegensatz zur Situation der Kinder aus Abitur-Elternhäusern.

Zwei Sachverhalte sind hier unübersehbar. Einmal ist sichtbar, dass das meritokratische Prinzip durchaus am Werk ist. Insgesamt steigen die Chancen für höhere Bildungsabschlüsse mit steigenden Talenten. Deren Einfluss ist sogar bei Regressionsanalysen der stärkste. Zum zweiten ist unübersehbar, dass nicht-meritokratische Faktoren bedeutsam sind. Diesen nachzuspüren war in den letzten Jahrzehnten ein Hauptthema der Bildungssoziologie. Die Fakten sind inzwischen klar. Zu Beginn der 60er Jahre wurden sie in der Figur des katholischen Arbeitermädchens vom Lande pointiert zusammengefasst (Peisert, 1967). Danach spielten regionale Faktoren und auch Faktoren des Geschlechtes eine Rolle. Die Religion als Determinationsfaktor hat in den letzten Jahrzehnten zunehmend an Bedeutung verloren. Heute wird die Benachteiligung durch eine andere Kunstfigur formuliert:

in der Gestalt der männlichen Jugendlichen mit Migrationshintergrund in Großstädten.

Der Einfluss des Elternhauses wurde in allen denkbaren Details analysiert. Sie reduzieren sich schließlich auf zwei Gruppen wirksamer Faktoren, die so genannten primären und sekundären Prozesse (s. Boudon, 1981). Die ersteren betreffen das Förderungspotential der Familien, die zweiten die Entscheidungsressourcen bei kritischen Übergängen (s. Baumert, 2006). Diese Faktoren wurden in vielen Studien untersucht und immer wieder als bedeutsam für die Entstehung von herkunftsbedingten Effekten auf die Schullaufbahnen der Kinder bestätigt. Die schulleistungsrelevanten Kompetenzen der Kinder aus Akademikerfamilien sind schon bei Schulbeginn deutlich höher als jene von Arbeiterkindern. Bei allen Entscheidungsschwellen für weitere Schulwege zeigt sich zudem ein Vorteil von Elternhäusern mit einem hohen Bildungshintergrund im Vergleich zu Elternhäusern ohne Erfahrungen mit weiterführenden Bildungswegen, etwa solchen zum Abitur. Dieser Vorteil zeigt sich über die Unterschiede in den Schulleistungen hinaus.

Darf das Elternhaus eine so große Bedeutung haben? Diese Frage führt uns zur Wirksamkeit eines zweiten Regulativs, jenem der Elternrechte und der Freiheitsrechte der Eltern bei Entscheidungen, die das Wohl ihrer Kinder betreffen. Die hier beschriebene soziale Wirklichkeit der unterschiedlichen Bildungschancen von Kindern aus unterschiedlichen Elternhäusern könnte somit als Zusammenwirken von zwei Regulativen angesehen werden: dem meritokratischen der Schule und den in der Verfassung verankerten Rechten der Familie bzw. der Eltern.

Die international vergleichende Bildungssoziologie (s. Blossfeld, Buchholz, Skopek & Triventi, 2016) hat in den letzten Jahren mit großem Aufwand versucht, schulische Faktoren zu identifizieren, die zu größerer oder geringerer Abhängigkeit der Schullaufbahnen und erworbenen Kompetenzen von der sozialen bzw. ethnischen Herkunft führen. Besonders das Ausmaß des frühen oder späten Tracking in der Sekundarstufe hat sie beschäftigt. Im Endergebnis hat sich in keinem hochindustrialisierten Land eine Auflösung des Einflusses der sozialen Herkunft ergeben. Spätes oder verdecktes Tracking hat vielmehr gesellschaftliche Kompensationsprozesse ausgelöst, die zu anderen Wegen der sozialen Distinktion über Bildungsprozesse geführt haben. Wege über Privatschulen waren eine Ausweichmöglichkeit, »residential clustering« wohlhabender Bevölkerungsgruppen eine andere, die in den USA sehr verbreitet ist. Verschiebungen der sozialen Selektion in spätere Bildungsphasen, z. B. in Aufnahmeprüfungen bei verschieden aussichtsreichen Hochschulausbildungen beruflicher oder akademischer Ausrichtung waren ebenfalls zu beobachten.

In keinem Land konnte jedoch eine Aufhebung der sozialen Ungleichheit über Bildungsprozesse beobachtet werden. Eine solche Form der Bildungsgerechtigkeit konnte unter keinen freiheitlichen Verfassungskonstellationen gefunden werden. Eltern mit hohen Bildungsansprüchen nutzen alle schulischen Vorgaben und intensivieren ihre Bemühungen auf allen Ebenen, den Ebenen der optimalen Förderung, den Ebenen der Nutzung von Zusatzangeboten, der klugen Entscheidungsfindung, um die Bildungsentwicklung ihrer Kinder so zu fördern, dass sie auch auf einem Markt der Verwertung der erworbenen Kompetenzen bestehen können. Dieses Bestehen mag bei einem knappen Beschäftigungsangebot dann von Konkurrenzvorteilen gegenüber anderen Mitbewerberinnen und Mitbewerbern abhängen. Nachhilfe, Auslandsaufenthalte, Zweitausbildungen sind heute schon weit verbreitete Strategien der »Bildungselternhäuser«, um den Kindern bei gleichen schulischen Bildungsabschlüssen relative Vorteile zu verschaffen.

Das Bildungswesen kann durch entsprechend strenge Bindung der Schullaufbahn an Leistungskriterien seine meritokratischen Strukturen stärken oder schwächen. Es kann Bildungswege öffnen, indem z. B. keine Aufnahmeprüfungen durchgeführt werden oder gar verpflichtende Empfehlungen für den Besuch weiterführender Bildungswege aufgehoben werden. Beide Maßnahmen führen aber zu keiner Reduktion der sozialen Einflussfaktoren. Werden die Schullaufbahnen weniger an strenge Leistungsfeststellung gebunden, dann führt dies nicht dazu, dass Kinder aus benachteiligten Elternhäusern häufiger in weiterführende Bildungswege kommen. Wer dies damit bezwecken wollte, der wird eher mit kontrafaktischen Wirkungen konfrontiert werden: Elternhäuser mit hohen Aspirationen werden auch die weniger talentierten Kinder noch häufiger in aussichtsreiche Bildungswege schicken.

Beyond meritocracy

Soll man sich damit von dem Unternehmen, eine größere Bildungsgerechtigkeit erreichen zu wollen, verabschieden? Das wäre fatal. Ich muss an dieser Stelle daran erinnern, dass sich das Gerechtigkeitspostulat in seiner Anwendung auf das Bildungswesen nicht auf das meritokratische Prinzip beschränkt..

Die eine wichtige Ergänzung bezog sich darauf, dass *alle* Schüler ein Recht haben, dass man ihnen gerecht wird. Dies heißt, dass sie ein bestmögliches Angebot bekommen sollen, das ihren Fähigkeiten und Neigungen entspricht – Fähigkeiten und Neigungen, die natürlich erst in einem längeren Entwicklungsprozess entdeckt werden können. Da diese nicht ein für alle Mal im Lebenslauf feststehen, muss ein Bildungswesen auch Änderungen gerecht werden. *Ein gerechtes Bildungswesen wird der Vielfalt der Talente und ihrer Veränderung gerecht.*

Wenn man solche Postulate im Bildungswesen umsetzen will, dann sind umfassende Maßnahmen erforderlich. Sie müssen dem Entdeckungscharakter von Talenten gerecht werden und erfordern, dass lernphasenspezifische Angebote gemacht werden. Fördermöglichkeiten sind z. B. in frühen Lernphasen größer als in späteren. Sie bauen zudem aufeinander auf.

Die zweite Ergänzung des meritokratischen Prinzips haben wir im gerechtfertigten Mehr an Förderung für jene Gruppen von Lernenden gesehen, deren grundlegende Teilhabe am sozialen, kulturellen und politischen Leben ohne diese Förderung gefährdet ist. Die in den letzten Jahrzehnten fokussierten Risikogruppen zählen zu ihnen.

3. Bildungspolitische Umsetzung von Gerechtigkeitspostulaten

Die Geschichte des Bildungswesens der letzten Jahrzehnte kann vor dem Hintergrund dieser drei Postulate für mehr Bildungsgerechtigkeit gelesen werden. Dies wird besonders deutlich, wenn man sie lebenslaufbezogen rekonstruiert.

3.1 Vorschulzeit

So ist in der Phase der vorschulischen Förderung in den letzten Jahren der Rechtsanspruch auf den Zugang zu Kindertageseinrichtungen bis auf die Ein- bis unter Dreijährigen ausgebaut worden. Im Bereich des Kindergartenbesuchs ist nahezu eine flächendeckende Versorgung erreicht. Über 95 % aller Kinder besuchen solche Einrichtungen. Unter Gesichtspunkten der Bildungsgerechtigkeit steht hier vor allem die Qualität der Angebote zur Debatte und bei der frühesten Förderung auch das Ausmaß der einkommensabhängigen Beiträge. Beitragsfreiheit für Geringverdienende und höhere Beiträge für besser Verdienende könnten zur Bildungsgerechtigkeit beitragen, wären somit eine gerechtfertigte Ungleichheit und ein Mehr für solche, die sowohl den Zugang als auch eine hohe Qualität erhalten sollten. Dieses Mehr ergibt sich auch aus der Notwendigkeit der sprachlichen Zusatzförderungen und anderer Formen des Förderungsbedarfs.

Ungleichheitsprobleme entstehen hier vor allem durch die lokal und regional bedingte soziale Segregation, der Länder und Kommunen durch *sozialindexbasierte Finanzierung* der Einrichtungen gegenzusteuern versuchen. Auch eine Intensivierung der Sprachstandsdiagnostik und daran anschließender Förderprogramme entspringt dem Gerechtigkeitspostulat eines gerechtfertigten Mehr an Förderung bei sozial und ethnisch bedingten ungleichen Ausgangssituationen. Damit wird ein Weg beschritten, der heute von vielen als Königsweg zu mehr Bildungsgerechtigkeit gesehen wird: der Weg zu einer qualitativ hochwertigen und fokussierten Frühförderung.

3.2 Grundschule

Mehrere Entwicklungen der letzten und der kommenden Jahre führen auch in dieser sonst so von Gerechtigkeitsfragen wenig umstrittenen Schulform zu besonderen Aufgaben. Die demographischen Entwicklungen und die ethnische Zusammensetzung bestimmter (Großstadt-)Regionen führen dazu, dass es Zusammenballungen von Kindern in Schulen gibt, die hauptsächlich von Migrantenkindern der dritten, zweiten und ersten Generation besucht werden. Hier ist ein Mehr an zugewiesenen Mitteln ein Gebot der kompensatorischen Gerechtigkeit, um Bildungsarmut zu verhindern und die Mindestausstattung für die gesellschaftliche, berufliche und politische Teilhabe zu sichern. Die jüngsten Flüchtlingsströme intensivieren die Anforderungen auf Zusatzleistungen des Gemeinwesens.

Eine der größten Herausforderungen im Wertekonflikt zwischen dem Anspruch auf Gleichbehandlung und dem Anspruch auf ein Mehr wird im Rahmen des gesellschaftspolitischen Postulats der *Inklusion* sichtbar. Behinderte haben ein Recht, im normalen Umfeld des Heranwachsens leben zu können. Eine Zwangsexklusion widerspricht dem allgemeinen Teilhaberecht. Gleichzeitig ist für sie ein Mehr an Förderung – mit allen personellen und finanziellen Konsequenzen – gerechtfertigt. Wie dabei gleichzeitig noch die Chancen auf optimale individuelle Förderung realisiert werden können, gehört zu den großen Aufgaben, denen sich das Bildungswesen zurzeit stellen muss. Dabei werden heute auch die Grenzen eines solchen Unternehmens diskutiert, die letztlich von den Erziehungsverantwortlichen mitentschieden werden müssen.

Das Recht auf bestmögliche individuelle Förderung *aller* artikuliert sich zum anderen auch schon in dieser Altersphase. Die Kompetenzunterschiede liegen schon beim Schulbeginn bei zwei bis drei Lebensjahren. Neben kompensatorischer Förderung als Gerechtigkeitsprinzip stellt sich die Aufgabe, dem Anspruch auf gleiche Entfaltungschancen aller Kinder gerecht zu werden.

3.3 Sekundarstufe

Der Übergang in die Sekundarstufe zu einem frühen Zeitpunkt gehörte in den letzten fünfzig Jahren zu den zentralen gerechtigkeitsrelevanten Themen, wenn nicht zum Kernthema. In den letzten Jahrzehnten ist diese Entscheidungssituation durch mehrere Maßnahmen entschärft worden.

In den meisten Bundesländern hat das Bildungswesen die verpflichtenden Eingriffe in die Wünsche der Eltern und Kinder für weiterführende Bildungswege zurückgenommen. Die bindende Grundschulempfehlung ist nicht mehr die Regel. Auch Aufnahmeprüfungen sind längst abgeschafft, ebenso das früher geforderte

Schulgeld. Entsprechend sind ökonomische Faktoren für Bildungsentscheidungen in den Hintergrund getreten.

Zu entschärfenden Maßnahmen zählen Entwicklungen zur Zweigliedrigkeit des Bildungswesens, die vielfach als Zwei-Wege-Systeme realisiert wurden: Wege über das Gymnasium werden parallelisiert von Schulformen, die zu allen Abschlüssen führen und alle Wege intern in ihren Schulen organisieren. Hier von einer Zweiklassengesellschaft zu sprechen wird dem intendierten und auch genutzten größeren Angebot an Durchlässigkeit und Differenzierung eines zweigliedrigen Bildungswesens nicht gerecht.

Begleitet sind diese Entschärfungen der frühen Entscheidung durch die Durchlässigkeit der weiteren Bildungswege am Ende der Sekundarstufe I, die heute ca. 30 % eines Altersjahrganges nutzen. Diese Durchlässigkeit setzt sich fort ins Berufsbildungssystem, das heute Wege in die Hochschulreife kennt. Ca. 30 % aller Hochschulberechtigungen werden nicht auf den klassischen gymnasialen Wegen erworben.

Der latente Sinn dieser Entwicklungen besteht unter Gerechtigkeitsgesichtspunkten darin, die Chancen zu erhöhen, sich in neuen Bildungsphasen immer neu erproben und Nachteile in früheren Lebensphasen kompensieren zu können. Eine bessere fördernde Begleitung durch Zusatzunterricht ist ein wichtiger Teil, eine kompensatorische Gerechtigkeit auch real zu implementieren. Auch pädagogisch hochwertige Gestaltungen der Ganztagsschulen – insbesondere in sozialen Brennpunkten – können im Sinne eines »Bildungs-Mehr« Ungleichheiten reduzieren, wenn sie ein eingeschränktes Förderpotential von Elternhäusern mildern.

Bildung ist ein Weg in die Selbstverantwortung und gesteigerte Urteilsfähigkeit. Wenn dem so ist, dann ist die Eröffnung von lebensgeschichtlich jeweils neuen Chancen, sich neu zu entscheiden, ein Schritt auf dem Weg, den heranwachsenden Menschen zur verantwortlichen Eigenentscheidung zu führen und die Bildungslaufbahnen stärker von den Einflüssen der Eltern zu trennen. Die Empirie zeigt jedoch bei Eltern ein lebensgeschichtlich nicht nachlassendes Interesse und nicht nachlassende Investitionen in die Bildungslaufbahnen ihrer Kinder auch unter den Bedingungen späterer Entscheidungen.

3.4 Übergänge nach der Sekundarstufe – Berufe und Hochschulen

Manche plädieren dafür, die Schule von Gerechtigkeitsansprüchen dadurch zu entlasten, dass sie von der Last, Hochschulberechtigungen aus einer langjährigen »gerechten« Leistungsbeurteilung heraus vergeben zu müssen, befreit werden. Dies ist ein großes Thema. Es gibt Länder, die dies partiell, andere sogar, die dies völlig tun. Die Hochschulzugangsprüfungen in Südostasien und in China sind ein Beispiel für das letztere Verfahren. Dadurch entschärft sich in der Tat das Richter-Unterstützer-Dilemma deutscher Schulen.

Ob dadurch eine größere Bildungsgerechtigkeit entsteht, ist sehr diskussionsbedürftig – ganz zu schweigen vom emotionalen Druck auf die jeweilige Lebensphase durch punktuelle alles entscheidende Aufnahmeprüfungen. Zudem beobachten wir überall, wo solche lebensentscheidenden Aufnahmeprüfungen durchgeführt werden, die Entwicklung paralleler, privat zu finanzierender Unterrichtssysteme, deren Besuch wieder stark vom familiären Engagement abhängt.

Für das deutsche Bildungswesen gilt es aber auch die Entwicklungen der letzten Jahre zu beachten. Wir beobachten Mischsysteme, d. h. Kombinationen von Abschlussprüfungen und Aufnahmeprüfungen. Die Anforderungen der Universitäten im Rahmen von Numerus-Clausus-Fächern und die Verstärkung zentraler Abiturprüfungen haben auch dazu geführt, dass die Funktion der Lehrpersonen als Unterstützungsinstanzen auf dem Weg in die Hochschule gestärkt wurde.

Aber auch in dieser Spätphase der Bildungsverläufe, in der Autonomie und Entscheidungskompetenz der Heranwachsenden unterstellt werden können, sind die Vorteile einer intensiven familiären Unterstützung und Begleitung zu beobachten und statistisch abzusichern. Dennoch: Die gestiegene Offenheit verschiedener Wege hat die Chancen für Eigenentscheidungen und für Bildungswege, die bis vor die Zeit der großen Bildungsexpansion vielen verschlossen waren, erhöht.

Diese Hinweise enthalten implizit ein Plädoyer für eine Analyse der Bildungsgerechtigkeit, die das Bewusstsein der Differenz von normativen Konzepten und empirischen Realitätsanalysen schärft. Die normativen Konzepte sollten zumindest die drei Aspekte von Gerechtigkeit unterscheiden und als Folie in die Betrachtung der empirischen Wirklichkeit einbringen. Die Empirie selber gewinnt ihre Erkenntnisse nur, wenn sie auf normativen und theoretischen Folien entfaltet wird. Dabei gilt es auch im Detail zu beachten, wie Entwicklungen verlaufen und welche politischen und pädagogischen Interventionen zu ihnen beitragen. Sie bewegen sich allzu oft nicht in der erwarteten Richtung. Gute Absichten führen nicht von selbst zu einer guten Realität. Doch das scheint ein weites Feld zu bleiben.

Literatur

Baumert, J., Stanat, P. & Watermann, R. (Hrsg.). (2006). *Herkunftsbedingte Disparitäten im Bildungswesen: Differenzielle Bildungsprozesse und Probleme der Verteilungsgerechtigkeit. Vertiefende Analysen im Rahmen von PISA 2000.* Wiesbaden: VS Verlag für Sozialwissenschaften.

Blossfeld, H.-P., Buchholz, S., Skopek, J. & Triventi, M. (Hrsg.). (2016). *Models of Secondary Education and Social Inequality. An International Comparison.* Cheltenham: Edward Elgar.

Boudon, R. (1981). *The logic of social action.* London: Routledge & Kegan Paul.

Dreeben, R. (1968). *On what is learned in school.* Massachusetts: Addison-Wesley Publishing Company.

Fend, H. (1982). *Gesamtschule im Vergleich.* Weinheim: Beltz.

Fend, H., Knörzer, W., Nagl, W., Specht, W. & Väth-Szusdziara, R. (1976). *Gesamtschule und dreigliedriges Schulsystem – eine Vergleichsstudie über Chancengleichheit und Durchlässigkeit* (Deutscher Bildungsrat: Gutachten und Studien der Bildungskommission, Bd. 55). Stuttgart: Klett.

Honneth, A. (2010). *Ich im Wir. Studien zur Anerkennungstheorie* (Suhrkamp Taschenbuch Wissenschaft, Bd. 1959). Berlin: Suhrkamp.

Nussbaum, M. C. (2014). *Die Grenzen der Gerechtigkeit. Behinderung, Nationalität und Spezieszugehörigkeit* (Suhrkamp Taschenbuch Wissenschaft, Bd. 2105). Berlin: Suhrkamp.

Peisert, H. (1967). *Soziale Lage und Bildungschancen in Deutschland.* München: Piper.

Rawls, J. (2006). *Gerechtigkeit als Fairneß. Ein Neuentwurf* (Suhrkamp Taschenbuch Wissenschaft, Bd. 1804). Frankfurt/M.: Suhrkamp.

Sen, A. (1992). *Inequality Re-examined.* Oxford: Oxford University Press.

Stojanov, K. (2013). Bildungsgerechtigkeit als Anerkennungsgerechtigkeit. In F. Dietrich, M. Heinrich & N. Thieme (Hrsg.), *Bildungsgerechtigkeit jenseits von Chancengleichheit. Theoretische und empirische Ergänzungen und Alternativen zu PISA* (S. 57–69). Wiesbaden: Springer Fachmedien.

Thorndike, R. (1973). *Reading Comprehension Education in Fifteen Countries.* Stockholm: Almquist & Wiksell.

Hans Merkens

Bildungsungleichheit – Bildungsgerechtigkeit
Das Beispiel Berlin

1. Vorbemerkung

Bildungsungleichheit und Bildungsgerechtigkeit sind zwei Themen, die in der Erziehungswissenschaft in den letzten 20 Jahren aus unterschiedlichen Perspektiven thematisiert worden sind. Bildungsungleichheit wird im Bildungssystem als Manko angesehen, wenn für sie soziale Ursachen identifiziert werden können. Dieser Frage wird im ersten Teil der folgenden begrifflichen Klärungen nachgegangen. Deren zweiter Teil ist der Präzisierung des Begriffs Bildungsgerechtigkeit vorbehalten. Dabei werden im Anschluss an die Gerechtigkeitsdiskussion in der Volkswirtschaftslehre auch Varianten einbezogen, die im üblichen Diskurs in der Erziehungswissenschaft bisher übersehen worden sind. Der Blick wird insbesondere auf die Bedarfs-, Startchancen und Prozesschancengerechtigkeit gelenkt. Da die Gleichheit der Bildungsabschlüsse nicht gewünscht wird, wird vom Bildungssystem deren gerechte Verteilung erwartet. Dabei ist in den bisherigen Untersuchungen der Einfluss der Eltern wahrscheinlich noch unterschätzt worden. Deren Rolle wird im Rahmenmodell für Bildungssysteme beschrieben. Im Anschluss an die theoretischen Vorklärungen wird im empirischen Teil geprüft, wie sich strukturelle Veränderungen im Bereich der Sekundarstufe I auf verschiedene Aspekte der Bildungsgerechtigkeit ausgewirkt haben. Damit stellt sich die Frage, ob die neuen organisationalen Bedingungen in der Praxis so genutzt werden konnten, dass sie zur Bildungsgerechtigkeit und zum Abbau der sozialen Ungleichheit beigetragen haben, also auch pädagogisch wirksam geworden sind (Heinrich, 2013). Am Beginn dieses Teils wird zunächst die Rolle der Eltern dargestellt. Es folgt am Beispiel Berlins eine Bilanz der Einflüsse, die die strukturellen Veränderungen im Sekundarbereich des allgemeinbildenden Schulsystems auf die Bildungsgerechtigkeit gehabt haben.

2. Begriffliche Umschreibungen

Ergebnisse bei internationalen Vergleichsuntersuchungen TIMMS (Baumert, Bos & Lehmann, 2000), PISA (Deutsches PISA-Konsortium, 2001) und IGLU (Bos, Lankes, Prenzel, Schwippert, Walther & Valtin, 2003) haben um die letzte Jahrtausendwende die deutsche Bildungspolitik herausgefordert.[1] Das schlechte Abschneiden der deutschen Schüler/innen sowie die im internationalen Vergleich hohe Abhängigkeit des Schulerfolgs vom sozioökonomischen Status der Eltern (OECD, 2001) haben wie ein Schock gewirkt.[2] Im Anschluss daran ist in der Bildungspolitik sowie den Bildungswissenschaften die Diskussion zu den Themen Bildungsungleichheit und Bildungsgerechtigkeit intensiviert worden. Für die Schlagwörter »Bildungsgerechtigkeit« und »Bildungsungleichheit« erzielt man bei FIS Bildung 370 bzw. 265 Treffer. Dabei gibt es Doppelnennungen. Allerdings werden bei einer Kombination beider Begriffe nur sechs Treffer erreicht (Stand: 14. 2. 2018). Das Ergebnis vermittelt den Eindruck, dass es sich um zwei unterschiedliche Themenfelder handelt, in denen gearbeitet wird. Während Bildungsungleichheit bei Untersuchungen mit quantitativen Methoden festgestellt wird, wird über Bildungsgerechtigkeit eher in theoretischen Abhandlungen und im Kontext von Arbeiten diskutiert, in denen die neue Steuerung behandelt wird (vgl. Manitius, Hermstein, Berkemeyer & Bos, 2015).[3] Dennoch ist der Befund nicht selbstverständlich, weil Bildungsgerechtigkeit vor allem dann eingefordert wird, wenn Bildungsungleichheit abgemildert werden soll.

Der Bedeutungsgehalt von Bildungsgerechtigkeit und Bildungsungleichheit ist nicht eindeutig festgelegt. Bildungsungleichheit wird in empirischen Untersuchungen mit quantitativen Methoden zwar deskriptiv über Differenzen bei den Ergebnissen von Bildungsprozessen erfasst, die Forderung, sie zu überwinden, bezieht sich aber keineswegs darauf, dass alle Personen gleiche Bildungsabschlüsse erhalten bzw. gleich gebildet werden sollen (Baumert, 2016; Heid, 2016; Benner in diesem Band). Dass Schüler/innen in das Bildungssystem mit unterschiedlichen Voraussetzungen eintreten und in ihm ungleiche Leistungen erzielen, wird in der empirischen Bildungsforschung mit quantitativen Methoden immer wieder bestätigt (Baumert, 2016; Becker, 2016; Esser, 2016; Maaz, Baumert & Trautwein, 2009). Leistungsunterschiede zwischen Schüler/innen sind auch gesellschaftlich erwünscht und werden als legitim betrachtet, sie sind erst unerwünscht, wenn sie sozial verursacht werden (Schlicht, 2011, S. 35 ff.; Strietholt & Bos, 2014). Die akzeptierte Differenz bei den Leistungen hängt damit zusammen, dass im Gesellschafts- und Wirtschaftssystem Positionen zu besetzen sind, die unterschiedliche Bildungsabschlüsse voraussetzen. In Deutschland wird ein Segment des Bedarfs beispielsweise von der beruflichen Bildung besetzt. Vom Ablauf her wird in den Untersuchungen die Ungleichheit

---

1 Zur Handlungslogik der Bildungspolitik vgl. Baumert, 2016. Zu den Folgen für die Erziehungswissenschaft vgl. Bellmann, 2015.
2 Die am Beginn der Untersuchungen sehr großen sozialen Disparitäten bei der Kompetenzentwicklung der Schüler/innen haben sich inzwischen erheblich abgeschwächt. Die Ergebnisse von Deutschland liegen diesbezüglich nunmehr beim Durchschnitt der OECD (Müller & Ehmke, 2012).
3 Zur neuen Steuerung vgl. Altrichter & Maag Merki, 2010.

beim Bildungserfolg konstatiert und dann geprüft, ob sich in Relation dazu im institutionalisierten Bildungssystem systematische Unterschiede bei den individuellen Ausgangsbedingungen, vor allem dem sozialen Status der Eltern, identifizieren lassen: Für systematische Differenzen beim Output werden also soziale Differenzen bei den Ausgangsbedingungen der Schüler/innen als mögliche Ursachen gesucht. Sobald z. B. in Abhängigkeit vom Sozialstatus systematische Unterschiede nachgewiesen werden können, wird auf sozial verursachte Bildungsungleichheit geschlossen. Dabei ist interessant, dass die Reduktion der Ergebnisse auf schulische Leistungen wenig hinterfragt wird (Heid, 2016). Würden andere Indikatoren für die Bewertung von Output bzw. Outcome herangezogen, würde sich das Ergebnis unter Umständen verändern. Fraglich ist auch, ob die Konzentration auf den Output angemessen und der Outcome nicht entscheidender ist.[4]

In den Modellen und Untersuchungen wird im Prinzip von einem einfachen Zusammenhang ausgegangen (vgl. Abbildung 1).

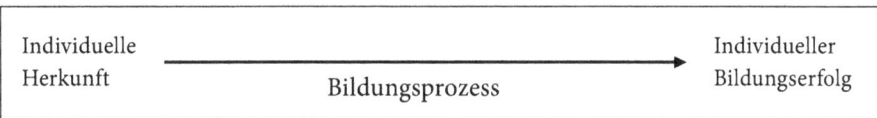

Abbildung 1: Das Konzept der sozialen Bildungsungleichheit nach Schlicht (2011, S. 35)

Gemäß Abbildung 1 kann Bildungsungleichheit im Bildungssystem beim Einsatz quantitativer Methoden bei den Ausgangsbedingungen, den Prozessen der Bildung oder dem Outcome bzw. dem Output identifiziert werden (Jacobs, 1996, S. 154). In der öffentlichen Diskussion werden seit PISA (OECD, 2001) Output oder Outcome herangezogen, wenn unter Bezug auf soziale Disparitäten Bildungsungleichheit bilanziert wird (Prenzel, 2008, S. 26 f.; Becker, 2016; Strietholt, Manitius, Berkemeyer & Bos, 2015).[5] Da Differenzen beschrieben werden, kann es vermieden werden, Gleichheit zu bestimmen.[6] Als Reaktion auf die Ergebnisse, die für unbefriedigend gehalten wurden, soll im Bildungssystem insbesondere verhindert werden, dass Differenzen beim Output systematisch mit sozialen Unterschieden bei der Herkunft variieren (vgl. Deutsches PISA-Konsortium, 2001). Bis zum Ende der Schulzeit soll sozial verursachte Bildungsungleichheit abgebaut werden, die bereits an deren Beginn vorhanden war, indem die Chancengleichheit gestärkt wird (Becker, 2016). Geißler (2005) hat bei der Chancengleichheit zwischen einem proportionalen (alle

---

[4] Diesen Wechsel legen z. B. die Bilanzierungen von Klemm, 2017 nahe. Während beim Output die Lernergebnisse der Schüler/innen erfasst werden, werden mit Outcome die langfristigen Auswirkungen des Outputs bezeichnet.

[5] Bei Esser & Relikowski, 2015, S. 22 hat die unabhängige Variable »soziale Herkunft« keine große Wirkung.

[6] Es werden allerdings Mindeststandards formuliert. Darüber soll ein verbindliches Minimalniveau für Bildung vorgegeben werden (BMBF, 2003). Das wird im empirischen Teil dieses Beitrags eine Rolle spielen.

Gruppen der Gesellschaft sind im Bildungssystem proportional zu ihrem Anteil in der Gesamtbevölkerung vertreten) und einem meritokratischen Modell (alle sind im Bildungssystem gemäß ihren Fähigkeiten und Leistungen platziert[7]) unterschieden. Wenn gegenwärtig über soziale Ungleichheit im Bildungssystem geklagt wird, dominiert als Gradmesser das proportionale Modell, wenn z. B. der überproportionale Anteil von Akademikerkindern an Schüler/innen der Sekundarstufe II im allgemeinbildenden Schulsystem bemängelt wird. Die Erwartungen an pädagogische Institutionen sind hoch, einen Beitrag zur Milderung von proportionaler sozialer Ungleichheit in der Gesellschaft zu leisten (Becker, 2016; Faas, Dahlheimer & Thiersch, 2016).

Ob und wie Schule bzw. Unterricht zur Genese von Ungleichheit beitragen, ist bisher weniger untersucht worden (Becker, 2016), obwohl es traditionell Ansätze gegeben hat, die anschlussfähig gewesen wären (vgl. z. B. Brophy & Good, 1976; 1986). Dieses Defizit hängt mit einem Mangel an Längsschnittuntersuchungen in der Bildungsforschung zusammen.

Prinzipiell kann soziale Ungleichheit über gesellschaftliche Verbote der Teilnahme an Bildung bzw. Bildungsgängen, organisatorische Regelungen und über individuelles Verhalten entstehen. Während die erste Variante eine lange Geschichte hat, Mädchen wurden beispielsweise systematisch benachteiligt und in den Regelschulen des allgemeinbildenden Schulsystems wird der Ausschluss von Behinderten in der lange üblichen Form nicht mehr hingenommen, ist die zweite in den letzten Jahren als Reaktion auf strukturelle Veränderungen Gegenstand des Forschungsinteresses in Deutschland gewesen (vgl. z. B. Fischer, Holtappels, Klieme, Rauschenbach, Stecher & Züchner, 2011).[8] Ein wiederkehrendes Thema der Bildungsforschung ist außerdem, welchen Einfluss die Komposition der Schüler/innen in Klassen bzw. Schulen auf den Bildungserfolg hat (Timmermanns & Thomas, 2014). Die dritte Variante hat viele Beschreibungen geleitet und bezieht sich auf die praktische Erfahrung, dass Schüler/innen unterschiedliche Erfolge im Bildungssystem erringen. Dabei hat es Tradition, soziale Faktoren mit einzubeziehen, wenn z. B. auf der Ebene des Bildungssystems Benachteiligungen von Kindern aus Arbeiterfamilien moniert worden sind (Dahrendorf, 1966; Geißler, 2005). Dahrendorf (1966, S. 48) hatte Arbeiter-, Landkinder und Mädchen als Risikogruppen identifiziert. Während Landkinder und Mädchen heute nicht mehr thematisch sind, sind nunmehr Kinder aus Haushalten mit einem niedrigen sozioökonomischen Status und mit Migrationshintergrund die Benachteiligten (Geißler, 2005). Legitimiert wurde das im Einzelfall der Schule oder des Unterrichts in der Klasse durch eine Ursachenzuschreibung, die das professionelle Personal der Schule ent-

---

7 In der Praxis der Entscheidungen dominieren dabei die Leistungen, weil die Fähigkeiten schwerer zu erfassen sind.
8 Im empirischen Teil dieses Beitrags wird das im Zentrum stehen.

lastete: Bei Schüler/innen mit schlechten Leistungen wurden im Wesentlichen eine mangelnde Unterstützung durch die Eltern bzw. geringe Kooperationsbereitschaft der Schüler/innen beklagt. Spätestens seit Beginn des 21. Jahrhunderts hat sich dieser Blickwinkel geändert. Eine zentrale Fragestellung lautet nunmehr, warum unterschiedliche Voraussetzungen wie der sozioökonomische Status der Familie das Erreichen von Bildungszielen behindern (OECD, 2001). Es wird systematisch versucht, Ursachen nicht nur individuell, sondern sozial zu bearbeiten[9]. Die Milderung sozialer Ungleichheit wird über die Generationen als Auftrag an das Bildungssystem formuliert. Es stellt sich nur die Frage, welchen Wert die wiederkehrende Bestätigung der Befunde in der empirischen Bildungsforschung außer der Tatsache hat, dass die soziale Ungleichheit andauert. Es gibt allenfalls eine Veränderung bei den Indikatoren für diese Feststellung.[10] An die Stelle der Arbeiterkinder ist der niedrige sozioökonomische Status der Kinder getreten (Baumert et al., 2003).[11]

Der Bildungsbegriff ist ebenfalls nicht eindeutig bestimmt (vgl. Wigger, 2015; Tenorth, 2016). Bildung ist in der deutschen Erziehungswissenschaft ein traditionelles Konzept. Nach Schwenk (1989, S. 208) wird mit Bildung »all das gemeint, was der Mensch durch die Beschäftigung mit Sprache und Literatur, Wissenschaft und Kunst zu gewinnen vermag«. Gegenwärtig gibt es in der empirischen Bildungsforschung eine Tendenz, Bildung kompetenzorientiert zu bestimmen (BMBF, 2003; Baumert, 2016). Dabei ist in vielen Fällen eine Definition von Weinert (2001, S. 27 f.) übernommen worden, der Kompetenzen als »die bei Individuen verfügbaren oder durch sie erlernbaren kognitiven Fähigkeiten und Fertigkeiten, um bestimmte Probleme zu lösen, sowie die damit verbundenen motivationalen, volitionalen und sozialen Bereitschaften und Fähigkeiten, um die Problemlösungen in variablen Situationen erfolgreich und verantwortungsvoll nutzen zu können«, beschrieben hat. In diesem Verständnis ist Kompetenz »eine Disposition, die Personen befähigt, bestimmte Arten von Problemen erfolgreich zu lösen, also konkrete Anforderungssituationen eines bestimmten Typs zu bewältigen« (BMBF, 2003, S. 72). Auf dieser Basis lassen sich Bildungsstandards entwickeln und Erträge der Bildung können mit Messinstrumenten erfasst werden, weil »kompetenztheoretisch begründete ›Bildungsstandards‹ … als bereichsspezifische Leistungserwartungen« formuliert werden (BMBF, 2003, S. 68). In dieser Variante werden Erträge von Bildungsprozessen als Kompetenzen mit Messinstrumenten erfasst. Das BMBF und die KMK folgen dieser Konzeptualisierung, weil es in Bezug auf die Praxis der Entscheidungen im Bildungssystem eine legitimatorische Funktion haben kann.[12] Jedoch gibt es hierzu

---

9 Dabei zeichnen sich Erfolge ab (vgl. Baumert, Watermann & Schümer, 2003).
10 In einer Gesellschaft, in der der Anteil der Arbeiter an der Gesamtbevölkerung rückläufig ist, würde ein gleichbleibender Anteil von Arbeiterkindern bei den Benachteiligten auch Fortschritte anzeigen. Insofern ist der Wechsel der Indikatoren geboten.
11 Zur Kritik dieser Entwicklung vgl. Bellmann, 2015.
12 Das meritokratische Modell dominiert auf diese Weise.

andere Positionen (vgl. Benner, 2002), wenn z. B. eine Verengung des Bildungsbegriffs auf das Messbare bzw. Schulleistungen moniert wird (vgl. auch Altrichter et al., 2016, S. 266).

Sowohl für die Ungleichheit als auch die Bildung lässt sich demnach resümieren, dass es sich um Begriffe handelt, deren Bedeutungsgehalt sehr verschieden bestimmt werden kann[13] und die in der Erziehungswissenschaft in unterschiedlichen Traditionen verortet werden können (Benner in diesem Band). In der Schule sind in vielen Unterrichtsfächern schon lange Leistungen überprüft worden, indem kontrolliert wurde, wie Aufgabenstellungen schriftlich oder mündlich bearbeitet worden sind. Noten wurden in der Form von Ziffernnoten vergeben. Welche Aufgabenstellungen ausgewählt werden konnten, wurde über Curricula festgelegt. Diese Praxis ist bei standardisierten Vergleichsuntersuchungen verfeinert worden und das Gewinnen von Ergebnissen erfolgt objektiv auf der Basis von nachvollziehbaren Schritten.[14] Im Alltag der Schule wird bei der Notenvergabe außerdem weiterhin in der traditionellen Weise vorgegangen. Daneben ist in erziehungswissenschaftlichen Diskursen Bildung bestimmt worden. Dabei war Bildung nicht auf Schulbildung reduziert. Nunmehr gibt es Bemühungen, beide Traditionen systematisch zusammenzuführen (vgl. Tenorth, 2016).

Bildungsgerechtigkeit ist eine normative Forderung (vgl. z. B. Strietholt & Bos, 2014; Fend in diesem Band).[15] Programmatisch wird mit ihr angestrebt, soziale Ungleichheit abzubauen, wenn das Konzept in der empirischen Bildungsforschung aufgegriffen wird (vgl. z. B. Maaz, Baumert, Gresch & McElvany, 2010). Als ein Ziel der Bildungsgerechtigkeit hat Schluß (2015) auf das Leitmotiv von Comenius – omnes, omnia, omnino – hingewiesen, dessen Realisation voraussetzt, dass niemand von der Teilhabe an Bildungsprozessen auch nur teilweise ausgeschlossen wird. Der in der empirischen Bildungsforschung bestätigte Zusammenhang zwischen Bildungserfolg und sozialer Herkunft soll mit der Forderung nach Bildungsgerechtigkeit aufgebrochen bzw. gemindert werden (Schluß, 2015).

Im englischen Sprachraum hat sich der Terminus »social justice« eingebürgert,[16] der im Folgenden nicht übernommen wird, weil eine differenziertere Betrachtung des Problems möglich wird, wenn verschiedene begriffliche Varianten verwendet werden. Außerdem bezieht sich das Konzept auf mehr als nur das Bildungssystem, inkludiert ist vielmehr auch die Gesellschaft (Clark, 2006). Allerdings ist Bildungsgerechtigkeit ebenfalls ein mehrdeutiges Konstrukt (Dietrich, Heinrich & Thieme, 2013). Das trifft nicht nur für den Bildungsbegriff, wie bereits erwähnt worden ist,

---

13 Das trifft ebenfalls für die soziale Bildungsungleichheit zu.
14 Deshalb ist die Wende zur Kompetenzorientierung kaum auf Widerstand gestoßen.
15 Dabei lässt sie sich nicht aus einer allgemeinen theoretisch begründeten Bestimmung herführen (vgl. Benner in diesem Band).
16 Ein Blick in die Literaturdatenbanken lässt das unschwer erkennen. Eine grundsätzliche Erläuterung des Konzepts findet sich bei Zajda, Majhanovich & Rust, 2006.

sondern ebenso für den Begriff der Gerechtigkeit zu. Der Bildungsbegriff wird jedoch im Zusammenhang mit Bildungsgerechtigkeit häufig analog zu Schwenk (1989) bzw. Wigger (2015) in der weiteren, nicht auf die Lösung von Aufgaben eingegrenzten, Fassung verstanden.

Prinzipiell gibt es Zweifel, dass sich Gerechtigkeit in einer Gesellschaft realisieren lässt. Es sind auch sehr unterschiedliche Auffassungen zum Bedeutungsgehalt von Gerechtigkeit entwickelt worden.[17] Für Rawls (2006, S. 20) geht es bei der politischen Gerechtigkeit einerseits um das Verhältnis von Freiheit und Gleichheit und andererseits um die Verteilung der Grundgüter. Zu den Grundgütern hat er neben den Grundrechten auch Macht, Einkommen, Vermögen sowie die soziale Basis der Selbstachtung gerechnet (ebd., S. 100 f.). Bei der Verteilung der Grundgüter herrscht mit Ausnahme der Freiheit Ungerechtigkeit, wenn Nachteile bei einem der Grundgüter nicht durch Vorteile bei anderen ausgeglichen werden.[18] Alle Mitglieder einer modernen demokratischen Gesellschaft haben Anspruch auf die gleichen Grundfreiheiten, dürfen dadurch aber die Freiheiten anderer nicht einschränken (Rawls, 2006, S. 78). Niemand darf auf Grund seiner Herkunft benachteiligt werden, wenn sie/er Mitglied der jeweiligen Gesellschaft ist. Soziale und ökonomische Ungleichheiten müssen danach mit Ämtern und Positionen verbunden sein, die bei fairer Chancengleichheit allen offenstehen, und sie müssen den am wenigsten Begünstigten der Gesellschaft den größten Vorteil bieten (Rawls, 2006 S. 78). Damit ist das Differenz-Prinzip eng verbunden, das besagt, dass soziale Ungleichheiten nur dann bearbeitet werden dürfen, wenn durch ihre Beseitigung die schlechtere Situation der Benachteiligten nicht erweitert wird. Umgekehrt sind sie zulässig, wenn der Gewinn für die am meisten Benachteiligten am größten ist (ebd., S. 109). Dabei hat der Anspruch auf gleiche Grundfreiheiten Vorrang vor der Bedingung fairer Chancengleichheit und diese wiederum Vorrang vor dem Differenzprinzip (ebd., S. 78). Es handelt sich um ein Verteilungsproblem, das fair geregelt werden muss. Daraus resultiert als Frage, wodurch in einer Gesellschaft Ungleichheiten bei den Bildungschancen legitimiert werden (ebd., S. 74). Bezüglich der Bildungschancen gibt es keine solche Legitimation, wenn die Grundrechte gelten. Deshalb sollen für alle gleiche Bildungschancen durchgesetzt werden: Teilhabe an Bildung muss gesichert sein.[19] Diesem Anspruch wird durch die Schulpflicht für alle und den Versuch, Benachteiligungen zu kompensieren, theoretisch gefolgt; es bleibt zu fragen, wie das praktisch umgesetzt wird. Im Mittelpunkt von Bilanzierungen zur

---

17 Zu unterschiedlichen Diskursen in der Erziehungswissenschaft vgl. Manitius et al., 2015; vgl. auch Becker, 2013, S. 267.
18 Dieses Gerechtigkeitskonzept, bei dem die Verteilung in der Gesellschaft im Zentrum steht, hat Gewirtz, 1998 um ein relationales Modell erweitert, bei dem die Machtverhältnisse in der Gesellschaft den Ausgangspunkt bilden. Diese Ergänzung wird im Folgenden nicht berücksichtigt werden. Clark, 2006 hat sie auch bereits als nicht angemessen kritisiert.
19 Gleichheit der Bildungschancen bedeutet nicht Anspruch auf gleiche Bildungstitel für alle.

Bildungsgerechtigkeit steht im Allgemeinen das Bildungssystem (vgl. Manitius et al., 2015).

Ein zu Rawls (2006) konkurrierendes Konzept der Gerechtigkeit, das von der Begrifflichkeit her naheliegt, ist der Fähigkeitsansatz von Nussbaum (2014) bzw. Sen (1992). Ausgangspunkt sind für sie die Würde des Menschen und grundlegende menschliche Ansprüche, »die von allen als von der Menschenwürde gefordertes absolutes Minimum geachtet und umgesetzt werden sollten« (Nussbaum, 2014, S. 104). Nussbaum geht davon aus, dass es bei allen Fähigkeiten Schwellenwerte gibt, die nicht unterschritten werden sollen, um menschliches Leben zu ermöglichen.[20] Es geht ihr um Lebensqualität auf der Basis dieser Fähigkeiten (ebd., S. 109f.). Das Spektrum der Fähigkeiten, die sie für Menschen angibt, reicht von Leben über Spiel bis hin zur Kontrolle über die eigene Umwelt (ebd., S. 112ff.). Es handelt sich nicht um psychische Dispositionen, sondern um Fähigkeiten im Sinne von Mindeststandards für das personale und soziale Leben sowie im Bereich der Ethik. Nussbaum geht also nicht von einer gerechten Verteilung von Bedingungen für ein humanes Leben, sondern von einem Mindestmaß für alle aus. In diesem Kontext wendet sie sich auch gegen das in Bildung und Erziehung oft vertretene Prinzip, Behinderte auszuschließen (ebd., S. 276ff.).[21]

Luhmann (2002, S. 65) wird im Folgenden nicht einbezogen, der Gerechtigkeit im Zusammenhang mit Ungleichheit und der Notwendigkeit des Vergleichens dahingehend bestimmt hat, dass die gleiche Behandlung des Gleichen und die ungleiche Behandlung des Ungleichen gerecht seien. Diese Bestimmung schränkt Gerechtigkeit auf Entscheidungen ein. In diesem Kontext ist sie zwar zutreffend, aber Bildungsgerechtigkeit, wie sie im Folgenden dargestellt werden wird, bezieht sich darauf, soziale Ungleichheit nicht hinzunehmen, sondern an ihrer Abmilderung zu arbeiten. Bildungsgerechtigkeit lässt sich eher auf der Basis der Konzepte von Nussbaum (2014) und Rawls (2006) spezifizieren, wenn man bei den Grundrechten bzw. der personalen Entwicklung im sozialen Raum ansetzt.

Grundrechte sind für Deutschland im Grundgesetz formuliert (vgl. auch Becker, 2013, S. 267).[22] Oberstes Prinzip ist im Grundgesetz, dass die Würde des Menschen unantastbar ist (GG Art. 1), in Bezug auf Erziehung und Bildung gibt es ein Elternrecht (Art. 6 Abs. 2), jedoch stehen Kinder unter einem besonderen Schutz (Art. 6 Abs. 3) und der Staat hat die Aufsicht über das Schulwesen (Art. 7). Bildungsgerechtigkeit muss im Bildungssystem diese verschiedenen Aspekte des

---

20 Baumert, 2016 hat Bezüge zu den Mindeststandards bei den Leistungen von Schüler/innen gesehen. Terzi, 2005, S. 203ff. hat den Fähigkeitsansatz aufgegriffen und einen Zusammenhang mit der sozialen Gerechtigkeit in der Erziehung hergestellt.
21 Nussbaum wird nicht im Zentrum der folgenden Überlegungen stehen, weil im empirischen Teil keine entsprechenden Daten vorhanden sind.
22 Becker, 2013 nennt aber bei ihrem Ansatz mit Ausnahme des Art. 1 andere Artikel des Grundgesetzes.

Grundrechts auf Erziehung und Bildung inkludieren. Dabei kann es zu Konflikten kommen: Den Eltern kann z. B. einerseits das Sorgerecht für ein Kind entzogen werden, sobald sie dessen Rechte nicht angemessen schützen. Andererseits können sie in die Bildungskarrieren ihrer Kinder eingreifen.[23]

Im Anschluss an Rawls (2006, S. 88 ff.) wird Bildungsgerechtigkeit als Verteilungsgerechtigkeit bestimmt[24]: Niemand soll unter dem Aspekt der Verteilungsgerechtigkeit im Bildungssystem bei seiner Bildung zurückgesetzt werden, vor allem sollen systematische mögliche Nachteile vermieden bzw. abgebaut werden.[25] Das ist die eine Seite der Argumentation, die andere ist die, ob unter dieser Voraussetzung Differenzen erlaubt sind. Diese Frage stellt sich nicht nur im Bildungssystem, sie wird vielmehr besonders im Wirtschaftssystem wiederholend formuliert. In den Wirtschaftswissenschaften wird bei der Verteilungsgerechtigkeit nach Bedarfs- und Leistungsgerechtigkeit unterschieden. Diese beiden Typen der Gerechtigkeit stehen in einem allgemeinen Verständnis in einem Spannungsverhältnis. So haben Becker, Hauser (2004) bei der Makrogerechtigkeit einen Zielkonflikt zwischen Bedarfs- und Leistungsgerechtigkeit konstatiert (vgl. auch Becker, 2013, S. 268). Leistungsgerechtigkeit lässt im Wirtschaftssystem Differenz zu, weil unterschiedliche Leistungen unterschiedlich entgolten werden können.[26] Demgegenüber erfordert Bedarfsgerechtigkeit im Wohlfahrtsstaat z. B. bei den Grundbedürfnissen Gleichheit (vgl. Becker, 2013, S. 271). Das spielt bei der Festlegung von Mindestlöhnen und dem Anspruch eine Rolle, dass Personen so hohe Entgelte für ihre Arbeitsleistungen erhalten sollen, dass sie nicht noch auf zusätzliche Transferleistungen angewiesen sein müssen, um das Existenzminimum zu sichern. Bedarfsgerechtigkeit setzt eine Verteilung der individuellen Einkommen voraus, die sich am Bedarf der Subjekte und nicht deren Leistung orientiert.[27] Liebig, Schupp (2008) sehen einen solchen Konflikt nicht mit Notwendigkeit bei der Mikrogerechtigkeit, bei der es nicht um gesamtgesellschaftliche Bilanzen, sondern um individuelle Bedarfe und Leistungen geht. Personen können im Wirtschaftssystem Abgaben auf Leistungen akzeptieren, um Grundbedürfnisse Dritter zu befriedigen bzw. Transferleistungen zu finanzie-

---

23 Die rechtliche Dimension der Bildungsgerechtigkeit wird ausführlich bei Schuetze, 2015 dargestellt.
24 Kiel & Kahlert, 2017 haben sie im Kontext von Inklusion als distributive Gerechtigkeit bezeichnet. Diese Variante des Begriffs wird nicht übernommen.
25 Das ist nach Wigger, 2015 die häufigste Variante, wenn Bildungsgerechtigkeit diskutiert wird. Sie findet sich insbesondere bei Vertretern der quantitativen Bildungsforschung, wenn sie Bildungsgerechtigkeit thematisieren (vgl. z. B. Müller & Ehmke, 2012).
26 Zu den Grenzen dieses Ansatzes vgl. Becker, 2013, S. 270.
27 Dieser Aspekt wird bei der Betrachtung der Bildungsgerechtigkeit eine Rolle spielen, weil man auch von einem Grundbedarf an Bildung ausgehen kann. Traditionell ist dieser im Bildungssystem durch Differenzierung zu decken versucht worden. Heute werden andere Lösungen präferiert.

ren.[28] Das geschieht über Steuern und Abgaben, deren Höhe zwar strittig sein kann, die aber im Prinzip hingenommen werden. Bedarfsgerechtigkeit wird vor allem im Sozialsystem eingefordert und hier auch als soziale Gerechtigkeit bezeichnet.[29] Zusammengenommen resultiert, dass in der Gesellschaft die Befriedigung der Grundbedürfnisse sichergestellt werden muss (Bedarfsgerechtigkeit auf der kollektiven Ebene).[30] Darüber hinaus kann es individuelle Bedarfe geben, die Personen auch befriedigen wollen. Insofern kann bei der individuellen Bedarfsgerechtigkeit Differenz auftreten.[31] Das wird bei der Übertragung auf Bildungsgerechtigkeit eine Rolle spielen.[32]

Während sich Leistungen in vielen Bereichen messen lassen, z. B. im Bildungssystem sowie im Wirtschaftssystem, fällt es schwerer Bedarfe in vergleichbarer Weise festzustellen. In den Sektoren des Gesellschafts- und Wirtschaftssystems sowie innerhalb dieser Systeme kann es auf den verschiedenen Ebenen unterschiedliche Bedarfe geben[33] und auch alle Personen müssen nicht gleiche Bedarfe geltend machen (Leisering, 2000).[34] Bedarfsgerechtigkeit spielt insbesondere in der Sozialpolitik eine Rolle (Becker, 2013, S. 271f.). Das erleichtert eine Übertragung auf den Bildungsbereich. Allerdings muss man dabei zwei Aspekte berücksichtigen: Einerseits kann man Mindestbedarfe konstatieren,[35] andererseits gibt es auch individuelle Bedarfe. Ein Bedarf muss also ermittelt werden. In der Forschergruppe »Bedarfsgerechtigkeit und Verteilungsprozeduren« an der Helmut-Schmidt-Universität Hamburg wird beispielsweise zwischen der individuellen Bedarfsgerechtigkeit und einer kollektiven Ebene unterschieden[36]. Dabei interessiert u. a., wie individuelle Bedarfe identifiziert und welche Verteilungen als ausreichend für identifizierte Bedarfe gehalten werden. Hier besteht eine Herausforderung an das Bildungssys-

---

28 Becker, 2013 sieht den Zielkonflikt ebenfalls, aber mit einer anderen Begründung nicht als so grundlegend an.
29 Dieser Aspekt wird im Folgenden nicht näher betrachtet. Er wird nur indirekt im Kontext von Inklusion und Benachteiligung in die Argumentation einbezogen.
30 Dabei ist zu entscheiden, was auf der kollektiven Ebene als bedarfsgerecht anerkannt wird und wie der Prozess der Bedarfsanerkennung verläuft.
31 Das ist beispielsweise ein Aspekt, der bei den Diskussionen zur »social justice« zumindest nicht im Zentrum steht. Er wird aber im Folgenden aufgegriffen, weil ihm im Bildungssystem Bedeutung zukommt.
32 Von besonderem Interesse wird dabei die Unterscheidung von individueller Bedarfsgerechtigkeit und Bedarfsgerechtigkeit auf der kollektiven Ebene sein.
33 Der gesellschaftliche Bedarf spielt in den Diskursen zur Bildungsgerechtigkeit oft keine Rolle.
34 Im Gesundheitssystem sind z. B. unterschiedliche Bedarfe bei den verschiedenen Patienten offensichtlich. Ebenso kann es im Bildungssystem unterschiedliche Bedarfe der Personen geben, wie sich gegenwärtig bei den Flüchtlingen zeigt, die in Bezug auf die Integration in das deutsche Gesellschafts- und Wirtschaftssystem unterschiedliche individuelle Bedarfe haben können.
35 Klassisch hat das bei der Festlegung der Sozial- und Arbeitslosenhilfe eine Rolle gespielt, heute wird darüber die Höhe von Transferleistungen im Sozialsystem festgelegt. Das Arbeitslosengeld II bzw. Hartz IV soll beispielsweise die Grundsicherung der Bezieher sicherstellen.
36 http://gepris.dfg.de/gepris/projekt/2402853556.

tem, wenn Bedarfsgerechtigkeit gesichert werden soll. Bedarfsgerechtigkeit lässt sich im Bildungssystem einerseits mit Begabungen und individuellen Voraussetzungen verbinden,[37] wenn die einzelne Person im Fokus steht: Bedarfe können sich zwischen Individuen unterscheiden (individuelle Bedarfe). Andererseits könnte sie sich im gesellschaftlichen Kontext auf den gesellschaftlichen Bedarf beziehen (kollektive Ebene).[38] Es gibt einen gesellschaftlichen Bedarf an Bildung, der über das Bildungssystem gedeckt werden soll. Die kollektive Ebene interessiert im Bildungssystem noch aus einem anderen Grund: Es kann zu ungleichen Verteilungen kommen, die dann für Gruppen oder einzelne Personen Nachteile mit sich bringen, weil ein Mindestbedarf an Bildung nicht gedeckt ist und dadurch ihre Teilhabe als Erwachsene im Gesellschafts- und Wirtschaftssystem beeinträchtigt wird. Das wird in die Überlegungen einbezogen, weil systematische Nachteile Erwachsener bei der gesellschaftlichen Teilhabe im Prinzip nicht hingenommen werden können: Daraus resultieren in der Regel Nachteile für die Gesamtgesellschaft, die sich im Sozialsystem als Kosten niederschlagen. Im Folgenden werden beim Thema Bedarfsgerechtigkeit zunächst die individuellen Bedarfe im Fokus stehen. Bei diesen sind Differenzen zwischen Personen zu erwarten.[39] Die kollektive Ebene wird ebenso einbezogen, weil sich darüber sowohl der Mindestbedarf an Bildung als auch der gesellschaftliche Bedarf abbilden lassen.[40] Wird der Mindestbedarf bei Gruppen von Personen nicht erreicht, können Kosten im Sozialsystem prognostiziert werden.[41] Von Interesse ist außerdem die Bestimmung des Mindestbedarfs bzw. des Bedarfs von Gruppen auf der kollektiven Ebene für Wirtschaft und Gesellschaft.[42]

Leistungsgerechtigkeit wird im Wirtschaftssystem in Bezug auf die Ergebnisse des Produktionsprozesses bzw. die im Produktionsprozess erbrachten Leistungen gefordert. In diesem Zusammenhang wird beispielsweise die Lohngerechtigkeit thematisiert, d.h. eine leistungsgerechte Vergütung.[43] Einfach war dieser Zusammenhang bei den Akkordlöhnen, bei denen ein direkter Bezug zwischen der geleisteten Arbeit und dem dafür zu zahlenden Entgelt hergestellt wurde. Übertragen

---

37 Zum Problem der Begabungsgerechtigkeit vgl. unten.
38 Das war in den ehemaligen sozialistischen Gesellschaften Zentral- und Osteuropas eine Zielvorgabe für das Bildungssystem.
39 Im Bildungssystem wird davon ausgegangen, dass diese sich unterscheiden können, wie z.B. Schulen für Spezialbegabungen in den Bereichen Musik, Sport und MINT belegen, um nur drei Beispiele zu nennen.
40 Z.B. interessiert der Mindestbedarf an Bildung in einer Gesellschaft.
41 Das ist ein Argument, welches bei der Kommentierung der PISA-Ergebnisse in Deutschland wiederkehrend formuliert worden ist (Baumert, 2016). Mit ihm werden auch Kompensationen im Bildungssystem begründet.
42 Dieser Aspekt wird im Folgenden nicht behandelt, obwohl unter Hinweis auf ihn von der Bildungspolitik Reformmaßnahmen im Bildungssystem angestoßen worden sind.
43 Hier wird beispielsweise Ungerechtigkeit reklamiert, wenn die Löhne und Gehälter von Arbeitnehmerinnen und Arbeitnehmern verglichen werden und sich systematische Differenzen zu Ungunsten der Arbeitnehmerinnen nachweisen lassen.

auf das Bildungssystem kann es sich beispielsweise bei den Leistungen um Ergebnisse in Abschlussprüfungen handeln, bei denen dann eine quantitativ begründete Beziehung zwischen Leistungen und Abschlussnoten bzw. Bildungstiteln hergestellt werden kann: Bei der Vergabe von Bildungstiteln müssen Leistungen fair und in vergleichbarer Weise überprüft werden, wenn Unterschiede bei Leistungen Differenzen bei den Bildungstiteln legitimieren sollen.[44] Außerdem müssen den Beteiligten faire Chancen eingeräumt werden, die entsprechenden Leistungen zu erbringen.[45] Das rückt im Bildungssystem die Bedingungen beim Erbringen von Leistungen in den Mittelpunkt: Im Bildungssystem spielt die Teilhabe am Bildungsprozess eine Rolle, weil dieser z. B. in unterschiedlichen Schulformen sowie im Unterricht der einzelnen Schule unterschiedlich gestaltet werden kann.[46]

Damit ist wichtig, wie die Verteilung von Chancen gerecht erfolgen kann, wenn es Unterschiede zwischen den Personen gibt und in der Schule als Organisation bzw. im Bildungssystem die Voraussetzungen für die Deckung des gesellschaftlichen Bedarfs geschaffen werden sollen. Dabei müssen die Begabungen berücksichtigt werden.[47] Bezieht man das Differenzprinzip von Rawls (2006) ein, kann man als Regel formulieren, dass im Bildungssystem die Kompensation ein wesentliches Element der Verteilungsgerechtigkeit sein muss, wenn Leistungsgerechtigkeit als Grundlage gewählt wird. Das heißt diejenigen, welche benachteiligt sind oder zu sein scheinen,[48] müssen zusätzliche Unterstützung erfahren.[49] Für die Bildungsgerechtigkeit resultiert daraus die Maßgabe, dass nicht nur Unterschiede sowie für sie gemessene Ursachen identifiziert werden müssen, sondern ebenso geprüft werden muss, ob es kompensatorische Maßnahmen innerhalb des Bildungssystems gibt.[50]

Wenn Verteilungsgerechtigkeit auf Leistungen bzw. Begabungen basiert, gilt das in vielen Betrachtungen als angemessen, wenn fair gemessen wird.[51] Dabei kann neben der Leistungsgerechtigkeit auch die individuelle Bedarfsgerechtigkeit als Grundlage für gerechte Verteilungen gewählt werden: Individuelle Bedarfsgerechtigkeit würde beispielsweise herrschen, wenn die Begabungen der Schüler/in-

---

44 Das hat in der Konsequenz zu zentralen Abschlussprüfungen und zum Einsatz von Vergleichsarbeiten geführt.
45 Klassisch wird das über Lehrpläne und Rahmencurricula zu sichern versucht.
46 Das wird bei der Partizipationsgerechtigkeit noch näher erläutert werden.
47 Stojanov, 2013, S. 62 hat hier Zweifel angemeldet (vgl. auch Heid, 2016).
48 Allerdings stellt sich die Frage, wie Nachteile bestimmt und welche Kriterien bei der Bewertung herangezogen werden sollen. Damit einher geht die Frage nach der Begründung (Hübner, 2013). Ebenso ist nicht eindeutig festgelegt, welche strukturellen Maßnahmen hilfreich sind, wenn die Kompensation von Benachteiligungen das Ziel ist. Das wird unter dem Stichwort Inklusion noch mehrmals thematisiert werden.
49 Klassisch ist das in Grundschulen über die sogenannte Doppelsteckung versucht worden.
50 Hier hat Luhmann, 1990 prinzipielle Zweifel an der Machbarkeit angemeldet.
51 Faire Messung bedeutet, dass sie objektiv, reliabel und valide durchgeführt wird. In der quantitativen Bildungsforschung und der Bildungspolitik wird im Prinzip in diese Richtung argumentiert.

nen bei Platzierungen im Bildungssystem berücksichtigt würden.[52] Dann müssten allerdings, sobald das zum allgemeinen Kriterium gewählt würde, Korrekturmöglichkeiten in den Bildungsprozess eingebaut werden, weil Begabung kein stabiles Persönlichkeitsmerkmal sein muss.[53] Anwenden ließe sich dieses Prinzip nur, wenn Leistung bzw. Begabung objektiv bestimmt werden könnten. Das hat beispielsweise Stojanov (2013, S. 58 ff.) für Leistung bezweifelt, der auch das Konzept der Begabungsgerechtigkeit als Ideologiekonstrukt hinterfragt hat (vgl. auch Heid, 2016). Entgegen diesem Bedenken hat sich sowohl in der Schulpraxis als auch der empirischen Bildungsforschung die Tendenz durchgesetzt, Leistungen zu messen und darauf aufbauend auf Unterschiede zu schließen, die, was das Ergebnis angeht, als gerecht angesehen werden, weil die Messung fair erfolgt.[54] Insoweit gibt es in der Praxis eine enge Verknüpfung von Verteilungs- und Leistungsgerechtigkeit, d. h. es wird oft dem meritokratischen Modell gefolgt.

In Differenz zu dieser Praxis wird bei der Bildungsgerechtigkeit häufig die alleinige Berücksichtigung der Verteilungsgerechtigkeit und damit verbunden der Leistungsmessung in der Schule kritisch betrachtet (Bellenberg & Weegen, 2014).[55] So hat Heinrich (2013) die Fokussierung der Debatte über Bildungsgerechtigkeit in der Bildungsforschung auf quantitativ erfasste Schulleistungen kritisiert[56] und gefragt, ob nicht auch andere, auf das einzelne Individuum bezogene Indikatoren mit berücksichtigt werden sollten. Das wäre beim Ansatz von Nussbaum (2014) der Fall (vgl. Walker, 2006). Heinrich (2015a) hat seine Kritik mit dem Hinweis verbunden, bei der Verteilungsgerechtigkeit werde angenommen, dass es sich bei Bildung um ein knappes Gut handele. Er hat auch einen Wechsel vom PISA-Topos zum Inklusions-Topos angemerkt, d. h. vom dominanten Thema der Integration durch Leistung hin zu menschlich begründbaren Formen der Bildungsgerechtigkeit (Heinrich, 2015b, S. 235).[57] Damit wäre in der empirischen Bildungsforschung ein Wechsel von der Verteilungs- zur Partizipationsgerechtigkeit verbunden. Herausforderungen, die aus diesem Perspektivenwechsel für die Bildungsforschung resultieren, hat Slee (2001) beschrieben. Vor diesem Hintergrund kann nicht überraschen, dass bei der Bildungsgerechtigkeit nicht nur auf Leistungsgerechtigkeit verwiesen wird. Vielmehr werden in der Erziehungswissenschaft neben der Verteilungsgerechtigkeit die Anerkennungsgerechtigkeit (Stojanov, 2013) und die Partizipationsgerechtigkeit als Varianten benannt (Hübner, 2013, S. 41 f.; Bellenberg & Weegen, 2014). Mit

---

52 Das wird z. B. bei Spezialschulen als Kriterium gewählt.
53 Wie Begabungen sich entfalten bzw. entwickeln, hängt immer mit von der Umwelt ab.
54 In der Bildungsforschung werden allerdings objektivere Verfahren bei der Leistungsmessung eingesetzt als das in der Schulpraxis der Fall ist.
55 Damit wird oft eine Kritik an der gegenwärtigen empirischen Bildungsforschung verbunden.
56 Die Sozialisationsfunktion der Schule wird dabei nicht angemessen berücksichtigt (vgl. unten).
57 Das lässt sich mit der Anforderung der Inklusion und theoretisch mit Nussbaum, 2014 begründen (vgl. auch Terzi, 2005).

Anerkennungsgerechtigkeit wird die Forderung verbunden, allen Schüler/innen »mit Empathie, Respekt und sozialer Wertschätzung zu begegnen« (Bellenberg & Weegen, 2014, S. 47).[58] Stojanov (2013) hat auf der Basis von Honneth (2010) eine Konzeption für Anerkennungsgerechtigkeit vorgelegt, die bei den sozialen Beziehungen im Bildungssystem auf Empathie, moralischem Respekt und sozialer Wertschätzung aufbaut. Das sind Merkmale, die an traditionelle Konzeptionen wie den pädagogischen Bezug oder das Erziehungsverhältnis anschlussfähig und dem weiteren Bildungsbegriff verpflichtet sind, bei denen aber geprüft werden müsste, wie sich ihre Umsetzung z. B. im Alltag der Schule kontrollieren lässt.[59] Wenn schon die Verteilungsgerechtigkeit normativ stark aufgeladen ist, trifft das noch mehr für die Anerkennungsgerechtigkeit zu, die im Übrigen bei der Umsetzung im Unterricht der Schule auch einen Perspektivenwechsel erfordert: Die Beziehung zwischen Lehrperson und einzelnem/r Schüler/in müsste im Fokus stehen. Es ist interessant, dass bisher die Bedarfsgerechtigkeit in Bilanzierungen nicht einbezogen worden ist.[60]

Partizipationsgerechtigkeit erfordert die gleichberechtigte Teilhabe an relevanten gesellschaftlichen Bereichen inklusive des Wirtschaftssystems (Vahlens Kompendium der Wirtschaftstheorie und Wirtschaftspolitik, 2007).[61] Partizipationsgerechtigkeit ist in den modernen demokratischen Gesellschaften ein unverzichtbarer Anspruch. Die Herausforderung besteht darin, besonders Personen, die auf Zeit ausgeschlossen sind oder denen ein Ausschluss droht, in das Wirtschafts- und Gesellschaftssystem zu integrieren bzw. deren Ausschluss zu verhindern.[62] Vom Selbstverständnis her ist das eine Aufgabe für das Bildungssystem (Clark, 2006): Über das im Grundgesetz verankerte Recht auf Bildung soll die Partizipationsgerechtigkeit für das Erwachsenenalter gesichert werden. Das erfordert, für alle Partizipation im Bildungssystem umzusetzen, und impliziert, ihnen die Teilnahme am Prozess der Bildung zu ermöglichen. Das Konzept der Partizipationsgerechtigkeit lässt sich mit dem Ansatz von Nussbaum (2014) verknüpfen, weil es einschließen kann, Grundfähigkeiten sicherzustellen.

---

58 Ein Modell, in dem die Anerkennungsgerechtigkeit eine wichtige Rolle spielt, findet sich bei Rudduck & Flutter, 2000, S. 85, wenn sie unter den Bedingungen schulischen Lernens als Prinzipien intellektueller Herausforderungen Respekt, Fairness, Autonomie, Sicherheit und Unterstützung nennen, ohne dass sie diese Merkmale unter dem Thema Anerkennungsgerechtigkeit zusammenfassen. Ähnlich haben im Kontext von Inklusion Kiel & Kahlert, 2017 argumentiert.
59 Zur Kritik vgl. Wigger, 2015, S. 84 ff. und Ricken, 2015.
60 Das überrascht auch deshalb, weil, wie Becker, 2013 erläutert hat, durch Bedarfsgerechtigkeit die Chancengerechtigkeit befördert wird.
61 Sie wird im erziehungswissenschaftlichen Diskurs auch als Teilhabegerechtigkeit bezeichnet (Wigger, 2015).
62 Nussbaum, 2014, S. 276 ff. hat insbesondere die Rechte auf Teilhabe von Behinderten hervorgehoben. Für deren Inklusion bietet sie interessante Anknüpfungspunkte.

Unterschiede zwischen Personen bestehen im Bildungssystem bereits am Beginn der institutionalisierten Bildung im Bildungssystem. Diese Unterschiede werden organisatorisch häufig nicht berücksichtigt, indem von einer Gleichheitsfiktion ausgegangen wird (Luhmann, 1990). Erfahrungen aus der Praxis von Schule und Unterricht belegen allerdings, dass sie vorhanden sind. Deshalb ist es bei der Partizipationsgerechtigkeit hilfreich, zwischen Startchancen- und Prozesschancengerechtigkeit[63] zu unterscheiden. Bei den Startchancen ist eine Grundforderung im Bildungssystem, gerechte Startchancen für alle herzustellen. Um die Startchancengerechtigkeit im Bildungssystem zu verbessern, sind die institutionalisierte frühkindliche Bildung in den letzten Jahren erheblich ausgebaut und die Gebühren, die Eltern entrichten müssen, gesenkt oder abgeschafft worden (Autorengruppe Bildungsberichterstattung, 2016). Die Erwartung war, auf diese Weise die Startchancengerechtigkeit am Beginn der Primarstufe zu verbessern. Unterschiede bei Startchancen hängen darüber hinaus bei Übergängen und Abschlüssen im Bildungssystem mit den erworbenen Berechtigungen zusammen. Über die Reduktion von Ungleichheit bei den Startchancen und der Teilnahme an Prozessen sollen Schüler/innen unabhängig von ihrer Herkunft besser zur Partizipation am gesellschaftlichen Leben befähigt werden.[64] Letzteres setzt voraus, dass Mindeststandards und entsprechende Erwartungen für die Schule festgesetzt werden.[65] Bei Baumert (2016) wird es als Bildungsminimum bezeichnet. Die Diskussion über ein Bildungsminimum hat inzwischen eine gewisse Tradition. Sie wird nicht nur im Rahmen der Large-Scale-Assessment-Studien geführt (vgl. Tenorth, 2004; Keiner & Rinne, 2009). Wieweit die Partizipationsgerechtigkeit im Bildungssystem verbessert werden müsste, lässt sich zumindest teilweise mit der Bedarfsgerechtigkeit auf der kollektiven Ebene überprüfen.

Wie Prozesschancengerechtigkeit im Bildungssystem umgesetzt werden kann, ist nicht eindeutig zu klären, weil es unterschiedliche Möglichkeiten dazu gibt. McDonald (2005) hat schon darauf verwiesen, dass die traditionellen additiven Varianten, z. B. in der Lehrerbildung neue Themenfelder, wie beispielsweise »interkulturelle Erziehung«, einzuführen, nicht zielführend sind, wenn es darum geht, Bildungsprozesse in heterogen zusammengesetzten Klassen zu moderieren.[66] Vielmehr gehe es darum, Differenzen zwischen sozialen Gruppen und die individuellen Beziehungen zur jeweiligen sozialen Gruppe zu akzeptieren, wenn inklusive bzw. integrative Bildungskonzepte entwickelt werden sollen. Auf diese Weise soll si-

---

63 Kiel & Kahlert, 2017 haben Letztere als prozedurale Gerechtigkeit bezeichnet. Prozesschancengerechtigkeit bezieht sich auf die gleichberechtigte Teilhabe im Bildungsverlauf.
64 Luhmann, 1990 hat auch hier bereits Zweifel an der Umsetzbarkeit angemeldet.
65 Die »Autorengruppe Bildungsberichterstattung«, 2016, S. 100 formuliert als Mindeststandard das Erreichen eines Schulabschlusses. Giesinger, 2009, S. 175 bezeichnet diesen Aspekt als angemessene oder ausreichende Bildung.
66 McDonald, 2005 gibt auch Hinweise für die praktische Umsetzung in der Lehrerbildung.

chergestellt werden, dass alle an institutionalisierten Bildungsprozessen teilhaben können. Daneben hat sich in der Grundschule institutionell ein Gemeinschaftsprinzip (Schuleinzugsgebiete als Zuweisungsgrundlage, in einigen Bundesländern inzwischen relativiert durch freie Schulwahl) und ab der Sekundarstufe in Deutschland ein Differenzprinzip durchgesetzt (Wahlmöglichkeit der Schulform und der Schule zumindest in Großstädten). Ab der Sekundarstufe I (Sek I) resultieren daraus Probleme bei der Zuordnung der Schüler/innen. Weitere Schwierigkeiten bereitet der Umgang mit der Heterogenität in der Schülerschaft.[67]

Die Partizipationsgerechtigkeit im Bildungssystem kann mit dem Elternrecht kollidieren, wenn Eltern für ihre Kinder exklusive Möglichkeiten innerhalb des Bildungssystems suchen, indem sie aus ihrer Sicht bessere Start- und Prozesschancen wählen[68] bzw. auf Distinktion setzen (Kraul, 2017). Zwischen der Partizipationsgerechtigkeit, hier insbesondere der Prozesschancengerechtigkeit, und der Verteilungsgerechtigkeit besteht ein Spannungsverhältnis. Bei der Partizipations- und der Prozesschancengerechtigkeit dominiert das Gleichheitsprinzip, bei der Verteilungsgerechtigkeit in der Form der Leistungsgerechtigkeit herrscht demgegenüber das Differenzprinzip. Bei der Bildungsgerechtigkeit können unterschiedliche Konzepte identifiziert werden. Dabei besteht zwischen dem Wirtschafts- und dem Bildungssystem eine gewisse Affinität bei den Grundproblemen. Konzepte, die für das Wirtschaftssystem entwickelt worden sind, bedürfen allerdings einer Adjustierung an die Besonderheiten des Bildungssystems.

Obwohl proportionale und meritokratische Modelle sozialer Ungleichheit immer wieder als Begründung für die Forderung nach Bildungsgerechtigkeit herangezogen werden, hat sich gezeigt, dass sich die Reduktion der Bildungsgerechtigkeit auf Leistungsgerechtigkeit als nicht angemessen erweist (Walker, 2006). Als Komponenten einer umfassenderen Bestimmung von Bildungsgerechtigkeit sind neben der Partizipationsgerechtigkeit mit den Komponenten Start- und Prozesschancengerechtigkeit bei der Verteilungsgerechtigkeit die individuelle und die Bedarfsgerechtigkeit auf der kollektiven Ebene eingeführt worden. Im erziehungswissenschaftlichen Diskurs spielt auch die Anerkennungsgerechtigkeit eine Rolle, die aber nicht im Zentrum der folgenden Überlegungen stehen wird.

Auf der Basis dieser begrifflichen Vorklärungen wird unter dem Thema Bildungsgerechtigkeit folgende Differenzierung vorgenommen:

---

67 Die Herausforderung besteht darin, Diversität zu akzeptieren und sie nicht als hinderlich für den Bildungsprozess in Schule und Unterricht anzusehen (Terzi, 2005, S. 204f.; 210ff.).
68 Das impliziert auch einen Verstoß gegen den Ansatz von Rawls, 2006.

Verteilungsgerechtigkeit	
Leistungsgerechtigkeit	Bedarfsgerechtigkeit
	individuelle Ebene/kollektive Ebene

Partizipationsgerechtigkeit	
Startchancengerechtigkeit	Prozesschancengerechtigkeit

Anerkennungsgerechtigkeit

Abbildung 2: Differenzierung des Begriffs der Bildungsgerechtigkeit

3. Erwartungen an das Bildungssystem

Erwartungen an das Bildungssystem lassen sich u. a. aus zwei unterschiedlichen Blickwinkeln formulieren. Einerseits geht es um Bildungsgerechtigkeit für einzelne Personen in der Gesellschaft, andererseits um die Funktion des Bildungssystems in der Gesellschaft. Bezogen auf den zweiten Aspekt hat Giesinger (2015, S. 161) die Differenzierung verschiedener Funktionen von Fend (2006, S. 54) übernommen, der vier benannt hat: Enkulturation, Qualifikation, Allokation sowie Legitimation und Integration. Dem korrespondieren bei den Individuen Handlungsfähigkeit in Bezug auf kulturelle Teilhabe und Identität, Berufsfähigkeit, Lebensplanung sowie soziale Identität und politische Teilhabe. Während es einen Zusammenhang zwischen Leistungsgerechtigkeit und der Allokations- sowie der Qualifikationsfunktion gibt, sind die Bedarfs- und die Partizipationsgerechtigkeit eine conditio sine qua non für alle vier Funktionen. Die Enkulturations- sowie die Legitimations- und Integrationsfunktion sollen die Integration der Schüler/innen in die Gesellschaft sicherstellen. Dazu müssen ihnen neben Kenntnissen, Fähigkeiten und Kompetenzen auch Werte und Normen vermittelt werden, die für das Zusammenleben in der Gesellschaft wichtig sind.[69] Das Spektrum der unterschiedlichen Funktionen vermittelt die Botschaft, dass vom Bildungssystem mehr als nur die Umsetzung der Leistungsgerechtigkeit erwartet wird.

Eine ähnliche Erkenntnis gibt es, wenn man den ersten Blickwinkel einnimmt: Danach müssen Kinder und Jugendliche so gefördert werden, dass sie als Erwachsene selbständig im Gesellschafts- und Wirtschaftssystem ihren Lebensunterhalt verdienen und ihr Leben fristen können. Das erfordert neben der Integration in

---

[69] Die Sozialisationsfunktion wird in den Überlegungen zur Bildungsgerechtigkeit in der Regel wenig beachtet.

das Gesellschaftssystem auch die in das Wirtschaftssystem. Deshalb sind die Bedarfsgerechtigkeit auf der kollektiven Ebene und die Partizipationsgerechtigkeit in doppelter Weise eingefordert: Erstens sollen alle Kinder und Jugendlichen in einem bestimmten Alter an Bildung partizipieren. Das wird über die Schulpflicht eingelöst, die formal Startchancengerechtigkeit am Beginn der Teilhabe im Bildungssystem sichert und ebenfalls formal die Voraussetzung für Partizipationsgerechtigkeit schafft, weil Kinder und Jugendliche am Schulunterricht teilnehmen müssen. Zweitens soll den Schüler/innen gemäß dem Bildungsauftrag der Schule als Erwachsenen die gesellschaftliche Teilhabe ermöglicht werden. Das wird im allgemeinbildenden Schulwesen über das Erreichen eines Schulabschlusses dokumentiert (Autorengruppe Bildungsberichterstattung, 2016, S. 100). Außerdem sollen sie in der Lage sein, sich als Erwachsene zumindest an Veränderungen im Beschäftigungssystem bzw. der Gesellschaft anzupassen. Das kann als Bemühen darum betrachtet werden, für die Erwachsenen Partizipationsgerechtigkeit bzw. Bedarfsgerechtigkeit auf der kollektiven Ebene in der Gesellschaft zu erreichen. Für Schüler/innen ohne Schulabschluss ist die Mindestversorgung mit Bildung nicht gewährleistet. Die Konsequenz, dass Schüler/innen ohne Schulabschluss das Bildungssystem nicht verlassen dürfen, wird nicht gezogen. Deshalb erfüllt das Bildungssystem die Mindesterwartung in Bezug auf den Bildungserfolg aller Schüler/innen nicht. Jenseits dieser Feststellung bleibt zu klären, wie valide das Kriterium Schulabschluss ist.

Klemm (2017) hat die Gruppe derjenigen, die keinen Schulabschluss erreichen, als Risikogruppe bezeichnet und nachgewiesen, dass diese Personen zu großen Teilen Schwierigkeiten haben, ins Ausbildungssystem zu gelangen. Damit sind ihre Partizipationsmöglichkeiten als Erwachsene im Gesellschafts- und Wirtschaftssystem gefährdet. Insofern stellt der Schulabschluss ein wichtiges Kriterium im Lebenslauf der Personen dar.[70] Baumert (2016) hat am Beispiel der PISA-Ergebnisse die Probleme beschrieben, die auftreten, sobald die Validität der Mindestkompetenzen geprüft werden sollte, über die Schüler/innen verfügen müssen, wenn sie als Erwachsene ihr Leben selbständig gestalten sollen. Beim Schulabschluss existiert eine ähnliche Problemlage: Traditionell wurde er durch ein Zeugnis der einzelnen Schule attestiert oder verweigert. Nunmehr gibt es sowohl am Ende der Sek I als auch der Sek II im allgemeinbildenden Schulsystem zentrale Abschlussprüfungen. Deren Bestehensquoten hängen von der Schwierigkeit der Aufgabenstellungen ab, die von den Schüler/innen zu bearbeiten sind. Leichter zu bearbeitende Aufgabenstellungen würden die Quote der Schulversager/innen absenken und vice versa. Es fehlt an Untersuchungen, wie treffergenau Schulversager/innen ermittelt werden, die als Erwachsene Probleme mit ihrer Integration in das Gesellschafts- und Wirtschaftssystem haben. Bisher gibt es diesbezüglich keine verlässlichen, systematischen Infor-

---

70 Allerdings erweist sich auch der Hauptschulabschluss in vielen Fällen nicht als hinreichend (Klemm, 2017).

mationen zum Outcome. Bilanzen mit dem Schulabschluss als Kriterium bereiten noch aus einem weiteren Grund Probleme. In Bezug auf das Erreichen des Schulabschlusses existieren zwischen den Bundesländern systematische Differenzen. 2014 lagen die Quoten der Schulabgänger ohne Hauptschulabschluss beispielsweise in Bayern mit 4,5 % und Rheinland-Pfalz mit 4,7 % am niedrigsten und in Sachsen-Anhalt mit 9,9 % sowie Berlin mit 9,2 % am höchsten (Statistisches Bundesamt, 2016, S. 34). Dabei fällt auf, dass in den neuen Bundesländern die Wahrscheinlichkeit größer war als in den alten Bundesländern, aus einer Förderschule ohne Hauptschulabschluss entlassen zu werden.[71] Trotz dieser Probleme wird im Folgenden am Kriterium Schulabschluss festgehalten, um den Grad bestimmen zu können, bis zu dem im Bildungssystem Partizipationsgerechtigkeit bzw. Bedarfsgerechtigkeit auf der kollektiven Ebene erreicht werden. Die Partizipationsgerechtigkeit kann demnach als zentrale Erwartung an das Bildungssystem formuliert werden. Daraus resultieren Herausforderungen für die Organisation der Bildungsprozesse.

Traditionell wird in Schulen der Unterricht nach ökonomischen Prinzipien organisiert. Der Unterricht findet in Klassen statt. Von ihm sollen alle Schüler/innen in einer Klasse profitieren:[72] Viele Schüler/innen sollen gemeinsam bei einer Lehrkraft das Gleiche lernen (Luhmann, 1984). Um das in der Praxis gewährleisten zu können, wurde lange Zeit angestrebt, die Klassen möglichst homogen zusammenzusetzen.[73] Die Jahrgangsklasse, das dreigliedrige Schulsystem, Klassenwiederholungen einzelner Schüler/innen und die Sonderschule sind vor diesem Hintergrund rationale Lösungen gewesen, um den gewünschten Zustand in den einzelnen Klassen erreichen zu können (Esser, 2016, S. 336). Unter dem Aspekt der Partizipationsgerechtigkeit wurde dabei nicht beachtet, dass es bereits am Beginn der Primarschule erhebliche Differenzen beim Entwicklungsstand und beim Vorwissen der Schüler/innen gab. Deshalb war lange Zeit wahrscheinlich die übliche Organisation des Unterrichts nicht optimal. Startchancengerechtigkeit wurde nur formal durch das Einschulungsalter gewährleistet. Wenn sich bei einzelnen Schüler/innen der gewünschte Erfolg nicht einstellte, ist das der nicht hinreichenden Anstrengungsbereitschaft der jeweiligen Schüler/innen bzw. der mangelnden Unterstützung durch deren Familien zugeschrieben worden. Das hatte einen Verstoß gegen die Prozesschancengerechtigkeit zur Folge. Exklusion vieler Schüler/innen war ein wichtiges Prinzip bei der Organisation im Bildungswesen.

Prinzipiell lassen sich der Prozesschancengerechtigkeit unterschiedliche Vorgehensweisen zuordnen, die von dem Extrem, alle Schüler/innen an den gleichen

---

71 Im empirischen Teil werden allerdings Förderschulen nicht in die Darstellung einbezogen. Es werden nur die Schulabschlüsse im allgemeinbildenden Schulsystem bilanziert.
72 Im Sinne der Bedarfsgerechtigkeit soll auf diese Weise ein Grundbedarf an Bildung gesichert werden.
73 Die historische Entwicklung der Tendenz zur Homogenisierung hat Luhmann, 1990, S. 91, Anm. 38 skizziert.

Bildungsprozessen teilnehmen zu lassen, bis zu dem anderen Extrem reichen können, allen Schüler/innen einen für sie optimalen Bildungsprozess zu ermöglichen. Bei der Umsetzung, die sich in der Vergangenheit beobachten ließ, hat es, ohne dass der Begriff der Prozesschancengleichheit erwähnt worden ist, Entwicklungen in beide Richtungen gegeben. Während im öffentlichen Schulwesen in der Regel in Richtung der Variante Homogenisierung operiert worden ist, hat es besonders in reformpädagogisch ausgerichteten privaten Schulen oftmals Tendenzen in die andere Richtung gegeben: Teilhabe von Schüler/innen mit unterschiedlichen Voraussetzungen und Entwicklungen am Unterricht in einer Klasse.

Nunmehr gibt es die neue Forderung der Inklusion im Bildungssystem.[74] Die lange Zeit übliche Ausgliederung von Kindern mit schlechten schulischen Leistungen und wenig Unterstützung durch die Eltern bzw. Familien soll im öffentlichen Schulsystem weitgehend aufgehoben werden. Dadurch hat die Heterogenität zwischen den Schüler/innen einer Klasse erheblich zugenommen. Das erfordert im Unterricht einen Umgang mit Diversität (Slee, 2001). Prozesschancengerechtigkeit setzt in heterogen zusammengesetzten Klassen eine Individualisierung der Lernprozesse voraus (Tomlinson, Brighton, Hertberg, Callahan, Moon, Brimijoin, Conover & Reynolds, 2003; Markic & Abels, 2014). Das ist auch eine neue Herausforderung für die Lehrerbildung (McDonald, 2005).

Probleme, die aus dem traditionellen Vorgehen im Bildungssystem resultieren, lassen sich auch an einem anderen Beispiel demonstrieren. Bei Grundschulen wird im öffentlichen Schulsystem in der Regel mit festen Schuleinzugsgebieten gearbeitet. Diese Zuordnung ist rational, wenn davon ausgegangen wird, dass Unterricht auch bei verschiedenen Schulen ähnlich gestaltet werden kann. Das kann nur dann angemessen sein, wenn es keine systematischen Unterschiede zwischen den Grundschulen gibt. Klassisch ist das über Lehr- und Stoffverteilungspläne zu erreichen versucht worden. Die Denkweise, die diesem Ansatz zugrunde liegt, ist in Abbildung 3 konkretisiert.

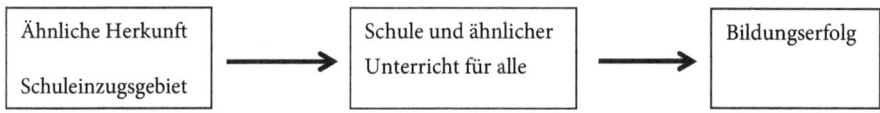

Abbildung 3: Klassische Annahme zur Arbeit in Grundschulen

Bei diesem Konzept wurde nicht berücksichtigt, dass es zwischen Schuleinzugsgebieten systematische Unterschiede gibt. Deshalb wird dem Modell nicht mehr in dieser einfachen Form gefolgt. An die Stelle von Stoffverteilungs- und Lehrplänen sind Rahmenlehrpläne getreten, die den Grundschulen eine Anpassung an ihren

---

74 Dabei wird Benachteiligung oft auf Behinderung bzw. andere physische oder psychische Beeinträchtigungen reduziert (vgl. z. B. Terzi, 2005).

Kontext ermöglichen bzw. erleichtern sollen. Gleichzeitig ist die Autonomie der Einzelschule gestärkt worden (Dubs, 2013). Jedoch ist lange Zeit am lehrerzentrierten Unterricht in der Grundschule festgehalten worden. Darüber sollten den Schüler/innen in einer Klasse gleiche Chancen für das individuelle Lernen geboten werden. Lehrerzentrierter Unterricht, bei dem fragend-entwickelnd vorgegangen wird[75], ist eine traditionelle Variante zur formalen Wahrung der Prozesschancengerechtigkeit auf der Mikroebene der Klasse. Über die fragend-entwickelnde Methode sollte gewährleistet werden, dass alle Schüler/innen einer Klasse in den Bildungsprozess einbezogen werden (Merkens, 2010). Bei den Fragen bzw. Kommentaren der Lehrperson ist jeweils die Klasse der Adressat. Zumindest bis zum Ende der Grundschulzeit sollten auf diese Weise traditionell in heutiger Terminologie Partizipations- und Bedarfsgerechtigkeit auf der kollektiven Ebene sowie Chancengleichheit gesichert werden. Heid (1988) hat bereits das Kontrafaktische solcher Annahmen bezüglich der Chancengleichheit dargestellt: Die praktische Erfahrung wurde nicht berücksichtigt, dass die Teilnahme an demselben Unterricht wegen Differenzen bei den individuellen Bedürfnissen der Schüler/innen keineswegs ähnliche Ergebnisse bei ihnen bewirken muss (Tomlinson et al., 2003): Die gemeinsame Instruktion lässt vielmehr interindividuelle Differenzen hervortreten und kann zur Verhärtung vorhandener sozialer Unterschiede beitragen, wenn im Unterricht nicht zu kompensieren versucht wird. Unter diesen Umständen ist die Startchancengerechtigkeit am Ende der Grundschulzeit beim Übergang in die Sekundarstufe nicht mehr gegeben, wie in vielen empirischen Untersuchungen nachgewiesen worden ist (z. B. Maaz et al., 2009).[76] Folgerichtig sind für den Unterricht an Grundschulen verschiedene Methoden der Binnendifferenzierung im Unterricht entwickelt und in vielen Fällen auch umgesetzt worden (vgl. Merkens, 2010).

Sobald mit Schulbildung der Anspruch verbunden wird, dass Schule die Entwicklung des Einzelnen zur Person fördert, setzt das im Unterricht Individualisierung voraus. Das steht in einem Spannungsverhältnis zum Ökonomieprinzip. Nicht mehr die Schulklassen, sondern die einzelnen Schüler/innen sind nunmehr die Adressaten im Unterricht. In vielen Darstellungen ist das ein Thema, wenn Bildungsgerechtigkeit diskutiert wird (Tomlinson et al., 2003).[77] Diese Entwicklung hatte sich im öffentlichen allgemeinbildenden Schulsystem insbesondere bei Grundschulen schon länger abgezeichnet, wenn Montessori oder die Jena-Plan-Methode als pädagogische Konzepte gewählt wurden. Mit dieser Neuorientierung kann auch die individuelle Bedarfsgerechtigkeit verbessert werden, indem die Lernmilieus individueller gestaltet werden. Es wird vermutet, dass das über Veränderungen

---

75 Diese Vorgehensweise wird auch als gelenktes Gespräch oder Unterrichtsgespräch bezeichnet (Meyer, 2002).
76 Übergänge im Bildungssystem dienen vielmehr praktisch als Filter.
77 Für eine Übersicht vgl. Manitius et al., 2015.

im Bildungssystem bzw. der Organisation der einzelnen Schule erreicht werden kann.

Über das Schulwesen soll nicht nur die individuelle Bildung gewährleistet, sondern auch der gesellschaftliche Bedarf an Bildung gesichert werden. Das erfordert, in der Gesellschaft bei den Erwachsenen auf unterschiedliche Qualifikationen zurückgreifen zu können. Diese werden im Bildungssystem nicht konkret erworben. Weil im Erwachsenenalter sehr unterschiedliche Qualifikationen nachgefragt werden, werden im Bildungssystem unterschiedliche Niveaus von Voraussetzungen für den Erwerb der Qualifikationen geschaffen.[78] Mit dieser Funktion hängt die Allokationsfunktion zusammen, über sie wird Differenz als Zielsetzung in die Bildungsprozesse eingefügt (vgl. Fend, 2006). Traditionell korrespondiert dem im Schulsystem zumindest ab der Sekundarstufe I die Einteilung in unterschiedliche Schulformen, in denen explizit auch unterschiedliche Schulabschlüsse erreicht werden konnten, d. h. im Ergebnis wurde vom Schulsystem Bildungsungleichheit erwartet und über Schulleistungen legitimiert. Das wird von Kritikern des Bildungssystems dann als obsolet angesehen, wenn Entscheidungen zu Übergängen im Bildungssystem zu früh in der Bildungskarriere gefällt werden müssen (Hurrelmann, 2013) und damit für die Individuen systematische Benachteiligungen verbunden werden, d. h. es wird ein Verstoß gegen die Prozesschancengleichheit moniert. Allerdings ist dieser Zusammenhang zwischen dem Zeitpunkt des Übergangs und dem Bildungserfolg empirisch nicht gesichert. In Berlin und Brandenburg mit einer sechsjährigen Grundschule müssten z. B. andere Effekte als in anderen Bundesländern mit einer kürzeren Grundschulzeit auftreten.[79] Es fehlen als Beleg für die Annahme auch systematische Vergleiche von Gemeinschaftsschulen zu Schulformen mit gestuften Bildungsgängen (vgl. auch Becker, 2016; Maaz, Baumert, Neumann, Becker & Dumont, 2013). Hinzu kommt, dass der gesellschaftliche Bedarf sich nicht genau spezifizieren lässt.[80]

Obwohl die innere Organisation von Schulen auf den ersten Blick resistent gegen Veränderungen zu sein scheint, passen sie sich dennoch an sich ändernde Bedarfe der Gesellschaft an. Die Einrichtung von sogenannten Willkommensklassen für Flüchtlingskinder bzw. die Kinder von Asylbewerbern ist ein Beispiel. Schulen lassen sich deshalb als offene Systeme beschreiben.[81] Das trifft auch zu, weil der Wandel systematisch herbeigeführt werden kann, wenn im Schulsystem gesellschaftlich erwünschte Leistungen nicht erbracht werden.[82] Veränderungen

---

78 Fend, 1980, S. 19 ff. hat das als Qualifikationsfunktion der Schule beschrieben.
79 Vgl. Baumert, Becker, Neumann & Nikolova, 2009.
80 Die konsequente Umsetzung einer am gesellschaftlichen Bedarf orientierten Bildung erfordert im Erwachsenenalter erhebliche Nachjustierungen, die es mit der Weiterbildung gibt.
81 Zur Schule als offenes System vgl. Merkens, 2018.
82 Organisationstheoretisch lassen sich beide Varianten der Kontingenztheorie zuordnen (Creemers & Kyriakides, 2015, S. 106; Scheerens, 2015, S. 17 f.).

werden für die Schule als Organisation in diesem Fall häufig auf der Systemebene angeordnet und betreffen die Struktur.[83] Dabei wird in der Regel nach dem Vorbild des Change Management mit dem Ziel vorgegangen, die Bedarfsgerechtigkeit zu verbessern.[84] Es wird vermutet, dass das über Veränderungen im Bildungssystem bzw. der einzelnen Schule erreicht werden kann. Zum Beispiel wurde die Einrichtung von Ganztagsschulen gefördert und umgesetzt (Autorengruppe Bildungsberichterstattung, 2016, S. 82f.). Damit sollte einerseits eine schulorganisatorische Bedingung von Ländern imitiert werden, die bei PISA besser abgeschnitten hatten (Tillmann, 2004, S. 196). Andererseits wurde erwartet, dass mit der Verlängerung des Schultags die Tradierung der sozialen Ungleichheit gemindert werden könnte, weil sich die Bildungschancen von Schüler/innen aus Familien mit einem niedrigen Sozialstatus verbessern würden. Die Prozesschancengerechtigkeit sollte intern im Bildungssystem gestärkt werden. Diese Erwartung hat sich zumindest bisher nicht erfüllt (Strietholt et al., 2015). Offensichtlich wird mit den offenen Ganztagsschulen in vielen Fällen die Zielrichtung verfehlt, weil Eltern aus bildungsfernen Schichten häufig das Angebot nicht in dem gewünschten Umfang wahrnehmen (Bellin & Tamke, 2010; Becker, 2016; Lettau, Niehoff, Radisch & Fussangel, 2016).[85] Es zeichnet sich ab, dass bei bisherigen Versuchen, über das Bildungssystem gezielt soziale Ungleichheit abzubauen und mehr Bildungsgerechtigkeit zu sichern, die gewünschten Effekte auch deshalb nicht erreicht worden sind, weil der Einfluss der Eltern unterschätzt worden ist. Kompensatorische Maßnahmen müssten nach dem Differenzprinzip von Rawls (2006, S. 78) adressatenspezifischer konzipiert werden.

Resistent gegen Veränderungen ist oft die Schulkultur insbesondere bei der Durchführung des Unterrichts, weil in der Schule bestimmte Formen der Ökonomisierung beibehalten werden. Es werden im öffentlichen allgemeinbildenden Schulsystem z. B. auf der Basis schulischer Leistungen und formal leistungsgerecht Zensuren vergeben.[86] Nach den Ergebnissen von PISA 2000 kann aber bezweifelt werden, dass innerhalb des dreigliedrigen Schulsystems plus integrierte Gesamtschule Verteilungsgerechtigkeit realisiert worden ist: Obwohl sich die arithmetischen Mittelwerte der verschiedenen Schulformen statistisch signifikant voneinander unterschieden, erreichten die besten Hauptschüler/innen im Lesen und in

---

83 Das war nach PISA 2000 der Fall.
84 Mit Change Management wird die planvolle Veränderung einer Organisation von einem Zustand A in einen Zustand B bezeichnet. Angezielt wird damit eine Organisationsentwicklung, von der eine bessere Anpassung an die Umwelt erwartet wird (Doppler & Lauterburg, 2008). Allerdings betrifft Change Management oft nur die Spitze und die Struktur einer Organisation. Strategie und Struktur werden einbezogen. Es bedarf für die Organisation der Ergänzung durch Organisationsentwicklung.
85 Befunde finden sich bei Hertel, Klieme, Radisch & Steinert, 2008, S. 314ff., die allerdings allgemein Nachmittagsangebote im Sekundarbereich untersucht haben.
86 Insofern ist die Fokussierung auf Leistungsgerechtigkeit bei der Bildungsgerechtigkeit naheliegend.

Mathematik Leistungen oberhalb des arithmetischen Mittels der Gymnasiasten und die schwächsten Gymnasiasten Leistungen unterhalb des arithmetischen Mittels der Hauptschuljugendlichen. Dieses Ergebnis hat es auch 2012 noch gegeben (Autorengruppe Bildungsberichterstattung, 2016, S. 94). Daraus haben die Autoren 2001 auf Fehlallokationen innerhalb des Schulsystems geschlossen (Deutsches PISA-Konsortium, 2001, S. 121, 180). Deshalb konnte bezweifelt werden, dass Leistungsgerechtigkeit als Variante der Verteilungsgerechtigkeit im Schulsystem umgesetzt wurde. Änderungen haben dann aber nicht nur die Leistungsmessung betroffen, diese ist vielmehr im Wesentlichen beibehalten und nur um objektivere Verfahren ergänzt worden. In Ergänzung dazu hat es Reformen bei der Organisation gegeben.[87] Dabei wurde zusätzlich angestrebt, eine gewisse Überalterung vieler deutscher Schüler/innen im Vergleich zu anderen Bildungssystemen abzumildern. Das wird u. a. dadurch zu erreichen versucht, dass Klassenwiederholungen erschwert werden[88] und das Einschulungsalter abgesenkt worden ist.

Im Zentrum der Betrachtungen zur Bildungsgerechtigkeit steht oft die Selektionsfunktion des Bildungssystems (Blömeke & Herzig, 2009).[89] In diesem Kontext spielt die Leistungsideologie eine zentrale Rolle: Wenn Individuen unterschiedliche Leistungen erbringen, kann darüber auch Herrschaft zu legitimieren versucht werden (Fend, 1980), d. h. Selektion kann ein reales Ziel sein.[90] Über sie soll gewährleistet werden, die Schüler/innen auf die Übernahme gesellschaftlicher Positionen mit unterschiedlichem Anspruchsniveau und Aufgabenstellungen vorzubereiten. Luhmann (1984) hat in diesem Zusammenhang auf den binären Code des besser/ schlechter im Bildungssystem verwiesen, der das Handeln im System bestimme. Mit diesem Code werden Platzierungsentscheidungen über Ergebnisse von Bildungsprozessen begründet: Auf der Grundlage von Prüfungsergebnissen werden Berechtigungen vergeben. Dabei wird Leistungsgerechtigkeit erwartet. Das wird für das Schulsystem als Allokationsfunktion spezifiziert (Fend, 2006; Wischer, 2013, S. 116.), d. h. im Ergebnis wird Ungleichheit erwartet. Dazu können unterschiedliche Indikatoren herangezogen werden, die dann zu unterschiedlichen Bewertungen der Ungleichheit führen können (Pfaff, 2013; Strietholt & Bos, 2014).

An der Selektionsfunktion wird kritisiert, dass im Bildungssystem soziale Differenz nicht abgebaut, sondern in vielen Fällen zusätzlich generiert werde (Becker,

---

87 Diese werden weiter unten allgemein und speziell für Berlin noch erläutert werden.
88 Eines der Ergebnisse bei PISA war eine hohe Quote bei den Klassenwiederholungen in Deutschland sowohl in Grund- als auch in Sekundarschulen gewesen (Drechsel & Senkbeil, 2004, S. 286 f.).
89 Fend, 1980 hat sie als Legitimationsfunktion bezeichnet und damit auf die Tatsache verwiesen, dass bestehende gesellschaftliche Strukturen über Bildung und Erziehung in der Schule legitimiert werden. Das wird bei den folgenden Überlegungen nicht weiterverfolgt werden.
90 Das zeigt sich in den öffentlichen Debatten am Thema Gymnasium. Kritiker der jetzigen Entwicklung bemängeln oft, dass zu viele Schüler/innen eines Altersjahrgangs das Gymnasium besuchen und damit den Charakter dieser Schulform verändern.

2016; Maaz et al., 2009). Dem steht das Programm entgegen, im Sinne der Partizipationsgerechtigkeit allen Schüler/innen Bildungschancen zu eröffnen. Hier lautet der Code nach Luhmann (2002, S. 73) vermittelbar / nicht vermittelbar. Dieser ist für die Erziehung formuliert, lässt sich aber nur in der Form überprüfen, ob die Vermittlung gelungen ist oder nicht und kann in der gegenwärtigen Diskussion im Anschluss an Bourdieu (1982) eher der Anerkennungsgerechtigkeit zugeordnet werden. Er würde auch zum Fähigkeitsansatz von Nussbaum (2014) passen.[91] Allerdings lässt sich auf der Basis dieses Codes keine Selektion legitimieren. So wird neben ihm der Code besser/schlechter weiterhin praktiziert (Luhmann, 2002).

Durchgesetzt hat sich die Leistungsgerechtigkeit, wenn gegenwärtig Bilanzen zum Bildungssystem veröffentlicht werden, die auf Ergebnissen der Bildungsforschung beruhen. Das muss nicht im Widerspruch zu der Forderung stehen, Partizipationsgerechtigkeit im Erwachsenenalter sicherzustellen, weil von den Erwachsenen erwartet wird, dass sie in der Lage sind, Leistungen zu erbringen, die dem gesellschaftlichen Bedarf entsprechen; das kann auf unterschiedlichen Ebenen geschehen. Dennoch müssen die anderen Funktionen in Bilanzen zur Bildungsgerechtigkeit mit einbezogen werden. Hier sind vor allem die Bedarfsgerechtigkeit auf der kollektiven Ebene und die Partizipationsgerechtigkeit zu nennen.

Sozial verursachte Bildungsungleichheit steht auf den ersten Blick in einem engen Zusammenhang mit der Leistungsgerechtigkeit. Dennoch muss soziale Ungleichheit nicht die Kehrseite der Bildungsgerechtigkeit sein (Müller & Ehmke, 2012). Spannungen kann es vor allem zwischen sozialer Bildungsungleichheit und Partizipationsgerechtigkeit geben. In Darstellungen zur Bildungsgerechtigkeit werden Bedenken vor allem dazu formuliert, dass die Reduktion des Outputs auf Leistungsmessung dem Bildungsauftrag der Schule nicht genüge, der umfassender sei.

Die Spezifikation des Verständnisses von Bildungsgerechtigkeit in Bezug auf die Erwartungen an die Schule hat verdeutlicht, dass der Organisation des Handelns in Schulen offensichtlich unterschiedliche und teilweise widersprechende Rationalitätsannahmen zugrunde liegen (Merkens, 2011). Vor allem wird bei einer Bilanzierung die Rolle der Eltern zu wenig gewürdigt, wie im Folgenden noch gezeigt werden wird.[92] Der eigentliche Wandel in Bezug auf Bilanzierungen zur Bildungsgerechtigkeit besteht darin, ohne dass das so bezeichnet wird, dass vermehrt Bedarfsgerechtigkeit in verschiedenen Varianten eingefordert wird. Insoweit haben sich die Erwartungen an das Schulsystem und die einzelne Schule erheblich

---

91 Seine konsequente Umsetzung würde bedeuten, dass im Unterricht das Nichtvermittelte für Gruppen oder einzelne Schüler/innen solange wiederholt wird, bis die Vermittlung gelungen ist.
92 Wenn auch die Bedeutung der Familie in einer gesamtgesellschaftlichen Bilanz zurückgeht, das trifft auch für Berlin zu, wächst dennoch die überwiegende Zahl der Kinder noch in Familien auf (Autorengruppe Bildungsberichterstattung, 2016, S. 26).

verändert. Dabei ist die Betonung der individuellen Bedarfsgerechtigkeit nicht neu, sie wird bisher bereits von den Eltern eingefordert. Neuer ist demgegenüber die Betonung der Bedarfsgerechtigkeit auf der kollektiven Ebene.

Aus der Gerechtigkeitsperspektive haben Bellenberg, Weegen (2014) drei zentrale Fragen formuliert:

1. Ist es nicht erforderlich, wenn die Partizipationsgerechtigkeit verbessert werden soll, Schulen unterschiedliche Ressourcen in Abhängigkeit von der Zusammensetzung der Schülerschaft zuzuweisen?[93]
2. Unter dem Thema Anerkennungsgerechtigkeit wird gefragt, ob die Zuweisung von Schüler/innen zu Schulformen mit unterschiedlichem Leistungsprofil nicht aufzugeben sei.[94]
3. Bei der Verteilungsgerechtigkeit wird die Frage formuliert, ob die bisherige Schwerpunktsetzung auf die Leistung als Gerechtigkeitskriterium beibehalten werden solle.[95]

Die erste dieser Fragen wird im empirischen Teil im Zusammenhang mit der Prozesschancengerechtigkeit einbezogen werden. Die zweite wird nicht behandelt. Hierzu fehlen die notwendigen Daten. Die dritte Frage kann dahin geprüft werden, ob sich entsprechende Effekte mit eingestellt haben.

4. Ein Rahmenmodell für die Untersuchung von Ursachen für Bildungsungleichheit

Nach Müller, Pollak (2015) haben entgegen vielen anderen Annahmen die sozialen Disparitäten beim Bildungserwerb abgenommen. Das ist ein Effekt, der bei den Geburtskohorten zwischen Mitte der 50er Jahre und Ende der 70er Jahre aufgetreten ist und nicht mit der Bildungsexpansion zusammenhängt. Die Ursachen dafür müssen noch erforscht werden (vgl. auch Becker & Lauterbach, 2016, S. 23). Auch nach der Autorengruppe Bildungsberichterstattung (2016, S. 27) sind die bildungsbezogenen sozialen Risikolagen in Deutschland rückläufig (vgl. auch Baumert et al., 2003).

---

93 Das geschieht im Schulsystem auf der Basis von Kennzahlen, z. B. des Anteils der Kinder mit Migrationshintergrund an einer Schule bzw. in einer Klasse. Im Folgenden kann nicht geprüft werden, wieweit das praktiziert wird, weil im Datensatz nur Informationen zur Gesamtzahl der Lehrkräfte einer Schule enthalten sind.

94 Ob das in der Praxis der Schulen und des Unterrichts eine Rolle spielt, kann nicht kontrolliert werden. Es gibt aber Hinweise, dass das bei der Wahl der Schulform in der Sek I für die Eltern ein Entscheidungskriterium ist.

95 Diese Fragestellung wird im empirischen Teil überprüft und auch zuvor im theoretischen Teil diskutiert. Dabei werden andere Aspekte der Bildungsgerechtigkeit in die Diskussion einbezogen.

Prekärer als im Bundesdurchschnitt ist die Situation allerdings in Berlin (ebd., S. 29). Trotz der Abschwächung dauert Bildungsungleichheit in Abhängigkeit vom Sozialstatus der Eltern bis zur Gegenwart an. Die Maßnahmen zu Beginn dieses Jahrhunderts haben bisher nicht zum weiteren Abbau beigetragen.

In der Bildungsforschung mit quantitativen Methoden hat beim Thema soziale Ungleichheit in den letzten Jahren vor allem interessiert, welche Rolle Entscheidungen der Eltern bei den Übergängen im Bildungssystem, hier insbesondere dem von der Primar- zur Sekundarstufe, spielen (Maaz et al., 2010). In einem streng meritokratischen System sollten darüber die Leistungen entscheiden, die die Schüler/innen in der Grundschule erbracht haben. Das würde allerdings voraussetzen, dass diese Leistungen objektiv gemessen worden sind und die Entscheidungen der Lehrkräfte bzw. Klassenkonferenzen nach einheitlichen Maßstäben gefällt werden. Diese Voraussetzungen sind im deutschen Bildungssystem nicht erfüllt. In Deutschland wird am Ende der Grundschule eine Empfehlung ausgesprochen, auf welcher Schulform ab der Sek I mit welchem Ziel die Bildungskarriere der Schüler/innen fortgesetzt werden soll.[96] Diese ist in einigen Bundesländern verbindlich. In anderen Bundesländern können die Eltern in Kenntnis der Empfehlung für ihr Kind eine Wahl treffen. Dabei lassen sich bei der zweiten Variante für die Eltern unterschiedliche Strategien identifizieren (Merkens & Wessel, 2002; Ditton, Krüsken, Niedermayer, Schauenberg & Stahl, o. J.): Während ein Teil der Elternschaft der Empfehlung der Grundschule folgt bzw. sie billigend in Kauf nimmt, weicht ein anderer Teil von dieser Empfehlung ab. Eltern, die folgen, können das aus drei Gründen tun: Entweder sind sie mit der Empfehlung der Grundschule zufrieden oder sie interessieren sich selbst nicht besonders für die Bildungskarriere ihres Kindes oder sie nehmen die Empfehlung der Grundschule hin. Besonderes Interesse hat der Teil der Eltern gewonnen, der bei seiner Entscheidung der Empfehlung nicht folgt. Abweichungen hat es schon immer gegeben. Neben Eltern, die für ihre Kinder höhere Bildungsaspirationen hegen als die Grundschulempfehlung nahelegt, gibt es andere, die nach unten abweichen.[97]

Als Erklärung für die persistente soziale Ungleichheit bei den Übergangsentscheidungen und am Ende der Bildungskarriere wird oft das Modell von Boudon (1974) herangezogen (Abb. 4), das in zahlreichen Varianten weiter differenziert und spezifiziert worden ist (vgl. z. B. Becker & Lauterbach, 2016, S. 11; Baumert, 2016) und insbesondere die Rolle von Eltern im Entscheidungsprozess im Fokus hat. In diesem Kontext ist die Differenz von primären (Erfolgswahrscheinlichkeit in Abhängigkeit vom sozialen Status, schulischen Leistungen und Sozialisation im Eltern-

---

[96] Es gibt am Ende der Grundschule keine zentrale Prüfung. Entscheidungen zur Oberschulempfehlung werden von Lehrkräften bzw. Klassenkonferenzen gefällt.
[97] Über Abweichungen nach oben wird im empirischen Teil auch informiert, obwohl diese Fragestellung nicht systematisch überprüft worden ist. Zu Abweichungen nach unten ist die Datenlage schlecht.

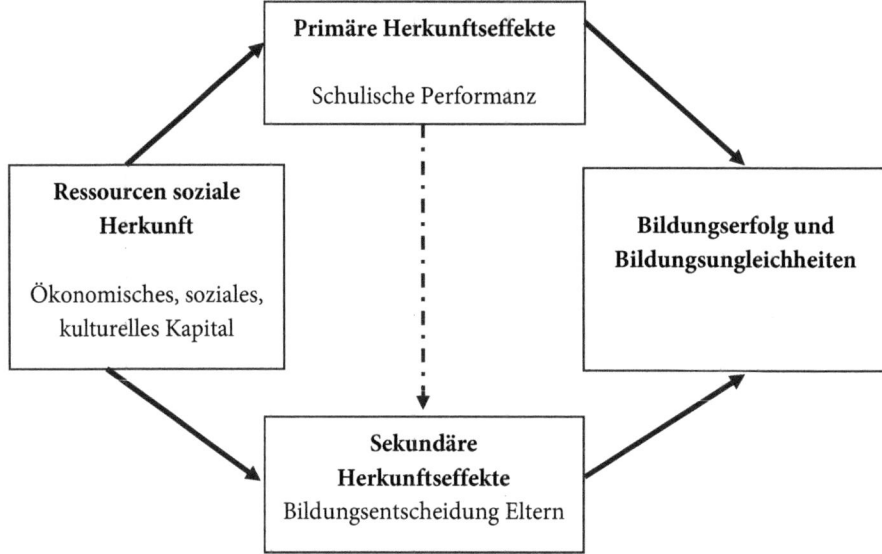

Abbildung 4: Primäre und sekundäre Effekte sozialer Herkunft auf Bildungschancen und -erfolge

haus) und sekundären Herkunftseffekten (Bildungsentscheidungen der Eltern in Abhängigkeit vom sozialen Status) wichtig geworden (Maaz, Hansen & McElvany, 2006; vgl. z. B. Merkens & Wessel, 2002; Maaz et al., 2009; Maaz et al., 2010, Pfaff, 2013). Die Grundannahme lautet, dass die sekundären Effekte der Herkunft die primären übertreffen (Becker & Lauterbach, 2016, S. 11).[98] Risikogruppen bilden vor allem Alleinerziehende und Familien mit Migrationshintergrund. Hillmert (2016, S. 94) hat einschränkend darauf hingewiesen, dass in den vorliegenden Studien zwar soziale Differenzierungen bei den Bildungsentscheidungen erfasst worden sind, dass aber nicht geprüft werden kann, wie diese Entscheidungen mit Schulleistungen zusammenhängen, d. h. ob die Eltern ihre Entscheidungen in Abhängigkeit von den Schulleistungen ihrer Kinder fällen bzw. verändern. Belege dafür, dass ein solcher Zusammenhang existieren kann, finden sich bei Merkens, Wessel (2002) sowie Ditton et al. (o. J.): Eltern mit niedrigem sozialem und kulturellem Kapital passten ihre Erwartungen, wenn sie hohe Bildungsaspirationen hatten, in Bezug auf die Schulkarriere ihrer Kinder eher an die realisierten Schulleistungen an. Das ist ein sekundärer Effekt, der nur in Längsschnittuntersuchungen überprüft werden kann.

Nach Roth, Siegert (2015) ist die Bedeutung der sekundären Effekte in der Bundesrepublik überschätzt worden: Sie haben keine Unterschiede zwischen Bundesländern gefunden, in denen die Übergangsentscheidung von der Grundschule allein

---

98 Für eine Bilanz der primären und sekundären Effekte vgl. Baumert, 2016.

getroffen wird, und anderen Bundesländern, in denen die Eltern diese Entscheidung fällen.[99] Demgegenüber hat Büchler (2016) die sekundären Effekte am Beispiel der Schulwahlentscheidung für das Gymnasium bestätigt. Auch Fend (2013, S. 135) hat mit den Daten der Life-Studie einen stärkeren Effekt des Elternhauses als der Schule auf die Bildungskarriere der Kinder nachgewiesen. Es ist interessant, dass den primären Herkunftseffekten weniger Aufmerksamkeit geschenkt worden ist (vgl. aber Nauck & Lotter, 2016).[100] Dabei verdient insbesondere die Spezifikation des kulturellen Kapitals in der Familie von Nauck, Lotter (2016) bei weiteren Untersuchungen Beachtung. Die üblichen Operationalisierungen des kulturellen Kapitals der Eltern in den Forschungen zu sekundären Effekten der Herkunft sind sicherlich unterkomplex (vgl. z. B. Lettau et al., 2016).

Außerdem interessieren tertiäre Effekte, das sind mögliche Effekte von Schule und Unterricht (Esser, 2016, S. 341).[101] In der Schule und im Unterricht wird eine Kompensation bei Defiziten in der Herkunftsfamilie erwartet, es können allerdings auch vorhandene Disparitäten verstärkt werden (Geißler, 2005). Wie sich beispielsweise die Komposition von Klassen und die Interaktionen im Unterricht auswirken, müsste im Längsschnitt geprüft werden. Mögliche tertiäre Effekte sind in Deutschland bisher wenig untersucht worden. Interessant ist hier die Studie von Bryk, Sebring, Allensworth, Luppescu & Easton (2010), in der solche Effekte nachgewiesen worden sind, ohne dass das Thema der Studie gewesen ist.

Eine Variante des Modells von Boudon (1974) hat Esser (1999) mit dem Wert-Erwartungsmodell, einem klassischen Rational-Choice-Modell, entwickelt. Als Entscheidungsgrundlage dient eine Modellierung nach Kosten und Erträgen. Danach fällen Eltern Entscheidungen im Rahmen von Bildungsübergängen auf der Basis von Schulleistungen ihres Kindes und wägen erwartete Kosten und Erträge bezogen auf das Erreichen von Bildungsabschlüssen gegeneinander ab. Bei gleichen Schulleistungen der Kinder kovariiert die Entscheidung zugunsten höher qualifizierender Abschlüsse mit der Sozialschicht: Eltern aus höheren Schichten gewichten die Risiken geringer, Eltern aus niedrigeren Schichten scheuen direkte und indirekte Kosten von höherer Bildung mehr.[102] Das trifft bei allen Übergängen im Bildungssystem zu (Becker & Lauterbach, 2016, S. 11f., 16ff.). Bei den Übergängen wird in Modellen

---

99 Zu prüfen wäre allerdings, welche sekundären Effekte sich durch das Eingreifen von Eltern während der Primarstufe in der Form von Nachhilfe bzw. der Unterstützung bei den Hausaufgaben etc. ergeben, d. h. die sekundären Effekte können auch in der Vorbereitung auf die Entscheidung eine Rolle spielen. Das ist bisher in der Bildungsforschung kein zentrales Thema gewesen.
100 Dabei spielen die primären Effekte auch bei den sekundären eine entscheidende Rolle. Offensichtlich sind primäre Effekte im Bildungssystem immer noch von großer Bedeutung (vgl. Becker, 2013, S. 269).
101 Belege für tertiäre Effekte im Bildungssystem finden sich bei Geißler, 2005.
102 Bei der Ermittlung von Kosten, Erträgen und Risiken handelt es sich in empirischen Untersuchungen um Konstruktionen.

dieser Art deutlich, dass den Bildungsaspirationen der Eltern große Bedeutung zukommt.[103]

Bei einem weiteren Konzept, das im Anschluss an Bourdieu (1982) entwickelt worden ist, wird davon ausgegangen, »dass sich Bildungskarrieren auf der Grundlage von familial wie sozial geprägten habituellen Orientierungen Lernender entwickeln und in einem je spezifischen Passungsverhältnis zu den Bildungspraxen von Institutionen des Bildungssystems ihre Relevanz entfalten« (Pfaff, 2013, S. 216 f.; vgl. auch Kramer, 2013). Nunmehr interessieren nicht mehr primäre und sekundäre Herkunftseffekte, sondern der Einfluss möglicher tertiärer Effekte: Wie interagiert der institutionelle Habitus der Schule mit dem personalen Habitus der einzelnen Schüler/innen, den diese in ihrem familialen bzw. sozialen Umfeld erworben haben? Von der Institution Schule wird bei diesem Ansatz erwartet, dass sie den Habitus der Schüler/innen besser einbezieht. Programmatisch wird die individuelle Bedarfsgerechtigkeit auf diese Weise verbessert. Die Beziehungsebene rückt nunmehr in der Schul- und Unterrichtsforschung ins Zentrum der Beobachtung.

In allen geschilderten Varianten wird der Einfluss der Familie groß eingeschätzt. Dennoch ergeben sich für die Frage der Bildungsungleichheit unterschiedliche Konsequenzen: In der Tradition von Bourdieu (1982) soll die Schule die in der Familie geleistete Sozialisation und Erziehung positiv aufgreifen und dadurch die Schüler/innen in ihrer Entwicklung fördern. Die individuelle Bedarfsgerechtigkeit und die Anerkennungsgerechtigkeit stehen im Fokus. In der Tradition von Boudon (1974) kann im Unterricht erwartet werden, dass durch Kompensation zum Abbau von durch die Familie verursachten sozialen Disparitäten beigetragen wird. Dazu wäre es hilfreich, Unterstützungssysteme für benachteiligte Kinder zu entwickeln. Bisher sind kaum Projekte gestartet worden, in denen untersucht wurde, wie Schulen durch ihre Praxis der Schul- und Unterrichtsorganisation zum Entstehen der Fehlleistungen des Bildungssystems beitragen,[104] obwohl es Untersuchungen gegeben hat, in denen nachzuweisen versucht wurde, wie das Verhalten der Lehrkräfte die kognitive Entwicklung der Schüler/innen beeinflussen kann (Brophy & Good, 1976; 1986). Ebenso sind Arbeiten zum Classroom Management in diesem Kontext zu nennen (Doyle, 1986).[105] Vor allem ist die Rolle der Eltern nicht hinreichend untersucht worden, wenn es um die Ursachen der Bildungsungleichheit geht (Kramer, 2013). Das wäre für den Ansatz von Bourdieu besonders wichtig (vgl. Nauck & Lotter, 2016). Eltern können die Bildungskarrieren auch während der Sekundarstufen I und II durch Entscheidungen für Klassenwiederholungen beeinflussen. So

---

103 Wieweit solche Entscheidungen mit diesen Modellannahmen stattfinden, müsste überprüft werden. Repräsentative Untersuchungen zu dieser Fragestellung fehlen.
104 Untersuchungen dieser Art gibt es zum Vergleich von Bildungssystemen (Hanushek & Wößmann, 2006).
105 Zu dieser Fragestellung gibt es auch Untersuchungen in Deutschland (Ophardt & Thiel, 2013).

gibt es inzwischen in Gymnasien und in Sekundarschulen eine wachsende Quote von Schüler/innen, in den Klassen 10 und 11 an Gymnasien 3% und in der Klasse 9 an Sekundarschulen knapp 8%, die ein Jahr freiwillig wiederholen (Vitzhum, 2016).[106] Dies ist ein Phänomen, welches in den Statistiken einiger Bundesländer nicht erfasst wird (ebd.). Man kann Eltern sowie Schüler/innen unterstellen, dass durch gezieltes Wiederholen einer Klasse versucht werden soll, die relative Position bei den Bildungsabschlüssen zu verbessern.

Der Mangel an Längsschnittuntersuchungen zu der Fragestellung, wie die Tradierung der Ungleichheit im Bildungssystem in innerschulischen Prozessen nicht hinreichend gemindert wird, ist kennzeichnend für die empirische Bildungsforschung, die sich eher auf Zustandsbeschreibungen konzentriert hat. Becker, Lauterbach (2016) haben dem vorherrschenden einfachen Modell zur Erklärung von Bildungsungleichheit die Annahme von Multikausalität gegenübergestellt.

Für Untersuchungen zur sozialen Bildungsungleichheit bleibt festzuhalten, dass die Rolle der Eltern bzw. Familien, insbesondere der Sozialisationspraktiken in den Familien sowie der Unterstützungsleistungen durch die Familie und durch die Schule mit einbezogen werden muss. Ebenso ist es wichtig zu kontrollieren, welche Eltern auf welcher Grundlage mit ihren Entscheidungen in die Bildungskarriere ihrer Kinder eingreifen und welche nicht. Das präsentierte Rahmenmodell verdeutlicht, dass die bei Untersuchungen zur sozialen Bildungsungleichheit und zur Bildungsgerechtigkeit dominierende Fokussierung auf die Übergänge im Bildungssystem zumindest ergänzungsbedürftig ist: Auch bei dieser Forschung müsste die Rolle der Eltern und deren Handeln bzw. Nichthandeln in den Untersuchungen besser repräsentiert sein. Der Nachteil beim bisher präferierten Rahmenmodell ist darin zu sehen, dass angenommen wird, alle Eltern würden bei den Übergängen im Bildungssystem bewusste Entscheidungen fällen. Dabei wird übersehen, dass ein Teil der Eltern entweder aus Unkenntnis oder aus Gleichgültigkeit gar keine entsprechende Entscheidung trifft. In allen Modellvarianten wird aber explizit (Variante Esser) oder implizit vorausgesetzt, dass rationale Entscheidungen gefällt worden sind. Bei den Entscheidungsgründen wird wiederum angenommen, dass diese die Bildungskarriere der Kinder betreffen, es kann aber auch andere Gründe geben, wie z.B. den, dass Freunde bzw. Freundinnen an eine bestimmte Schulform wechseln. Dass das Interesse vieler Eltern an der Bildungskarriere ihrer Kinder geringer ist als in den Modellen angenommen wird, wird bei der Beteiligung von Eltern an Elternabenden in der Schule sichtbar. Festzuhalten bleibt, dass ein Teil der Eltern bei den Übergängen tatsächlich bewusste Entscheidungen trifft und es sekundäre Effekte gibt, die mit dem Sozialstatus kovariieren. Zu der Fragestellung wären entsprechende Untersuchungen hilfreich, um die Bedeutsamkeit sekundärer Effekte besser abschätzen zu können. Wenn einige Eltern durch ihre Entschei-

---

106 Für Berlin hat Anders, 2015 entsprechende Daten zur Verfügung gestellt.

dungen Einfluss auf die Bildungskarriere ihrer Kinder nehmen, hat das Folgen für Überlegungen zur Bildungsgerechtigkeit: Die Eltern müssen in entsprechende Untersuchungen und Bilanzierungen einbezogen werden.[107]

5. Veränderungen der Organisation auf der Makroebene des Schulsystems

Als Reaktion auf die negativen Befunde bei PISA und IGLU hat es im deutschen Schulsystem gravierende Veränderungen gegeben. Mit einem Programm der Bundesregierung sind verstärkt Ganztagsschulen eingerichtet worden (Fischer et al., 2011). Eine der Erwartungen war, dass damit soziale Bildungsungleichheit abgebaut werden könne (Radisch & Klieme, 2003, S. 15). Ganztagsschulen können eine Verbesserung der Prozesschancengerechtigkeit bewirken, weil Schüler/innen, die in ihren Familien wenig unterstützt werden, z. B. bei den Hausaufgaben Hilfe bekommen. Ebenso kann die Enkulturationsfunktion der Schule gestärkt werden, weil im außerunterrichtlichen Bereich der Schule Aktivitäten entfaltet werden können, die die soziale Integration der Schüler/innen befördern können. Allerdings sind mit offenen und gebundenen Ganztagsschulen zwei verschiedene Varianten zugelassen worden, die auch eine unterschiedliche Elternklientel ansprechen. Eine Prüfung anhand von Daten der großen Vergleichsuntersuchungen ergab bei einer statistisch anspruchsvollen Analyse keine Effekte dieser Reorganisation auf die Schüler/innenleistungen (Strietholt et al., 2015). Bellin (2012) konnte demgegenüber bei offenen Ganztagsgrundschulen einen positiven Effekt der Teilnahme am Ganztagsbetrieb nachweisen.[108] Nach Lettau et al. (2016) wird das Ganztagsangebot von Kindern aus Familien mit einem niedrigen Sozialstatus seltener nachgefragt, es gibt also Hinweise, dass mit dem Ganztagsangebot zumindest ein Teil der gewünschten Klientel nicht erreicht worden ist (vgl. auch Bellin, 2012). Damit verfehlen die Ganztagsschulen im Sinne der Differenzhypothese von Rawls (2006) das Ziel, die Verteilungsgerechtigkeit zu verbessern. Sie tragen zumindest bisher weniger als erwartet dazu bei, soziale Disparitäten im Bildungssystem zu verringern, können aber familien- und sozialpolitisch einen positiven Beitrag leisten. Unter diesem Aspekt können sie die individuelle Bedarfsgerechtigkeit im Bildungssystem erhöhen. Hier mangelt es ebenfalls an Längsschnittuntersuchungen mit einem Vergleich von gebundenen und offenen Ganztagsschulen.

---

107 Außerdem muss geprüft werden, ob die Konzentration auf Untersuchungen zu Übergängen im Bildungssystem nicht ergänzungsbedürftig ist. Das wird im empirischen Teil des Beitrags berücksichtigt.
108 Allerdings ist einschränkend anzufügen, dass bei offenen Ganztagsschulen die Schüler/innen nicht am Ganztag teilnehmen müssen.

Inzwischen ist in vielen Bundesländern die Schulstruktur verändert worden, unterschiedliche Schulformen wurden zusammengelegt. Auf diese Weise soll organisatorisch der deutliche Zusammenhang zwischen Schulform und Bildungsabschluss abgeschwächt werden. Vor allem soll eine Verminderung der Probleme erreicht werden, die traditionell mit der Zuweisung von Schüler/innen zu den verschiedenen Schulformen der Sek I verbunden gewesen sind. Die Veränderung betrifft sowohl die Schulabschlüsse, die in verschiedenen Schulformen der Sekundarstufe erreicht werden können, als auch die Zusammensetzung der Schülerschaft mit der Abkehr vom Homogenitätsprinzip in den Klassen.[109] Auf Grund der organisatorischen Veränderungen hat bei den Schulformen die Heterogenität bei der Zusammensetzung der Schülerschaft von Schulen und in den Klassen erheblich zugenommen. Es wird erwartet, dass leistungsschwächere Schüler/innen davon profitieren, wenn sie gemeinsam mit leistungsstärkeren am Unterricht teilnehmen, während die leistungsstärkeren dadurch nicht benachteiligt werden (Klieme & Warwas, 2001). Auf diese Weise kann die Prozesschancengleichheit erhöht werden, wenn die Umsetzung in der Praxis erfolgreich ist, weil nicht mehr auf die Gleichförmigkeit der Lehr- und Lernprozesse in der Klasse gesetzt wird, sondern unterschiedliche Prozesse parallel inszeniert werden sollen (Tomlinson et al., 2003). Der Unterricht soll adaptiver gestaltet werden (Klieme & Warwas, 2001) und die Prozesschancengerechtigkeit wird umformatiert, indem eine Relation zum individuellen Lernprozess eingeführt wird.[110] Wenn Schüler/innen im gleichen Klassenraum mit unterschiedlichem Tempo lernen oder auch unterschiedliche Wege im Lernprozess einschlagen können, kann das nicht ohne Folgen für die Erfolgskriterien im Unterricht bleiben. Die Leistungsorientierung ist in diesem Zusammenhang noch dominanter geworden, weil zunehmend auf die Outputkontrolle in der Regel über Schüler/innenleistungen umgestellt wurde. Im Alltag der Schulen hat auf diese Weise die Bedeutung der Verteilungsgerechtigkeit zugenommen. Das Prinzip der Meritokratie setzt sich noch mehr als früher durch, indem eine Platzierung nach Leistung im Bildungssystem umgesetzt wird. In einer meritokratisch verfassten Organisation zählt allein die Leistung der einzelnen Person.[111] Sobald die Leistungen objektiv gemessen werden, scheint Differenz zwischen Schüler/innen angemessen zu sein. Insofern ist es konsequent, wenn in den Schulen der Einsatz von standardisierten Vergleichsarbeiten zugenommen hat. Kontrolliert werden kann der Erfolg über den Output. In diesem Rahmen sind z. B. Vergleichsarbeiten ein angemessenes Instrument. Das widerspricht jedoch anderen Bemühungen wie dem Prinzip der Inklusion. Hier steht

---

109 Das gilt ebenso bei Grundschulen.
110 Ob diese Aussage zutreffend ist, wird im empirischen Teil dieses Beitrags ansatzweise überprüft (vgl. Abschnitt 8.5).
111 Der vermehrte Einsatz standardisierter Leistungstests ist Ausweis dieser Neuorientierung. Zu den Grenzen dieses Ansatzes vgl. Fend in diesem Band.

die Partizipationsgerechtigkeit im Mittelpunkt: Niemand soll unter dem Aspekt der Partizipationsgerechtigkeit von Bildungsprozessen ausgeschlossen werden, weil seine Leistungen nicht dem Standard entsprechen. Vielmehr wird Differenz auch bei den Leistungen akzeptiert, die Lehrkräfte müssen darauf nur angemessen reagieren (Slee, 2001).[112]

Ziel war es, über eine andere Komposition der Schülerschaft in Klassen und den Schulen eine gerechtere Verteilung der Bildung zu erreichen und die soziale Bildungsungleichheit zu mindern, insbesondere benachteiligte Schüler/innen sollten davon profitieren: Die Abhängigkeit des Bildungserfolgs von der Herkunft sowie den familiären Voraussetzungen für Bildungskarrieren soll verringert werden. Das kann man im Sinne von Rawls (2006, S. 78) als Umsetzen des Differenzprinzips interpretieren. Es stärkt die Partizipationsgerechtigkeit nach Nussbaum (2014), weil bei den Fähigkeiten der einzelnen Schüler/innen angesetzt werden soll. Insbesondere Schüler/innen mit schwächeren Leistungen sollen bei der neuen Klassenkomposition davon profitieren, lautet die zentrale Erwartung. Die Befundlage zu dieser Fragestellung ist nicht eindeutig (Neumann, Milek, Maaz & Gresch, 2010).[113] Zumindest auf der Ebene des Programms ist versucht worden, das Bildungssystem durch diese Veränderungen gerechter zu gestalten, indem bessere Voraussetzungen für die Prozesschancengerechtigkeit geschaffen worden sind.

Viele organisatorische Veränderungen haben im allgemeinbildenden Schulsystem stattgefunden. Im Primarbereich ist in einzelnen Bundesländern die flexible Schulanfangsphase eingeführt worden. Dadurch sollten die Lernbedingungen in der Schulanfangsphase dem Entwicklungsstand und -tempo der Schüler/innen besser angepasst werden, als das bei Jahrgangsklassen der Fall ist. Die individuelle Bedarfsgerechtigkeit der Grundschule ist auf diese Weise verbessert worden. In einigen Bundesländern ist das Einschulungsalter abgesenkt und auf die Voraussetzung der Schulreife bei der Einschulung verzichtet worden. Allgemein gibt es ein Bemühen, Klassenwiederholungen im Grundschulbereich zu erschweren.[114] In vielen Bundesländern ist die Inklusion im Grundschulbereich vorangetrieben worden.

In Deutschland bestand ab der Sekundarstufe I ein zentrales Problem darin, dass bei zunehmender Bildungsexpansion die Bildungsungleichheit anwuchs. Zwar sind in den Jahren seit dem Zweiten Weltkrieg die Anteile der Gymnasiasten an der Schülerzahl und gleichzeitig die Bildungschancen von Kindern aus den sogenannten bildungsfernen Schichten gestiegen. Die soziale Exklusivität des Gymnasiums

---

112 Gerade in Zeiten, in denen Schulreformen angeordnet und praktisch umzusetzen versucht werden, erweist sich demnach, dass im Bildungssystem konkurrierende Rationalitätsannahmen existieren (Merkens, 2011).
113 Genauere Aufschlüsse könnten Längsschnittuntersuchungen geben. Bei der Mehrzahl der Untersuchungen handelt es sich aber um Querschnittsstudien.
114 Dieses Bemühen ist in der BRD bei Grund- und Sekundarschulen erfolgreich gewesen (Statistisches Bundesamt, 2016, S. 24).

Bildungsungleichheit – Bildungsgerechtigkeit   157

hat abgenommen. Gleichzeitig hatte aber die sozialstrukturelle Homogenität der Schüler/innen in der Hauptschule zugenommen (Becker & Lauterbach, 2016, S. 6; Bildungskommission der Länder Berlin und Brandenburg, 2003, S. 30f.).[115] Die Hauptschule wird seit dem Ende des 20. Jahrhunderts eher als Restschule wahrgenommen: Der Anteil von Kindern mit Migrationshintergrund bzw. allgemein aus sogenannten bildungsfernen Schichten war und ist sehr groß.[116] In vielen Expertisen war auf die mangelnde Attraktivität der Hauptschulen verwiesen worden. So hatte es nahegelegen, die Hauptschule als eigenständige Schulform nicht weiter fortzuführen. Die Stadtstaaten und das Saarland sowie Brandenburg und Mecklenburg-Vorpommern haben entsprechende Entscheidungen getroffen, und einige neue Bundesländer – Sachsen und Thüringen – hatten nach der Wende das dreigliedrige Schulsystem nicht eingeführt. Nach Hanushek, Wößmann (2006) nimmt die Varianz der Schülerleistungen zu, wenn die Jugendlichen in mehrgliedrigen Schulsystemen auf unterschiedliche Bildungsgänge aufgeteilt werden. Es müsste sich nunmehr überprüfen lassen, ob die Verringerung der Varianten bei den Schulformen mit unterschiedlichen Leistungsansprüchen im öffentlichen Schulsystem zu einer Abnahme der Varianz der Schülerleistungen geführt hat.[117] Allerdings ist in Bundesländern ohne Hauptschulen der Anteil der Schulabgänger ohne Schulabschluss bei den sonstigen Schulen höher als in Bundesländern mit Hauptschulen (Statistisches Bundesamt, 2016, S. 34). Insofern ist nicht auszuschließen, dass nur eine Verlagerung der Problematik stattgefunden hat. Vester (2013) vermutet aus der Mittelschicht einen neuen Druck auf die Gymnasien, um für die nachwachsende Generation bessere Qualifikationen zu erreichen, indem die Kinder dieser Gruppe vermehrt Gesamtschulen, in Berlin sind es nunmehr Integrierte Sekundarschulen und Gemeinschaftsschulen, als Alternativen besuchen.[118] Die Hochschulreife wird in diesen Schulformen nach 13 Jahren erworben. Das ist ein Hinweis darauf, dass die Eltern durch ihr Wahlverhalten Einfluss auf die Aufteilung der Schüler/innen im öffentlichen Schulsystem ab der Sekundarstufe I ausüben, und würde Annahmen des Rahmenmodells (Abb. 4) bestätigen.

In allen Bundesländern ist den einzelnen Schulen mehr Autonomie gewährt worden. Das trifft sowohl für Entscheidungen über die interne Organisation als

---

115 Dem steht der Befund entgegen, dass die Exklusivität des Gymnasiums weiterhin vorhanden ist und es insbesondere eine Bewegung von der Haupt- hin zur Realschule gegeben hat (Baumert et al., 2003).
116 Neben den Förderschulen kommt ein Großteil der Schüler/innen, die ohne Schulabschluss das allgemeinbildende Schulsystem verlassen, aus Hauptschulen, soweit es diese Schulform noch gibt (Statistisches Bundesamt, 2016, S. 34).
117 Wünschenswert wäre es generell, Veränderungen der Schulorganisation im Bildungssystem durch Begleituntersuchungen zu kontrollieren, in denen nicht nur die Akzeptanz bei den Betroffenen, sondern auch die Schülerleistungen ermittelt würden.
118 Das wird im vorliegenden Beitrag überprüft werden.

auch das Verfügen über finanzielle Mittel zu.[119] Diese Änderung hat im Gegenzug dazu geführt, dass sich die Tendenz der Schuladministration verstärkt hat, den Erfolg der Schule zu kontrollieren: Der Output wird sowohl auf der Systemebene als auch der Ebene einzelner Schulen bzw. Klassen überprüft. Es gibt systematische Bemühungen auf der Systemebene, den Schulerfolg operationalisiert als Leistungen der Schüler/innen zu kontrollieren. Mit diesem Ziel sind das IQB und verschiedene Landesinstitute gegründet worden. Dadurch soll die Steuerung innerhalb des Bildungssystems verbessert werden (Altrichter & Maag Merki, 2010). Es wird angestrebt, über eine Kontrolle des Outputs Impulse für die Schulentwicklung zu generieren. Schulen sollen auf die Rückmeldungen reagieren, indem sie sich um eine Verbesserung der Lernbedingungen für die Schüler/innen bemühen.[120] Außerdem sind Schulinspektorate eingerichtet worden. Auch in diesem Bereich gibt es bisher zumindest in Deutschland keine nachweisbaren Effekte bei den Leistungen der Schüler/innen (Merkens, 2018).

Auf der Systemebene sind demnach neben einer verstärkten Kontrolle der Arbeit in den einzelnen Schulen sowohl neue Methoden der Überprüfung von Schulerfolg als auch neue Anstrengungen unternommen worden, die Arbeit in pädagogischen Institutionen zu überwachen. Das trifft sowohl für die Prozesse (Schulinspektion) als auch den Output zu. Diese neuen Tendenzen implizieren, dass standardisierte Leistungsmessung in der Schule an Bedeutung gewinnt. Schulen und Lehrkräfte müssen sich darauf einrichten, weil ihre Erfolge und Misserfolge nach dem Kriterium Schüler/innenleistung bewertet werden können, d. h. die Beurteilung von Schulen aus der Perspektive der Leistungsgerechtigkeit und damit verbunden das Bemühen, Leistungen objektiv zu messen, werden gestärkt. Auf diese Weise gewinnt der Aspekt der Verteilungsgerechtigkeit auf der Systemebene Bedeutung.[121]

Eine gegenläufige Entwicklung wird dadurch befördert, dass die Inklusion in vielen Bundesländern vorangetrieben wird. Dadurch wird die Partizipationsgerechtigkeit verstärkt und es soll die Bedarfsgerechtigkeit auf der kollektiven Ebene verbessert werden, d. h. es sollen weniger Schüler/innen die Schule ohne Schulabschluss verlassen. Infolgedessen ändert sich die Zusammensetzung der Schülerschaft in der Regelschule, weil die bisherige Praxis der Exklusion von Benachteiligten nicht mehr fortgesetzt werden kann.[122] Wieweit das zu Lasten der Schüler/in-

---

119 Hier lautet die Fragestellung, wie das umgesetzt wird. Dazu fehlen bisher Begleituntersuchungen. Bei Schulinspektionen ist es zumindest in Berlin kein zentrales Thema (vgl. Merkens, 2018). Mögliche Dimensionen für eine entsprechende Untersuchung finden sich bei Altrichter et al., 2016, S. 265.
120 Es gibt allerdings bisher keine nachweisbaren Effekte in diese Richtung (Husfeldt, 2011).
121 Wieweit es sich dabei um eine intendierte Wirkung der Bildungspolitik handelt, wird hier nicht erörtert.
122 Inklusion ist ein Paradebeispiel für das Agieren der Bildungspolitik. Es taucht international eine neue Anforderung an das Bildungssystem auf, die bisherige Praxis der Exklusion Be-

nenleistungen in den Regelschulen geht, ist eine Frage, die geklärt werden müsste. Ebenso müsste erforscht werden, inwiefern Schüler/innen von dieser Entwicklung profitieren, die im alten System am Unterricht in Förderschulen teilgenommen hätten.[123] Veränderungen der Schulstruktur haben sich in den Bundesländern nicht immer positiv ausgewirkt. Vielmehr haben die Bundesländer, in denen sehr wenige Veränderungen stattgefunden haben, Bayern und Sachsen, beim letzten IQB-Bildungstrend gut abgeschnitten. Reformfreudige Bundesländer mit erheblichen Veränderungen haben demgegenüber weniger Erfolg gehabt – Berlin, Bremen, Baden-Württemberg (Stanat, Böhme, Schipolowski & Haag, 2016).[124] Diese Ergebnisse können als Hinweis dafür dienen, dass die Verbesserung der Bildungsgerechtigkeit im Bildungssystem mehr erfordert als nur schulstrukturelle Anpassungen.

6. Veränderungen im Berliner Schulsystem

Im Bundesland Berlin sind nach der Jahrtausendwende in der Primarschule das Einschulungsalter abgesenkt[125], die Schulanfangsphase mit dem jahrgangsübergreifenden Unterricht in den Klassen 1 und 2, an einigen Schulen auch den Klassen 1–3 sowie die Flexibilisierung des Übergangs in die Klasse 3 bzw. 4[126] und die Inklusion von Schüler/innen mit Förderbedarf in die Regelschule eingeführt worden.[127] Bei der Einschulung wird die Schulreife bzw. -fähigkeit nicht mehr als notwendig vorausgesetzt.[128] Insofern hat sich auch der Charakter der Einschulungsuntersuchung verändert. Die medizinische Untersuchung vor dem Eintritt in die Grundschule dient nicht mehr der Feststellung der Schulreife als Voraussetzung für den Eintritt in

---

nachteiligter nicht fortzusetzen. Die Bildungspolitik greift das auf und erlässt entsprechende Verwaltungsvorschriften für die Umsetzung in der Praxis. In vielen Fällen wird eine Weiterbildung der Lehrkräfte nicht als Voraussetzung für die Umsetzung einbezogen.

123 Ein großer Teil der Schüler/innen, die das allgemeinbildende Schulsystem ohne Schulabschluss verlassen, kommt aus Förderschulen (Statistisches Bundesamt, 2016, S. 34).

124 Indirekt zeigen diese Daten auch an, dass Erfolgsbilanzen im allgemeinbildenden Schulsystem nicht immer einem Vergleich zwischen verschiedenen Bundesländern standhalten, wenn Ergebnisse bei nationalen Vergleichsarbeiten als Maßstab bei der Bewertung herangezogen werden.

125 Die Entscheidung wird auf Druck der Eltern wieder korrigiert. Sie ist bei der Einrichtung der flexiblen Schulanfangsphase auch nicht in allen Grundschulen umgesetzt worden (Lambrecht, 2014, S. 47ff.). Das ist ein Indikator für die Grenzen des Einflusses der Bildungspolitik im Bildungssystem.

126 Auch diese Regelung ist nicht mehr verbindlich vorgeschrieben.

127 An Grundschulen und ISS werden inzwischen viele Schüler/innen mit Sprachbehinderung, Defiziten in der emotionalen und sozialen Entwicklung, körperlichen und motorischen Entwicklung sowie Lernbehinderung in den Unterricht in Regelklassen inkludiert (Senatsverwaltung für Bildung, Jugend und Wissenschaft, 2016, S. 51).

128 Kritisch zum Verzicht auf die Schulreife als Voraussetzung zur Einschulung Wendt, 2016.

die Grundschule. Die Schulfähigkeit soll nunmehr spätestens im Verlauf der Schulanfangsphase erworben werden. Außerdem wurde die Schulinspektion eingerichtet. Es mangelt aber an einer angemessenen Modellierung (vgl. Merkens, 2018). Die flexible Schulanfangsphase ist eine Maßnahme, durch die die Startchancengerechtigkeit verbessert werden kann. Man kann sie als den Versuch ansehen, zu Beginn der Primarschule über eine Handicapregelung unterschiedliche Voraussetzungen der Schüler/innen besser auszugleichen. Der Start des Unterrichts in Jahrgangsklassen wird für die öffentliche Grundschule auf diese Weise in der Regel in die Klassen 3 bzw. 4 verlegt. Alle Grundschulen sind als gebundene oder offene Ganztagsschule organisiert. In Bezug auf die Bedarfsgerechtigkeit dieser Regelung kann man einen Bedarf der Eltern (beide Eltern arbeiten z. B. Vollzeit) und einen Bedarf des Kindes unterscheiden, das Kind benötigt Unterstützung, um die schulischen Anforderungen erfüllen zu können. Im Primarschulbereich wurden die individuelle Bedarfsgerechtigkeit und die Bedarfsgerechtigkeit auf der kollektiven Ebene durch organisatorische Maßnahmen zu stärken versucht. Wieweit das gelungen ist, könnte mit Hilfe von VERA 3-Daten sowie einer Analyse der Übergangsempfehlungen am Ende der Primarschulzeit geprüft werden.[129]

Berlin ist im Prinzip bei seiner Neuordnung ab der Sek I vom Aufbau her Sachsen und Thüringen gefolgt und hat die ehemaligen Haupt-, Real- und Gesamtschulen in einer neuen Schulform, der so genannten Integrierten Sekundarschule (ISS), zusammengefasst. Neben diesen beiden Schulformen wurde in Berlin als Schulversuch die Gemeinschaftsschule eingerichtet, in der Schülerinnen und Schüler von den Klassen 1 bis 13 unterrichtet werden können.[130] Die Gymnasien sind beibehalten worden. In Differenz zu Sachsen und Thüringen sollte allerdings in Berlin der Elternwille beim Übertritt von der Grund- in die Sekundarschule entscheiden. In den beiden anderen Bundesländern ist die Empfehlung der Grundschule ausschlaggebend. Auf der Systemebene wurde in Berlin Change Management betrieben, indem die Schulstruktur im allgemeinbildenden Schulsystem verändert worden ist. Für die ISS wurden ebenfalls wie bei den Grundschulen die Klassenwiederholung erschwert, sie kann auf Antrag der Eltern bzw. Schüler/innen stattfinden, und die Inklusion eingeführt. Durch die Inklusion, den Wegfall der Hauptschulen und den weitgehenden Wegfall von Klassenwiederholungen wurde die Heterogenität bei der Zusammensetzung der Schülerschaft in einer Schule bzw. deren Klassen vergrößert. Angestrebt wurde in der Sek I neben einer Verbesserung der Start- auch eine der Prozesschancengerechtigkeit, ohne dass diese Konzepte erwähnt worden sind. Auf jeden Fall ist angestrebt worden, die individuelle Bedarfsgerechtigkeit im Bildungssystem zu erhöhen. Dieses Ziel wurde mit der Abschaffung der Hauptschule und

---

129 Beide Informationen sind im Datensatz zu diesem Beitrag nicht enthalten.
130 Zukünftig soll der Status der Versuchsschule nicht mehr beibehalten werden und die Gemeinschaftsschule den Status der Regelschule erhalten.

der Einführung der Inklusion zu erreichen versucht. Hurrelmann (2013) hat solche Veränderungen als die Tendenz zum »Zwei-Wege-Modell« beschrieben und im Prinzip positiv bewertet. Am Beispiel Berlins kann nunmehr gefragt werden, ob sein Optimismus in Bezug auf die positiven Wirkungen zutrifft, wenn man die Bedarfsgerechtigkeit auf der kollektiven Ebene als Kriterium heranzieht.[131] Nicht geprüft werden kann, ob die Leistungsgerechtigkeit verbessert worden ist. Dazu fehlen die Daten.

Neben dieser zentralen Frage, ob durch diese Umstrukturierungen die Bildungsgerechtigkeit verbessert worden ist und vor allem strukturelle Probleme im Sekundarbereich des Bildungssystems abgebaut werden konnten, leiten vier weitere Fragestellungen die Darstellung von Ergebnissen aus Berlin.

- Erstens wird beschrieben, wie die Neuordnung von den Eltern akzeptiert worden ist. Dabei wird auch die Attraktivität der Privatschulen in die Darstellung einbezogen. Auswirkungen auf die individuelle Bedarfsgerechtigkeit interessieren in diesem Zusammenhang.
- Zweitens wird dargestellt, wie die Umsetzung der von der Bildungspolitik vorgeschriebenen Umstrukturierungen im Schulsystem in Berlin erfolgt ist. Zentral ist die Fragestellung, ob die Partizipationsgerechtigkeit, hier die Start- und Prozesschancengerechtigkeit, erhöht worden ist.
- Drittens interessiert, wieweit durch die Umorganisation im Schulsystem das Ziel erreicht worden ist, die mit der Hauptschule verbundenen Benachteiligungen abzubauen bzw. zu einer Angleichung der verschiedenen Schulformen im Sekundarbereich beim Schulerfolg der Schüler/innen zu kommen (vgl. Creemers & Kyriakides, 2015, S. 107). Das ist die Frage nach der Bedarfsgerechtigkeit auf der kollektiven Ebene. Das kann über den Erfolg beim MSA geprüft werden.
- Viertens wird gefragt, ob für die neue Organisation im Bildungssystem Unterschiede im milieuspezifischen Habitus zwischen Schulen und Schulformen noch immer wichtig sind (Vester, 2013). Die beiden letzten Fragestellungen lassen sich dahin zusammenfassen, dass geprüft werden soll, ob die Bildungsgerechtigkeit unter dem Aspekt der individuellen Bedarfsgerechtigkeit und der Bedarfsgerechtigkeit auf der kollektiven Ebene verbessert worden ist.[132]

Diese Fragestellungen zeigen, dass es im empirischen Teil nicht nur darum gehen wird, Bildungsgerechtigkeit im Sinne von Verteilungsgerechtigkeit zu überprüfen. Für die folgende Überprüfung zum Stand der Bildungsgerechtigkeit in Berlin wird es vor allem darauf ankommen, die Eltern und deren wahrscheinliche Optionen

---

131 Das erfordert, dass die Lehrkräfte ihr Handeln im Unterricht den neuen Bedingungen anpassen (Tomlinson et al., 2003). Das kann im empirischen Teil dieses Beitrags nur oberflächlich geprüft werden.
132 Zur umfassenden Beantwortung dieser Frage fehlen im Datensatz des vorliegenden Beitrags wichtige Daten.

in die Darstellung einzubeziehen. Bildungsgerechtigkeit wird nach dem bisherigen Stand der Forschung nicht nur durch das Handeln im institutionalisierten Bildungssystem begünstigt oder beeinträchtigt. Vielmehr spielen Eltern, ihre Entscheidungen und ihr Eingreifen eine wichtige Rolle, wenn Bildungsgerechtigkeit in der Gesellschaft thematisiert wird[133] bzw. soziale Bildungsungleichheit abgemildert werden soll.

7. Stichprobenbeschreibung und Daten

In die Untersuchung sind alle allgemeinbildenden Schulen in Berlin ab der Sek I einbezogen worden, deren Porträts auf der Internetseite der Senatsverwaltung für Bildung, Jugend und Wissenschaft schematisch präsentiert werden (Senatsverwaltung für Bildung, Jugend und Wissenschaft, 2014).[134] Dabei werden auch die Porträts der privaten Ersatzschulen mit berücksichtigt. Zusätzlich sind in Einzelfällen die Webseiten von Schulen ausgewertet worden. Insgesamt sind Daten von 287 Schulen im Datensatz enthalten, d. h. es gibt im Datensatz Informationen zu allen Schulen außer Förderschulen des allgemeinbildenden Schulsystems der Sek I bis zur Sek II. Die genauere Beschreibung des Datensatzes und der genutzten Daten erfolgt jeweils bei der Präsentation der Ergebnisse.

Es handelt sich ausschließlich um öffentlich zugängliche Daten. Es wurden keine Erhebungen in Schulen durchgeführt. Bei den Schulporträts werden neben dem Träger und der Schulform die Anzahl der Lehrpersonen sowie der Schüler/innen aufgeschlüsselt nach Klassenstufen, Ergebnisse beim MSA 2014, 2015 und 2016 sowie eine Kurzfassung des letzten Berichtes der Schulinspektion mitgeteilt. Außerdem gibt es Informationen zur Unterrichtsversorgung, zum Unterrichtsausfall und zur Anzahl der Vertretungsstunden, zum Anteil der Kinder mit Migrationshintergrund sowie Selbstangaben zur inneren und äußeren Differenzierung und die Einschätzung der Schulinspektion zur Differenzierung für die einzelnen Schulen, Daten zur Fremdsprache sowie zur Profilierung der Schulen.[135] Nicht für alle Schulen liegen die Daten ähnlich detailliert vor. Bei Privatschulen fehlen viele Angaben und auch die öffentlichen Schulen sind nicht alle ähnlich auskunftsfreudig.

---

133 Dabei ist allerdings zu beachten, dass nur ein Teil der Elternschaft versucht, aktiv einzugreifen.
134 Förderschulen sind in der Stichprobe nicht vertreten.
135 Letztere werden in die Auswertung nicht systematisch einbezogen. Diese Entscheidung resultiert daraus, dass bei den ISS z. B. Englisch in der Regel als erste Fremdsprache angeboten wird. Die Gymnasien stehen beim empirischen Teil nicht im Fokus.

8. Ergebnisse

8.1 Zur Rolle der Eltern

Es wird mit der Rolle der Eltern im Kontext der Bildungsgerechtigkeit begonnen, weil deren Bedeutung bisher wahrscheinlich unterschätzt worden ist. Über die Eltern gibt es im Datensatz keine primären Informationen. Im Folgenden werden in einem ersten Schritt Daten verwendet, die aus anderen öffentlich zugänglichen Quellen stammen und Rückschlüsse auf das Entscheidungsverhalten der Eltern zulassen. Im Rahmenmodell (Abbildung 4) wird die Bedeutung der Ressource soziale Herkunft bei Bildungsentscheidungen hervorgehoben. Allgemein gewinnt diese Ressource an Wirksamkeit, wenn die Eltern, die ihr Elternrecht wahrnehmen, Wahlen für ihre Kinder treffen müssen bzw. wollen. Folgerichtig hat in den großen Untersuchungen zu Übergängen im Bildungssystem bei den öffentlichen Schulen die Rolle der Eltern im Fokus gestanden, ohne dass sie in der Regel an den Untersuchungen teilgenommen haben. In die Auswertung sind ihr Sozialstatus und ihre Entscheidungen einbezogen worden (Becker, 2016; Maaz et al., 2010). Für Berlin interessiert zunächst, wie Eltern die Grundschulempfehlung interpretieren, wenn sie im öffentlichen Schulsystem ihre Wahl für die Sek I treffen. In Bezug auf die Bildungsgerechtigkeit kann beispielsweise geprüft werden, ob Eltern versuchen, die Empfehlung der Grundschule zu korrigieren, weil sie aus ihrer Sicht nicht bedarfsgerecht ausgefallen ist.[136] Allerdings bestehen diesbezüglich erhebliche Informationsdefizite im Datensatz: Es ist unbekannt, wie hoch der Prozentsatz der Eltern ist, die ihr Kind bei einer ISS ohne Sek II anmelden, obwohl es eine Gymnasialempfehlung der Grundschule gibt.[137] Ebenso ist unbekannt, wie viele Eltern ihr Kind ohne Gymnasialempfehlung bei einer ISS mit Sek II bzw. einer Gemeinschaftsschule mit dem Ziel anmelden, ihm einen direkten Zugang zur Hochschulreife zu ermöglichen.[138] Bekannt ist nur die Zahl der Eltern, die ihr Kind bei einem Gymnasium anmelden, obwohl es über keine Gymnasialempfehlung verfügt. Formal berät in Berlin zunächst die Grundschule die Erziehungsberechtigten bei der Wahl der Schulform der Sek I. Wollen die Eltern der Empfehlung der Grundschule nicht folgen, sondern ihr Kind trotz der Empfehlung für die ISS auf ein Gymnasium schicken, müssen sie dort an einem weiteren Beratungsgespräch teilnehmen (Schul-

---

[136] Dass auch die Empfehlung der Grundschule beim Übergang zur Sek I einen Interpretationsbedarf hat, verdeutlicht eine Taxonomie möglicher Empfehlungspraktiken von Lehrkräften bei van Ophuysen, Riek & Dietz, 2015, S. 342, die vier Varianten unterschieden haben, die die Lehrkräfte leiten können: Das Leistungsprinzip, das Teilhabeprinzip, das Anrechtsprinzip und die prognostische Qualität (vgl. auch Solga, 2008).

[137] Zu dieser Fragestellung gibt es, allerdings nicht für Berlin, Informationen bei Gerleigner & Aulinger, 2017 sowie Ditton et al., o. J., S. 48 ff.

[138] Für eine Kohorte in Niedersachsen gibt es entsprechende Angaben (Tiedemann & Billmann-Mahecha, 2010, S. 653).

gesetz für das Land Berlin § 56, Abs. 3). Es handelt sich also um eine Hürde, die die Eltern überwinden müssen, wenn sie von der Grundschulempfehlung abweichen wollen.

Eltern von Schüler/innen, die nach der Klasse 6 entgegen der Empfehlung der Grundschule, die ISS lautet, sich dennoch für das Gymnasium entscheiden, gehen ein Risiko ein. Diese Abweichung hat in Berlin Tradition, weil auch in früheren Jahren mehr als 12% der Schüler/innen in der Klasse 7 an Gymnasien über eine Realschulempfehlung verfügten. Im Sinne der individuellen Bedarfsgerechtigkeit haben Eltern in diesem Fall eine andere Auffassung als die Grundschule, die die Empfehlung abgibt. In Tabelle 1 werden die Zahlen für vier Schuljahre nach der Reform der Sek I in Berlin präsentiert. Eltern korrigieren für ihre Kinder in diesem Fall die Grundschulempfehlung, indem sie ihr Kind bei einem Gymnasium anmelden, obwohl die Empfehlung der Grundschule ISS gelautet hat.[139] Allerdings ist bei den Gymnasien und den grundständigen Gymnasien[140] ein Probejahr eingeführt worden, an dessen Ende über den Verbleib der Schüler/innen entschieden wird. In den Klassen 5 (grundständige Gymnasien[141]) und 7 (Gymnasien) ist eine Wiederholung nicht möglich. Jahrgangsversager/innen werden an Grundschulen (grundständige Gymnasien) bzw. ISS (Gymnasien) überwiesen. Gymnasien und grundständigen Gymnasien steht also eine Korrekturmöglichkeit des Elternwillens offen, die auch genutzt wird (Senatsverwaltung für Bildung, Jugend und Wissenschaft, 2016, S. 67).

Tabelle 1: Rückläufer unter Risikoschülern an Gymnasien

Schuljahr	2011/12	2012/13	2013/14	2014/15
Schüler Förderprognose ISS in Klasse 7	1169	1175	1069	1196
Prozent Schüler 7. Klasse	13,8	12,8	12	13,4
Rückläufer Ende Klasse 7	469	365	291	295
Sonstige Abgänge Klasse 7	32	28	28	18

Für Gymnasien kann geprüft werden, wie wahrscheinlich ein Erfolg ist, wenn die Grundschulempfehlung ISS und nicht Gymnasium lautet: Die Erfolgsquote hat in der Gruppe von »Risikoschülern«, die ein Gymnasiums ohne entsprechende Empfehlung der Grundschule besuchen, zugenommen. Eltern, die mit ihrer Entschei-

---

139 Zweifel an der prognostischen Validität der Grundschulempfehlung haben Tradition. Tiedemann & Billmann-Mahecha, 2010, S. 653 ff. konnten für Niedersachsen auch eine gewisse Erfolgsquote bei den Abweichlern nachweisen. Deshalb muss eine solche Entscheidung nicht unvernünftig sein.
140 Bei den grundständigen Gymnasien gibt es in der Regel Kriterien, die bei einer Aufnahme erfüllt sein müssen, bzw. Aufnahmetests. Der Zugang ist also nicht so einfach wie bei den Gymnasien.
141 Als grundständig werden im Folgenden Gymnasien bezeichnet, bei denen der Übertritt von der Grundschule nach der vierten Klasse erfolgt, unabhängig davon, ob auch nach der Klasse 6 Schüler/innen übertreten können.

dung dieses Risiko eingehen, sind in mehr als 50 % der Fälle erfolgreich.[142] Wenn die der Entscheidung, Schüler/innen zurück zu überweisen, zugrundeliegenden schulischen Leistungen fair gemessen werden, wird die Verteilungsgerechtigkeit formal nicht beeinträchtigt. Während des Probejahres kann die Anerkennungsgerechtigkeit bei den sogenannten Rückläufern, das sind die Schüler/innen, die das Probejahr nicht bestehen, verletzt werden, weil ihnen verdeutlicht wird, dass die Entscheidung ihrer Eltern nicht angemessen war und sie ein Schuljahr lang negative Rückmeldungen in der jeweiligen Schulklasse erfahren. Welche Rückwirkungen das auf ihre jeweilige Bildungskarriere hat, ist noch nicht untersucht worden. Allerdings gilt für diese Schüler/innen, wenn sie bereits am Ende des ersten Halbjahres der Klasse 7 Leistungsrückstände aufweisen, die erwarten lassen, dass sie die Versetzung in die Klasse 8 nicht schaffen werden, dass mit ihnen sowie ihren »Erziehungsberechtigten Bildungs- und Erziehungsvereinbarungen« zu schließen sind (Schulgesetz für das Land Berlin § 56, Abs. 5). Für diese Schüler/innen kann die Prozesschancengerechtigkeit beeinträchtigt sein: Es kann nicht ausgeschlossen werden, dass sie an keinem Unterricht teilnehmen, der ihrem Potential an Fähigkeiten entspricht, sondern überwiegend negative Rückmeldungen zu ihren schulischen Leistungen erhalten. Formen des Burnouts können die Folge sein.

Diese erste Bilanz demonstriert, dass Eltern in vielen Fällen mit der Empfehlung der Grundschule nicht übereinstimmen und eine riskante Wahl treffen, obwohl die ISS mit Sek II und die Gemeinschaftsschulen eine Option bieten, die mit weniger Risiko verbunden ist.[143] Es handelt sich eindeutig um einen sekundären Herkunftseffekt. Es zeigt sich, dass Eltern bei der Startchancen- und der individuellen Bedarfsgerechtigkeit im Bildungssystem eine nicht zu unterschätzende Rolle spielen, sobald sie im öffentlichen Schulsystem Chancen für ihre Kinder wahrzunehmen versuchen. Insofern werden die unter Punkt 4 beschriebenen Annahmen zu sekundären Effekten im Bildungssystem bestätigt.

Wieweit dem auch inhaltlich eine Verbesserung der Startchancen korrespondiert, kann nicht geprüft werden. Dazu wären Individualdaten erforderlich, über die ermittelt werden könnte, welche prognostische Validität die Oberschulempfehlung der Grundschule hat, die nicht ohne Einfluss auf die Wahl der Schulform bei der Sek I ist (Maaz et al., 2009).

---

142 Das ist eine höhere Erfolgsquote als in Niedersachen (vgl. Tiedemann & Billmann-Mahecha, 2010).
143 Allerdings ist an diesen Schulen das Angebot an Plätzen begrenzt, so dass Eltern auch auf das Gymnasium setzen müssen, wenn sie entsprechende Erwartungen an die Bildungskarriere ihrer Kinder haben.

8.2 Attraktivität der Privatschulen

Sekundäre Herkunftseffekte wirken ebenfalls, wenn sich Eltern entscheiden, ihre Kinder auf eine Privatschule zu schicken. Eltern können in Städten wie Berlin bei allen Schulformen zwischen öffentlichen und privaten Schulen wählen (vgl. Kraul, 2017). Die Privatschulen werden in Berlin durch die öffentliche Hand subventioniert, so dass die Eltern in vielen Fällen ein verhältnismäßig niedriges Schulgeld zahlen müssen. 2015 hat das Land Berlin Privatschulen mit 242.658.188 Euro gefördert. Im Vergleich zum Jahr 2003 betrug die Steigerungsrate 130,9 %. Im gleichen Zeitraum hat sich die Schülerzahl fast verdoppelt (Senatsverwaltung für Bildung, Jugend und Wissenschaft, 2016, I1). Bei den allgemeinbildenden Schulen lag im Jahr 2014/2015 der Anteil privater Schulen in Berlin bei 15,5 %, der der Klassen bei 10,3 % und der der Schüler/innen bei 9,9 % (Statistisches Bundesamt, 2016, S. 15), für das Jahr 2015/16 betrug der Anteil der Schulen 16,1 %, inklusive Waldorfschulen 17,2 %, der der Klassen 10,6 %, inklusive Waldorfschulen 10,9 %, und der Schüler/innen 10 %, inklusive Waldorfschulen 11,3 % (Senatsverwaltung für Bildung, Jugend und Wissenschaft, 2016, S. 7 ff.; eigene Berechnungen). Die Attraktivität nimmt demnach leicht zu. Die Privatschulen sind aus der Sicht mancher Eltern eine interessante Alternative zu den öffentlichen allgemeinbildenden Schulen. Sekundäre Effekte spielen demnach nicht nur bei Übergangsentscheidungen eine Rolle. Wenn 10 % der Schüler/innen eine Privatschule besuchen, dann wird mit Daten, die nur im öffentlichen Schulsystem bei den Übergängen gewonnen worden sind, die tatsächliche Bedeutung sekundärer Effekte unterschätzt, weil der sekundäre Effekt, Wahl einer Privatschule, nicht einbezogen worden ist.

Eine Aufschlüsselung dieser Zahlen für die hier interessierende Sek I lässt sich nicht durchführen.[144] Nicht alle Privatschulen veröffentlichen auf der Webseite der Bildungsverwaltung und ihrer eigenen Webseite Schülerzahlen. Die Zahlen geben aber auch so einen Hinweis darauf, dass die Schulen und Klassen in Privatschulen kleiner sind als an öffentlichen Schulen (siehe die Relationen der Zahl der Schulen, Klassen und Schüler/innen). Im Prinzip bestätigen die Zahlen auf den ersten Blick ein Vorurteil in Bezug auf Privatschulen: Diese sind kleiner und weisen niedrigere Klassenfrequenzen als öffentliche Schulen auf. Allerdings haben Waldorfschulen erheblich höhere Klassenfrequenzen (Senatsverwaltung für Bildung, Jugend und Wissenschaft, 2016, S. 4).

---

144 Das hängt damit zusammen, dass bei der Datenquelle die Zahlen für die Sek I und II bei den ISS und den Gymnasien nicht getrennt ausgewiesen werden und bei den Gymnasien in der Übersicht nicht zwischen grundständig (Klassen 5 und 6) sowie übrigen Gymnasien unterschieden wird.

Tabelle 2: Schulformen im Sekundarbereich nach Trägern (Schuljahr 2013/14) – ohne Waldorf- und Förderschulen[145]

Schulform	Träger		Gesamt
	Öffentlich	Privat	
Integrierte Sekundarschule mit Oberstufe	31	5	36
Integrierte Sekundarschule ohne Oberstufe	71	13	84
Gemeinschaftsschule	19	11	30
Gymnasium	50	14	64
Grundständiges Gymnasium	32	8	40
Berufliches Gymnasium (OSZ)	19	0	19
Abendgymnasium	2	0	2
Gesamtsumme	224	51	275

Bei den Sekundarschulen interessiert zunächst der Anteil öffentlicher und privater Schulen im allgemeinbildenden Schulsystem. Tabelle 2 ist zu entnehmen, dass Privatschulen bei allen Schulformen des allgemeinbildenden Schulsystems vertreten sind. Überraschend hoch ist deren Anteil mit einem Drittel bei den Gemeinschaftsschulen. Das ist ein Indikator dafür, dass ein Teil der Eltern, der eine private Schule für seine Kinder auswählt, reformpädagogische Orientierungen präferiert, weil viele der Gemeinschaftsschulen ein entsprechendes Programm aufweisen. Da die Waldorfschulen, die noch unter Gesamtschulen firmieren, in diesen Zahlen nicht enthalten sind, ist der Anteil der Privatschulen bei den Gemeinschaftsschulen höher als hier angegeben. Bei dieser Schulform dominieren sogar die privaten Anbieter, wenn man die Waldorfschulen hier zuordnet. Offensichtlich gibt es einen großen Teil der Elternschaft, der für seine Kinder vor allem nach Alternativen zum öffentlichen allgemeinbildenden Schulsystem sucht. Hier wären genauere Untersuchungen zur Motivation der Eltern von Interesse. Dass sich entsprechende Erwartungen der Eltern nicht immer erfüllen, hat Kraul (2017) nachgewiesen.

Privatschulen gibt es nicht nur bei den Gemeinschaftsschulen. Ein Siebtel der Schulen sind auch bei den ISS ohne Oberstufe Privatschulen. Das Vorurteil, dass Privatschulen Eliten vorbehalten seien, wird also nicht bestätigt.[146] Auswertungen der PISA-Daten, bei denen Leistungsvorteile von Schüler/innen der Privatschulen nicht ermittelt werden konnten, bestätigen das (Weiß, 2014). Bereits dieser erste

---

[145] Waldorfschulen werden bei den Schulporträts der Senatsverwaltung, die als Datengrundlage herangezogen worden sind, nicht berücksichtigt. Sie müssten den Gemeinschaftsschulen zugeordnet werden.

[146] Nach der Autorengruppe Bildungsberichterstattung, 2016, S. 73 hat der überwiegende Teil der Privatschulen in Deutschland einen kirchlichen Träger. Das spricht ebenfalls gegen die Annahme, dass Privatschulen überwiegend Schulen für Eliten seien.

Blick demonstriert, dass die Interpretation der Daten zu Privatschulen, die oft von einer Elitevermutung getragen wird, vom Ansatz her nicht zutrifft. Die Verteilung der Privatschulen auf die verschiedenen Schulformen ohne Förderschulen in Berlin belegt das. Die alleinige Fokussierung auf Leistungsgerechtigkeit ist für die Bewertung des Privatschulsektors nicht angemessen. Gleichzeitig wird sichtbar, dass der Steuerung im Bildungssystem durch die Schulverwaltung Grenzen gesetzt sind, wenn das Thema Bildungsgerechtigkeit im Sinne von Verteilungsgerechtigkeit untersucht wird. Ein erheblicher Teil der Elternschaft weicht auf Privatschulen aus, um eigene Vorstellungen durchsetzen zu können, die aus ihrer Sicht im öffentlichen Schulsystem nicht angeboten werden.[147]

Die Attraktivität der Privatschulen liegt für viele Eltern darin, dass sie erwarten, auf diese Weise für ihre Kinder ein Bildungsangebot wahrzunehmen, das geeignet ist, deren spezifischen Bedarf besser zu decken, als das bei öffentlichen Schulen der Fall ist. Aus der Sicht dieser Eltern erhöhen Privatschulen die individuelle Bedarfsgerechtigkeit im Bildungssystem. Dabei entwickelt sich ein Marktmodell mit Angebot und Nachfrage: Nachgefragt werden Angebote, für die bei Eltern ein Bedarf besteht. Zugleich sichern Privatschulen Exklusivität, denn die Schüler/innen können von den Schulen ausgewählt werden. Dabei müssen nicht immer Leistungskriterien leitend sein (vgl. Kraul, 2017). Zwar gibt es auch bei öffentlichen allgemeinbildenden Schulen in Berlin Wahlmöglichkeiten in Bezug auf die Schüler/innen, wenn die Nachfrage nach Plätzen das Angebot übertrifft, aber im Unterschied dazu gilt für Privatschulen, dass sie immer die Möglichkeit haben, ihre Schüler/innen auszuwählen. Die Sicherung einer hinreichenden Anzahl von Schulplätzen obliegt nur dem öffentlichen allgemeinbildenden Schulsystem. Aus der Perspektive der Bildungsgerechtigkeit resultiert daraus eine interessante Opposition: Die öffentlichen allgemeinbildenden Schulen müssen den Grundbedarf sicherstellen. Privatschulen können für sich Segmente bestimmen, die für sie interessant sind, und erweitern das Angebot, wenn es um die individuelle Bedarfsgerechtigkeit im Gesamtsystem geht.

Eltern aus bildungsnahen Schichten wählen innerhalb des Schulsystems verstärkt eine Nische, die Exklusivität verspricht (Boudon, 1974; Esser, 1999). Es kann sein, dass hier eine Klientel versammelt ist, die für ihre Kinder einen Schonraum sucht (Vester, 2013). Dafür könnte die Beliebtheit von Gemeinschaftsschulen ein Indikator sein. Da viele Privatschulen reformpädagogisch orientiert sind, kann die Wahl im Sinne Bourdieus auch so interpretiert werden, dass die Eltern einen institutionellen Habitus präferieren, von dem sie annehmen, dass er dem Habitus

---

[147] In den Daten über Privatschulen sind Internate, die überregional attraktiv sind, nicht enthalten. Das heißt der Anteil der Eltern, der Privatschulen präferiert, wird hier noch unterschätzt. Im Datensatz sind keine näheren Informationen zu den Eltern vorhanden. Zu dieser Fragestellung vgl. Kraul in diesem Band.

des Kindes besser korrespondiert als das aus ihrer Sicht bei öffentlichen allgemeinbildenden Schulen der Fall ist: Eltern können eine Schule wählen, die ihren Erwartungen in Bezug auf die Gestaltung der Schule und des Unterrichts vom Programm her entspricht. So wirbt die Alternativschule Berlin, eine ISS ohne Sek II, mit dem Slogan: »Grundlage unserer Arbeit sind die Achtung des freien Willens und die Überzeugung, dass Lernen durch Beziehung erfolgt.« Die Attraktivität der Schule wird sichtbar, wenn für das Schuljahr 2017/18 mitgeteilt wird, dass es für die siebte Klasse keine freien Plätze mehr gibt (http://www.alternativschule-berlin.de/).

Mit den vorhandenen Daten kann nicht überprüft werden, welche Folgen mit der Wahl von Privatschulen für die Leistungs- und die Verteilungsgerechtigkeit verbunden sind. Bezüglich der Verteilungsgerechtigkeit kann aber angenommen werden, dass die Situation der Benachteiligten kaum verbessert wird.[148] Während Privatschulen in Bezug auf das Erreichen der Verteilungsgerechtigkeit im Bildungssystem einen Störfaktor darstellen können, wird durch sie zumindest teilweise in Bezug auf die Anerkennungsgerechtigkeit eine Nische zur Verfügung gestellt. Auf diese Weise spielt die Anerkennungsgerechtigkeit bei der Wahl der Schule eine Rolle.[149] In vielen Fällen mögen die Eltern durch die Wahl einer Privatschule auch eine bessere Berücksichtigung der Fähigkeiten ihrer Kinder und damit verbunden eine bessere individuelle Bedarfsgerechtigkeit erwarten. Zu dieser Thematik fehlen bisher entsprechende Untersuchungen.[150]

Tabelle 3: Schülerzahl privater Schulen in Berlin 2013/14 und 2014/2015

Schülerzahl	2013/14	2014/15
15–50	24,2%	21,9%
51–100	21,1%	18,7%
101–150	18,1%	15,7%
151–300	16,2%	12,5%
301–500	15,1%	18,7%
Mehr als 501	6,1%	12,5%

Soweit Informationen zu den Schülerzahlen der Privatschulen vorhanden sind, lassen sie erkennen, dass einige der Privatschulen im Aufbau sind.[151] Gleichzeitig wird deutlich, dass es Privatschulen gibt, deren Situation als speziell anzusehen ist, weil sie nur von wenigen Schüler/innen besucht werden.

---

148 Allerdings sind Förderschulen nicht in die Analyse einbezogen worden, die zu dieser Problematik einen speziellen Beitrag liefern (Kraul, 2017).
149 Das muss nicht die Grundlage des elterlichen Handelns sein. Vielmehr sind solche Annahmen der Versuch, eine Logik des elterlichen Wahlverhaltens anzuzeigen.
150 Für eine Stadt in Niedersachsen hat Kraul, 2017 das untersucht.
151 Einige Privatschulen haben konstant niedrige Schülerzahlen, so dass hier spezielle Schulmilieus zu vermuten sind. Entsprechende Untersuchungen liegen für Berlin nicht vor.

Auf der Basis der hier präsentierten Daten kann nicht entschieden werden, ob der Ansatz von Boudon (1974) oder der von Bourdieu (1982) einen höheren Erklärungswert hat. Im Modell von Boudon (1974) handelt es sich bei der Wahl einer Privatschule um einen sekundären Herkunftseffekt. Dabei geht es nicht nur um Tracks, die das Sichern der Hochschulreife erleichtern. Es gibt auch andere Gründe, Privatschulen zu wählen (Kraul, 2017). Aus der Sicht von Bourdieu (1982) dominiert die Suche nach einem angemessenen institutionellen Habitus. Beide Ansätze müssen sich nicht wechselseitig ausschließen. Insgesamt gibt es einen ersten Hinweis darauf, welche Rolle den Eltern bei der Schulwahl zur Sek I zukommt, wenn das Thema Bildungsgerechtigkeit im Bildungssystem behandelt wird. Außerdem bleibt festzuhalten, dass der Trend der Eltern zur Wahl einer Privatschule durch die Reorganisation der öffentlichen Schulen im allgemeinbildenden Schulsystem nicht gebrochen worden ist. Vor allem zeigt sich, dass die Auslegung der Bildungsgerechtigkeit als Leistungsgerechtigkeit als Grundlage nicht hinreicht, obwohl diese Variante die gegenwärtige Diskussion beherrscht. Die Eltern können eine andere Interessenlage haben. Ihnen wird es in vielen Fällen eher um individuelle Bedarfsgerechtigkeit sowie Anerkennungsgerechtigkeit gehen. Die Untersuchung von Kraul (2017) bestätigt diese Annahme.

Zusätzlich wird deutlich, dass die bisherige Auslegung des Modells von Boudon (1974) nur bedingt tauglich ist, um sekundäre Effekte innerhalb des gesamten allgemeinbildenden Schulsystems auf der Sek I abzubilden. Während es in Bezug auf die Eltern bei Wahlen der Übergänge im öffentlichen allgemeinbildenden Schulsystem noch triftig war, muss es bezüglich der Entscheidungen von Eltern für Privatschulen ergänzt werden, weil es sich hier nach Boudon mit Sicherheit um sekundäre Effekte handelt. Triftiger ist bei der Wahl von Privatschulen das Wert-Erwartungsmodell (vgl. oben Abschnitt 4), weil sich bei der Wahl von Privatschulen Wert-Erwartungen bilden. Allerdings ist die Einheitlichkeit der Werte nicht mehr gegeben, weil nunmehr auch andere Werte als nur die Wahl der Schulform eine Rolle spielen können. Das trifft in Berlin offensichtlich bei einem erheblichen Teil der Elternschaft zu. Von besonderem Interesse ist in diesem Bereich offensichtlich das in der Tradition von Bourdieu formulierte Habitus-Konzept. Dieses dürfte die Erwartungen vieler Eltern am besten abbilden. Insofern entsprechen die verschiedenen Angebote von Privatschulen dem individuellen Bedarf bei Eltern.

8.3 Transformation der Schulformen bei den öffentlichen Schulen

Leider enthält der Datensatz für die Privatschulen nur wenig Informationen dazu, wie sich bei ihnen die Transformation vollzogen hat. Allerdings gibt es bei ihnen in der Regel auch Zuordnungen zu den neuen Bezeichnungen der öffentlichen Schulen.[152] Nur für die Waldorfschulen kann konstatiert werden, dass bei ihnen kein Wandel stattgefunden hat. Sie haben die Bezeichnung Gesamtschule beibehalten.

Beim öffentlichen allgemeinbildenden Schulsystem interessiert aus der Perspektive der Bildungsgerechtigkeit zuerst, wie die Transformation in Berlin umgesetzt worden ist. Deshalb wird mit deren Schilderung begonnen. An die Stelle von Haupt-, Real- und Gesamtschulen sind seit 2011 ISS getreten. Mit der Bezeichnung integriert wird dabei darauf verwiesen, dass an diesen Schulen alle Abschlüsse innerhalb des allgemeinbildenden Schulsystems an der einzelnen Schule oder vermittelt über feste Kooperationen mit anderen Schulen erreichbar sein sollten. Gerade bei den ISS ohne Sek II ist auf diese Weise ein Netzwerk entstanden, in dem den Oberstufenzentren (OSZ) ein großer Stellenwert zukommt: ISS ohne Sek II haben in der Regel feste Beziehungen zu einzelnen OSZ, an die die Schüler/innen übertreten können, die den MSA mit der Übertrittsberechtigung zur Sek II abgeschlossen haben.[153] Das ist im Sinne der Partizipationsgerechtigkeit eine positive Entwicklung, weil die neuen Strukturen im allgemeinbildenden Schulwesen es erleichtern, eine Bildungskarriere erfolgreich zu gestalten, wenn die individuellen Voraussetzungen erfüllt sind. Den OSZ kommt demnach eine Schlüsselfunktion zu. Die ISS mit Sek II sind durch diese Tendenz weitgehend darauf angewiesen, ihre Teilnehmer/innen an der Sek II in der eigenen Sek I zu qualifizieren. Übertritte von ISS ohne Sek II an ISS mit Sek II oder an Gymnasien finden seltener statt. Wieweit daraus Vor- oder Nachteile für die betreffenden Schüler/innen resultieren, kann auf der Basis der zur Verfügung stehenden Daten nicht entschieden werden. Erst 2017 fanden die ersten Reifeprüfungen für Schüler/innen statt, die ihre Bildungskarriere in der neuen ISS ohne Sek II begonnen und an einem Oberstufenzentrum fortgesetzt haben.[154]

Insgesamt sind durch die Transformation organisatorisch bessere Voraussetzungen für die Bedarfs-, Start- und Prozesschancengerechtigkeit geschaffen worden. Schulstrukturell ist die Startchancengerechtigkeit am Beginn der Sekundarstufe für Schüler/innen verbessert worden, die früher an Hauptschulen überwiesen worden sind. Die Wahl der Schulform erschwert nicht mehr den Erwerb der Allgemeinen Hochschulreife, wie das für die Hauptschule gegolten hat. Es wird zu überprüfen sein, ob das auch bezogen auf die erreichten Abschlüsse zutrifft. Bei den möglichen Abschlüssen hat sich die Situation verbessert. Durch die prinzipielle Erreichbarkeit

---

152 Das dient als Indikator dafür, dass sie die Neuordnung mit vollzogen haben.
153 Das zeigt sich, wenn man die von den Schulen angegebenen Kooperationen auswertet.
154 Dennoch wird eine Prüfung auf mögliche Tendenzen der Entwicklung noch folgen.

aller Schulabschlüsse, die bei allen Schulformen sichergestellt ist, ist die Partizipationsgerechtigkeit zumindest formal gestärkt worden. Nicht unwichtig sind bei den ISS auch Vorgaben für die innere Reform der Schulen: Inklusion ist eine Leitvorstellung für das Schulwesen in Berlin.[155] Dadurch sind formal die Start- und Prozesschancengerechtigkeit ebenfalls gestärkt worden.[156] Innerhalb des Schulsystems ist der Druck vergrößert worden, Exklusion zu vermeiden. Das hat zusammengenommen mit der anderen Vorgabe für die ISS, dass Klassenwiederholungen nur noch auf Antrag der Eltern oder Schüler/innen möglich sein sollen, Folgen für die Zusammensetzung der Schülerschaft in einer Klasse. Die Heterogenität zwischen den Schüler/innen hat noch mehr zugenommen als das auf der Basis der Änderung bei den Schulformen zu erwarten war.

Neben der Zuordnung der Abschlüsse interessiert, wie die Transformation organisatorisch umgesetzt worden ist, d. h. welche Schulen (Haupt-, Real- und Gesamtschulen) in welche Variante der ISS umgewandelt worden sind. Bei den Gymnasien ist die Differenz zwischen grundständigen und anderen Gymnasien beibehalten worden. Hier hat es keine Veränderungen wie bei den anderen Sekundarschulen im allgemeinbildenden Schulsystem gegeben.

Tabelle 4: Transformation ehemaliger Schulformen in Sekundarschulen

Vorgängerschulen	*ISS mit Sek II*	*ISS ohne Sek II*	*Gemeinschaftsschule*	*Gesamt*
Gesamtschule	29	/	7	13
Haupt- und Realschule	1	23	3	27
Hauptschule	0	15	1	16
Realschule	0	25	2	27
Grundschule	0	0	3	3

Die Ergebnisse von Tabelle 4 demonstrieren, dass in vielen Fällen bei der Transformation im Schulsystem organisatorisch nicht verschiedene Schulen integriert, sondern die Abschlüsse neu zugeordnet worden sind. Eine Neuorganisation hat am seltensten bei den ISS mit Sek II stattgefunden. ISS mit Sek II haben bis auf eine Ausnahme Gesamtschulen als Vorläufer. Auch bei den Gemeinschaftsschulen haben 7 von 16 eine Gesamtschule als Vorläuferin. Oft wurden wahrscheinlich bisher bestehende Traditionen an den Standorten fortgeschrieben. Dennoch zeich-

---

155 Dabei gibt es eine Tendenz, Inklusion zu verordnen. Eine interessante Erweiterung des Konzepts der Inklusion findet sich bei Mannion, 2003, der darauf hingewiesen hat, dass eine Variante der Inklusion auch die stärkere Beteiligung der Schüler/innen an Entwicklungen der Schule und des Unterrichts sein kann, wobei er den Fokus auf die Schule als Organisation gelegt hat.
156 Der Anteil der Förderschüler/innen sollte auf diese Weise verringert werden, die traditionell geringere Chancen hatten, einen Schulabschluss zu erreichen.

net sich bei den Gemeinschaftsschulen kein so einheitliches Bild wie bei den ISS mit Sek II ab. Es gibt vielmehr eine Variation der Vorgängerschulen. Bei einigen Gemeinschaftsschulen musste im Gegensatz zu den ISS mit Sek II eine neue Sek II aufgebaut werden. Darin besteht eine Herausforderung, die nicht zu unterschätzen ist. Auch bei den ISS ohne Sek II gibt es Unterschiede: 15 ISS ohne Oberstufe haben Hauptschulen und 25 Realschulen als Vorgängerschulen. Nur in 23 Fällen wurden Haupt- und Realschulen integriert. Das hängt sicherlich mit den baulichen Voraussetzungen zusammen.[157] Es wurden für die ISS keine neuen Schulbauten errichtet. Allein von den Schülerzahlen her wäre das aber erforderlich gewesen, wenn verschiedene Schulen in eine neue integriert werden sollten: Bei den 23 ISS ohne Oberstufe, die aus unterschiedlichen Schulformen integriert worden sind, werden in der Regel die alten Schulgebäude weiter genutzt. Das hat verschiedene Schulstandorte zur Folge und legt es vielleicht nahe, eine äußere Differenzierung beizubehalten.[158] Vor diesem Hintergrund verdienen die 25 ISS ohne Oberstufe, die aus ehemaligen Realschulen entstanden sind, Aufmerksamkeit. Sie haben ähnlich wie die ISS mit Sek II wenig an ihren Ansprüchen verändern müssen. Allerdings verfügen sie nicht mehr über die Option, Schüler/innen, die keine hinreichenden Leistungen zeigen, um die mittlere Reife zu erreichen, an eine Hauptschule zu überweisen. Insofern kann es passieren, dass auch bei ihnen im unteren Leistungsbereich bei der Schülerschaft neue Probleme gelöst werden müssen.

Durch die Transformation hat sich also in den einzelnen Schulen kein zwangsläufiger grundlegender organisatorischer Wandel ergeben. Veränderungen haben sich in erster Linie bei den ehemaligen Hauptschulen, die in eine ISS transformiert wurden, bei den Bildungstiteln und bei den Optionen in Bezug auf Bildungskarrieren einstellen können. Wie sie das bewältigt haben, lässt sich den vorhandenen Daten nicht entnehmen. So gibt es z. B. auf den Webseiten der Senatsverwaltung für Bildung, Jugend und Wissenschaft keine Hinweise dafür, dass es einen Austausch von Lehrkräften zwischen ehemaligen Haupt- und Realschulen gegeben hat. Viele Lehrkräfte an Hauptschulen hatten traditionell ein eher sozialpädagogisch geprägtes Selbstverständnis. Viele Lehrkräfte an Realschulen hatten sich eher als Fachlehrer betrachtet, die mit der Aufgabe betraut waren, die kognitiven Kompetenzen ihrer Schüler/innen im Fachunterricht durch Fordern zu fördern.[159] Sie sind nach der Transformation theoretisch mit einer anders zusammengesetzten Schülerschaft konfrontiert worden. Deshalb können in Bezug auf die Prozesschancengerechtigkeit

---

157 Bei den Realschulen wurde diese Entwicklung auch dadurch befördert, dass es bei Vorgängerschulen etwas mehr Real- als Hauptschulen gegeben hat.

158 Hierzu fehlen im Datensatz entsprechende Informationen. Die Analyse der Webseiten der neuen ISS ohne Sek II stützt in manchen Fällen diese Annahme aber.

159 In der Presse ist diese Diskrepanz in den ersten Jahren nach der Reform hin und wieder thematisiert worden. Systematische, flächendeckende Untersuchungen fehlen aber zu dieser Fragestellung.

Probleme entstehen, weil im Unterricht die Fähigkeiten von Schüler/innen nicht angemessen berücksichtigt werden.[160] Hier deutet sich ein Manko der Reform in Berlin an: Sie ist im Vorlauf nicht durch eine entsprechende Lehrerweiterbildung vorbereitet worden und auch die Begleitung durch eine verpflichtende Lehrerweiterbildung ist nicht vorgeschrieben. In diesem Detail offenbart sich ein Unterschied zum Land Brandenburg, in dem sich Schulen bei Veränderungen der Schulstruktur bewerben können und dann nachweisen müssen, dass sie über die notwendigen Voraussetzungen verfügen.

Die Übersicht zum Ergebnis der Transformation zeigt, dass bei der Steuerung im Bildungssystem Änderungen, die im Exosystem Schulwesen (Bronfenbrenner, 1981) angeordnet worden sind, auf der Bezirksebene als Teil des Exosystems und im Mesosystem, einzelne Schule, sehr unterschiedlich umgesetzt werden können. Das gilt übrigens ganz ähnlich für die Transformation in Ganztagsschulen (Fischer et al., 2011).[161] Maßnahmen, die der Stärkung der Bildungsgerechtigkeit dienen könnten, können ihre Wirkung in diese Richtung verfehlen. In Berlin sollten durch die Transformation die Leistungsgerechtigkeit und die Bedarfsgerechtigkeit auf der kollektiven Ebene zugenommen haben. Um das zu überprüfen, bedürfte es eines Monitoringsystems. Jedoch bleibt festzuhalten, dass die individuelle Bedarfsgerechtigkeit verstärkt worden ist. Es fehlen Untersuchungen zu der Fragestellung, wieweit das für Prozesschancen- und Partizipationsgerechtigkeit zutrifft. Ob die Bedarfsgerechtigkeit auf der kollektiven Ebene gesichert ist, lässt sich mit den Ergebnissen beim MSA ermitteln.

Neben den Eltern und ihren Möglichkeiten des Eingreifens in die Bildungskarrieren ihrer Kinder bzw. des Gewährens von Unterstützung, z. B. in der Form des Finanzierens von Nachhilfeunterricht, ist der Anteil der Kinder mit Migrationshintergrund als weiterer Kontexteffekt für die Schule bedeutsam. Ein höherer Anteil dieser Kinder hat bei Vergleichen zwischen Schulen und Schulformen einen negativen Effekt auf die durchschnittlichen Schüler/innenleistungen. Das ist ein wiederkehrendes Ergebnis in der Bildungsforschung (Deutsches PISA-Konsortium, 2011; Baumert, 2016; Becker, 2016). In Bezug auf diese Variable ist für Berlin das arithmetische Mittel kein günstiger Parameter, da die Standardabweichung bei allen Schulformen nur wenig kleiner als der Mittelwert ausfällt. Das ist vor allem dem Umstand geschuldet, dass es nach wie vor große Differenzen zwischen Ost- und Westberlin gibt. Im Datensatz beträgt der Anteil der Kinder mit Migrationshintergrund in Ostberlin 17 %, in Westberlin 41,3 %.

---

160 So hat es nach der Transformation Aussagen gegeben, in denen eine Benachteiligung von Schüler/innen mit Hauptschulempfehlung beklagt wurde, ohne dass dafür weitere Belege angeführt worden sind.
161 Die Situation in Berlin wird weiter unten dargestellt.

Tabelle 5: Anteil der Kinder mit Migrationshintergrund für Schulformen für die Schuljahre 2013/14 und 2014/15

Schulform	Arithm. Mittel		Standardabw.		Minimum		Maximum	
	13/14	14/15	13/14	14/15	13/14	14/15	13/14	14/15
Grundständig	19,7	22,0	18,5	18,9	0,9	1,3	74,9	72,8
Gymnasium	29,2	29,7	28,8	28,6	0,0	0,0	97,9	98,0
ISS mit Sek II	32,4	34,5	26,2	26,5	0,0	1,7	88,2	88,7
ISS ohne Sek II	39,3	41,5	30,6	30,1	0,0	0,0	96,6	97,6
Gemeinschafts	29,6	31,5	28,1	28,3	0,0	0,4	85,3	87,5
Gesamtschule	37,1	38,5	27,7	28,1	1,9	1,7	96,1	95,1
Haupt u. Real	52,0	53,3	27,7	25,6	3,9	3,3	96,6	97,6
Hauptschule	39,7	41,4	29,1	30,4	3,8	3,6	96,2	96,1
Realschule	34,8	36,3	30,0	29,9	1,4	1,0	91,3	92,9

Allgemein hat der Anteil der Kinder mit Migrationshintergrund zwischen den beiden Schuljahren leicht zugenommen. Für alle Schulformen zeigen sich erhebliche Differenzen zwischen den minimalen und den maximalen Anteilen. Trotzdem lassen sich von der Tendenz her Unterschiede zwischen den Schulformen beim Mittelwert angeben. Während die grundständigen Gymnasien im Durchschnitt den niedrigsten Prozentsatz beim Anteil der Kinder mit Migrationshintergrund aufweisen, ist er bei den ISS ohne Oberstufe am höchsten. Interessant ist, dass dieser Anteil nicht bei den ehemaligen Hauptschulen, sondern bei den ehemaligen Haupt- und Realschulen am größten ist. Auch die Gemeinschaftsschulen schneiden diesbezüglich etwas besser ab als die ISS mit Sek II. Bei Gemeinschaftsschulen wirkt sich wahrscheinlich das Wahlrecht der Eltern aus. Weil die Variation der Anteile bei allen Schulformen groß ist, sind bei ihnen entsprechende Kontexteinflüsse für einzelne Schulen zu erwarten. Vor allem ist zu erwarten, dass es große Differenzen beim milieuspezifischen Habitus der Eltern zwischen Schulen der gleichen Schulform gibt.[162] Darüber hinaus bleibt festzuhalten, dass der Migrationshintergrund keine Variable ist, die eindeutige Schlüsse auf durch die Herkunft bedingte Nachteile zulässt. Die Variation der Wirkungen zwischen verschiedenen Herkunftsländern ist vielmehr hoch (Nauck & Lotter, 2016). Um das zu kontrollieren, reichen Informationen auf den Webseiten der Schulen nicht aus. So werden Kinder aus der Türkei Europa zugerechnet, um nur ein Beispiel zu nennen.

Es zeichnet sich ab, dass sich für einzelne Schulen bis auf die Abschlüsse, die erreicht werden können, weniger geändert hat, als mit der Transformation beabsichtigt gewesen ist. Dabei ist die Ausstattung mit Personalressourcen von Interesse. Es ist nicht auszuschließen, dass diese sich bei den ehemaligen Hauptschulen ver-

---

162 Das lässt sich mit dem vorhandenen Datensatz nicht überprüfen.

schlechtert hat, weil die Klassenfrequenzen bei den ISS vereinheitlicht worden sind. Während sie an Hauptschulen im Bundesdurchschnitt geringer als 20 Schüler/innen gewesen sind (Sekretariat der KMK, 2015, S. XXIII), liegt die Klassenfrequenz bei den ISS in Berlin etwas über 23 Schüler/innen (Senatsverwaltung für Bildung, Jugend und Wissenschaft, 2016, S. 4).[163] Für die verschiedenen Varianten betragen die Mittelwerte Schüler/in pro Lehrkraft bei den ehemaligen Gesamtschulen 9,2, den ehemaligen Haupt- und Realschulen 9,5, den ehemaligen Hauptschulen 9,8 und den ehemaligen Realschulen 10,8 (Quelle: eigene Berechnung). Diese Unterschiede sind statistisch signifikant. Die Werte für das Personal werden nicht getrennt nach Grund- und Sonderausstattung ausgewiesen. Zusätzliches Personal gibt es an Berliner Schulen, wenn der Anteil der Schüler/innen, denen Lehrmittelfreiheit gewährt wird oder die über einen Migrationshintergrund verfügen, einen Kennwert übersteigt. Diese Positionen sind in den Gesamtwerten für das Personal einer Schule enthalten. Leider stehen Daten für die Sozialpädagogen nicht durchgängig zur Verfügung, weil teilweise Verträge mit freien Trägern geschlossen worden sind. Allerdings sind einige Schulen aus der Stichprobe in das Programm der Brennpunktschulen bzw. das BONUS-Programm[164] aufgenommen worden und erhalten zusätzliche finanzielle Mittel, die sie nutzen können. Hier sind auch Nebenwirkungen möglich, die nicht einkalkuliert waren, wenn z. B. Eltern aus bildungsnahen Schichten ihre Kinder lieber in Schulen wechseln lassen, die keine Sonderförderung erhalten.

Die Ergebnisse lassen erkennen, dass bei der Transformation die Partizipations- und die Startchancengerechtigkeit formal organisatorisch erhöht wurden, weil nunmehr an allen ISS der Weg zur Hochschulreife ermöglicht wird. Ob sich die Prozesschancengerechtigkeit im Schulsystem auf diese Weise verändert hat, kann an dieser Stelle nicht kontrolliert werden; zusätzliche Mittel, die einzelne Schulen aus dem BONUS-Programm abrufen können, könnten aber mit diesem Ziel eingesetzt werden und auch entsprechende Wirkungen befördern. In Bezug auf die Bedarfsgerechtigkeit auf der kollektiven Ebene muss geprüft werden, ob sich die Ähnlichkeit zwischen den verschiedenen Varianten der ISS erhöht hat, wenn man das Abschneiden beim MSA als Kriterium wählt.

Eine weitere Maßnahme mit dem Ziel, die Schüler/innenleistungen zu verbessern, ist im Bereich der ISS und Gemeinschaftsschulen die Einrichtung von Ganztagsschulen gewesen. In Berlin gibt es bei den ISS die drei Varianten gebunden,

---

163 Die Zulassungsfrequenz beträgt für die ISS ab Schuljahr 2016/17 einheitlich 25 Schüler/innen (Senatsverwaltung für Bildung, Jugend und Wissenschaft, 2016, S. 9).
164 Ins BONUS-Programm sind Schulen aufgenommen worden, bei denen der Anteil der Schüler/innen, die von staatlichen Sozialtransfers leben, größer als 50 % ist. Liegt der Prozentsatz über 75 %, gibt es für die sogenannten Brennpunktschulen höhere finanzielle Zuwendungen. In der Mehrzahl handelt es sich bei den teilnehmenden Schulen am BONUS-Programm um Grund- und Förderschulen.

teilgebunden und offen. Bei gebundenen Ganztagsschulen erfolgt für alle Schüler/innen an vier Wochentagen, Montag bis Donnerstag, in der Regel eine Betreuung von 8.00 Uhr bis 16.00 Uhr. Bei offenen Ganztagsschulen ist die Teilnahme auf freiwilliger Basis möglich. Die teilgebundenen Ganztagsschulen arbeiten in der Regel an zwei Wochentagen gebunden und an zwei weiteren offen. Ihre Verteilung auf die verschiedenen Varianten der ISS wird in Tabelle 6 dargestellt.

Tabelle 6: Typen von Ganztagsschulen bei den ISS

Ganztagsorganisation	ISS mit Sek II	ISS ohne Sek II	Gemeinschaftsschule	Hauptschule
gebunden	20	13	9	5
offen	3	6	5	1
teilgebunden	8	50	5	10
keine Angabe	0	2	0	0

Bei allen ISS besteht für die Schüler/innen die Möglichkeit am Ganztag teilzunehmen. Das ist im Schulsystem ein Angebot, durch das die Bedarfsgerechtigkeit auf der individuellen und der kollektiven Ebene erhöht werden kann. Die offene Variante der Ganztagsschule wird seltener angeboten. Bei den ISS mit Sek II überwiegen eindeutig die gebundenen Ganztagsschulen. Informationen dazu, ob Kinder aus benachteiligten Familien dieses Angebot wahrnehmen, fehlen im Datensatz. Es lässt sich aber die Tendenz feststellen, dass bei den offenen Ganztagsschulen der Anteil der Kinder mit Migrationshintergrund etwas niedriger ist als bei den beiden anderen Varianten. Es scheint, dass bei den ISS ohne Sek II wie auch bei den ehemaligen Hauptschulen die Aufgabe, Kinder aus benachteiligten Familien zu fördern, seltener erfüllt werden kann als bei ISS mit Sek II sowie den Gemeinschaftsschulen, denn der Anteil der teilgebundenen Ganztagsschulen ist bei den ISS ohne Sek II hoch. Hier könnte es einen Nachholbedarf geben, wenn die Bedarfsgerechtigkeit auf der kollektiven Ebene verbessert werden soll. Ob das wünschenswert wäre, kann beim Schulerfolg kontrolliert werden. Für die Teilstichprobe der ISS resultiert daraus als Resümee, dass insgesamt weniger für diejenigen Schüler/innen aufgewendet wird, die benachteiligt sind. Wahrscheinlich wurde eher angestrebt, die Situation an den ISS mit Sek II und den Gemeinschaftsschulen zu verbessern, die mit den Gymnasien konkurrieren.

8.4 Wahlmöglichkeiten für den Weg zur Hochschulreife

Der Anteil der Schülerzahlen ist seit der Reform der ISS bei den Gymnasien leicht rückläufig (Senatsverwaltung für Bildung, Jugend und Wissenschaft, 2016, S. 35). Im Schuljahr 2012/2013 hat es einen Einschnitt gegeben. Etwas zugenommen hat die Nachfrage nach Plätzen an ISS und Gemeinschaftsschulen. Vielleicht hängt das damit zusammen, dass an diesen Schulformen die Hochschulreife weiterhin nach 13 Jahren erworben werden kann, während an den Varianten der Gymnasien nur 12 Jahre zur Verfügung stehen (Autorengruppe Regionale Bildungsberichterstattung, o. J., S. 217). Es gibt einen Teil der Elternschaft, der für seine Kinder eine längere Zeit bis zur Erlangung der Hochschulreife präferiert. Hier bieten ISS mit Sek II und Gemeinschaftsschulen eine Alternative.[165] Wieweit davon Bildungsungleichheit und Bildungsgerechtigkeit tangiert werden, bedarf der Untersuchung. Ob eine solche Strategie erfolgreich ist, kann nach Schleithoff (2014) allerdings bezweifelt werden, der bei den Abiturnoten im Vergleich von Gymnasien und Gesamtschulen für NRW einen deutlichen Vorsprung der Gymnasiasten beim Zentralabitur festgestellt hat. Für Berlin lassen sich nur erste Hinweise bezüglich der Erfolgsaussichten ermitteln. Vergleicht man die Durchschnittsnoten beim Abitur an den Schulen der verschiedenen Schulformen für die Schulformen miteinander, dann betrug 2016 die Durchschnittsnote bei den grundständigen Gymnasien 2,2, bei den Gymnasien 2,4 und bei den ISS mit Sek II sowie OSZ und Gemeinschaftsschulen jeweils 2,6. Allerdings lagen nur für sieben Gemeinschaftsschulen die Ergebnisse vor. Bei vielen Privatschulen fehlten die entsprechenden Informationen. Deshalb können diese Ergebnisse nur als vorläufig behandelt werden. Sie lassen allerdings eine Tendenz erkennen und unterscheiden sich statistisch signifikant.

Außerdem gibt es auch die Möglichkeit, die Dauer des Schulbesuchs bis zum Erreichen der Hochschulreife auf elf Jahre zu verkürzen. Einschließlich der grundständigen Gymnasien als mögliche Alternative werden auf dem Weg zur Hochschulreife im allgemeinbildenden Schulsystem unterschiedliche Varianten angeboten. Grundständige Gymnasien sind in Berlin für viele Eltern eine reizvolle Alternative. Im Schuljahr 2014/2015 wurde sie von 9 % der Eltern gewählt (Statistisches Bundesamt, 2016, S. 24).

Die Varianten belegen, dass die individuelle Bedarfsgerechtigkeit in Bezug auf die Dauer des Schulbesuchs im allgemeinbildenden Schulsystem gesichert ist. Zu prüfen wäre allerdings, welche Folgen das für die Leistungs- sowie die Bedarfsgerechtigkeit auf der kollektiven Ebene hat. Diese Frage wird im nächsten Absatz aufgegriffen. Zum Thema Bedarfsgerechtigkeit kann hinzugefügt werden, dass es z. B. bei den Gymnasien unterschiedliche Profile gibt. Dabei werden neben musik- und sprachbetonten auch mathematisch-naturwissenschaftliche sowie viele weitere Akzentuierungen genannt. Bei den ISS mit Sek II finden sich neben sprach- und musikbetonten auch sportbetonte Angebote häufiger. Bei den Gemeinschaftsschulen gibt es mit Ausnahme von drei theaterbetonten Schwerpunkten keine größeren Häufigkeiten. Über die verschiedenen Profile hat es Anpassungen an unterschied-

---

165 Bei der Entscheidung für die ISS mit Oberstufe bzw. die Gemeinschaftsschule handelt es sich wahrscheinlich in erster Linie um sekundäre Herkunftseffekte.

liche Bedarfe der Eltern gegeben, die bei ISS mit Sek II und Gemeinschaftsschulen eine interessante Ergänzung zu den Gymnasien liefern.[166]

Im Sinne der ersten und der vierten Fragestellung (vgl. Abschnitt 6) zeigt sich abermals, dass die Eltern bei der Schulwahl eine wichtige Rolle spielen. Das spricht dafür, wenn man die Bilanz für die Privatschulen einbezieht, dass sekundäre Herkunftseffekte in Berlin bedeutsam sind. Ebenso zeichnet sich ab, dass für Eltern, die vor grundsätzlichen Wahlen im Schulsystem stehen, das Spektrum der Angebote vielfältiger geworden ist. Damit wird es wahrscheinlicher, dass die Eltern aus ihrer Sicht für ihre Kinder auch im öffentlichen Schulsystem bedarfsgerecht wählen können. Wieweit bei diesen Wahlen Aspekte eine Rolle gespielt haben, die sich der Anerkennungs- und der Partizipationsgerechtigkeit zuordnen lassen, kann allgemein nicht beantwortet werden. Allerdings ist die Beliebtheit privater Gemeinschafts- bzw. Gesamtschulen ein Indikator dafür, dass ein Teil der Eltern einen institutionellen Habitus präferiert, von dem er annimmt, dass dieser eher mit dem personalen Habitus des Kindes bzw. der Eltern selbst übereinstimmt, als das bei öffentlichen Schulen der Fall ist, oder den personalen Habitus des Kindes in eine gewünschte Richtung weiterentwickelt. Das kann als eine Präferenz für Anerkennungsgerechtigkeit bei der Schulwahl der Eltern interpretiert werden und lässt sich der individuellen Bedarfsgerechtigkeit zuordnen. Hierzu müssen aber entsprechende Untersuchungen noch durchgeführt werden.

8.5 Erfolge beim Mittleren Schulabschluss (MSA)

Wieweit die mit der Reform zur ISS verbindbare Erwartung erfüllt worden ist, die Bedarfsgerechtigkeit auf der kollektiven Ebene im Bildungssystem zu verbessern, indem der Anteil der Schüler/innen, der das allgemeinbildende Schulsystem ohne Schulabschluss verlassen muss, gering ist und die Durchlässigkeit nach oben innerhalb des Bildungssystems erleichtert wird, kann mit Hilfe objektiv gemessener Schulleistungen überprüft werden. Durch zentrale Abschlussprüfungen können im allgemeinbildenden Schulsystem die Leistungsgerechtigkeit und der Grad der Bedarfsgerechtigkeit auf der kollektiven Ebene dokumentiert werden, wenn die Leistungen fair gemessen werden. Die Vergleichbarkeit zwischen verschiedenen Schulen der gleichen Schulform aber auch von verschiedenen Schulformen wird auf diese Weise ermöglicht. Da es noch keine bundesweiten zentralen Abschlussprüfungen gibt, ist die Vergleichbarkeit bisher in der Regel auf ein Bundesland beschränkt. Wenn einbezogen wird, dass die Reduktion der Verteilungsgerechtigkeit auf die Leistungsgerechtigkeit kritisiert wird, erhält man so dennoch Hinweise darauf, wie es in Berlin um die Bedarfsgerechtigkeit auf der kollektiven Ebene bestellt ist,

---

166 Auch die ISS ohne Sek II bieten nach ihrem Programm unterschiedliche Schwerpunkte an.

ob sich also Erfolge in die gewünschte Richtung abzuzeichnen beginnen. Diese Information kann man ähnlich von den zentralen Vergleichsarbeiten erwarten.[167] Letztere werden vom IQB bzw. ISQ durchgeführt.

Es fällt auf, dass man bei einem Vergleich von länderspezifischen Daten und Daten des IQB im nationalen Vergleich unterschiedliche Informationen erhält. Während im Schuljahr 2014/15 in Hamburg 54,9 % der Schüler/innen nach dem Ende der Grundschule auf das Gymnasium wechselten, waren es in Bayern nur 35,9 % (Statistisches Bundesamt, 2016, S. 26). Demgegenüber schnitten bei den Vergleichsarbeiten des IQB bayerische Schüler/innen in der Klasse 9 im Fach Deutsch deutlich besser ab als die Schüler/innen aus Hamburg (Stanat et al., 2016, S. 9 ff.). Im zweiten Fall sind Vergleiche zwischen einzelnen Bundesländern möglich, weil die Leistungsmessung objektiv erfolgt ist. Diese Annahme ist zwar kontrafaktisch (vgl. Heid, 2016), weil beispielsweise kaum kontrolliert werden kann, ob die Prozesschancengerechtigkeit sichergestellt worden ist. Das wäre annähernd in Bezug auf die Kompetenzentwicklung mit Längsschnittuntersuchungen möglich. Mit ipsativen Messmodellen könnte kontrolliert werden, wie individuell und für Gruppen die Entwicklung von Kompetenzen stattfindet.

Trotz dieser Bedenken werden im Folgenden die Ergebnisse beim MSA als Kriterium herangezogen, um insbesondere zu prüfen, wieweit die Bedarfsgerechtigkeit auf der kollektiven Ebene in Berlin gesichert ist. Dazu stehen Daten aus drei Jahren zur Verfügung, d. h. drei Kohorten haben das allgemeinbildende Schulsystem bis zur Klasse 10 nach der Strukturreform in Berlin durchlaufen. Von besonderem Interesse ist bei der Prüfung auf Bedarfsgerechtigkeit auf der kollektiven Ebene der Anteil der Schüler/innen, die das allgemeinbildende Schulsystem ohne Schulabschluss verlassen müssen. Zunächst werden für die Gesamtstichprobe die Erfolgsquoten beim Mittleren Schulabschluss präsentiert.

Tabelle 7: Resultate beim Mittleren Schulabschluss 2014 und 2015 (Gesamtstichprobe)[168]

	MSA mit Ber. Sek II		MSA ohne Ber. Sek II		eBBR, eHSA		BBR HSA		Ohne Schulabschl.	
	2014	2015	2014	2015	2014	2015	2014	2015	2014	2015
Ar. Mittel	64,6	65,5	12,3	12,0	9,6	9,6	8,2	6,1	5,3	6,2
Median	61	64	10	13,5	7	8	7	5	1	1
Standardabw.	30,9	29,4	11,5	10,7	10,1	9.1	8,1	5,6	8,7	8,6

In den drei Jahren haben rund 65 % der Schüler/innen beim MSA so erfolgreich abgeschlossen, dass sie in die Sek II mit dem Ziel »Erlangung der Hochschulreife«

---

167 Daten zu dieser Fragestellung sind im Datensatz nicht enthalten.
168 Um die Übersichtlichkeit der Darstellung zu erhalten, wird bei dieser Tabelle auf die Wiedergabe der Ergebnisse des Jahres 2016 verzichtet. Es haben sich im Wesentlichen keine Veränderungen zu den Vorjahren ergeben.

wechseln konnten. Dabei ist eine leicht zunehmende Tendenz zu verzeichnen. Weit mehr als 50 % eines Altersjahrgangs erhalten am Ende der Sek I die Berechtigung, innerhalb des allgemeinbildenden Schulsystems die Hochschulreife zu erlangen. Daneben gibt es drei weitere Varianten, die einen Erfolg bescheinigen:

- den MSA ohne die Berechtigung zur Sek II überzutreten,
- die erweiterte Berufsbildungsreife (eBBR) bzw. der erweiterte Hauptschulabschluss (eHSA) und
- die Berufsbildungsreife (BBR) bzw. der Hauptschulabschluss (HSA).

Die Ergebnisse beim MSA können für das Schulsystem in Berlin als Erfolg verbucht werden. Zumindest formal spricht das für eine große Partizipationsgerechtigkeit. Wieweit bei diesem Ergebnis die Einführung der zentralen Prüfung MSA eine Rolle gespielt hat, kann mit den vorliegenden Daten nicht kontrolliert werden. Es wird immer wieder auch in der Presse der Verdacht geäußert, dass das Niveau der Aufgaben beim MSA abgesenkt worden sei (Vieth-Enthus, 2016).

Allerdings gibt es beim MSA mit Berechtigung zum Besuch der Sek II zwischen den Schulformen eine große Standardabweichung. Die Differenzen zwischen arithmetischem Mittel und Median lassen außerdem erkennen, dass es sich jeweils um schiefe Verteilungen handelt. Es gibt offensichtlich Ausreißer bei allen Kategorien des MSA.

Vor allem bei dem Prozentsatz der Jugendlichen, die die Schule ohne Schulabschluss verlassen, ist die Standardabweichung sehr groß, sie übertrifft sogar das arithmetische Mittel. Das lässt auf erhebliche Unterschiede zwischen den Schulen schließen. Außerdem hat zwischen den beiden Schuljahren der Prozentsatz der Schüler/innen, die keinen Schulabschluss erreicht haben, um knapp 1 % zugenommen. Diese Tendenz hat sich 2016 fortgesetzt: 5,9 % der Abgänger aus dem allgemeinbildenden Schulsystem erhielten keinen Abschluss.[169] Allgemein zeichnet sich aber ab, dass der Anteil der Schüler/innen, die keinen Schulabschluss erreicht haben, niedrig ist. Das kann aus der Perspektive der Partizipationsgerechtigkeit positiv bilanziert werden. Jedoch handelt es sich um eine Gruppe von Schüler/innen, die dem Kriterium der Bedarfsgerechtigkeit auf der kollektiven Ebene nicht genügen. Nach Baumert (2016) ist die Sicherung der Partizipationschancen eine Bringschuld der Schule. Damit kann Schulversagen nicht mehr nur einzelnen Schüler/innen angelastet, sondern muss als Versagen der Schule bzw. des Schulsystems bestimmt werden. Hier gibt es im Einzelfall auffällige Resultate. Darauf ist in Berlin mit dem BONUS-Programm reagiert worden.[170] Wieweit es auf Dauer Erfolg haben wird, bleibt abzuwarten.

---

169 Die Differenzen sind gering; deshalb sollten sie nicht als Abnahme der Bedarfsgerechtigkeit auf der kollektiven Ebene interpretiert werden.
170 Bei Schulen, die am BONUS-Programm teilnehmen, erhalten mehr als 50 % der Schüler/innen soziale Transferleistungen. Schüler/innen aus bildungsfernen Schichten sind an diesen

Tabelle 8: Resultate beim Mittleren Schulabschluss 2014 bis 2016 nach Schulformen (alle Angaben in %)

Schulform	MSA mit Übergangsberechtigung			MSA ohne Übergangsberechtigung			Kein Schulabschluss		
	2014	2015	2016	2014	2015	2016	2014	2015	2016
ISS mit Sek II	54,9	58,1	85,6	20,1	18,9	8,9	5,0	6,7	8,9
ISS ohne Sek II	32,3	36,6	37,0	21,4	21,1	10,6	11,3	12,3	10,6
Gemeinschaftsschule	45,7	43,1	43,6	18,6	18,9	10,9	6,8	11,3	10,9
Gymnasium	94,9	94,8	95,3	2,0	1,4	1,4	0,7	0	0,1
Grundständiges Gymnasium	97,9	96,7	94,2	0,8	0,9	0,9	0,5	0	0
Gesamtsumme	64,6	65,5	65,7	12,3	12,0	11,9	5,3	6,2	5,9

Beim Vergleich der Schulformen fällt der Sonderstatus der Gymnasien auf, die über Oberschulempfehlung der Grundschule, Elternwillen, Rücküberweisungen an andere Schulformen nach fünf bzw. sieben Jahren sowie Klassenwiederholungen offensichtlich bezogen auf den Standard MSA eine homogene Schülerschaft beibehalten haben als das bei den anderen Schulformen der Fall ist.[171] 2015 hat an den Gymnasien kein/e Schüler/in die Schule ohne Abschluss verlassen müssen und auch in den drei Jahren gab es nur wenige Schulversager/innen an dieser Schulform. Es bleibt festzuhalten: Auch unter den neuen Bedingungen auf der Sek I ist die Zuweisung von Schüler/innen auf der Basis des erreichten Leistungsniveaus an Schulformen mit unterschiedlichem Leistungsprofil im Durchschnitt erhalten geblieben (Bellenberg & Weegen, 2014). Das wird zusätzlich bei den Schulversager/innen deutlich. Sowohl bei den ISS ohne Sek II als auch bei den Gemeinschaftsschulen gab es 2015 und 2016 mehr als 10 % der Schüler/innen, die keinen Schulabschluss erreicht haben. Bei den Gemeinschaftsschulen überrascht der hohe Anteil der Schulversager/innen, weil diese Schulform, die als Versuchsschule eingerichtet worden ist, eher von Eltern aus bildungsnahen Schichten gewählt wird. Eine Reaktion auf diese Zahlen wird vielleicht bei den Schulleitungen der Gemeinschaftsschulen, die am BONUS-Programm teilnehmen, sichtbar, die berichten, dass bildungsinteressierte Eltern abwandern (Maaz, Böse & Neumann, 2016, S. 47). Vor allem der Vergleich zu den ISS mit Sek II ist aufschlussreich, die sowohl bei dem Anteil der Schüler/innen mit Berechtigung zum Besuch der Sek II höhere als auch beim Anteil der Schulver-

---

Schulen überrepräsentiert. Diese Erläuterung zeigt an, dass bei einem Teil der Gemeinschaftsschulen die Schülerschaft schwierig zusammengesetzt ist, wenn man den Sozialstatus als Urteilsgrundlage heranzieht.

171 Nach Büchler, 2016 sind insbesondere die grundständigen Gymnasien sozial selektiv.

Bildungsungleichheit – Bildungsgerechtigkeit   183

sager/innen niedrigere Werte erreichten. Es scheint als sei die Sek II mit Oberstufe in den Augen von Eltern aus bildungsnahen Schichten, die für ihre Kinder die Hochschulreife und ein längeres Verweilen im allgemeinbildenden Schulsystem anstreben, die günstigere Alternative. Das ist eine Interpretation des Ergebnisses, die andere könnte lauten, dass Lehrkräfte in den ISS mit Sek II erfolgreicher arbeiten als die in den Gemeinschaftsschulen. Das könnte mit der Vorgängerschule Gesamtschule zusammenhängen, weil in der ISS mit Sek II in der Oberstufe vor allem Lehrkräfte arbeiten, die bereits über entsprechende Erfahrungen verfügen[172]. Hierzu fehlen im Datensatz entsprechende Informationen.[173]

Bezogen auf die über die Schulleistungen geschätzte Bedarfsgerechtigkeit auf der kollektiven Ebene gibt es noch Nachholbedarf, wenn man die bisherigen Ergebnisse zusammenfasst. Nachdenklich stimmen die Resultate für die ISS ohne Oberstufe. Es zeigt sich, dass zumindest an diesen Schulen die Partizipationsgerechtigkeit im Gesellschafts- und Wirtschaftssystem für einen nicht unerheblichen Teil der Schülerschaft gefährdet ist, und zwar für die Schüler/innen, die die Schule ohne Abschluss verlassen. Das weist außerdem darauf hin, dass die soziale Bildungsungleichheit andauert, weil die Wahrscheinlichkeit des Bildungserfolgs noch immer stark mit der besuchten Schulform zusammenhängt.

Für die ISS wird mit einer Auswertung getrennt nach Vorgängerschulen geprüft, ob die Schule über die Transformation hinaus einen Ruf behalten hat, der ihre Attraktivität im Vergleich zu anderen Schulen beeinflusst. Das war zumindest für den ersten Jahrgang in der neuen Schulform zu erwarten.

Tabelle 9: Erfolge beim Mittleren Schulabschluss – getrennt nach Vorgängerschulformen der ISS

	Anzahl	MSA mit Übergang in Sek II (in %)			MSA ohne Abschluss (in %)		
		2014	2015	2016	2014	2015	2016
Gesamtschule	38	46,2	50,0	51,6	6,4	8,7	10,6
Haupt- und Realschule	26	32,4	34,7	35,3	11,3	14,0	12,8
Hauptschule	14	29,9	34,2	34.3	18,8	14,0	12,5
Realschule	21	41,7	44,6	43,8	5,4	7,5	7,3

Für die Vorgängerschulen der ISS gibt es ein uneinheitliches Bild. Die Situation an den ehemaligen Hauptschulen hat sich im Jahresvergleich kontinuierlich verbessert. Immerhin bestehen inzwischen an diesen Schulen mehr als ein Drittel der Schüler/innen den MSA mit der Übergangsberechtigung zur Sek II. Parallel dazu hat sich

---

[172] Bei den Gemeinschaftsschulen war das in weniger als der Hälfte der Schulen der Fall (vgl. Tab. 4).
[173] Allerdings bildet sich das von der Tendenz her nicht bei den durchschnittlichen Leistungen beim Abitur ab, wie bereits erwähnt worden ist.

der Anteil der Schulversager/innen ebenfalls kontinuierlich verringert, liegt aber immer noch über 12%. Die Situation bei den ehemaligen Haupt- und Realschulen ist ähnlich. Sie haben aber das etwas bessere Abschneiden im Jahr 2014 im Vergleich zu den ehemaligen Hauptschulen nicht halten können. Diese Entwicklung zeigt an, dass die Bedarfsgerechtigkeit auf der kollektiven Ebene bei den ehemaligen Hauptschulen im Berichtszeitraum zugenommen hat. An diesen beiden Varianten besteht dennoch auch in den nächsten Jahren noch Handlungsbedarf.

Vor allem die ehemaligen Realschulen haben mit einem Anteil von 7,5% Schulversager/innen (2015) besser abgeschnitten als alle anderen ISS. Als günstig ist demnach die Situation bei den ehemaligen Realschulen zu beurteilen. Da sie auch bei den Schüler/innen, die den MSA mit der Übergangsberechtigung zum Besuch der Sek II bestehen, besser als die beiden anderen Varianten abschneiden, scheint es so zu sein, dass sie über die Umstrukturierung im Bereich der Sekundarschulen ihre Stabilität behalten haben. Das Abschneiden bei den ehemaligen Gesamtschulen war bezüglich des Anteils der Schüler/innen mit der Berechtigung in die Sek II überzutreten zu erwarten, weil sie in der Regel in ISS mit Sek II bzw. Gemeinschaftsschulen transformiert worden sind. Allerdings ist hier der ständig zunehmende Anteil der Schulversager/innen ein Ergebnis, das Sorgen bereiten muss. Offensichtlich verschlechtert sich bei diesen Schulen die Bedarfsgerechtigkeit auf der kollektiven Ebene: Inzwischen verlässt jede/r 10. Schüler/in diese Schulen ohne Abschluss. Für die ISS resultiert aus diesem Ergebnis, dass die Ungleichheit innerhalb der Schulform immer noch groß ist. Zumindest bei den ehemaligen Haupt- und Realschulen und den ehemaligen Hauptschulen ist sie durch die Reorganisation nicht nachhaltig verbessert worden, wenn man das Abschneiden beim MSA als Kriterium wählt. Es wird deutlich, dass bei den Schulformen ISS mit Vorgängerschule Hauptschule oder Haupt- und Realschule sowie Gemeinschaftsschulen noch ein zu hoher Prozentsatz an Schulversagern/innen vorhanden ist. Die bisher gewährten Unterstützungsmaßnahmen reichen bei einigen dieser Schulen nicht aus. Die Bedarfsgerechtigkeit auf der kollektiven Ebene ist noch nicht hinreichend gesichert. Die hohen Standardabweichungen zeigen an, dass Maßnahmen gezielter adressiert werden müssten. Die Zuweisung von Personalressourcen auf der Basis von Kennzahlen reicht nicht aus.

Die Bilanz der durchgeführten Reformen fällt bei den ISS und Gemeinschaftsschulen im öffentlichen allgemeinbildenden Schulsystem nicht einheitlich aus. Das trifft insbesondere zu, wenn man die Privatschulen und die Gymnasien in das Gesamtbild einbezieht. Positiv ist zu vermerken, dass die individuelle Bedarfsgerechtigkeit auch im Bereich der Sekundarschulen erheblich gestärkt worden ist: Das gilt sowohl für die Wahlmöglichkeiten bei den Wegen zur Hochschulreife als auch für die Varianten der Bildungswege insgesamt. Ebenso ist durch den Wegfall der Hauptschule die Startchancengerechtigkeit am Beginn der Sekundarstufe erhöht worden. Wieweit es sinnvoll ist, die Gymnasien und die grundständigen Gymnasien am MSA zu beteiligen, kann bezweifelt werden. In der Mehrzahl der Bundesländer wird das auch nicht so umgesetzt. Bei der Bedarfsgerechtigkeit auf der kollektiven Ebene zeigen sich noch Schwächen sowohl bei den Gemeinschaftsschulen und ISS mit Sek II, in diesem Fall mit zunehmender Tendenz, als auch bei den ISS ohne Sek II, hier mit abnehmender Tendenz. Die Partizipationsgerechtigkeit ist formal verbessert worden, das trifft ebenso für die Prozesschancengerechtigkeit zu. Ein Einfluss auf die Verteilungsgerechtigkeit kann mit den vorhandenen Daten nicht überprüft werden. Durch die Maßnahmen sind insgesamt die Voraussetzungen für mehr Bildungsgerechtigkeit verbessert worden, es bleibt aber noch einiges zu tun. Um hier auf der allgemeinen organisatorischen Ebene Aufschlüsse zu gewinnen, folgt noch eine Prüfung auf tertiäre Effekte.

8.6 Tertiäre Effekte

Für die Schulen liegen Daten zum Unterrichtsausfall, zur Unterrichtsversorgung, zu den Vertretungsstunden, zur Differenzierung und zur Individualisierung des Lernens sowie zum Anteil der Kinder mit Migrationshintergrund vor. Wieweit tertiäre Effekte eine Rolle spielen, kann in die Darstellung also nur eingeschränkt einbezogen werden. Daten für die einzelnen Schulen liegen z. B. in Bezug auf die Unterrichtsversorgung vor, für die Durchschnittswerte über den Zeitraum von 2011 bis 2015 ermittelt werden können. Über die Unterrichtsversorgung kann geprüft werden, ob bei Schulen mit Nachteilen bei der Zusammensetzung der Schülerschaft bzw. dem Abschneiden beim MSA durch kompensierende Maßnahmen eine Verbesserung der Lernsituation erreicht werden konnte.[174] Zunächst ist festzustellen, dass bei den ISS und den Gemeinschaftsschulen die Unterrichtsversorgung, das ist das Verhältnis zwischen zur Verfügung stehenden und benötigten Lehrerstunden, im Durchschnitt als gerade ausreichend bezeichnet werden kann. Die Durchschnittswerte schwanken für die Schulformen zwischen 99,3 % (ISS mit Sek II) und 100,8 % (grundständiges Gymnasium) bei einer durchschnittlichen Standardabweichung von 2,8 (Quelle: eigene Berechnung), d. h. man könnte davon ausgehen, dass die Unterrichtsversorgung annähernd sichergestellt ist, wenn keine Ereignisse wie die Krankheit von Lehrkräften oder sonstige Verhinderungen eintreten. Bezieht man die Standardabweichung mit ein, dann zeigt sich allerdings, dass einige Schulen doch keine hinreichende Ausstattung mit Lehrkräften aufweisen, während andere Schulen als verhältnismäßig gut ausgestattet angesehen werden können. So hat das Minimum der Unterrichtsversorgung bei den ISS ohne Oberstufe 94,3 %

---

174 Allerdings ist dabei zu berücksichtigen, dass es eine Kompensation bereits bei der Inklusion und dem Anteil der Kinder mit Migrationshintergrund gibt, wenn bestimmte Schlüsselzahlen erreicht werden. Im Datensatz fehlen Informationen dazu, welchen Schulen wie viele Zusatzstunden aus diesem Grunde zugeteilt worden sind. In der Personalzahl für die einzelne Schule ist diese Kompensation enthalten.

und das Maximum bei den Gymnasien 108,2 % betragen. Jedoch gibt es bei der Unterrichtsversorgung keine statistisch signifikanten Differenzen zwischen den Schulformen. Bei diesem Merkmal hat es weder systematische Überausstattungen noch Defizite bei den Schulformen gegeben, wenn man die Kennzahlen für die Zuweisung von Personalressourcen mit einbezieht. Für die Unterrichtsversorgung kann demnach bei den Schulformen, nicht aber für die einzelnen Schulen, eine bedarfsgerechte Ausstattung bilanziert werden. Etwas anders ist die Situation, wenn man die Vertretungsstunden und den Unterrichtsausfall betrachtet. Für diese Variablen ist aus den Jahren 2011 bis 2015 ein Durchschnittswert berechnet worden.

Tabelle 10: Bilanz der durchschnittlichen Vertretungsstunden und Unterrichtsausfälle 2011–2015 ohne Gymnasien (einfache Varianzanalysen)[175]

	Anfall Vertretungsstunden	Erteilte Vertretungsstunden	Unterrichtsausfall
ISS mit Oberstufe	8,8	6,4	2,2
ISS ohne Oberstufe	11,2	8,6	2,3
Gemeinschaftsschule	10,7	8,8	2,2
F-Wert	6,0	5,6	2,7
Sig.	.003	.005	.07

Im Sinne der Frage von Rawls (2006), ob angestrebt worden ist, die Benachteiligung von Schüler/innen an einzelnen Schulen zu kompensieren, interessiert, wie viele Vertretungsstunden angefallen sind und wie hoch der Unterrichtsausfall gewesen ist. Der Unterrichtsausfall ist bei allen drei in die Analyse einbezogenen Schulformen als niedrig einzustufen. Er liegt unter 3 %, bei den hier nicht berücksichtigten Gymnasien ist die Situation ähnlich. Es gibt zwischen den Schulformen wiederum keine statistisch signifikanten Differenzen. Dennoch zeigen sich zwischen einzelnen Schulen erhebliche Unterschiede. Während es bei ISS mit Sek II und Gemeinschaftsschulen jeweils mindestens eine Schule gibt, in der kein Unterricht ausgefallen ist, sind an mindestens einer ISS ohne Sek II 7,2 % der Stunden ausgefallen. Diese Unterschiede belegen, dass die Steuerung über Kennzahlen offensichtlich nicht ausreicht, um an allen Schulen die Unterrichtsversorgung sicherzustellen. Es bedarf einer verbesserten Feinsteuerung, um den Unterricht an den Schulen in geordneter Form zu gewährleisten.

Bei den angefallenen Vertretungsstunden stehen die ISS mit Sek II am günstigsten in der Bilanz. Hier mussten knapp 9 % der Stunden vertreten werden. Bei den ISS ohne Sek II waren es etwas mehr als 11 %. Auch in diesem Fall sind die Minimal-

---

[175] Auf den Einbezug der Gymnasien wird im Folgenden verzichtet, weil sie bei der oft verwendeten abhängigen Variable Erfolg beim MSA keine hinreichende Varianz aufweisen.

und Maximalwerte von Interesse. Beim Minimum schneidet eine ISS ohne Sek II mit 3,9 % am besten ab, beim Maximum ist es eine Gemeinschaftsschule mit 23,8 %. Für die durchgeführten Vertretungsstunden gibt es eine ähnliche Situation.

Die Differenz zwischen dem Anfall von Vertretungsstunden und dem Unterrichtsausfall lässt erkennen, dass die Schulen in den meisten Fällen in der Lage sind, Abwesenheiten von Lehrkräften zu kompensieren. Das kann z. B. über Personalressourcen gelingen, die Schulen als Ausgleich für einen hohen Anteil von Kindern mit Migrationshintergrund oder für Inklusion erhalten. Der Preis ist dann, dass entsprechende Maßnahmen, für die das zusätzliche Personal gewährt wird, nicht mehr umgesetzt werden können. Zu überlegen wäre, ob die Schulen bei der Unterrichtsversorgung nicht allgemein besser ausgestattet sein müssten, wenn sie ihren Aufgaben im Unterricht geordnet nachkommen sollen.[176] Trotz der ähnlichen Unterrichtsversorgung unterscheiden sich bei den von 2011 bis 2015 angefallenen Vertretungsstunden sowie den tatsächlich durchgeführten Vertretungsstunden die verschiedenen Schulformen systematisch in Bezug auf die Vertretungsstunden. Am häufigsten fielen Vertretungsstunden an den ISS ohne Oberstufe und am seltensten an den ISS mit Oberstufe an. Bei den erteilten Vertretungsstunden fällt das Ergebnis vergleichbar aus. Für die Vorgängerschulen gibt es ähnliche Resultate, die aber interessante zusätzliche Einblicke ermöglichen: Am höchsten ist der Anfall von Vertretungsstunden bei den ehemaligen Hauptschulen gewesen, hier war auch der Anteil der realisierten Vertretungsstunden am größten. Demgegenüber waren Anfall und Durchführung von Vertretungsstunden bei den ehemaligen Gesamtschulen am niedrigsten. Offensichtlich fällt das Lehrpersonal an den ehemaligen Hauptschulen häufiger aus. Das kann einerseits durch die Notwendigkeit von Weiterbildungen, andererseits durch einen erhöhten Krankenstand verursacht sein. Hierzu fehlen entsprechende Informationen im Datensatz. Inwieweit die Notwendigkeit von Vertretungen mit einer höheren Belastung der Lehrkräfte zusammenhängt, kann mit den vorhandenen Daten nicht überprüft werden. Aus der Perspektive der Bildungsgerechtigkeit ist es ein ernüchterndes Ergebnis, wenn an manchen Schulen über die Schulformen hinweg ein hoher Anteil von Vertretungsstunden zu konstatieren ist. Die Unterrichtsversorgung wird zwar formal weitgehend gesichert, wenn man sie in erteilten Unterrichtsstunden bilanziert, es zeigt sich aber, dass im Detail ein erheblicher Bedarf für Nachbesserung besteht.

Es kann nicht ausgeschlossen werden, dass die Unterrichtsversorgung an ehemaligen Hauptschulen schlechter ist, weil an diesen Schulen der höchste Anteil an Vertretungsstunden zu konstatieren ist. Es ist zu vermuten, dass durch diesen hohen Anteil von Vertretungsstunden die Prozesschancengerechtigkeit an einigen

---

176 Immerhin ist der Anfall von Vertretungsstunden mit rund 10 % sehr hoch. Das lässt die Schlussfolgerung zu, dass eine Unterrichtsversorgung mit 100 % nicht hinreichend ist. Wünschenswert wären mehr als 100 %.

Schulen beeinträchtigt ist. Dieser Frage wird im nächsten Schritt mit Hilfe von Korrelationen nachgegangen.

Begonnen wird mit einer Prüfung für die Gesamtdatensatz. Bezugsgrößen sind dabei der in den Jahren 2011 bis 2015 durchschnittliche Anfall von Vertretungsstunden, durchgeführten Vertretungsstunden und Unterrichtsausfall.

Tabelle 11: Korrelationskoeffizienten für den Zusammenhang Vertretungsstunden und Erfolg beim MSA (Gesamtstichprobe)

	MSA mit Übergang zur Sek II	ohne Schulabschluss
Anfall von Vertretungsstunden	-.36 sig .000	.29 sig .000
durchgeführte Vertretungsstunden	-.35 sig .000	.27 sig .000
Unterrichtsausfall	-.10 n.s.	.10 n.s.

Für die Gesamtstichprobe der ISS plus Gemeinschaftsschulen gibt es sehr signifikante Korrelationskoeffizienten zwischen dem Anfall von Vertretungsstunden und den durchgeführten Vertretungsstunden sowie dem Abschneiden beim MSA. Ein höherer Anfall bei den Vertretungsstunden korreliert mit dem Prozentsatz der Schüler/innen, die die Berechtigung zum Übergang in die Sek II erwerben, negativ und mit dem Anteil der Schulversager/innen positiv. Das negative Vorzeichen beim Zusammenhang Vertretungsstunden und Unterrichtsausfall zeigt an, dass eine höhere Zahl von Vertretungsstunden mit einem niedrigeren Erfolg beim MSA zusammenhängt. Die Koeffizienten beim Unterrichtsausfall weisen in die gleiche Richtung, sind aber statistisch nicht signifikant. Für die Gesamtstichprobe wird also ein Zusammenhang zwischen Schulerfolg und Beeinträchtigungen bei der Durchführung eines ordnungsgemäßen Unterrichts bestätigt. Die Vermutung, dass die Prozesschancengerechtigkeit durch den Anfall von Vertretungsstunden beeinträchtigt wird, wird also nicht widerlegt. Da es zwischen den Schulformen systematische Unterschiede beim Anfall und der Durchführung von Vertretungen gegeben hat, wird die Prüfung mit einem Vergleich der Schulformen fortgesetzt.

Tabelle 12: Korrelationskoeffizienten: Anfall von Vertretungsstunden und Abschneiden beim MSA für Schulformen

Vertretungsstunden Schulform	MSA mit Übergang zur Sek II	ohne Schulabschluss
ISS mit Sek II	-.49 sig .01	.50 sig .01
ISS ohne Sek II	.04 n.s.	-.01 n.s.
Gemeinschaftsschule	-.24 n.s	.09 n.s.

Zwischen den Schulformen ergeben sich bezüglich des Zusammenhangs interessante Unterschiede. An den ISS mit Sek II, an denen weniger Unterricht ausfällt, korreliert der Unterrichtsausfall signifikant mit dem Abschneiden beim MSA: Bei mehr anfallenden Vertretungsstunden verringert sich der Anteil von Schüler/innen mit Berechtigung zum Übertritt in die Sek II und erhöht sich der Anteil der Schulversager/innen signifikant. Demgegenüber gibt es bei den ISS ohne Sek II keinen entsprechenden Zusammenhang. Das hängt nicht damit zusammen, dass die Situation bei den ISS ohne Sek II generell prekärer ist. Vielmehr ist bei dieser Schulform die Standardabweichung beim Anfall von Vertretungsstunden größer als bei den ISS mit Sek II. An der Schulform, bei der der Anteil der Vertretungsstunden geringer ausfällt, könnten die Folgen gravierender sein als bei der Schulform, bei der der entsprechende Anteil größer ausfällt. Das ist ein Resultat, das den Erwartungen nicht entspricht. Wieweit es damit zusammenhängt, dass an den ISS mit Sek II die Schülerschaft heterogener zusammengesetzt ist, lässt sich nicht prüfen. Immerhin gab es bei den ISS ohne Oberstufe Schulen, die wahrscheinlich über eine homogener zusammengesetzte Schülerschaft verfügen, die ehemaligen Hauptschulen und die ehemaligen Realschulen, die jeweils ohne schulformübergreifenden Zusammenschluss in eine ISS transformiert worden sind. Bei den ehemaligen Hauptschulen betragen die Korrelationskoeffizienten der durchschnittlichen Vertretungsstunden mit dem der Übergangsquote zur Sek II .14 und dem Anteil der Schulversager/innen .1, d. h. sie fallen hier im Vergleich der Vorgängerschulen am niedrigsten aus. Es könnte also einfacher sein, Unterrichtsvertretungen zu übernehmen, d. h. die negativen Folgen für die Schüler/innen wären geringer. Bei den ehemaligen Hauptschulen ist die Standardabweichung deutlich größer als bei den anderen Schulformen. Aber der Anfall von Vertretungsstunden hat keine Auswirkung auf den Schulerfolg.[177] Für die Bilanzierung der Prozesschancengerechtigkeit sind diese Ergebnisse interessant, weil sie Handlungsbedarf in Schulen anzeigen. Speziell bei den ISS mit Sek II scheint die Prozesschancengerechtigkeit durch den Anfall von Vertretungsstunden beeinträchtigt zu sein. Das trifft so für Gemeinschaftsschulen nicht zu, hier muss allerdings auch das kleinere N=13 berücksichtigt werden.

Weil die Heterogenität bei der Zusammensetzung der Schülerschaft zugenommen hat, ist weiterhin zur Beurteilung der inneren Situation der Schulen bedeutungsvoll, inwieweit im Unterricht differenziert wird. Zur inneren Differenzierung gibt es in den Berichten der Schulinspektion ein Item, d. h. es handelt sich nicht um eine Selbsteinschätzung, sondern um eine Fremdbewertung.

---

177 Zu dieser Fragestellung sind weitergehende Untersuchungen erforderlich. Dabei könnte mit Einzelfallstudien an Schulen begonnen werden.

Tabelle 13: Unterrichtsorganisation und Anteil von Kindern mit Migrationshintergrund (Arithmetische Mittelwerte)

Schulform	Innere Differenzierung[178]	Fordern im Unterricht	Anteil Kinder mit Migrationshintergrund 2014/2015 in %
ISS mit Sek II	4,0	3,6	34,1
ISS ohne Oberstufe	3,9	3,8	43,8
Gemeinschaftsschule	3,3	3,6	39,3
Gymnasium	3,9	3,4	30,6
Grundständiges Gymnasium	3,9	3,1	21,8

Innere Differenzierung findet im Unterricht selten statt. Nur an den Gemeinschaftsschulen wird etwas häufiger binnendifferenziert, aber auch bei dieser Schulform liegt der Mittelwert noch erheblich über dem theoretisch zu erwartenden Mittelwert von 2,5. Das heißt dem Anspruch der individuellen Bedarfsgerechtigkeit und der Prozesschancengerechtigkeit, soweit mit Letzterer die Notwendigkeit der internen Differenzierung im Unterricht einbezogen wird, wird in der Praxis der Schulen noch wenig entsprochen. Am schwächsten ist die innere Differenzierung an den ISS mit Oberstufe ausgeprägt. Die Gemeinschaftsschulen scheinen aus der Sicht der Schulinspektion eher ihrem Anspruch zu folgen, differente Lernmilieus für die Schüler/innen anzubieten. Bei den ISS ohne Oberstufe und den beiden Varianten des Gymnasiums ergeben sich Werte, die auch anzeigen, dass innere Differenzierung nur selten angetroffen worden ist. Angesichts der neuen Forderung nach Inklusion und der Maßgabe, Klassenwiederholungen zu vermeiden, wären bei den ISS und den Gemeinschaftsschulen andere Ergebnisse zu erwarten gewesen. Bei den Gymnasien und den grundständigen Gymnasien mit einer homogener zusammengesetzten Schülerschaft kann das geringe Ausmaß an innerer Differenzierung hingenommen werden, bei den ISS und Gemeinschaftsschulen besteht wahrscheinlich ein hoher Bedarf für Unterrichtsentwicklung und Weiterbildungen. Es ist anzunehmen, dass es bisher negative tertiäre Effekte gibt. Das sind mögliche Indikatoren für die Beurteilung der Prozesschancengerechtigkeit, die Mängel erkennen lassen. Allerdings ist hier ein hoher Forschungsbedarf zu verzeichnen: Wünschenswert wären Untersuchungen, in denen langfristig mögliche tertiäre Effekte erforscht werden. Während die innere Differenzierung eine Maßnahme auf der Ebene der Unterrichtsorganisation ist, kann man auch fragen, wieweit der Unterricht für die Schüler/innen anspruchsvoll gestaltet wird.

---

178 Die Einschätzung reicht von 1 bis 4. Dabei stehen niedrige Werte für eine hohe Ausprägung. Der theoretische Mittelwert liegt bei 2,5. Das gilt ebenso für den Index Fordern, bei dem 4 für die niedrigste Ausprägung steht.

Bei der Schulinspektion ist bewertet worden, inwieweit im Unterricht selbständiges Lernen, problemlösendes Lernen und kooperatives Lernen praktiziert werden. Diese drei Items sind zu einem Index Fordern zusammengefasst worden, der Reliabilitätskoeffizient beträgt 0,71 und ist bei drei Items als gut zu bewerten. Der theoretische Mittelwert liegt auch bei diesem Index bei 2,5. Dieser theoretische Mittelwert wird in keiner der Schulformen erreicht. Während die grundständigen Gymnasien gefolgt von den Gymnasien beim Index Fordern den besten Durchschnittswert erreichen, schneiden die ISS ohne Oberstufe am schlechtesten ab. Aus der Sicht der Schulinspektoren wird an den grundständigen Gymnasien und den Gymnasien im Sinne des Forderns der anspruchsvollste Unterricht erteilt. An Gemeinschaftsschulen und den beiden Varianten der ISS werden die Schüler/innen seltener zum Erbringen eigener Leistungen im Unterricht herausgefordert.[179] Das spricht ebenfalls dafür, dass der Individualisierung im Unterricht kein hoher Stellenwert zugemessen wird. Beide Auswertungen belegen zusammen, dass an den ISS und den Gemeinschaftsschulen, hier mit kleinen Abstrichen, traditionelle Formen des Unterrichts vorherrschen. Das Fördern der individuellen Leistungen scheint nicht im Mittelpunkt zu stehen. Insoweit besteht bei der Prozesschancengerechtigkeit im Alltag des Unterrichts noch die Möglichkeit sich zu verbessern.

Bei den Kontextfaktoren der Schulen spielt der Anteil der Kinder mit Migrationshintergrund eine wichtige Rolle. Neben den bereits erwähnten Ost-West-Unterschieden in Berlin gibt es auch erhebliche Differenzen zwischen den Schulformen. Aus der Sicht der Partizipationsgerechtigkeit besteht langfristig ein Nachholbedarf, weil die grundständigen Gymnasien hier deutlich geringere Anteile bei den Kindern mit Migrationshintergrund haben als die anderen Schulformen. Das belegt auch die folgende Varianzanalyse, bei der nur die ISS und Gemeinschaftsschulen einbezogen worden sind und neben der Vorgängerschule auch der Personalschlüssel berücksichtigt worden ist. Die geringe Stichprobengröße hat dabei tiefergehende Analysen nicht zugelassen.

Tabelle 14: Ergebnisse einer Varianzanalyse mit der abhängigen Variable Erfolg beim MSA (Stichprobe beide Varianten ISS und Gemeinschaftsschule)

Quelle der Variation	df	F-Wert	Sig.	Part. Eta-Quadrat[180]
Prozent Kinder mit Migrationshintergrund	1	24,4	0,000	0,21
Personalschlüssel	1	4,8	0,03	0,05
Vorgängerschule	3	24,8	0,004	0,13

Korr. R-Quadrat = 0,30

---

179 Die innere Differenzierung wird vielleicht an den Gemeinschaftsschulen nicht konsequent umgesetzt. Eine andere Interpretation könnte sein, dass an Gymnasien und grundständigen Gymnasien der Unterricht anspruchsvoller gestaltet wird und das bei den Schulinspektionen dahin ausgelegt wird, dass er fordernder ist.

Es ist nicht überraschend, dass der Anteil der Jugendlichen mit Migrationshintergrund einen belastenden Faktor darstellt, wenn der Schulerfolg überprüft wird. Der Anteil der Kinder mit Migrationshintergrund trägt am stärksten zur Varianzaufklärung bei. Die systematische Benachteiligung dauert an. Ebenso haben die Vorgängerschulen eine große Wirkung. Demnach sind die Auswirkungen der Reorganisation auf die Bedarfsgerechtigkeit auf der kollektiven Ebene als nicht sehr groß anzusehen: Das war vielleicht auch nicht zu erwarten, weil es innerhalb des Schulsystems Traditionen gibt, die eine nachhaltige Wirkung haben. Trotz aller Einschränkungen durch die Stichprobengröße zeigt sich, dass aus der Perspektive der Bildungsgerechtigkeit der Ausstattungsfrage der Schule Bedeutung zukommt. Das zeigt der Personalschlüssel an.

Tabelle 15: Regressionsanalysen

	MSA Bestanden	*Deutsch E-Niveau*	*Mathematik E-Niveau*
Fordernder Unterr.	–.46		–.22
Innere Differenz.	.37		
Migrationshintergr.	–.35	–.60	–.43
Schüler/Lehrkraft	–.26		
Anfall Vertretungen		–.37	–.28
Korr. R-Quadrat	.27	.46	.35

Die Regressionsanalysen ergänzen die Varianzanalyse: Bei allen erfolgsbezogenen Auswertungen – das E-Niveau ist in drei von vier Fächern mit mindestens der Note 3 erforderlich, damit der MSA mit einer Empfehlung zur Sek II bestanden ist – stellt der Anteil der Kinder mit Migrationshintergrund eine Hürde dar. Moderne Unterrichtsformen, wie sie mit dem Index Fordern erfasst werden sollen, haben eine positive Auswirkung auf den Erfolg beim MSA: Das negative Vorzeichen erklärt sich aus der umgekehrten Polung beim MSA und dem Index Fordernder Unterricht. Aus dem gleichen Grund hat die innere Differenzierung eine negative Wirkung. Bei beiden Resultaten kann es sich um einen Effekt der Schulform handeln. Fordern im Unterricht gab es häufiger bei ISS mit Oberstufe und Gemeinschaftsschulen (vgl. Tab. 13). Innere Differenzierung fand sich öfter bei ISS ohne Oberstufe und insbesondere bei ehemaligen Hauptschulen. Der Anfall von Vertretungsstunden wirkt sich bei Deutsch und Mathematik negativ aus. Das könnte damit zusammenhängen, dass in Vertretungsstunden die Kontinuität im Fachunterricht nicht gesichert ist. Diese Auswertungen belegen zusammengefasst, dass es bei der Prozesschancengerechtigkeit noch Nachholbedarf gibt. Damit sind dann Zweifel daran verbunden, dass die individuelle Bedarfsgerechtigkeit immer gesichert ist. Es scheint so zu sein,

---

180 Mit partiellem Eta-Quadrat wird die Effektstärke der unabhängigen Variable bezeichnet.

dass sich an den ISS und Gemeinschaftsschulen trotz der strukturellen Neuorganisation weniger bei der Unterrichtsorganisation verändert hat, als zu erwarten gewesen wäre.

8.7 Diskussion der Ergebnisse

Die Darstellungen im theoretischen und im empirischen Teil belegen, dass Bildungsgerechtigkeit und deren Bewertung keine einfache Aufgabe ist. Die oft zu beobachtende Verkürzung der Problematik auf die Verteilungsgerechtigkeit hat sich als unangemessen erwiesen, aber auch die in der Erziehungswissenschaft üblichen Ergänzungen durch die Anerkennungsgerechtigkeit und die Partizipationsgerechtigkeit reichen noch nicht aus. Als neue Varianten sind die Start- und die Prozesschancengerechtigkeit sowie die Bedarfsgerechtigkeit eingeführt worden. Bei der Bedarfsgerechtigkeit ist nochmals nach individueller und Bedarfsgerechtigkeit auf der kollektiven Ebene differenziert worden. Insbesondere Handlungsoptionen der Eltern, wenn es um Entscheidungen bezüglich der Bildungskarriere ihrer Kinder ging, ließen sich der individuellen Bedarfsgerechtigkeit zuordnen. Für das Bildungssystem in Berlin konnte gezeigt werden, dass es unter dem Aspekt der Bedarfsgerechtigkeit für Eltern viele Alternativen eröffnet. Generell konnte nachgewiesen werden, dass ein Teil der Eltern beim Thema Bildungsgerechtigkeit eine wichtige Rolle spielt. Ihre Entscheidungen beeinflussen erwartbar die Bildungskarriere ihrer Kinder. So können sich Eltern in Berlin zwischen Privatschulen und öffentlichen Schulen entscheiden. Ein Teil der Elternschaft nutzt solche Optionen bewusst. Ein anderer Teil verhält sich wahrscheinlich auch bei den Übergängen im Bildungssystem eher passiv bzw. indifferent. Naturgemäß konnten über diesen Teil der Eltern, die Entscheidungen der Schule im Bildungssystem hinnehmen, wenige Erkenntnisse gewonnen werden. Wenn die Rolle der Eltern bei den Übergangsentscheidungen im öffentlichen Schulsystem bilanziert wird, werden die Eltern, die sich für Privatschulen entschieden haben, in der Regel nicht einbezogen. Der Einfluss der Eltern auf die Bildungskarriere der Kinder wird also für den aktiven Part der Elternschaft unterschätzt.

Offensichtlich liegt es in der Verantwortung des Bildungssystems zu kompensieren, wenn Bildungsgerechtigkeit als Verteilungs- oder Leistungsgerechtigkeit thematisiert wird. Bezogen auf die Leistungsgerechtigkeit spielt es eine erhebliche Rolle, ob den Schüler/innen überhaupt die Chance der Leistungserbringung geboten worden ist. Insofern ist die Partizipationsgerechtigkeit wichtig. Teilhabe an Bildungsprozessen ist eine Grundforderung, wenn es um Bildungsgerechtigkeit geht. Hier wurde zwischen der Start- und der Prozesschancengerechtigkeit unterschieden. Bei der Verbesserung der Startchancengerechtigkeit ist der Ausbau der institutionalisierten frühkindlichen Erziehung bedeutungsvoll. Hier sind in den letzten Jahren erhebliche Anstrengungen unternommen worden. Auch die Prozesschancengerechtigkeit hat sich im Bildungssystem durch Vorgaben zur Inklusion und zum Erschweren von Klassenwiederholungen formal für viele Schüler/innen verbessert. Es wird weniger exkludiert und mehr inkludiert. Das wird aber im Unterricht an den ISS und Gemeinschaftsschulen noch nicht hinreichend als Herausforderung empfunden, wie mit Daten gezeigt werden konnte, die die Schulinspektion an Berliner Schulen gesammelt hat. Die Prozesschancengerechtigkeit hat auch mindestens zwei Varianten: Einerseits kann es darum gehen, dass alle Schüler/innen an identischen Bildungsprozessen teilnehmen können, andererseits kann angestrebt werden, dass die Bildungsprozesse individualisiert werden. Mit der gegenwärtigen Reform wird in Berlin organisatorisch eine Mischform zwischen diesen beiden Varianten angestrebt. Das setzt ein entsprechend qualifiziertes Lehrerkollegium an den Schulen voraus. Es mangelt noch an entsprechenden flächendeckenden Weiterbildungen.

Erfolge gibt es bei der individuellen Bedarfsgerechtigkeit. Das hängt einerseits mit der großen Zahl von Privatschulen zusammen, die sich bei allen Schulformen im allgemeinbildenden Schulsystem etabliert haben. Ebenso gibt es im öffentlichen Schulsystem bei den Sekundarschulen eine große Variation der Angebote. Auf diese Weise ist sichergestellt, dass Eltern für ihre Kinder ein aus ihrer Sicht passendes schulisches Angebot mit hoher Wahrscheinlichkeit finden können. Ab der Sek I ist ebenso die Startchancengerechtigkeit hervorzuheben. Der Wegfall der Hauptschule und die Vernetzung der ISS ohne Sek II mit den OSZ eröffnen für alle Schüler/innen den Weg zur Hochschulreife im allgemeinbildenden Schulsystem. Damit sind die im dreigliedrigen Schulsystem noch vorhandenen Benachteiligungen beseitigt worden.

Aus dem Blickwinkel der Verteilungsgerechtigkeit und der Bedarfsgerechtigkeit auf der kollektiven Ebene hat sich offensichtlich durch die Neustrukturierung der Sekundarstufe in Berlin wenig geändert. Es lassen sich auch bei den ISS Differenzen zwischen den Schulen und Schulformen beobachten, die es schon bei den Vorgängerschulen gegeben hat. Weiterhin gibt es Indizien dafür, dass unterhalb der geänderten Strukturen die Schulkultur stabil geblieben ist: Organisation des Unterrichts, Binnendifferenzierung und äußere Differenzierung sowie die Ganztagsschulform. Das spricht dafür, dass die Verteilungsgerechtigkeit noch nicht verbessert worden ist. Damit ist auch das Ziel Partizipationsgerechtigkeit im Gesellschafts- und Wirtschaftssystem gefährdet. Das hängt damit zusammen, dass für einen nicht erheblichen Teil der Schüler/innen die Partizipationsgerechtigkeit im Bildungssystem noch nicht gewährleistet ist. Die Anerkennungsgerechtigkeit scheint demgegenüber zugenommen zu haben, obwohl die Bildungsungleichheit fortdauert. Vor allem ist bezüglich der Anerkennungsgerechtigkeit festzustellen, dass sie größer geworden ist, wenn Eltern im Sinne der individuellen Bedarfsgerechtigkeit Schulwahlen treffen.

Die Differenzierung der Bildungsgerechtigkeit in unterschiedliche Varianten erlaubt einen genaueren Blick auf das Bildungssystem und demonstriert zugleich, dass Bildungsgerechtigkeit verschiedene Facetten haben kann, die nicht alle in die gleiche Richtung zeigen. Gleichzeitig können die verschiedenen Facetten operationalisiert und mit empirischen Methoden erforscht werden.

Ungleichheit ist bei den Ergebnissen von Bildungsprozessen zwischen den Schüler/innen ein erwartetes und im Prinzip auch erwünschtes Ergebnis. Sie ist aber unerwünscht, wenn sie in einem Zusammenhang mit der Herkunft steht. Letzteres ist in Deutschland bisher der Fall: Die Wirkung der sozialen Ungleichheit hat sich im Bildungssystem abgeschwächt. Beim Fortbestehen der sozialen Ungleichheit spielen die Eltern eine wichtige Rolle, sie bemühen sich in verschiedenen Varianten, für ihre Kinder Startbedingungen und soziale Bedingungen in Schulen zu identifizieren, die sie für günstig halten. Dabei lässt sich für die Eltern, die so handeln, keine einheitliche Strategie entdecken. Es gibt daneben weiterhin Eltern, die Entscheidungen im Bildungssystem für ihre Kinder hinnehmen und keinen Einfluss ausüben. Insgesamt hat sich herausgestellt, dass der Einfluss der Eltern auch auf das Fortbestehen der sozialen Ungleichheit nicht unterschätzt werden darf.

Literatur

Altrichter, H., Brauckmann, S., Lassnig, L., Moosbrugger, R. & Gartmann, G. B. (2016). Schulautonomie oder Verteilung von Entscheidungsrechten und Verantwortung im Schulsystem. In M. Bruneforth, F. Eder, K. Krainer, C. Schreiner, A. Seel & C. Spiel (Hrsg.), *Nationaler Bildungsbericht Österreich 2015*, Bd. 2, Fokussierte Analysen bildungspolitischer Schwerpunktthemen (S. 263–303). Graz: Leykam.

Altrichter, H. & Maag Merki, K. (2010). *Handbuch neue Steuerung im Schulsystem*. Wiesbaden: VS Verlag für Sozialwissenschaften.

Anders, F. (2015). 3000 Schüler mussten in Berlin die Klasse wiederholen. *Berliner Morgenpost*. Verfügbar unter: http://www.morgenpost.de/berlin/article205677535/3000-Schüler-mussten-in-Berlin-die-Klasse-wiederholen.html [25.01.2017].

Autorengruppe Bildungsberichterstattung (2016). *Bildung in Deutschland 2016. Ein indikatorengestützter Bericht mit einer Analyse zu Bildung und Migration*. Bielefeld: Bertelsmann Verlag. Berlin und Statistik Berlin Brandenburg.

Autorengruppe Regionale Bildungsberichterstattung in Berlin und Brandenburg (o. J.). *Bildung in Berlin und Brandenburg 2013: Ein indikatorengestützter Bericht zur Bildung im Lebenslauf*.

Baumert, J. (2016). Leistungen, Leistungsfähigkeit und Leistungsgrenzen der empirischen Bildungsforschung. Das Beispiel von Large-Scale-Assessment-Studien zwischen Wissenschaft und Politik. *Zeitschrift für Erziehungswissenschaft, Sonderheft 31*, 215–253.

Baumert, J., Becker, M., Neumann, M. & Nikolova, R. (2009). Frühübergang in ein grundständiges Gymnasium – Übergang in ein privilegiertes Entwicklungsmilieu? Ein Vergleich von Regressionsanalyse und Propensity Score Matching. *Zeitschrift für Erziehungswissenschaft, 12*, 189–215.

Baumert, J., Bos, W. & Lehmann, R. (Hrsg.). (2000). *Dritte internationale Mathematik- und Naturwissenschaftsstudie – Mathematische und naturwissenschaftliche Bildung am Ende der Schullaufbahn.* Bd. 1: Mathematische und naturwissenschaftliche Grundbildung am Ende der Pflichtschulzeit. Opladen: Leske + Budrich.

Baumert, J., Watermann, R. & Schümer, G. (2003). Disparitäten der Bildungsbeteiligung und des Kompetenzerwerbs. Ein institutionelles und ein individuelles Mediationsmodell. *Zeitschrift für Erziehungswissenschaft, 6,* 46–72.

Becker, I. (2013). Chancen-, Leistungs- und Bedarfsgerechtigkeit in Deutschland – Anspruch und Wirklichkeit. *Sozialer Fortschritt, 62* (Soziale Gerechtigkeit. Stand und Perspektiven), 267–274.

Becker, I. & Hauser, R. (2004). *Soziale Gerechtigkeit – Eine Standortbestimmung.* Berlin: Sigma.

Becker, R. (2016). Chancenungleichheit bei der Einschulung und in der Primarstufe. Theoretische Überlegungen und empirische Evidenzen. *Zeitschrift für Grundschulforschung, 9,* 7–19.

Becker, R. & Lauterbach, W. (Hrsg.). (2016). *Bildung als Privileg. Erklärungen und Befunde zu den Ursachen der Bildungsungleichheit* (5. Aufl.). Wiesbaden: VS Verlag für Sozialwissenschaften.

Bellenberg, G. & Weegen, M. E. (2014). Bildungsgerechtigkeit. *Pädagogik, 66* (1), 46–49.

Bellin, N. (2012). Im Spannungsfeld von Zielvorgaben und Praxis: Befunde zur lernförderlichen Ausgestaltung der Ganztagsgrundschule. In H. Merkens & N. Bellin (Hrsg.), *Die Grundschule entwickelt sich* (S. 141–179). Münster: Waxmann.

Bellin, N. & Tamke, F. (2010). Bessere Leistungen durch Teilnahme am offenen Ganztagsbetrieb? *Empirische Pädagogik, 2* (2), 93–112.

Bellmann, J. (2015). Symptome der gleichzeitigen Politisierung und Entpolitisierung der Erziehungswissenschaft im Kontext datengetriebener Steuerung. *Erziehungswissenschaft, 26,* 45–54.

Benner, D. (2002). Die Struktur der Allgemeinbildung im Kerncurriculum moderner Bildungssysteme. *Zeitschrift für Pädagogik, 48,* 68–88.

Bildungskommission der Länder Berlin und Brandenburg (Hrsg.). (2003). *Bildung und Schule in Berlin und Brandenburg. Herausforderungen und gemeinsame Entwicklungsperspektiven.* Berlin: Wissenschaft und Technik Verlag.

Blömeke, S. & Herzig, B. (2009). Schule als gestaltete und zu gestaltende Institution – ein systematischer Überblick über aktuelle und historische Schultheorien. In S. Blömeke, T. Bohl, L. Haag, G. Lang-Wojtasik & W. Sacher (Hrsg.), *Handbuch Schule. Theorie – Organisation – Entwicklung* (S. 15–28). Bad Heilbrunn: Klinkhardt/UTB.

BMBF (Bundesministerium für Bildung und Forschung) (2003). Zur Entwicklung nationaler Bildungsstandards. Eine Expertise. In BMBF (Hrsg.), *Bildungsreform,* Bd. 1. Bonn: BMBF.

Bos, W., Lankes, E.-M., Prenzel, M., Schwippert, K., Walther, G. & Valtin, R. (Hrsg.). (2003). *Erste Ergebnisse aus IGLU. Schulleistungen am Ende der vierten Jahrgangsstufe im internationalen Vergleich.* Münster: Waxmann.

Boudon, R. (1974). *Education, Opportunity, and Social Inequality. Changing Prospects in Western Society.* New York: Wiley.

Bourdieu, P. (1982). *Die feinen Unterschiede. Kritik der gesellschaftlichen Urteilskraft.* Frankfurt/M.: Suhrkamp.

Bronfenbrenner, U. (1981). *Die Ökologie der menschlichen Entwicklung.* Stuttgart: Klett-Cotta.

Brophy, J. E. & Good, T. L. (1976). *Die Lehrer-Schüler-Interaktion.* München: Urban & Schwarzenberg.

Brophy, J. E. & Good, T. L. (1986). Teacher Behavior and Student Achievement. In M. Wittrock (Hrsg.), *Third Handbook of Research on Teaching* (S. 328–375). New York: MacMillan.

Bryk, A. S., Sebring, P. B., Allensworth, E., Luppescu, S. & Easton, J. Q. (Hrsg.). (2010). *Organizing Schools for Improvement. Lessons from Chicago.* Chicago: University of Chicago Press.

Büchler, T. (2016). Schulstruktur und Bildungsungleichheit: Die Bedeutung von bundeslandspezifischen Unterschieden beim Übergang in die Sekundarstufe I für den Bildungserfolg. *Kölner Zeitschrift für Soziologie und Sozialpsychologie, 68*, 53–87.

Clark, J. A. (2006). Social Justice, Education and Schooling. Some Philosophical Issues. *British Journal of Education Studies, 54*, 272–287.

Creemers, B. & Kyriakides, L. (2015). Developing, Testing, and Using Theoretical Models for Promoting Quality in Education. *School Effectiveness and School Improvement, 26*, 102–119.

Dahrendorf, R. (1966). *Bildung ist Bürgerrecht.* Hamburg: Nannen-Verlag.

Deutsches PISA-Konsortium (Hrsg.). (2001). *PISA 2000. Basiskompetenzen von Schülerinnen und Schülern im internationalen Vergleich.* Opladen: Leske + Budrich.

Dietrich, F., Heinrich, M. & Thieme, N. (2013). Einleitung. In F. Dietrich, M. Heinrich & N. Thieme (Hrsg.), *Bildungsgerechtigkeit jenseits von Chancengleichheit. Theoretische und empirische Ergänzungen und Alternativen zu PISA* (S. 11–32). Wiesbaden: Springer Fachmedien.

Ditton, H., Krüsken, J., Niedermayer, A., Schauenberg, M. & Stahl, N. (o. J.). *Disparitäten der Bildungsbeteiligung und des Schulerfolgs.* Längsschnitt Bayer 2003/3004. Erweiterte Fassung. LMU München: Institut für Pädagogik.

Doppler, K. & Lauterburg, C. (2008). *Change Management. Den Unternehmenswandel gestalten* (12. Aufl.). Frankfurt/M: Campus.

Doyle, W. (1986). Classroom Organization and Management. In M. Wittrock (Hrsg.), *Third Handbook of Research on Teaching* (S. 392–431). New York: MacMillan.

Drechsel, B. & Senkbeil, M. (2004). Institutionelle und organisatorische Rahmenbedingungen von Schule und Unterricht. In PISA-Konsortium Deutschland (Hrsg.), *PISA 2003. Der Bildungsstand der Jugendlichen in Deutschland – Ergebnisse des zweiten internationalen Vergleichs* (S. 84–291). Münster: Waxmann.

Dubs, R. (2013). *Die teilautonome Schule. Ein Beitrag zu ihrer Ausgestaltung aus politischer, rechtlicher und schulischer Sicht.* Berlin: Sigma.

Esser, H. (1999). *Soziologie. Spezielle Grundlagen.* Bd. 4: Situationslogik und Handeln. Frankfurt/M: Campus.

Esser, H. (2016). Bildungssysteme und ethnische Ungleichheiten. In C. Diehl, C. Hunkler & C. Kristen (Hrsg.), *Ethnische Ungleichheiten im Bildungsverlauf. Mechanismen, Befunde, Debatten* (S. 331–396). Wiesbaden: Springer Fachmedien.

Esser, H. & Relikowski, I. (2015). *Is Ability Tracking (Really) Responsible for Educational Inequalities in Achievement? A Comparison between the Country States Bavaria and Hesse in Germany*, IZA (Forschungsinstitut zur Zukunft der Arbeit) DP No. 9082.

Faas, S., Dahlheimer, S. & Thiersch, R. (2016). Bildungsgerechtigkeit – Ziel und Anspruch frühpädagogischer Qualifizierungsprogramme – Vergleichende Evaluation der Programme »Chancen – gleich!« und »frühstart Rheinland-Pfalz!« *Zeitschrift für Grundschulforschung, 9*, 34–51.

Fend, H. (1980). *Theorie der Schule.* München: Urban & Schwarzenberg.

Fend, H. (2006). *Neue Theorie der Schule. Einführung in das Verstehen von Bildungssystemen.* Wiesbaden: VS Verlag für Sozialwissenschaften.

Fend, H. (2013). Starke und schwache Instrumente zur Beförderung von Chancengleichheit im Bildungswesen. In D. Deißner (Hrsg.), *Wege zu einer gerechten Bildung – ein internationaler Erfahrungsaustausch* (S. 125–140). Wiesbaden: Springer Fachmedien.

Fischer, N., Holtappels, H. G., Klieme, E., Rauschenbach, T., Stecher, L. & Züchner, I. (Hrsg.). (2011). *Ganztagsschule: Entwicklung, Qualität, Wirkungen: Längsschnittliche Befunde der Studie zur Entwicklung von Ganztagsschulen (StEG)*. Weinheim: Juventa.

Geißler, R. (2005). Die Metamorphose der Arbeitertochter zum Migrantensohn. Zum Wandel der Chancenstruktur im Bildungssystem nach Schicht, Geschlecht, Ethnie und deren Verknüpfungen. In P. A. Berger & H. Kahlert (Hrsg.), *Institutionalisierte Ungleichheiten. Wie das Bildungswesen Chancen blockiert* (S. 71–100). Weinheim, München: Juventa.

Gerleigner, S. & Aulinger, J. (2017). »Gymnasium? Das ist nichts für uns.« Zum Einfluss von Rational Choice und Kapitalausstattung auf die Entscheidung für oder gegen das Gymnasium. In T. Eckert & B. Gniewosz (Hrsg.), *Bildungsgerechtigkeit* (S. 29–48). Wiesbaden: Springer VS.

Gewirtz, S. (1998). Conceptualizing Social Justice in Education: Mapping the Territory. *Journal of Educational Policy, 13*, 469–484.

Giesinger, J. (2009). Freie Schulwahl und Bildungsgerechtigkeit. Eine Problemskizze. *Zeitschrift für Erziehungswissenschaft, 12*, 170–188.

Giesinger, J. (2015). Bildungsgerechtigkeit und die sozialen Funktionen der Schule. Zu den normativen Grundlagen des Chancenspiegels. In V. Manitius, B. Hermstein, N. Berkemeyer & W. Bos (Hrsg.), *Zur Gerechtigkeit von Schule. Theorien, Konzepte, Analysen* (S. 150–162). Münster: Waxmann.

Hanushek, E. A. & Wößmann, L. (2006). *Does Educational Tracking Affect Performance and Inequality? Differences-in-Differences Evidence across Countries*, NBER Working Paper Series, Working Paper 11124. http://www.nber.org/papers/w11124.

Heid, H. (1988). Zur Paradoxie der Bildungspolitischen Forderung nach Chancengerechtigkeit. *Zeitschrift für Pädagogik, 34*, 1–17.

Heid, H. (2016). Über die (Un-)Tauglichkeit zentraler Prinzipien zur Überwindung sozialer Bildungsungerechtigkeit. *Zeitschrift für Grundschulforschung, 9*, 95–106.

Heinrich, M. (2013). Bildungsgerechtigkeit für alle! – aber nicht für jeden? Zum »Individual-Disparitäten-Effekt« als Validitätsproblem einer Evidenzbasierung. In F. Dietrich, M. Heinrich & N. Thieme (Hrsg.), *Bildungsgerechtigkeit jenseits von Chancengleichheit. Theoretische und empirische Ergänzungen und Alternativen zu PISA* (S. 181–194). Wiesbaden: Springer Fachmedien.

Heinrich, M. (2015a). Bildungsgerechtigkeit in der Schule. Ein Widerspruch in sich? *Ethik und Unterricht, 26* (2), 12–16.

Heinrich, M. (2015b). Inklusion oder Allokationsgerechtigkeit? Zur Entgrenzung von Gerechtigkeit im Bildungssystem im Zeitalter der semantischen Verkürzung von Bildungsgerechtigkeit auf Leistungsgerechtigkeit. In V. Manitius, B. Hermstein, N. Berkemeyer & W. Bos (Hrsg.), *Zur Gerechtigkeit von Schule. Theorien, Konzepte, Analysen* (S. 235–255). Münster: Waxmann.

Hertel, S., Klieme, E., Radisch, F. & Steinert, B. (2008). Nachmittagsangebote im Sekundarbereich und ihre Nutzung durch die Schülerinnen und Schüler. In PISA-Konsortium (Hrsg.), *PISA '06. PISA 2006 in Deutschland. Die Kompetenzen der Jugendlichen im dritten Ländervergleich* (S. 297–318.). Münster: Waxmann.

Hillmert, S. (2016). Soziale Ungleichheit im Bildungsverlauf: Zum Verhältnis von Bildungsinstitutionen und Entscheidungen. In R. Becker & W. Lauterbach (Hrsg.), *Bildung als*

Privileg. Erklärungen und Befunde zu den Ursachen der Bildungsungleichheit (5. Aufl.) (S. 87–115). Wiesbaden: VS Verlag für Sozialwissenschaften.

Honneth, A. (2010). *Ich im Wir. Studien zur Anerkennungstheorie* (Suhrkamp Taschenbuch Wissenschaft, Bd. 1959). Berlin: Suhrkamp.

http://www.alternativschule-berlin.de [16.11.2016].

http://gepris.dfg.de/gepris/projekt/240285356. [Zuletzt: 06.12.2018]

Hübner, D. (2013). Bildung und Gerechtigkeit: Philosophische Zugänge. In F. Dietrich, M. Heinrich & N. Thieme (Hrsg.), *Bildungsgerechtigkeit jenseits von Chancengleichheit. Theoretische und empirische Ergänzungen und Alternativen zu PISA* (S. 35–55). Wiesbaden: Springer Fachmedien.

Hurrelmann, K. (2013). Das Schulsystem in Deutschland: Das »Zwei-Wege-Modell« setzt sich durch. *Zeitschrift für Pädagogik, 59* (4), 455–468.

Husfeldt, V. (2011). Wirkungen und Wirksamkeit externer Schulevaluation. Überblick zum Stand der Forschung. *Zeitschrift für Erziehungswissenschaft, 14,* 259–282.

Jacobs, J. A. (1996). Gender Inequality and Higher Education. *Annual Review of Sociology, 22,* 153–185.

Keiner, E. & Rinne, R. (2009). Das Bildungsminimum. Konzeptionelle Varianten und Realitätskonstruktionen. Deutschland und Finnland im Vergleich. *Bildung und Erziehung, 62,* 153–174.

Kiel, E. & Kahlert, J. (2017). Ist Inklusion gerecht? In T. Eckert & B. Gniewosz (Hrsg.), *Bildungsgerechtigkeit* (S. 17–26). Wiesbaden: Springer VS.

Klemm, K. (2017). »Kellerkinder« des Bildungssystems. Woher sie kommen, wohin sie gehen. In T. Eckert & B. Gniewosz (Hrsg.), *Bildungsgerechtigkeit* (S. 65–76). Wiesbaden: Springer VS.

Klieme, E. & Warwas, J. (2001). Konzepte der individuellen Förderung. *Zeitschrift für Pädagogik, 57,* 805–818.

Kramer, R.-T. (2013). Abschied oder Rückruf von Bourdieu? Forschungsperspektiven zwischen Bildungsentscheidungen und Varianten der kulturellen Passung? In F. Dietrich, M. Heinrich & N. Thieme (Hrsg.), *Bildungsgerechtigkeit jenseits von Chancengleichheit. Theoretische und empirische Ergänzungen und Alternativen zu PISA* (S. 115–135). Wiesbaden: Springer Fachmedien.

Kraul, M. (2017). *Pädagogischer Anspruch und soziale Distinktion. Private Schulen und ihre Klientel.* Wiesbaden: Springer VS.

Lambrecht, J. (2014). *Die Steuerungsproblematik im Bildungssystem am Beispiel der Implementation der Schulanfangsphase in Berlin. Berichte aus der Arbeit des Arbeitsbereichs Empirische Erziehungswissenschaft der FU Berlin,* Nr. 51. Arbeitsbereich Empirische Erziehungswissenschaft FU Berlin.

Leisering, L. (2000). Die Rückkehr der Gerechtigkeitsfrage. *Magazin Mitbestimmung,* Nr. 1 u. 2, 45–47.

Lettau, W.-D., Niehoff, S., Radisch, F. & Fussangel, K. (2016). Bildungsgerechtigkeit an offenen Ganztagsschulen: Einflussfaktoren der Teilnahmeentscheidung. *Zeitschrift für Grundschulforschung, Bildung im Elementar- und Primarbereich, 9* (1), 52–64.

Liebig, S. & Schupp, J. (2008). Über einen normativen Zielkonflikt und seine Bedeutung für die Bewertung des eigenen Einkommens. *Soziale Welt, 59,* 7–30.

Luhmann, N. (1984). *Soziale Systeme.* Frankfurt/M: Suhrkamp.

Luhmann, N. (1990). Die Homogenisierung des Anfangs. Zur Ausdifferenzierung der Schulerziehung. In N. Luhmann & K. E. Schorr (Hrsg.), *Zwischen Anfang und Ende. Fragen an die Pädagogik* (Suhrkamp Taschenbuch Wissenschaft, Bd. 898) (S. 73-111). Frankfurt/M: Suhrkamp.

Luhmann, N. (2002). *Das Erziehungssystem der Gesellschaft* (Suhrkamp Taschenbuch Wissenschaft, Bd. 1593). Frankfurt/M: Suhrkamp.

Maaz, K., Baumert, J., Gresch, C. & McElvany, N. (Hrsg.). (2010). *Der Übergang von der Grundschule in die weiterführende Schule. Leistungsgerechtigkeit und regionale, soziale und ethnisch-kulturelle Disparitäten* (Bildungsforschung, Bd. 34). Bonn: BMBF.

Maaz, K., Baumert, J., Neumann, M., Becker, M. & Dumont, H. (Hrsg.). (2013). *Die Berliner Schulstrukturreform. Bewertung durch die beteiligten Akteure und Konsequenzen des neuen Übergangsverfahrens von der Grundschule in die weiterführenden Schulen*. Münster: Waxmann.

Maaz, K., Baumert, J. & Trautwein, U. (2009). Genese sozialer Ungleichheit im institutionellen Kontext der Schule: Wo entsteht und vergrößert sich soziale Ungleichheit? *Zeitschrift für Erziehungswissenschaft, Sonderheft 12*. Wiesbaden: VS Verlag für Sozialwissenschaften.

Maaz, K., Böse, S. & Neumann, M. (2016). *BONUS-Studie*. Wissenschaftliche Begleitung und Evaluation des Bonus-Programms zur Unterstützung von Schulen in schwieriger Lage. Zwischenbericht über die erste Schulleiterbefragung aus dem Schuljahr 2013/2014. Deutsches Institut für Internationale Pädagogische Forschung Berlin.

Maaz, K., Hansen, C. & McElvany, N. (2006). Stichwort: Übergänge im Bildungssystem. Theoretische Konzepte und ihre Anwendung in der empirischen Forschung beim Übergang in die Sekundarschule. *Zeitschrift für Erziehungswissenschaft, 9*, 299-327.

Manitius, V., Hermstein, B., Berkemeyer, N. & Bos, W. (Hrsg.). (2015). *Zur Gerechtigkeit von Schule. Theorien, Konzepte, Analysen*. Münster: Waxmann.

Mannion, G. (2003). Children's Participation in School Grounds Developments: Creating a Place for Education that Promotes Children's Social Inclusion. *International Journal of Inclusive Education, 7*, 175-192.

Markic, S. & Abels, S. (2014). Heterogenity and Diversity: A Growing Challenge for Enrichment for Science Education in German Schools? *Eurasia Journal of Mathematics, Science & Technology Education, 10*, 271-283.

McDonald, M. A. (2005). The Integration of Social Justice in Teacher Education. Dimensions of Prospective Teachers' Opportunities to Learn. *Journal of Teacher Education, 56*, 418-435.

Merkens, H. (2010). *Unterricht. Ein Lehrbuch*. Wiesbaden: VS Verlag für Sozialwissenschaften.

Merkens, H. (2011). *Neoinstitutionalismus in der Erziehungswissenschaft*. Opladen & Farmington Hills: Verlag Barbara Budrich.

Merkens, H. (2018). *Schulinspektion in Berlin*. Berlin: Logos.

Merkens, H. & Wessel, A. (2002). *Zur Genese von Bildungsentscheidungen*. Baltmannsweiler: Schneider Hohengehren.

Meyer, H. (2002). Unterrichtsmethoden. In H. Kiper, H. Meyer & W. Topsch (Hrsg.), *Fortschritte und Herausforderungen in Deutschland* (S. 245-275). Münster: Waxmann.

Müller, K. & Ehmke, T. (2012). Soziale Herkunft als Bedingung der Kompetenzentwicklung. In M. Prenzel, C. Sälzer, E. Klieme & O. Köller (Hrsg.), *PISA 2012. Einführung in die Schulpädagogik* (S. 109-121). Berlin: Cornelsen.

Müller, W. & Pollak, R. (2015). Bildung als soziale Mobilität in Deutschland. *AStA Wirtschafts- und Sozialstatistisches Archiv, 9*, 5-26. DOI 10.1007/s11943-015-0161-1.

Nauck, B. & Lotter, V. (2016). Bildungstransmission in Migrantenfamilien. In C. Diehl, C. Hunkler & C. Kristen (Hrsg.), *Ethnische Ungleichheiten im Bildungsverlauf. Mechanismen, Befunde, Debatten* (S. 117-155). Wiesbaden: Springer Fachmedien.

Neumann, M., Milek, A., Maaz, K. & Gresch, C. (2010). Zum Einfluss der Klassenkomposition auf den Übergang von der Grundschule in die weiterführenden Schulen. In K. Maaz, J. Baumert, C. Gresch & N. McElvany (Hrsg.), *Der Übergang von der Grundschule in die weiterführende Schule. Leistungsgerechtigkeit und regionale, soziale und ethnisch-kulturelle Disparitäten* (Bildungsforschung, Bd. 34) (S. 229–251). Bonn: BMBF.

Nussbaum, M. C. (2014). *Die Grenzen der Gerechtigkeit. Behinderung, Nationalität und Spezieszugehörigkeit* (Suhrkamp Taschenbuch Wissenschaft, Bd. 2105). Berlin: Suhrkamp.

OECD (2001). *Lernen für das Leben. Erste Ergebnisse von PISA 2001.* Paris: OECD.

Ophardt, D. & Thiel, F. (2013). *Klassenmanagement. Ein Handbuch für Studium und Praxis.* Stuttgart: Kohlhammer.

Ophuysen, S. van, Riek, K. & Dietz, S.-L. (2015). Soziale Gerechtigkeit beim Übergang von der Grundschule zu weiterführenden Schulen – die Perspektive der Lehrkräfte. In V. Manitius, B. Hermstein, N. Berkemeyer & W. Bos (Hrsg.), *Zur Gerechtigkeit von Schule. Theorien, Konzepte, Analysen* (S. 332–351). Münster: Waxmann.

Pfaff, N. (2013). Bildungsbezogene Orientierungen vor dem Hintergrund von Klasse, Geschlecht, Ethnizität und Bildungssystem: Was leisten intersektionale Rekonstruktionen? In F. Dietrich, M. Heinrich & N. Thieme (Hrsg.), *Bildungsgerechtigkeit jenseits von Chancengleichheit. Theoretische und empirische Ergänzungen und Alternativen zu PISA* (S. 215–238). Wiesbaden: Springer Fachmedien.

Prenzel, M. (2008). Ergebnisse des Ländervergleichs bei PISA 2006 im Überblick. In PISA-Konsortium Deutschland (Hrsg.), *PISA '06. PISA 2006 in Deutschland: Die Kompetenzen der Jugendlichen im dritten Ländervergleich* (S. 15–30). Münster: Waxmann.

Radisch, F. & Klieme, E. (2003). *Wirkung ganztägiger Schulorganisation. Bilanzierung der Forschungslage.* Literaturbericht im Rahmen von »Bildung Plus«. DIPF Frankfurt/M.

Rawls, J. (2006). *Gerechtigkeit als Fairneß. Ein Neuentwurf* (Suhrkamp Taschenbuch Wissenschaft, Bd. 1804). Frankfurt/M: Suhrkamp.

Ricken, N. (2015). Was heißt »jemandem gerecht werden«? Zum Problem der Anerkennungsgerechtigkeit im Kontext der Bildungsgerechtigkeit. In V. Manitius, B. Hermstein, N. Berkemeyer & W. Bos (Hrsg.), *Zur Gerechtigkeit von Schule. Theorien, Konzepte, Analysen* (S. 131–149). Münster: Waxmann.

Roth, T. & Siegert, M. (2015). Freiheit versus Gleichheit? Der Einfluss der Verbindlichkeit der Übergangsempfehlung auf die soziale Ungleichheit in der Sekundarstufe. *Zeitschrift für Soziologie, 44* (2), 115–136.

Rudduck, J. & Flutter, J. (2000). Pupil Participation and Pupil Perspective: »Carving a New Order of Experience«. *Cambridge Journal of Education, 30,* 75–89.

Scheerens, J. (2015). Theories on Educational Effectiveness and Ineffectiveness. *School Effectiveness and School Improvement, 26,* 10–31.

Schleithoff, F. (2014). Ist Gesamtschule wirklich besser? Ein Beitrag zur Ordnungspolitik von Schulformen. *ORDO, 65,* 303–327.

Schlicht, R. (2011). *Determinanten der Bildungsungleichheit. Die Leistungsfähigkeit von Bildungssystemen im Vergleich der deutschen Bundesländer.* Wiesbaden: VS Verlag für Sozialwissenschaften.

Schluß, H. (2015). Bildungsgerechtigkeit und Öffentlichkeit. Perspektiven evangelischer Schulen. In K. Schiefermair & T. Krobath (Hrsg.), *Leben, Lernen, Glauben. Evangelischer Bildungsbericht 2015* (S. 46–51). Wien: Evangelischer Presseverband in Österreich.

Schuetze, H. G. (2015). Schule, Recht und Gerechtigkeit. In V. Manitius, B. Hermstein, N. Berkemeyer & W. Bos (Hrsg.), *Zur Gerechtigkeit von Schule. Theorien, Konzepte, Analysen* (S. 51–71). Münster: Waxmann.

Schulgesetz für das Land Berlin, aktuellste verfügbare Fassung der Gesamtausgabe. www.berlin.de/sen/bildung/schule/rechtsvorschriften/ [28.03.2017].

Schwenk, B. (1989). Bildung. In D. Lentzen (Hrsg.), *Pädagogische Grundbegriffe*, Bd. 1, Aggression bis Interdisziplinarität (re, Bd. 487) (S. 208–221). Reinbek: Rowohlt.

Sekretariat der KMK (2015). *Statistische Veröffentlichungen der KMK*. Dokumentation Nr. 206, Schüler, Klassen Lehrer und Absolventen 2004–2013. Berlin: KMK.

Sen, A. (1992). *Inequality Re-examined*. Oxford: Oxford University Press.

Senatsverwaltung für Bildung, Jugend und Wissenschaft (2014). *Berliner Schulen*.

Senatsverwaltung für Bildung, Jugend und Wissenschaft (2016). *Blickpunkt Schule*. Schuljahr 2015/2016. Berlin.

Slee, R. (2001). Social Justice and the Changing Directions in Educational Research: The Case of Inclusive Education. *International Journal of Inclusive Education, 5* (2/3), 167–177.

Solga, H. (2008). Wie das deutsche Schulsystem Bildungsungleichheiten verursacht. *WZBrief Bildung*, 01/2008. Berlin: WZB.

Stanat, P., Böhme, K., Schipolowski, S. & Haag, N. (Hrsg.). (2016). *IQB Bildungstrends 2015. Sprachliche Kompetenzen am Ende der 9. Jahrgangsstufe im zweiten Ländervergleich. Zusammenfassung*. Münster: Waxmann.

Statistisches Bundesamt (2016). *Bildung und Kultur. Private Schulen*. Schuljahr 2014/2015. Fachserie 11, Reihe 1.1. Wiesbaden: Statistisches Bundesamt.

Stojanov, K. (2013). Bildungsgerechtigkeit als Anerkennungsgerechtigkeit. In F. Dietrich, M. Heinrich & N. Thieme (Hrsg.), *Bildungsgerechtigkeit jenseits von Chancengleichheit. Theoretische und empirische Ergänzungen und Alternativen zu PISA* (S. 57–69). Wiesbaden: Springer Fachmedien.

Strietholt, R. & Bos, W. (2014). Bildungsungleichheit und Bildungsgerechtigkeit. *Recht der Jugend und des Bildungswesens, 62* (2), 145–150.

Strietholt, R., Manitius, V., Berkemeyer, N. & Bos, W. (2015). Bildung und Bildungsungleichheit an Halb- und Ganztagsschulen. *Zeitschrift für Erziehungswissenschaft, 18*, 737–761.

Tenorth, H.-E. (2004). Bildungsminimum und Lehrfunktion. Eine Apologie der Schulpflicht und eine Kritik der »therapie«-orientierten pädagogischen Professionstheorie. In S. Gruehn, G. Kluchert & T. Koinzer (Hrsg.), *Was Schule macht. Schule, Unterricht und Werteerziehung: theoretisch, empirisch, historisch. A. Leschinsky zum 60. Geburtstag* (S. 15–29). Weinheim: Beltz.

Tenorth, H.-E. (2016). Bildungstheorie und Bildungsforschung. Bildung und kulturelle Basiskompetenzen – ein Klärungsversuch auch am Beispiel der PISA-Studien. *Zeitschrift für Erziehungswissenschaft, Sonderheft 31*, 45–71.

Terzi, L. (2005). A Capability Perspective on Impairment, Disability and Special Needs. Towards Social Justice in Education. *Theory and Research in Education, 3*, 197–223.

Tiedemann, J. & Billmann-Mahecha, E. (2010). Wie erfolgreich sind Gymnasiasten ohne Gymnasialempfehlung? Die Kluft zwischen Schullaufbahnempfehlung und Schulformwahl der Eltern. *Zeitschrift für Erziehungswissenschaft, 13*, 649–660.

Tillmann, K.-J. (2004). Schulpädagogik und Ganztagsschule. In H.-U. Otto & T. Coelen (Hrsg.), *Grundbegriffe der Ganztagsbildung* (S. 193–198). Wiesbaden: VS Verlag für Sozialwissenschaften.

Timmermanns, A. & Thomas, S. M. (2014). The Impact of Student Composition on Schools' Value-Added Performance: A Comparison of Seven Empirical Studies. *School Effectiveness and School Improvement*. DOI: 10.1080/09243453,2014.957328.

Tomlinson, C. A., Brighton, C., Hertberg, H., Callahan, C. M., Moon, T. R., Brimijoin, K., Conover, L. A. & Reynolds, T. (2003). Differentiating Instruction in Response to Student

Readiness, Interest and Learning Profile in Academically Diverse Classrooms: A Review of Literature. *Journal for the Education of the Gifted, 27*, 119–145.

Vahlens Kompendium der Wirtschaftstheorie und Wirtschaftspolitik (2007) (Bd. 2). T. Apolte et al. München: Vahlen Verlag.

Vester, M. (2013). Das schulische Bildungssystem unter Druck: Sortierung nach Herkunft oder milieugerechte Pädagogik? In F. Dietrich, M. Heinrich & N. Thieme (Hrsg.), *Bildungsgerechtigkeit jenseits von Chancengleichheit. Theoretische und empirische Ergänzungen und Alternativen zu PISA* (S. 91–113). Wiesbaden: Springer Fachmedien.

Vieth-Enthus, S. (2016). Lehrer finden Mathe-Prüfungen »Pillepalle«. *Der Tagespiegel*, 20.6.2016. www.tagesspiegel.de/berlin/schulabschluss-in-berlin-lehrer-finden-mathe-prüfungen.pillepalle/13756836.html.

Vitzhum, T. (2016). Und das Ganze noch einmal. *Die Welt Kompakt*, 6.4.2016, S. 4.

Walker, M. (2006). Towards a Capability-Based Theory of Social Justice for Education Policy-Making. *Journal of Educational Policy, 21*, 163–185.

Weinert, F. E. (2001). Vergleichende Leistungsmessung in Schulen – eine umstrittene Selbstverständlichkeit. In F. E. Weinert (Hrsg.), *Leistungsmessungen in Schulen* (S. 17–31). Weinheim: Beltz.

Weiß, M. (2014). Privatschulen aus bildungsökonomischer Perspektive. In M. Kraul (Hrsg.), *Privatschulen* (S. 139–154). Wiesbaden: Springer.

Wendt, P. (2016). Einschulung um jeden Preis. *Grundschule, 48* (2), 24–26.

Wigger, L. (2015). Bildung und Gerechtigkeit – Eine Kritik des Diskurses um Bildungsgerechtigkeit aus bildungstheoretischer Sicht. In V. Manitius, B. Hermstein, N. Berkemeyer & W. Bos (Hrsg.), *Zur Gerechtigkeit von Schule. Theorien, Konzepte, Analysen* (S. 72–92). Münster: Waxmann.

Wischer, B. (2013). Konstruktionsbedingungen von Heterogenität im Kontext organisierter Lernprozesse. Eine schul- und organisationstheoretische Problemskizze. In J. Budde (Hrsg.), *Unscharfe Einsätze: (Re-)Produktion von Heterogenität im schulischen Feld* (S. 99–126). Wiesbaden: VS Springer.

Zajda, J., Majhanovich, S. & Rust, V. (2006). Introduction: Education and Social Justice. *Review of Education, 52*, 9–22.

Margret Kraul

Private Schulen und Bildungsgerechtigkeit
Ein Widerspruch?[1]

Allgemeinbildende private Schulen boomen in den letzten 20 Jahren; sie haben ihren Anteil nahezu verdoppelt und werden von vielen Eltern als positive Alternative zum staatlichen Schulsystem gesehen. Das wirft Fragen auf, die sich sowohl auf das Schulsystem mit seinen Angeboten als auch auf die Nutzer als Abnehmer, vor allem die Eltern, beziehen und das Problem der Bildungsgerechtigkeit berühren. Verhindern private Schulen Bildungsgerechtigkeit, indem sie zur Bildungsungleichheit beitragen? Ist ein Bildungssystem, das private Schulen zulässt, von vornherein *ungerecht*, da es möglicherweise bestimmte Gruppen privilegiert und durch seine Selektivität einen Creaming-Effekt[2] erzeugt, der sich öffentlichen Schulen gegenüber nachteilig auswirkt, oder gewährt es durch alternative Bildungsformen einzelnen Schüler/innen Chancen, die ihnen das öffentliche Bildungssystem nicht bietet? Versprechen sich Eltern als Nutzer/innen und teilweise auch als Initiator/innen privater Bildungsangebote eine besonders günstige gesellschaftliche Allokation ihrer Kinder, oder wollen sie nicht realisierte (Förder-)Möglichkeiten des staatlichen Schulsystems ausgleichen? Im ersten Fall würde ihre Schulwahl zu einer Bildungsungleichheit beitragen, die gemeinhin als Bildungsungerechtigkeit verstanden wird, im zweiten eher die Fähigkeiten von Kindern in einer Weise stärken, die das staatliche Schulsystem vermeintlich nicht bietet. Beide Stränge, der zu privaten Schulen wie der zur Bildungsgerechtigkeit werden im Folgenden aufgenommen und miteinander verknüpft.

An erster Stelle dieses Beitrags steht ein historischer Überblick über die Entwicklung der privaten Schulen im Kontext der Entwicklung der öffentlichen Schulen. Er soll dazu dienen, den Blick auf die privaten Schulen und das Problem der Bildungsgerechtigkeit zu schärfen. Dabei wird aufgezeigt, welch spezifischer Stellenwert den privaten Schulen im Laufe ihrer Geschichte jeweils zugewiesen wurde. Am Beispiel Preußens wird zunächst die Entwicklung zum staatlichen Schulwesen im 19. Jahrhundert aufgegriffen. Die sich anschließende Zeit der Weimarer Republik wird sodann als Phase markiert, in der mit dem Bemühen um eine allumfassende Bildungsgerechtigkeit private Schulen einen Ausnahmecharakter annehmen sollten

---

[1] Für kritisches Gegenlesen und hilfreiche Kommentare danke ich Johannes Bellmann, Christoph Lundgreen und Hans Merkens.
[2] Eine Art Selektion, der zufolge die leistungsstarken Schüler/innen vermeintlich anspruchsvollere und bessere Schulen wählen, die ihrerseits damit gleichsam die »Sahne« der Schüler/innen abschöpfen.

und allenfalls noch in Nischen zu finden waren. Mit einem kurzen Blick auf die Entwicklung während des Nationalsozialismus und in der frühen Bundesrepublik schließt der erste Teil ab.

In einem zweiten Teil wird die Entwicklung der privaten Schulen in den letzten Jahren unter dem Aspekt der Bildungsgerechtigkeit betrachtet. Zu diesem Zweck wird zunächst Bildungsgerechtigkeit mit Rekurs auf gegenwärtig diskutierte Gerechtigkeitstheorien ausdifferenziert: Die Verteilungsgerechtigkeit von Rawls, die Teilhabegerechtigkeit von Nussbaum und die Anerkennungsgerechtigkeit von Honneth werden kurz skizziert und auf Bildung und Schule bezogen. Auf der Grundlage von Daten aus einer Studie zu privaten Schulen wird anschließend gefragt, ob diese Gerechtigkeitsdimensionen in privaten Schulen realisiert werden und ob öffentliche Schulen und ihre Schüler/innen davon tangiert sind. Der Schwerpunkt der Datenauswertung liegt auf der Sicht der Eltern als denjenigen Akteur/innen, die über die Schulwahl für ihre Kinder wesentliche Bildungsentscheidungen treffen. Ein Fazit rundet die Ausführungen ab.

1. Private und staatliche Schulen in historischer Perspektive

An der Wende zum 19. Jahrhundert, jener von Koselleck als Sattelzeit bezeichneten Epoche, bildet sich ein neues Verständnis des politischen Denkens, bei dem Wandel und Zukunftsgerichtetheit eine Rolle spielen. Die ständische Gesellschaftsordnung wird abgelöst durch eine bürgerliche, die ihrerseits zukunfts- und leistungsorientiert ist, statt im statischen, in Privilegien verhafteten Denken zu verharren. Dieses neue Denkmodell hat Auswirkungen auf das Verständnis von Familie, Kultur- und Konsumformen und nicht zuletzt von Bildung: Schulen sollen, wie es im preußischen Allgemeinen Landrecht (ALR) von 1794 prononciert heißt, »Veranstaltungen des Staates« sein (ALR, 2. Theil, 12. Titel, § 1). Für alle Untertanen war eine staatlich überprüfbare Unterrichtspflicht vorgesehen, die eine Art Grundbildung beinhalten sollte und für deren Einhaltung – zumindest formal – der Staat verantwortlich zeichnete. An diesem grundlegenden Anspruch änderte auch die Tatsache nichts, dass die Elementarbildung de facto nach wie vor der Aufsicht der Kirche überlassen blieb und neben den öffentlichen Schulen weiterhin die Möglichkeit zu Privaterziehungsanstalten (ebd., §§ 3–6) und zu häuslicher Erziehung (ebd., §§ 7–8) gegeben war. Die beiden letztgenannten Zusätze ergänzten die Schulen »als Veranstaltungen des Staates«. Adlige, die weiterhin, oft einer Familientradition folgend, die Privaterziehung für ihre Töchter und Söhne wünschten, aber auch (Bildungs-)Bürger, deren Söhne in der Region, in der sie lebten, keine öffentliche (höhere) Schule erreichen konnten und für deren Töchter das Bildungssystem eine angemessen erscheinende höhere Bildung nicht vorhielt, also Angehörige der höheren Stände, nutzten diese Möglichkeit. Vielleicht ein Grund dafür, dass sich die Vorstellung einer engen Koppelung von privater Erziehung und Sozialstatus bis heute gehalten hat?

Interessanterweise nahm die Verstaatlichung der Bildung ihren Ausgangspunkt an zwei Polen: der allgemeinen Grundbildung aller Untertanen[3] und der höheren männlichen Bildung, die über das Einjährige oder die an ein Studium gebundenen Professionen den Zugang zu staatstragenden Berufen bildete und deren Absolventen die späteren Funktionseliten stellten. Letzteres machte die öffentliche staatliche Bildung begehrenswert und lud dazu ein, Sonderformen privater Bildung wie Ritterakademien mit all ihrer Exklusivität zu einem Relikt werden zu lassen. Dessen ungeachtet aber blieb die private Bildung für jene Bereiche bestehen, die für den Staat weniger von Relevanz waren: die (höhere) Mädchenbildung sowie späterhin auch die Beschulung »blödsinniger« Kinder, die, da ihnen eine Bildungsfähigkeit abgesprochen wurde, »vorzugsweise der Privatthätigkeit« (Schneider & v. Bremen, 1887, S. 209, nach Ellger-Rüttgardt, 2013, S. 448) sowie den Kirchen und Vereinen der Wohltätigkeit überlassen wurden.[4]

Standen in der Umbruchzeit von der Ständegesellschaft zur bürgerlichen Gesellschaft öffentliche und private Bildung nebeneinander, so hatte sich doch mit der staatlichen Übernahme des Bildungswesens und der Normierung der Abschlüsse etwas Entscheidendes geändert: der Ort, an dem die exklusive gesellschaftliche Positionen verheißende Bildung angesiedelt war. Nicht mehr die private Hofmeister- und Hauslehrererziehung, sondern ein vom Staat getragener und verantworteter Unterricht, zu dem der Zugang prinzipiell allen Menschen möglich sein sollte, bildete potenzielle spätere Funktionsträger aus und versah sie, je nach Leistung, mit Bildungszertifikaten. Damit war im öffentlichen männlichen Bildungsbereich ein meritokratisches System eingeführt.

Um wie viel exklusiver die öffentliche höhere männliche Bildung im Vergleich zur privaten im Laufe des 19. Jahrhunderts eingeschätzt wurde, das zeigt sich auch an der Diskussion um die Vorschule, jene dreijährige Vorbereitung auf das Gymnasium, die erst 1920 von der allgemeinen Grundschule abgelöst wurde. Selbst in diesem Bereich hatten die privaten Schulen kein sonderliches Renommee mehr: So wurde Mitte des 19. Jahrhunderts seitens der Schulverwaltung beklagt, dass weder die in den Gymnasialstädten vorhandenen Elementarschulen noch

---

3 Mit Grundwissen sowie Fähigkeiten und Kompetenzen ausgestattete Untertanen waren für die Steuereinnahmen des Staates ebenso notwendig wie für den Militärdienst. Aber auch den Mädchen sollte aus familienpolitischen Gründen eine gewisse Elementarbildung zukommen; waren sie doch als zukünftige Mütter zuständig für die Erziehung der Kinder.

4 Im Unterschied zu den geistig behinderten Kindern, den »Blödsinnigen«, wurden für mindersinnige Kinder im deutschsprachigen Raum Blinden- und Taubstummenanstalten in staatlicher Verantwortung gegründet. Zudem wurden für »Schulversager« gegen Ende des 19. Jahrhunderts Hilfsklassen institutionalisiert, später auch Hilfsschulen, die als Teil der Volksschulen galten und damit im staatlichen Sektor verortet waren. Vgl. Ellger-Rüttgardt, 2013, S. 449–452.

die Privatschulen[5] die richtige Vorbereitung auf das Gymnasium leisten könnten. Stattdessen sollten besser »*öffentliche Vorbereitungsschulen* für diejenigen Knaben, welche mit dem 10. Jahre in ein Gymnasium (…) eintreten wollen«, eingerichtet werden (Rönne, 1855, S. 165f.; vgl. Lundgreen & Kraul, 2015, S. 381). Diese öffentlichen Vorbereitungsschulen, in der Regel an ein Gymnasium angegliedert, waren sozial hoch selektiv konzipiert und die preußische Unterrichtsverwaltung scheute sich nicht, diese Vorteile zu preisen. Die Schüler gehörten »größtenteils solchen Familien« an, »in welchen das häusliche Leben von selbst die Arbeit der Schule unterstützt«, sie seien ferner »ihrer Mehrzahl nach, dazu bestimmt (…), sich eine über das Ziel der Volksschule hinausgehende allgemeine Bildung zu erwerben«, und nicht zuletzt werde durch »die Höhe des eingeforderten Schulgeldes (…) das Einhalten eines richtigen Maßes der Frequenz der einzelnen Klassen ermöglicht« (Circular-Verfügung v. 23. April 1883, in: Wiese, 1886, S. 145; vgl. Lundgreen & Kraul, 2015, S. 382). Die öffentliche Vorschule zum Gymnasium, nicht die private Vorbereitung, verhieß mit der Aussicht auf eine Gymnasialkarriere im öffentlichen Bereich höchstes gesellschaftliches Prestige, wobei allerdings berücksichtigt werden muss, dass seit den 1870er-Jahren nur etwa 30 % aller Sextaner eine Vorschule besuchten und Abgänger aus der Volksschulunterstufe die deutliche Mehrheit unter den jährlichen Sextanern stellten (Lundgreen & Kraul, 2015, S. 385). Festhalten lässt sich jedoch, dass der Staat im Laufe des 19. Jahrhunderts, vor allem durch die enge Verkoppelung von staatlichen Bildungsabschlüssen der männlichen Schüler und späterer gesellschaftlicher Position, gegenüber der privaten Bildung zum Hort der Exklusivität wurde.

Wie aber ist die Stellung der privaten Bildung? Sie nimmt sich vor allem der höheren Mädchenbildung an und schafft damit geschlechterbezogen eine Möglichkeit zu höherer Bildung, die vorerst seitens des Staates nicht vorhanden ist. Die beiden Kirchen, vor allem die katholische Kirche, aber auch private Schulhalter/innen sind Träger dieser Schulen, die verstärkt im 19. Jahrhundert gegründet wurden. Sie kamen jenen Bedürfnissen eines lokalen Bürgertums nach, die der Staat nicht auf seiner Agenda hatte, und besetzten damit eine Nische in der Bildungslandschaft, die der Anbieter- wie der Abnehmerseite diente. Auf der Anbieterseite der privaten Mädchenbildung sahen sich Frauen als Mädchenschullehrerinnen aufgrund ihres Geschlechts für die höhere Mädchenbildung prädestiniert und begaben sich damit in Konkurrenz zu ihren männlichen Kollegen. Ihre geschlechtsbezogene Legitimation nutzten sie für die Nische, die ihnen die private Mädchenerziehung für ihre Berufstätigkeit bot. Aber auch für die Nutzerinnen, die höheren Töchter, boten diese privaten Institute eine Nische, waren sie doch für die höheren Schichten einer

---

5 Das Interesse der Privatschulen sei lediglich darauf gerichtet, die Schüler möglichst lange – bis zum Eintritt in die Quarta oder gar Tertia – bei sich zu behalten, ohne jedoch über die dafür notwendigen Lehrer zu verfügen. Vgl. Lundgreen & Kraul, 2015, S. 385.

Stadt die Alternative zu den öffentlichen Schulen und hatten somit distinktiven Charakter, auch wenn sie nicht – wie die männliche höhere Bildung – Zertifikate vergeben konnten, die für den Eintritt in den Staatsdienst von Bedeutung waren.[6]

Als die Vertreterinnen der weiblichen höheren Bildung sich zugunsten eines neuen Frauenbildes aus dem Kreislauf von Haus und Familie emanzipieren wollten, sahen sie ihre Chancen jedoch weniger im privaten als vielmehr im staatlichen Segment. Analog zu der männlichen höheren Bildung versuchten sie, für die weibliche höhere Bildung Berechtigungen zu erlangen; der lang andauernde Kampf seitens der Frauenbewegung um die Zulassung von Frauen zum Studium ist ein Beleg dafür. Eine staatlich reglementierte und normierte Bildung wurde, zumindest für alle diejenigen, die akademische Ambitionen hatten und die Festlegung auf die tradierte Frauenrolle in Haus und Familie durchbrechen wollten, zum erstrebenswerten Ziel. Der distinktive Charakter der weiblichen Bildungsinstitutionen verlagerte sich – wie Jahrzehnte zuvor in der männlichen Bildung – von dem privaten auf das staatliche Segment. Dennoch blieben, wenn auch mit abnehmendem Anteil, private höhere Mädchenschulen bestehen; sie substituierten das staatliche Schulsystem und bildeten, solange kein flächendeckendes Angebot öffentlicher höherer Mädchenschulen vorhanden war, eine schulische Nische für Nutzerinnen und eine berufliche Nische für die Anbieterinnen.

Blicken wir am Ausgang des 19. Jahrhunderts auf staatliche und private Schulen, so verfügten die staatlichen höheren Schulen durch den Ausweis von Berechtigungen über ein größeres gesellschaftliches Ansehen als die entsprechenden privaten. Auch diejenigen Schüler, die in den ersten Schuljahren eine private Anstalt besucht oder aber mangels anderer Gelegenheiten privaten häuslichen Unterricht erhalten hatten, wechselten in den höheren Klassen zwecks Anerkennung ihrer erreichten Bildungsstufe auf eine staatliche höhere Schule. Die privaten Schulen fanden sich dagegen vor allem im Bereich der weiblichen (höheren) Bildung, also da, wo das staatliche System noch nicht flächendeckend ausgebaut war. An diesen Stellen nahmen sie eine Nischenfunktion wahr und sicherten den Mädchen die Partizipation an höherer Bildung. Zwar waren sie durch das erhobene Schulgeld sozial selektiv, dennoch minderten sie den geschlechtsspezifisch konnotierten Teil einer vorherrschenden Bildungsungerechtigkeit und nahmen damit eine wichtige gesellschaftliche Aufgabe wahr.

Eine neue Konstellation ergab sich in der Weimarer Republik, als mit der sozialpolitischen Forderung nach Bildungsgerechtigkeit private Schulen zurückgedrängt wurden. In der Bildungspolitik hatten die Ideen der Einheitsschulbewegung Einzug gehalten und gewannen nun Einfluss auf die schulische Struktur. Davon tangiert wurden vor allem die ersten Schuljahre, erstmals als *Grundschule* bezeichnet. Die

---

6 Eine der Karrieren nach dem Absolvieren einer höheren Mädchenschule war es, erneut Lehrerin an einer privaten höheren Mädchenschule zu werden.

Grundschule sollte staatlich und allgemeinverbindlich sein. Private Schulen wurden nur dann als Ersatzschulen zugelassen, wenn ein berechtigtes konfessionelles oder ein besonderes pädagogisches Interesse bestand und sie – und das war die Bedingung der neuen Republik – »keine Sonderung der Schüler nach Besitzverhältnissen« nach sich zögen (Art. 147 II Abs. 1, 2, Weimarer Reichsverfassung (WRV)[7]), also nicht die sozialen Disparitäten verstärkten. Diese Regelung traf vor allem jene Gruppe von privaten Schulen, die zuvor zur Substituierung des Schulsystems gedient hatten: die höheren Mädchenschulen. Sie hatten grundständig mit Klasse 1 begonnen, mit der Einführung der allgemeinen Grundschule aber wurde ihre Unterstufe abgeschafft. Zudem wurde mit der Gründung staatlicher höherer und mittlerer Mädchenschulen die Substituierung des weiblichen höheren Schulwesens durch private Schulen zunehmend überflüssig, ihre Aufgaben wurden nunmehr von öffentlichen Schulen übernommen. Mit dieser Entwicklung einhergehend verloren die Mädchenschullehrerinnen, die ihrerseits aufgrund fehlender staatlich anerkannter Abschlüsse nicht an staatlichen Schulen unterrichten konnten, ihre professionelle Nische. Das machte sie zu vehementen Verfechterinnen des Rechts der Eltern auf freie, der jeweiligen Individualität des Kindes angemessenen Schulwahl, und dafür waren aus ihrer Sicht private Schulen hervorragend, wenn nicht gar deutlich besser als staatliche geeignet (vgl. Reichsschulkonferenz, 1921, S. 411 ff.).

Der Blick in die schulpolitische Realität zeigt jedoch, dass sich allen Argumentationen für private Schulen und einzelnen reformpädagogischen, weltanschaulichen oder konfessionellen Gründungen zum Trotz die Entwicklung zu weiterer Verstaatlichung des Schulwesens fortsetzte.[8] Die große Errungenschaft des späten Kaiserreichs und der Weimarer Republik bestand darin, das staatliche Schulsystem so weit ausgebaut zu haben, dass es keinerlei Substituierung mehr bedurfte. Der Trend ging eindeutig zu staatlichen Schulen für alle. Hinsichtlich der für die Bildungsgerechtigkeit bedeutsamen Frage nach den Trägern der einzelnen Schulen war es damit erstmals fast ausschließlich der Staat, der im Bereich des allgemeinbildenden Schulwesens das Angebot stellte.[9]

Im Nationalsozialismus setzte sich diese Entwicklung durch die Abwehr, ja sogar das Verbot aller privaten Schulen fort. Erst nach 1945, mit dem Wiederaufbau des Schulwesens, bei dem an Strukturen der Weimarer Republik angeknüpft wurde, wurde dem privaten Schulwesen wieder Bedeutung beigemessen, wenn auch zu-

---

7   Der entsprechende Passus ist fast gleichlautend in das Grundgesetz übernommen worden, vgl. Art. 7, Abs. 4, 5, GG.
8   Den wenigen privaten Neugründungen wie Landerziehungsheimen oder Waldorfschulen kam eher Bedeutung als eine Art »pädagogische(r) Pfadfinderin« zur Erprobung neuer Unterrichtsmodelle zu, als dass sie für eine breitere Gruppe eine schulische Alternative darstellten, vgl. die Forderung von Vertreter/innen privater Schulen auf der Reichsschulkonferenz, Reichsschulkonferenz, 1921, S. 404.
9   Eine Ausnahme stellten die Förderschulen dar, siehe Abschnitt 2.2.

nächst nur in sehr geringem Ausmaß. In Niedersachsen beispielsweise kam es in der unmittelbaren Nachkriegszeit zu einzelnen Gründungen von Gymnasien im ländlichen Raum, die das staatliche Schulsystem ergänzten und den Schüler/innen in abgelegenen Gebieten die Möglichkeit zur Partizipation am gymnasialen Unterricht gaben (vgl. Kraul, 2015b, S. 29 ff.). Daneben wurde im Zuge des Ausbaus des westdeutschen Sonderschulwesens zwischen 1955 und 1990 eine Reihe privater Sonderschulen[10] geschaffen, die in der Tradition karitativer Nächstenliebe und Barmherzigkeit an christliche Behinderteneinrichtungen anknüpften und demzufolge im privaten (konfessionellen) Bereich angesiedelt waren. Diese Schulen ergänzten nunmehr das staatliche Bildungsangebot ebenso wie im 19. Jahrhundert die private Mädchenbildung das Schulwesen ergänzt hatte und sie sicherten auf diese Weise – ebenso wie die privaten Mädchenschulen im 19. Jahrhundert – für eine Gruppe von Kindern die Teilhabe an Schule und Unterricht. Sie übernahmen damit eine Nischenfunktion für einen Bereich, dessen Versorgung von staatlicher Seite nicht ausreichend wahrgenommen wurde, und leisteten auf diese Weise einen Beitrag zur Bildungsgerechtigkeit.

Das große Thema der Chancengleichheit jedoch, das seit Beginn der 60er-Jahre die schul- und gesellschaftspolitische Diskussion in der Bundesrepublik prägte und das Bildungsgerechtigkeit mit dem formal gleichen Zugang zu Bildung verband, wurde nicht auf die privaten, sondern auf die staatlichen Schulen bezogen. Es war ein Modell, demzufolge jede/r eine Chance auf (höhere) Bildung haben und niemand aufgrund seiner/ihrer Herkunft daran gehindert werden sollte, diese Chance zu ergreifen. Damit ging es um die Aufhebung soziostruktureller Benachteiligungen beim Zugang zu höherer Bildung. Die Benachteiligungen fanden in der Symbolfigur des katholischen Arbeitermädchens vom Lande ihren Niederschlag und bezogen sich auf Hindernisse, die eine Verteilung der Schüler/innen auf das Bildungssystem nach ihrer Leistungsfähigkeit ausschloss; eine Debatte, die neben der Chance für das Individuum nicht zuletzt auch von dem gesellschaftlichen und ökonomischen Bestreben getragen war, die Begabungsreserven zu nutzen und sie richtig platziert in die Arbeitswelt zu überführen. Die relativ geringe Anzahl privater Schulen spielte in diesem Diskurs um Chancengleichheit keine Rolle.

Das änderte sich, nachdem private Schulen seit den 90er-Jahren einen Boom erlebten und sich ihr Anteil an den staatlichen Schulen binnen gut zwei Jahrzehnten fast verdoppelte (vgl. Kraul, 2017). Hatten sie zuvor weitgehend eine Ergänzungsfunktion wahrgenommen und den pädagogischen Diskurs allenfalls marginal be-

---

10 Mit dem Ausbau wurde eine Differenzierung innerhalb der Sonderschulen vorgenommen, vor allem aber die Stellung geistig behinderter Kinder revidiert: Sie galten nicht mehr als bildungsunfähig, sondern ihnen wurde ein Anrecht auf Bildung und Erziehung zuerkannt, vgl. Gutachten zur Ordnung des Sonderschulwesens, 1960; Ellger-Rüttgardt, 2013, S. 458. – Andere private Schulgründungen fielen dagegen vor 1990 – zumindest in Niedersachsen – kaum ins Gewicht, vgl. Kraul, 2015b, S. 29.

stimmt, so wurden sie in den letzten zwei bis drei Jahrzehnten in zunehmendem Maße als Alternativen zu staatlichen Schulen gesucht. Ein ganzes Faktorenbündel – der PISA-Schock und das damit einhergehende schwindende Vertrauen von Eltern in das öffentliche Schulsystem, die Abnahme der der relativ hohen Bildungsbeteiligung geschuldeten Exklusivität des Abiturs, vor allem aber ein verändertes Bildungsverhalten der Eltern, die angesichts eines verspürten gesellschaftlichen Drucks (vgl. Merkle & Wippermann, 2008) um eine möglichst optimale Förderung ihrer Kinder bemüht waren und sind[11] und die ihre Erwartungen und Wünsche von den öffentlichen Schulen nicht berücksichtigt sehen – wurde zu einem entscheidenden Motor der Schulentwicklung privater Schulen.[12] Ob diese dann in Konkurrenz zu staatlichen Schulen geraten, ob sie durch soziale Selektivität zur Bildungsungerechtigkeit beitragen und derzeitige gesellschaftliche Vorstellungen von Bildungsgerechtigkeit konterkarieren, wird im Folgenden untersucht.

2. Bildungsgerechtigkeit und private Schulen

War die Diskussion der 60er- und 70er-Jahre des letzten Jahrhunderts von dem Begriff der Chancengleichheit dominiert, so ist diese Begrifflichkeit inzwischen von der der Chancengerechtigkeit oder Bildungsgerechtigkeit abgelöst worden. Gemeinhin – und diese Vorstellung ist vor allem in der empirischen Bildungsforschung vorherrschend – gilt Bildungsgerechtigkeit dann als gewährleistet, wenn Bildungsressourcen und -zertifikate *leistungsabhängig* und *herkunftsunabhängig* vergeben werden. Damit stehen die Verteilung der Bildungsgüter sowie letztlich auch die Verteilung gesellschaftlicher Positionen nach Verdienst und Leistung im Vordergrund.

Eine solche an Verteilung orientierte Sichtweise findet sich auch in dem Chancenspiegel (vgl. Berkemeyer, Bos, Manitius, Hermstein & Khalatbari, 2013), einem Instrument der Bildungsberichterstattung, das die Bildungschancen von Kindern und Jugendlichen in der Bundesrepublik untersucht und mithilfe von Daten aus der amtlichen Statistik und aus Schulleistungsuntersuchungen das Bildungssystem hinsichtlich seiner Leistungsfähigkeit und Gerechtigkeit betrachtet.[13] Dabei greifen

---

11 Vgl. Zymek, der im Kontext der Diskussion zu Internationalisierung und Hierarchisierung im Bildungssystem darauf verweist, dass das deutsche System »deutliche Züge der ›Parentokratie‹« trägt (2009, S. 187); zu den Eltern vgl. auch Kraul, 2015c, S. 260 ff.

12 Orientierungen der Eltern und ihre Erwartungen an das Schulsystem führen teilweise auch zu Initiativen für private Neugründungen, vgl. Kraul, 2015b, S. 33 ff.

13 Der Chancenspiegel wird seit 2012 von den Universitäten Jena und Dortmund in Kooperation mit der Bertelsmannstiftung erstellt. Zur Konzeption des Begriffs Chancengerechtigkeit im Chancenspiegels vgl. auch Giesinger, 2015, S. 151 ff. Auf Giesingers Kritik wird in diesem Beitrag jedoch nicht weiter eingegangen.

die Autoren erneut auf den Begriff der Chancengleichheit zurück. Sie gilt ihnen als gewahrt, wenn Schüler/innen »die faire Chance zur freien Teilhabe an der Gesellschaft« in einer gerechten Schule haben (Berkemeyer et al., 2013, S. 20). Mit dieser Zielsetzung wird auf die *Verteilungsgerechtigkeit* abgehoben, die im Sinne von Rawls' »Gerechtigkeit als Fairneß« die Balance zwischen politischer Freiheit und Chancengleichheit aufrechterhalten und damit »eine faire[.] soziale[.] Kooperation langfristig erfüllen« soll (Rawls, 2014, S. 91). Rawls zufolge sollen alle Menschen an den sogenannten Grundgütern, den Grundrechten und -freiheiten[14], partizipieren können und – wie es im Chancenspiegel heißt – aufgrund »ihrer sozialen und natürlichen Merkmale keine zusätzlichen Nachteile« (Berkemeyer et al., 2013, S. 20) erfahren. Sollte es dennoch zu Ungleichheiten kommen, etwa in Einkommen und Vermögen, so wird in Rawls' Gerechtigkeitstheorie gefordert, ein gesellschaftliches System zu wählen, das den besonders schlecht Gestellten mehr Vorteile verheißt als jedes andere System (vgl. Rawls, 2014, S. 102). Bezogen auf Bildung und Schule ist das die Forderung nach Ausgleich und besonderer Förderung bei nachteiligen Eingangsbedingungen in das Bildungssystem; es ist zudem ein Postulat, das die Kompensation von Benachteiligungen mit der Überwindung sozialer Disparitäten kraft Leistung verbindet.

Neben der reinen Verteilungsfrage werden im Chancenspiegel aber auch Erweiterungen, wie sie die jüngere Diskussion um Bildungsgerechtigkeit prägen (vgl. u. a. Stojanov, 2011; Manitius, Hermstein, Berkemeyer & Bos, 2015), in die Bestimmung von Chancengleichheit einbezogen. Es geht um die »Förderung der Befähigung aller« und um deren »*Teilhabe* an der Gesellschaft«[15] (Berkemeyer et al., 2013, S. 20, Hervorhebung M. K.), eine Forderung, die auf Amartya Sens und Martha Nussbaums Philosophie der *Teilhabegerechtigkeit* fußt. Schule soll für alle die Voraussetzungen schaffen, an der Gesellschaft zu partizipieren, d. h. Schule muss die Menschen dazu befähigen, ein »der intuitiven Idee (…) der Menschenwürde gemäße[s] Leben« (Nussbaum, 2014, S. 105) führen zu können. Dabei geht es Nussbaum um »die philosophischen Grundlagen einer Theorie grundlegender menschlicher Ansprüche, die von allen Regierungen als von der Menschenwürde gefordertes absolutes Minimum geachtet und umgesetzt werden sollen« (ebd., S. 104). Zu diesem Zweck fächert sie die Befähigungen[16] auf, die für jeden einzelnen

---

14 Unter Grundgütern versteht Rawls das, »was freie und gleiche Personen (im Sinne der politischen Konzeption) als Bürger brauchen.« (Rawls, 2014, S. 103). Dazu zählt er im Einzelnen Grundrechte und -freiheiten, Freiheit des Ortswechsels und der Berufswahl, Macht und Privilegien von Ämtern und Positionen, Einkommen und Vermögen im Sinne von Allzweckmitteln (mit Tauschwert) und die jeweilige soziale Basis der Selbstachtung (vgl. ebd., S. 100 f.). Für die Erlangung dieser Grundgüter ist der Zugang zu Bildung konstitutiv.

15 Dabei muss darauf verwiesen werden, dass es allen drei hier vorgestellten Theorien um das Ziel der freien Teilhabe an der Gesellschaft geht, vgl. Berkemeyer & Manitius, 2013, S. 231 f.

16 Als Befähigungen – oder vielleicht besser als im Individuum zu fördernde Dispositionen für gesellschaftliche Teilhabe – benennt Nussbaum, ohne sich damit auf einen abgeschlosse-

Menschen angestrebt werden sollen und auf deren Grundlage jede Person »als Zweck und keine als bloßes Mittel zu den Zwecken anderer zu behandeln« ist. Von Interesse ist dabei, dass Nussbaums Ansatz die »Idee eines *Schwellenwerts einer jeden Fähigkeit*« impliziert, »unterhalb dessen wirklich menschliches Tätigsein den Bürgerinnen und Bürgern nicht mehr möglich ist« (ebd., S. 105).[17] Eine gerechte Gesellschaft ist dann erreicht, wenn es allen Menschen möglich ist, über diese Schwelle zu gelangen. Ungleichheiten oberhalb dieser Schwelle spielen hingegen keine große Rolle.[18]

Ein dritter Aspekt wird im Chancenspiegel aufgenommen: die »wechselseitige[.] *Anerkennung* aller an Schule beteiligten Personen« (Berkemeyer et al., 2013, S. 20). Bei der Anerkennung handelt es sich, Axel Honneth zufolge, »um einen moralischen Akt (…), der in der sozialen Welt als alltägliches Geschehen verankert ist«, der nicht nur aus Worten bestehen, sondern sich durch einen »Handlungscharakter«, eine »Haltung« dem anderen gegenüber, auszeichnen und auf dessen Existenz, nicht aber auf einen verfolgten Zweck ausgerichtet sein soll. Handlungsmuster, denen derart affirmierende Haltungen zugrunde liegen, erlauben »den Adressaten (…) sich mit den eigenen Eigenschaften zu identifizieren« und befähigen sie »zu größerer Autonomie«. Anerkennung bildet damit »die intersubjektive Voraussetzung für die Fähigkeit, autonom eigene Lebensziele zu verwirklichen« (Honneth, 2010, S. 110 f.).

Überlegungen dieser Art bestimmen auch die Pädagogik. So bezeichnet Stojanov in seinen pädagogischen Rekonstruktionen der Anerkennungstheorie – ähnlich wie Ricken[19] – Bildungsprozesse »als parallele Vorgänge der Entstehung von Selbstbeziehungsformen *und* der Eröffnung und Erweiterung des *Welt*-Horizonts des Einzelnen« (Stojanov, 2011, S. 41). Bedingung dafür ist jedoch, dass die Anerkennungsformen der Empathie, des moralischen Respekts und der sozialen Wertschätzung zu »autonomiestiftenden Sozialbeziehungen« (ebd., S. 58) werden. Die Befähigung des Subjekts zur Teilhabe wird daran gebunden, dass sowohl in der personalen Entwicklung als auch beim Wissenserwerb Anerkennungserfahrungen gemacht werden.[20] Kinder und Jugendliche sollen die Erfahrung des Respekts für ihre Person machen;

---

nen Kanon festlegen zu wollen: Leben; körperliche Gesundheit; körperliche Integrität; Sinne, Vorstellungskraft und Denken; Gefühle; Praktische Vernunft; Zugehörigkeit; die Fähigkeit in Anteilnahme zu nicht-menschlichen Spezies in der Natur zu leben; Spiel; Kontrolle über die eigene Umwelt (Nussbaum, 2014, S. 112 ff.).

17 Das Schwellenkonzept wird auch von Elizabeth Anderson vertreten und unter dem Aspekt der Bildung u. a. von Giesinger aufgegriffen, vgl. Giesinger, 2007.
18 Das widerspricht zwar allen Ansätzen von relativer Gerechtigkeit, angesichts der PISA-Ergebnisse jedoch, die immer noch eine Gruppe von Schüler/innen ausweisen, die eine bestimmte Kompetenzstufe nicht erreicht haben, wäre es ein Fortschritt.
19 Ricken, 2015, S. 137 spricht von Bildung als »sozial konstituierte[r] Subjektgenese«.
20 Für Stojanov, 2011 bedeutet das, dass jegliche Selektionspraxis zu hinterfragen und zu revidieren ist (vgl. S. 44).

Anerkennung wird zum Kern der Emanzipations- und Autonomiebemühungen in Bildungsbereichen.[21]

Diese drei Dimensionen, Verteilungsgerechtigkeit, Teilhabegerechtigkeit und Anerkennungsgerechtigkeit, bestimmen die jüngere Diskussion zur Bildungsgerechtigkeit und differenzieren den Begriff aus. Die Frage ist, ob und in welcher Weise diese einzelnen Ausprägungen sich in der schulischen Realität niederschlagen. Gibt es Unterschiede zwischen öffentlichen und privaten Schulen? Wird etwa die Verteilungsgerechtigkeit im Bildungssystem allein dadurch ad absurdum geführt, dass bestimmte Schulen sich auf eine Klientel aus höheren Sozialschichten fokussiert haben? Ein solcher Vorwurf wird nicht nur den Gymnasien, sondern auch privaten Schulen gegenüber erhoben. Sie werden daher auf die drei genannten Dimensionen zur Bildungsgerechtigkeit hin befragt.

Grundlage der folgenden Ausführungen sind Daten und Ergebnisse eines Projekts zu privaten Schulen (vgl. Kraul, Bergau & Rapp, 2014; Kraul, 2017), bei dem alle diejenigen Eltern befragt wurden, die im Schuljahr 2011/2012 in einer Region – hier einer westdeutschen Großstadt, genannt L-Stadt – ihre Kinder in einer der dort vorhandenen elf privaten Schulen eingeschult haben.[22] Mithilfe eines Fragebogens wurden ihr soziokultureller und ihr sozioökonomischer Hintergrund, ihre Orientierungen, Erziehungsziele und Erwartungen sowie ihre Einschätzungen ihrer Kinder und ihre Schulpräferenz erhoben. Ferner wurde in Gruppendiskussionen mit Eltern aus verschiedenen Klassen ihre Sicht auf die Besonderheiten der von ihnen gewählten Schule und damit auf ihre Motive für die jeweilige Schulwahl vertieft. Für eine Positionierung der privaten Schulen und ihrer Klientel in der regionalen Bildungslandschaft wurden im Anschluss vergleichend vier staatliche Schulen untersucht, in denen die Eltern der dort eingeschulten Kinder des Schuljahrs 2012/13 mit einem identischen Fragebogen befragt wurden. Die ermittelten quantitativen und qualitativen Daten geben zum einen Aufschluss über die Eltern, ihre Einstellungen und ihre Sicht auf die Schulen, zum anderen beleuchten sie die Stellung der privaten Schulen in ihrer jeweiligen Bildungsregion. Im Folgenden wird mit Hilfe der Daten aus dem Projekt geprüft, welche Anhaltspunkte für Bil-

---

21 Das ist einleuchtend, wenngleich dabei auch bedacht werden muss, dass Anerkennung per se komplex ist und – um sich als Anerkennung zu konstituieren – immer auch ihrer Negation bedarf (vgl. Ricken, 2015, S. 138). Norbert Ricken führt darüber hinaus aus, dass mit Anerkennung auch der Nicht-Erkennung eines Gegenübers Rechnung getragen werden muss und Festschreibungen revidierbar sein müssen (ebd., S. 142), eine Forderung, mit der er sich dezidiert den Gefahren entgegenstellt, die eine Etikettierung in Sozialbeziehungen mit sich bringen würde. Die Komplexität des Anerkennungsbegriffs spielt jedoch bei den Eltern, die die Anerkennung ihrer Kinder fordern, keine Rolle.

22 Internate wurden in dem Projekt nicht einbezogen. Ein Internatsbesuch erfolgt aus Gründen, die der »normalen« Schulwahl nicht vergleichbar sind, zudem besuchen Schätzungen zufolge zwischen 0,1 und 0,4 % der Schülerschaft an allgemeinbildenden Schulen Internate (eigene Berechnung; vgl. Kraul, 2017, S. 20). exklusivität und eiten, die sieher regionalen Bildungslandschaft eine bestimmte Funktion ein.

dungsgerechtigkeit – oder auch Bildungsungerechtigkeiten – sich in dem Setting der privaten Schulen zeigen.

2.1 Private Schulen und Verteilungsgerechtigkeit

Legt man das Verständnis von Bildungsgerechtigkeit zugrunde, das sich aus Rawls' Ausführungen zur Verteilungsgerechtigkeit ableiten lässt, so geht es um die herkunftsunabhängige Vergabe von Bildungschancen. Die Frage nach der sozialen Herkunft der Schüler/innen an privaten Schulen wird an der soziostrukturellen Zusammensetzung der Privatschulelternschaft geprüft, die ihrerseits zum wesentlichen Kriterium für Verteilungsgerechtigkeit genommen wird. Darüber hinaus wird kontrastierend am Beispiel der Schulentwicklung in einer ländlichen Region auf ein weiteres Kriterium für Verteilungsgerechtigkeit verwiesen.

Für die Sozialstruktur der Elternschaft privater Schulen in L-Stadt sind drei Indikatoren herangezogen worden: Bildung, Einkommen und Beruf. Bei den Bildungsabschlüssen der Privatschuleltern fällt ihre außerordentliche Bildungsaffinität ins Auge, mehr als zwei Drittel von ihnen verfügen über die Hochschulreife. Von ihnen können wiederum knapp zwei Drittel der Frauen und vier Fünftel der Männer zusätzlich einen Hochschulabschluss aufweisen.[23] Betrachtet man dagegen die Bildungsbeteiligung der Gesamtbevölkerung in L-Stadt, wie sie aus dem Mikrozensus hervorgeht[24], so verfügt nur ein gutes Drittel der Bevölkerung über die Hochschulreife und jeweils zwischen einem Viertel und einem Fünftel über einen Realschul- oder einen Hauptschulabschluss.

Die Unterschiede in Bezug auf Bildung und Ausbildung spiegeln sich auch in dem finanziellen Status.[25] Hier wird das Medianeinkommen als Bezugspunkt genommen. Es benennt das Einkommen desjenigen Bundesbürgers, der bei einer Rangskala der Einkommen aller Bürger/innen genau in der Mitte steht und die

---

23 Nicht in die Darstellung eingegangen sind diejenigen befragten Eltern, die keine Angaben gemacht haben.

24 In dem Mikrozensus sind alle Altersstufen enthalten, was einen unmittelbaren Vergleich mit der Kohorte der Eltern verbietet. Zudem wurden alle diejenigen, für die kein Abschluss angegeben wurde, nicht in die Berechnung einbezogen.

25 Die Klassifizierung der unterschiedlichen Einkommen ist gemäß der Berechnung des Statistischen Bundesamts vorgenommen worden. Grundlage ist eine Kategorisierung der Einkommen in Abhängigkeit von dem Medianeinkommen. Von »relativ arm« oder dem »Existenzminimum« wird bei 40–43 % des Medianeinkommens gesprochen, von Armutsgefährdung ab 60 % und weniger. Das Medianeinkommen liegt in einer Spanne zwischen 60 und 150 % um den Median der Einkommensverteilung; ab 150 % wird das Einkommen als hohes Einkommen eingestuft. Wer über 200 % des Medianeinkommens hat, gilt als einkommensreich. Vgl. Statistisches Bundesamt Deutschland, 2012, S. 23 ff. – Die Berechnungen für die Projektdaten gehen auf die Mitarbeit von Natalia Bergau und Sylvia Rapp zurück, vgl. im Einzelnen Kraul et al., 2014, S. 78 f.

Private Schulen und Bildungsgerechtigkeit 217

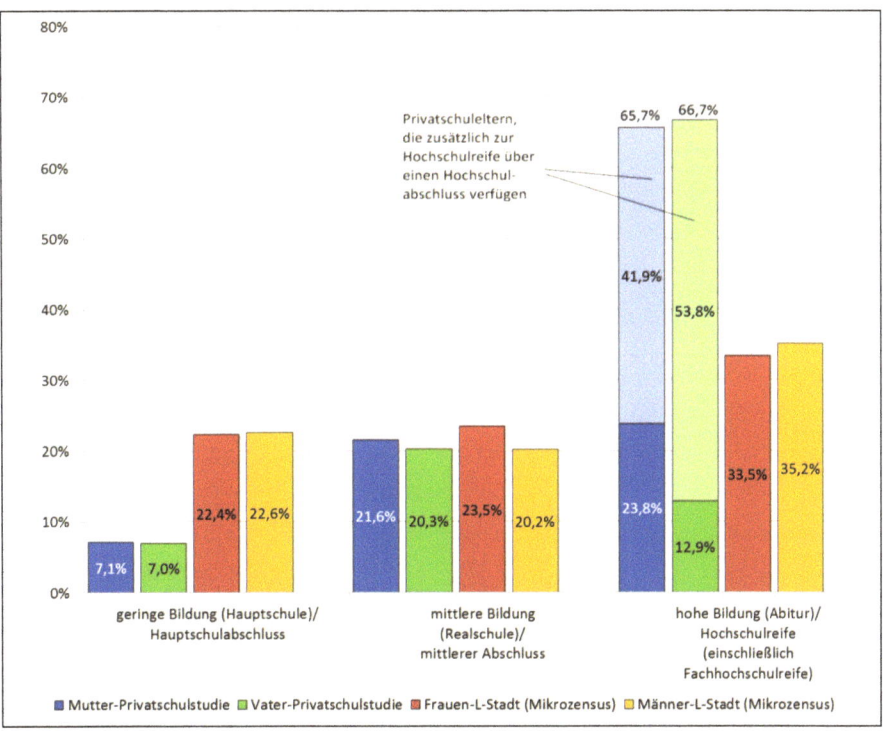

Abbildung 1: Bildungsabschlüsse der Privatschuleltern in L-Stadt im Vergleich zu Daten des Mikrozensus

Einkommen in zwei Hälften teilt. Insofern stellt das Medianeinkommen mit der Verteilung der Einkommen unterhalb und oberhalb dieser Referenzgröße einen Indikator für Einkommensklassen dar. Im Jahre 2010 lag es in Deutschland bei 1566,42 Euro: Die Einkommen der einen Hälfte aller Bundesbürger/innen waren niedriger, die der anderen Hälfte höher.[26] Bei den Privatschuleltern zeigt sich folgende Verteilung: Von den gut vier Fünfteln der Eltern, die die Frage nach ihren Einkommensverhältnissen beantwortet haben, findet sich nur rund ein Zehntel in den Kategorien Existenzminimum und Armutsgefährdung, knapp ein Fünftel liegt in der Spanne des Medianeinkommens, ein weiteres gutes Zehntel der Eltern hat ein hohes Einkommen. Der mit Abstand größte Anteil, über die Hälfte, ist jedoch den Einkommensreichen zuzuordnen. Damit weist das Sample eine deutliche Verteilung zugunsten der Einkommensreichen auf.

---

26 Da das Einkommen der Eltern in 500 Euro-Schritten erhoben wurde, sind die Zuordnungen nicht immer trennscharf.

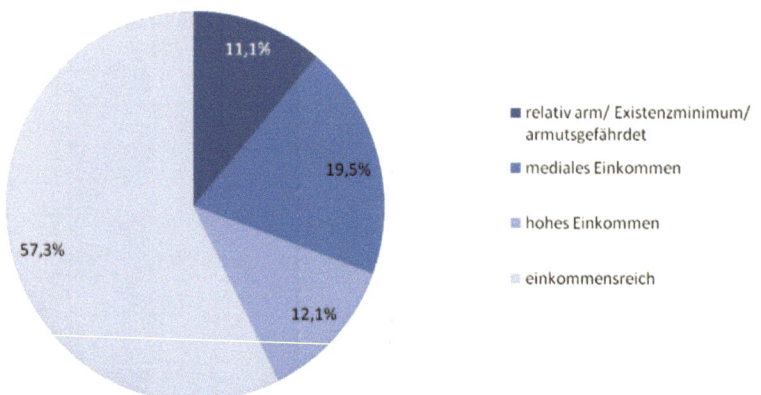

Abbildung 2: Einkommensverteilung bei den Privatschuleltern

Als drittes Merkmal zur Charakteristik der Privatschuleltern ist der Beruf herangezogen worden. Auf der Basis der Klassifikation der Berufe[27] wird zwischen fachlich ausgerichteten Tätigkeiten wie denen der Arzthelferin oder der Erzieherin, komplexen Spezialistentätigkeiten wie denen der Fremdsprachenkorrespondentin oder der Finanzbuchhalterin und hochkomplexen Tätigkeiten wie denen der Ärztin oder der Geschäftsführerin unterschieden. In dem Sample der Privatschuleltern überwiegen bei Müttern wie bei Vätern komplexe und hochkomplexe Tätigkeiten. Betrachtet man die generischen Berufe, so finden sich bei den Müttern besonders häufig pflegerisch-erzieherische Berufe wie Ärztin, Erzieherin, Lehrerin oder Krankenschwester. Auch die Berufstabelle der Väter wird mit Abstand von den Ärzten angeführt, gefolgt aber von Geschäftsführern, Lehrern und Ingenieuren, so dass hier neben Berufen aus dem Bereich »Gesundheit, Soziales, Lehre und Erziehung« auch der technische und ökonomische Bereich vertreten sind.[28]

Die drei Merkmale[29] Bildung, Einkommen und beruflicher Status kennzeichnen das Sample der Privatschuleltern als ein herausgehobenes; mehr als die Hälfte der Privatschuleltern ist jeweils auf dem höchsten Level verortet, bei dem Indikator Bildung verfügen sogar zwei Drittel der Eltern über den höchsten Bildungsabschluss. Es bleibt jedoch zu konstatieren, dass es in allen drei Bereichen jeweils

---

27 Die Klassifikation der Berufe unterscheidet zwischen Helfer- und Anlerntätigkeiten, fachlich ausgerichteten Tätigkeiten, komplexen Spezialistentätigkeiten und hochkomplexen Tätigkeiten, vgl. Bundesagentur für Arbeit, 2011.
28 Vgl. dazu im Einzelnen Kraul et al., 2014, S. 79 f.
29 Ein weiterer möglicher Vergleichspunkt wäre der Migrationshintergrund, vgl. dazu Kraul, 2017, S. 43.

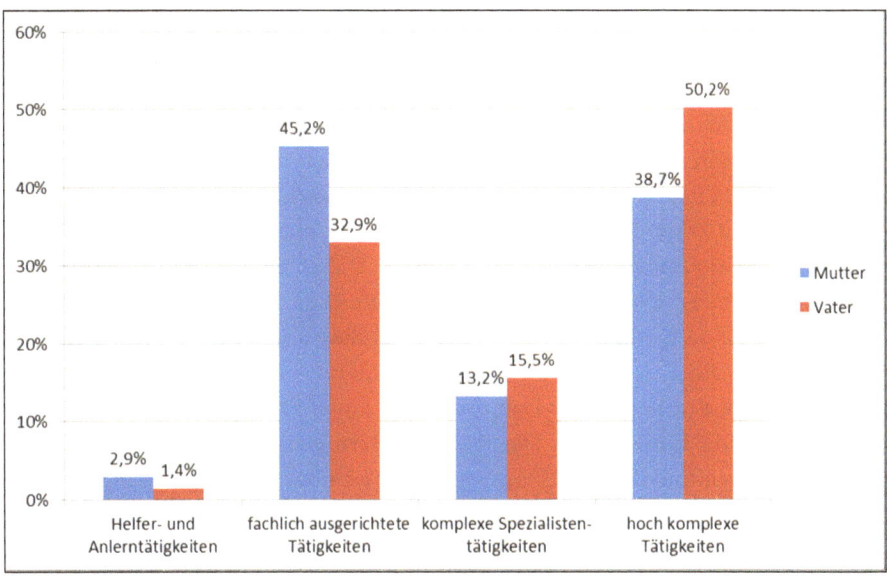

Abbildung 3: Berufliche Tätigkeit der Privatschuleltern

rund ein Drittel der Eltern gibt, die im unteren und mittleren Bereich angesiedelt sind: diejenigen mit geringer oder mittlerer Bildung, diejenigen, die relativ arm bzw. armutsgefährdet sind oder nur über ein Einkommen in der Spanne von 60 bis 150 % des Medianeinkommens verfügen, und diejenigen, die Helfer- und Anlerntätigkeiten oder fachlich ausgerichtete Tätigkeiten ausführen. Die Privatschuleltern bilden damit zwar mitnichten die soziale und ökonomische Bevölkerungsstruktur ab, dennoch bleibt festzuhalten, dass bei aller Selektivität des Samples eine nicht zu verkennende Heterogenität unter den Privatschuleltern herrscht.

Um eben dieser Heterogenität willen gilt es die Befunde zu differenzieren. Die Differenzierung erfolgt entlang unterschiedlicher Typen von privaten Schulen, die für L-Stadt identifiziert werden konnten[30] und aus denen jeweils eine Schule als Eckfall ausgewählt und genauer analysiert wurde. Einen ersten Typus stellt der des *leistungsorientierten Gymnasiums* dar, oft mit langer (konfessioneller) Geschichte und von der Schulbevölkerung sowohl in seiner Tradition als auch in seiner Leistungsorientierung wahrgenommen. Mehr als 80 % der Eltern, die ihre Kinder auf eine solche Schule schicken, haben selbst den Bildungsabschluss Abitur, drei Viertel

---

30 Die vier Typen finden sich auch außerhalb von L-Stadt, vgl. im Einzelnen Kraul, 2017, S. 36 ff. Das Problem einer differenzierten überregionalen Zuordnung liegt jedoch darin, dass die einschlägigen Statistiken nicht zwischen einzelnen Typen privater Schulen differenzieren, lediglich die Waldorfschulen werden gesondert aufgelistet. Darüber hinaus müssen für eine Einordnung die privaten Schulen einzeln aufgenommen und mithilfe ihres Schulprogramms verortet werden.

von ihnen üben (hoch-)komplexe Berufe aus und zählen zu den Einkommensreichen. Ein ähnliches Sozialprofil zeichnet sich für die beiden weiteren identifizierten Typen ab: die *reformpädagogisch-alternativen Schulen*[31] und die *internationalen und bilingualen Schulen*. Anders jedoch bei dem vierten Typus, den *Gesamtschulen und Schulen mit mehreren Bildungsgängen*.[32] Diese Schulen verbinden mit ihrem pädagogischen Profil häufig einen expliziten Förderanspruch, den sie einer bestimmten Klientel zugute kommen lassen wollen, etwa einer konfessionellen Gruppierung oder einer bestimmten Migrant/innengruppe. Dieser Schultyp ist vorrangig auf die Sekundarstufe I fokussiert, die Sekundarstufe II ist in den meisten Fällen nur relativ schwach ausgebaut. Was das Sozialprofil dieser Schulen betrifft, so hat nur die Hälfte der Eltern den Bildungsabschluss Abitur, ein Drittel hat einen Realschulabschluss, der Rest einen Hauptschulabschluss. Entsprechend verteilen sich auch Berufe und Einkommen: Die meisten Eltern gehen fachlich ausgerichteten Tätigkeiten nach und beim Einkommen findet sich nur ein Drittel in der Gruppe der Einkommensreichen; fast 40 % verfügen – nur – über ein Einkommen in der Spanne des Medianeinkommens; 22 % sind sogar den relativ Armen zuzurechnen (vgl. Kraul, 2017, S. 48 ff.). Damit zeichnet sich innerhalb der Privatschulklientel in Abhängigkeit von dem Schultyp eine große soziostrukturelle Heterogenität ab, die bei Aussagen über die Elternschaft an privaten Schulen berücksichtigt werden muss.

Interessant ist es nun zu verfolgen, wie sich die Elternschaft von privaten Schulen im Vergleich zu jenen Eltern ausnimmt, die ihre Kinder auf eine öffentliche Schule schicken. Zu diesem Zweck sind die Sozialprofile des leistungsorientierten Gymnasiums und der Gesamtschule mit öffentlichen Schulen gleichen Typs in unmittelbarer Nähe verglichen worden. Als Ergebnis lässt sich festhalten, dass hinsichtlich des Sozialprofils keine signifikanten Unterschiede zwischen der Klientel vergleichbarer öffentlicher und privater Schulen bestehen. Soziale Disparitäten sind vielmehr innerhalb der Segmente privat und staatlich zu finden (vgl. Kraul, 2017, S. 56 ff., S. 84 ff.).

Auch hinsichtlich ihrer Struktur sind private und öffentliche Schulen gleicher Schulform ähnlich. Das zeigt sich etwa bei der Auswahl der Schülerschaft. An beiden zum Vergleich herangezogenen öffentlichen Gymnasien gibt es – wie auch an dem privaten Gymnasium – mehr Anmeldungen als Plätze, d. h. die Schulleiter/innen können in einem Wettbewerb 2. Ordnung die ›passenden‹ Schüler/innen aussuchen. Der Notendurchschnitt beim Abitur ist an allen drei Gymnasien sehr hoch; wechselweise hat jeweils eines eine Spitzenposition in L-Stadt und L-Land inne. Damit kann ein Creaming-Effekt von benachbarten staatlichen Gymnasien

---

31 Hier sind nur die Schulen einbezogen worden, die sich explizit als Montessorischulen oder Waldorfschulen bezeichnen oder einem besonderen reformpädagogischen Programm folgen wie etwa die Sudbury-Schools.
32 Dieser Typus privater Schulen ist sowohl in L-Stadt als auch in dem entsprechenden Bundesland verbreitet und wird von vielen Schüler/innen nachgefragt.

auf das private Gymnasium ausgeschlossen werden; wenn überhaupt, dann würde man einen solchen Effekt im Vergleich zwischen dem privaten Gymnasium und Gymnasien in weniger prestigeträchtigen Stadtteilen finden können oder aber im Vergleich mit anderen Schulformen, nicht jedoch zwischen staatlichen und privaten Schulen gleicher Schulform und im gleichen Einzugsgebiet. Insofern bietet das leistungsstarke konfessionelle Gymnasium der Schulbevölkerung von L-Stadt ein zusätzliches Profil, hat aber in seiner unmittelbaren Umgebung keinen selegierenden Einfluss auf die staatliche Schullandschaft und tut der Verteilungsgerechtigkeit innerhalb des Segments Gymnasium keinen Abbruch.

Zieht man jedoch die Einstellungen der Eltern und ihren Habitus mit heran, so differenziert sich das Bild. In dem Fall des leistungsorientierten (privaten) Gymnasiums wird das meritokratische Prinzip mit einer habituellen Gemeinschaft aller Schulakteur/innen verbunden. Um diese Koppelung aufrechtzuerhalten, kommt der Schüler/innenauswahl des Schulleiters eine entscheidende (Steuerungs-)Rolle zu: Er wählt die neu aufzunehmenden Schüler/innen nach ihrer Leistung, aber auch nach dem elterlichen Habitus aus und die Eltern vertrauen darauf, dass ›es passt‹. Sie nehmen die mit diesem Prinzip verbundene exklusive Distinktion gerne an und ordnen sich ihrerseits in den Habitus der Schule, der sie in ihrem Wertekanon stärkt und ihren Kindern das gewünschte kulturelle Kapital verheißt, ein (vgl. Kraul, 2017, S. 15 f., S. 81 f.). Damit kann zwar – und das gilt auch für anderen privaten Schulen – die Sozialstruktur der Elternschaft durchaus entscheidend für die Wahl einer Schule sein, hinzu kommt jedoch bei der Auswahl durch die Schulleiter/innen eine schulkulturell-familiale Passung, die Distinktion von den ›Nicht-Passenden‹ dokumentiert und zu einem entscheidenden Kriterium für den Schulbesuch wird. Oder anders gesagt: Wenn ein Selektionsprozess stattfindet, so läuft er nicht nur über die Sozialstruktur der jeweiligen Eltern, sondern über deren gesamten Habitus (vgl. Helsper, Dreier, Gibson, Kotzyba & Niemann, 2018). Für eine Großstadt wie L-Stadt, in der es für alle Schulformen ein breites Angebot gibt, kann jedoch unbenommen dieser Differenzierungen festgehalten werden, dass keine über die Schulformen hinausgehende soziale Selektion stattfindet.

Probleme bei der Verteilungsgerechtigkeit können aber nicht nur durch eine möglicherweise sozial selektive Schulwahl der Eltern hervorgerufen werden, sondern auch durch systembedingte Entwicklungen. So ist die Verteilungsgerechtigkeit in ländlichen Bildungsregionen nicht ausschließlich dem Elternwillen geschuldet, sie ist vielmehr auch Ergebnis der öffentlichen Schulentwicklung. Wenn aus demographischen Gründen, insbesondere in den neuen Bundesländern, öffentliche Grundschulen geschlossen werden, so entsteht dadurch eine Lücke, die die Gründung privater Grundschulen nach sich zieht, und zwar sogenannter »nachmoderne[r]«, häufig konfessionell, aber auch reformpädagogisch-alternativ geprägter »Dorfschulen« (vgl. Ullrich, 2015). Da private Schulen ihrerseits nicht wie staatliche auf eine bestimmte Schüler/innenzahl angewiesen sind, können sie auch mit einer geringen Anzahl von Kindern ihren Schulbetrieb in jenen Nischen aufnehmen, »die durch die Schließung der vorher dort vorhandenen öffentlichen Grundschulen entstanden sind« (ebd., S. 197). Damit aber tangieren sie die staatlichen Schulentwicklungspläne der Region erheblich und werden zur Konkurrenz zu den weiterhin bestehenden öffentlichen Schulen im Umkreis.

Was die Verteilungsgerechtigkeit betrifft, so kommt Eltern, die in der besonderen Prägung der neuen Grundschule ihre eigenen Bildungsambitionen verwirklicht sehen und bereit sind, dafür Schulgeld zu zahlen, die Gründung einer solchen Grundschule entgegen; für sie verheißen diese Schulen möglicherweise sogar eine gewisse Exklusivität. Für andere Eltern der Gemeinde verschärfen dagegen derartige Gründungen die Schulsituation ihrer Kinder, denn die öffentlichen Schulen sind nicht nur weiter entfernt, sondern durch die privaten Schulgründungen auch in ihrer Existenz gefährdet. Es fragt sich daher, ob hier nicht die private Schule zwar eine Nische ausfüllt, dennoch aber Bildungsungerechtigkeit produziert, indem sie entweder alle Eltern zwingt, die neu eröffnete private Schulen zu wählen, oder aber ihnen abverlangt, ihren Kindern einen deutlich längeren Schulweg zu einer öffentlichen Schule zuzumuten.

2.2 Private Schulen und Teilhabegerechtigkeit

Konnten bei der Verteilungsgerechtigkeit am Beispiel von L Stadt die Sozialprofile privater mit denjenigen öffentlicher Schulen verglichen werden, so ist ein Vergleich der Teilhabegerechtigkeit zwischen öffentlichen und privaten Schulen deutlich schwieriger, wenn nicht gar ausgeschlossen. Bei der Teilhabegerechtigkeit steht die Befähigung aller Menschen zur Teilhabe an der Gesellschaft im Vordergrund. Es ist eine Form der Bildungsgerechtigkeit, der im Prinzip alle Schulen – öffentliche und private – von ihrem Auftrag her nachkommen sollen und wollen. Bei den privaten Schulen hat zudem ihre Geschichte gezeigt, dass sie über weite Zeitstrecken diejenigen Bildungsinstitutionen waren, die die Teilhabe derer am Bildungserwerb gefördert haben, für die das öffentliche Bildungssystem kein oder nur ein eingeschränktes Angebot vorhielt. Sowohl die höheren Mädchenschulen im 19. Jahrhundert als auch, vor allem in den ersten Jahrzehnten der Bundesrepublik, die Förderschulen[33] waren in privater Trägerschaft und ermöglichten ihrer Klientel den Erwerb der für ihre gesellschaftliche Teilhabe notwendigen Grundlagen.

Blickt man in die Schulprogramme heutiger privater Schulen, so heben sie je nach Profil darauf ab, durch Fördern und Fordern sowie durch die Unterstützung

---

33 Auch wenn der Anteil staatlicher Förderschulen in den letzten Jahrzehnten zugenommen hat, sind nach wie vor viele Förderschulen in privater Trägerschaft, vgl. Kraul, 2015b, S. 29 ff. – Wie diese Entwicklung angesichts der Inklusion weitergeht, wird sich zeigen.

der Persönlichkeitsentwicklung ihrer Schüler/innen deren Teilhabe an der Gesellschaft vorzubereiten. Gesellschaftliche Teilhabe als Leitbild bestimmt auch die Erwartungen der Eltern. Am deutlichsten wird das in dem untersuchten Sample bei den Eltern der Kinder an Schulen mit mehreren Bildungsgängen. Sie können ihrem Sozialprofil nach weitgehend der nach »beruflicher und sozialer Etablierung« wie »gesicherten und harmonischen Verhältnissen« strebenden »bürgerlichen Mitte« zugeordnet werden (vgl. Wippermann, Wippermann & Kirchner, 2013, S. 178 ff.). Da ihre Kinder – der elterlichen Einschätzung nach – durchschnittlich begabt sind, sind sie in besonderer Weise an der Vermittlung der Akzeptanzwerte Gehorsam, Disziplin und Achtung sowie an Kenntnissen, die auf den Beruf und ein späteres gesichertes Auskommen vorbereiten, interessiert; zwei Komponenten, die aus ihrer Sicht sehr wichtig für die gewünschte gesellschaftliche Teilhabe sind. Sowohl diese Akzeptanzwerte als auch die Kenntnisse, die auf den Beruf vorbereiten, sehen sie aber offensichtlich eher in dem gewählten privaten als in dem staatlichen Schulangebot verankert. Das könnte dahingehend interpretiert werden, dass einzelne private Schulen besser in der Lage sind, auf gesellschaftliche Teilhabe vorzubereiten als vergleichbare öffentliche, zumindest aber wecken sie durch ihre Programmatik diese Erwartungen bei den Eltern und die meisten Eltern sehen sich ihrerseits durch die Erfüllung ihrer Erwartungen in ihrer Wahl bestätigt.

Aber die Teilhabegerechtigkeit führt in der schulischen Realität auch zu Problemen. Bezieht man sie nicht nur auf die Befähigung aller Menschen zu einer (späteren) gesellschaftlichen Teilhabe, sondern auch auf deren gemeinsame Teilhabe am Bildungsprozess, so ist letztlich Inklusion gefordert. Der Schulleiter einer der untersuchten privaten Schulen mit mehreren Bildungsgängen nimmt diese Prämisse auf und setzt sich zum Ziel, *alle* Kinder gemeinsam zur gesellschaftlichen Teilhabe befähigen und damit als Institution offen sein zu wollen, auch für Kinder mit Schwierigkeiten. Gerade diese Offenheit, entscheidendes Merkmal des Schulprofils, birgt jedoch Probleme (vgl. Kraul, 2017, S. 98 ff.): Eine Reihe von Eltern, die ihrerseits daran interessiert ist, dass ihre Kinder durch die von der Schule beförderte kognitive und sozio-emotionale Entwicklung zur gesellschaftlichen Teilhabe und einem menschenwürdigen Leben gelangen, und bereit ist, dafür Kosten[34] auf sich zu nehmen, befürchtet angesichts der Offenheit der Schule schwierigen Kindern gegenüber, dass nicht alle – und möglicherweise gerade ihre Kinder nicht – hinreichend gefördert werden können. Die Anzahl der aufgenommenen ›Problemkinder‹ wird hier zum Problem: Eltern wünschen sich die auf gerechte Teilhabe zielende Inklusion exklusiv für ihre Kinder, die anderen Kinder hingegen, sogenannte Störenfriede, sollten besser die Schule verlassen. Die Konsequenzen aus der gegenwärtigen Situation liegen für jenen Teil der Eltern auf der Hand: Sie fordern Grenzziehungen

---

34 Sowohl das Schulgeld als auch der in der Regel längere Schulweg und das erwartete Engagement der Eltern verursachen Kosten.

innerhalb der in der Schule gelebten inklusiven Gemeinschaft zugunsten ihrer eigenen Kinder, anderenfalls, so eine elterliche Argumentation, würden ihre Kinder auf eine andere – öffentliche – Schule wechseln.

Die Teilhabe aller Schüler/innen an Bildung, Programm des Schulleiters, der seine Schule charakterisiert als »Schule wo Kinder hinkommen können [...] die sich noch weiterentwickeln müssen und wo nicht alles schon ganz klar ist«[35] und als Schule, in der man die Kinder »auffangen« will, wird von einigen Eltern heftig in Zweifel gezogen. Sie wollen mit der Schulwahl und dem zu zahlenden Schulgeld ihre Erwartungen an die private Schule erfüllt sehen. Teilhabe aller einerseits und ein gewisses Distinktionsbestreben einer Reihe von Eltern andererseits gehen hier offensichtlich nicht konform miteinander. Damit wird die Schule, die beispielhaft für den Typus der privaten Schule mit mehreren Bildungsgängen steht und die programmatisch ein von jeglicher Distinktion entferntes Förderkonzept vertritt, von einem auf Distinktion ausgerichteten Elternverhalten eingeholt (vgl. Kraul, 2017, S. 113). Es ist ein Paradoxon der Teilhabegerechtigkeit, dass ihr gesamtgesellschaftlicher Anspruch durch die Artikulation von Partikularinteressen einzelner Eltern verfehlt wird.

Unabhängig jedoch von konkreten Schwierigkeiten muss festgehalten werden, dass private Schulen in ihrer Selbstdarstellung in hohem Maße daran interessiert sind, ihre jeweilige Klientel zu einer angemessenen gesellschaftlichen Teilhabe zu befähigen, ein Ziel, das die Mehrheit der Eltern auch in ihnen realisiert sieht. Ferner soll jeder Mensch als Person geachtet und anerkannt, jedes Kind in seiner Personagenese gestützt werden. Dieser letzte, eng mit der Teilhabegerechtigkeit verbundene Aspekt leitet über zu der dritten Ausprägung von Bildungsgerechtigkeit: der Gerechtigkeit unter anerkennungstheoretischer Perspektive.

2.3 Private Schulen und Anerkennungsgerechtigkeit

Als großes Ziel der Gerechtigkeit unter *anerkennungstheoretischer Perspektive* war die Autonomie herausgestellt worden. Auch Autonomie ist – wie Teilhabe – ein Ziel, das Bildung und Erziehung und jede Pädagogik von jeher bestimmt, das jedoch in unserer Zeit mit ihren Anforderungen an das Individuum die Erwartung der heutigen Elterngeneration in besonderer Weise auszeichnet. Folgt man Stojanov (2011, S. 42), so werden ferner mit schulischen Interaktionsstrukturen, die Anerkennung beinhalten, Kindern und Jugendlichen »die grundlegenden ›Ressourcen‹ dafür gegeben, dass *alle* (...) die Limitierungen und Vorformungen ihrer partikularen familiären Sozialisation – und letztlich ihrer Herkunft – überschreiten können«

---

35 Interviewausschnitt aus dem Schulleiterinterview, vgl. Kraul, 2017, S. 94.

(ebd.). So gesehen verheißt Anerkennung ein Zweifaches: die Autonomieentwicklung sowie eine durch Autonomie ermöglichte Chance auf die »Überwindung von Herkunftsbenachteiligungen« (ebd.) und damit auf gesellschaftlichen Aufstieg.

Das Nachdenken über die angemessene Anerkennung ihrer Kinder ist konstitutiv für die Schulwahlentscheidung vieler Privatschuleltern. Sie wünschen sich Zuwendung und Unterstützung für ihre Kinder, um deren Selbstvertrauen und Selbstwertgefühl zu stärken und sie auf diese Weise auf ihre spätere gesellschaftliche Position vorzubereiten. Eine solche pädagogische Arbeit wird aus Sicht vieler Eltern vor allem an privaten Schulen geleistet. So heißt es an der privaten Schule mit mehreren Bildungsgängen, sie sei gewählt worden, »weil klar war an 'ner staatlichen geht er [der Sohn] unter (…) das hätt er nicht überlebt«.[36] Und auch eine Mutter an der internationalen Schule bekennt, dass sie ihren Sohn auf die private Schule geschickt hat, weil er in der öffentlichen von Klassenkamerad/innen »schwerst körperlich und psychisch misshandelt« worden sei. Dagegen hätten die »völlig überfordert[en]«[37] Lehrer/innen nichts unternommen, vielmehr habe deren Konzept von sozialem Lernen die Stellung des Sohnes in der Klassengemeinschaft nicht nur nicht verbessert, sondern auch das Vertrauen der Mutter in das öffentliche Schulsystem untergraben. Private Schulen scheinen den Eltern da eine Alternative zu bieten. Dabei treibt sie nicht nur die Sorge um eine glückliche Kindheit ihrer Kinder, sondern auch die Sorge um deren gelingendes späteres Leben. Zu diesem Zweck wünschen sie sich einen individuell-bedürfnisorientierten Umgang mit ihren Kindern und jene anerkennende Wertschätzung der kindlichen Persönlichkeit im Sinne ihres jeweiligen Soseins, die sie aufgrund negativer Erfahrungen in öffentlichen Schulen nicht gegeben sehen.

Aber in den Elterndiskussionen geht es nicht nur um die Anerkennung der Kinder, auch die Eltern scheinen sich Anerkennung zu wünschen, zumindest heben sie lobend hervor, welch positive Interaktion sie mit den Lehrer/innen und der Schulleitung haben. Unter großer Zustimmung führt an der Schule mit mehreren Bildungsgängen ein Vater aus: »die kennen mich als Elternteil, jeder Lehrer begrüßt einen mit Namen auf'm Flur« und »selbst die Großeltern« werden gegrüßt.[38] Das Kleinräumige vieler privater Schulen, die familiäre Atmosphäre, hat die soziale Wertschätzung aller an Schule Beteiligten zur Folge und zieht nach Einschätzung der Eltern individuelle Förderung und hohe Motivierung nach sich.

An konfessionellen Schulen ist Anerkennung als Grundlage für Erziehung zudem christlich motiviert. Eine der Mütter beschreibt ihr eigenes Erziehungshandeln mit der Kategorie der Anerkennung und nimmt es zum Maßstab ihrer Erwartungen an den pädagogischen Umgang in der Schule: »Und dann sag ich sonntags den

---

36 Gruppendiskussion, vgl. Kraul, 2017, S. 104.
37 Gruppendiskussion, vgl. Kraul, 2017, S. 131.
38 Gruppendiskussion, vgl. Kraul, 2017, S. 105.

Kindern: Hey ihr seid wertvoll, von Gott gemacht [...] super gemacht – unabhängig ob ihr groß, klein äh, (.) schlau äh in Mathe oder nich schlau in Mathe seid«. Und eine andere betont, wie wichtig es sei, dass den Kindern auch gesagt wird: »Du bist einzigartig und bist geliebt und ähm, (.) ja. Dass das halt [...] die Basis [...] is«.[39] Anerkennung gilt aber nicht minder als Schlüssel für die pädagogische Praxis in reformpädagogischen Schulen: Es ist die Persönlichkeitsbildung, die hier – wie in der Waldorfschule – hoch im Kurs steht. Die Lehrer/innen der Waldorfschule setzen darauf, »Menschenbegegnung« zu ermöglichen und dem »Entwicklungsgedanken« Rechnung zu tragen, wie eine Lehrerin aus der Schulleitung es darstellt. Die Kinder in ihrer spezifischen Entwicklung stehen im Mittelpunkt und werden in ihrer je spezifischen Persönlichkeit, ihren »Möglichkeiten«, aber auch ihrer »Bedürftigkeit« geschätzt (vgl. Kraul, 2017, S. 151). Ihr Bericht über die pädagogische Arbeit ist durchzogen von Worten wie Dialog, Begegnung, Anerkennung und immer wieder Entwicklung, die es auf jeder Stufe anzunehmen gilt.

Die Frage der Anerkennung oder Nicht-Anerkennung in der Schule ist hier auf der Grundlage von Aussagen von Eltern und Lehrer/innen an privaten Schulen diskutiert worden. Alle, Eltern wie Lehrer/innen, betonen die Bedeutung von Anerkennung für die Entwicklung der Persönlichkeit von Kindern und Jugendlichen und für deren Bewältigung ihres späteren Lebens. Dass die Schulleiter/innen besonders auf die in ihrer Schule praktizierte Anerkennung abheben, entspricht dem jeweiligen Schulprogramm und verwundert daher nicht; dass jedoch auch eine Reihe von Eltern die Anerkennung als konstitutiv für private Schulen herausstellt und gerade dieses Element unterstreicht, lässt vermuten, dass – unabhängig davon, ob nicht ähnliche Einschätzungen auch bei Eltern (und Lehrer/innen) an öffentlichen Schulen zu finden sind, – die privaten Schulen nicht nur in ihrer Programmatik, sondern auch in ihrer schulischen Praxis in besonderer Weise auf Anerkennung aller ihrer Schüler/innen ausgerichtet sind. Zudem gelingt es ihnen offenbar, diese Form des pädagogischen Umgangs den Eltern gegenüber so zu verdeutlichen und darzustellen, dass sich deren Erwartungen mit ihren Wahrnehmungen weitgehend decken.

---

39 Gruppendiskussion, vgl. Kraul, 2017, S. 103, S. 108.

3. Fazit: Stellung privater und öffentlicher Schulen und Bildungsgerechtigkeit

Abschließend wird erneut die Frage nach dem Verhältnis von Bildungsgerechtigkeit und privaten Schulen aufgenommen. Um die diskutierten Perspektiven zusammenzuführen, wird zunächst noch einmal auf den historischen Teil rekurriert, dann auf die Ergebnisse des empirischen Teils.

Betrachtet man das Verhältnis öffentlicher zu privaten Schulen im historischen Verlauf, so lässt sich festhalten, dass im männlichen höheren Schulwesen im Zuge der Entwicklung Ende des 18. und Anfang des 19. Jahrhunderts und mit der Humboldtschen Bildungsreform private, an ständischen Privilegien ausgerichtete Bildungsinstitutionen ihre Vorrangstellung an öffentliche Schulen verloren haben. Diese aber zielten durch ihre meritokratische Orientierung – zumindest in der Theorie – auf *eine* Schule, die »allgemeine Menschenbildung bezwekken« und für alle Menschen gelten sollte, sollten doch der »gemeinste Tagelöhner, und der am feinsten Ausgebildete« in ihrem »Gemüth ursprünglich gleich gestimmt werden« (Litauischer Schulplan, 1969, S. 189; Kraul, 1980, S. 29 ff.). Damit war die frühe Konzeption der öffentlichen höheren Bildung für Jungen auf eine Verteilung ausgerichtet, die durch Leistung legitimiert werden sollte. In der schulischen Realität wurde dieses Modell jedoch bald von sozialer Selektion überlagert, eben davon, dass die *»irdischen Verhältnisse das Ziel setzen könn[t]en, bis zu welcher Stufe er [der Zögling] diese Schule der Menschheit (...) zu seiner Ausbildung benutzen soll[te]«* (Jachmann, 1812, S. 77). Dennoch – vielleicht auch gerade wegen der mit den »irdischen Verhältnissen« einhergehenden sozialen Selektion und der damit verbundenen Exklusivität – wurde dieses meritokratische Modell, das die öffentlichen höheren Schulen verhießen, als erstrebenswert betrachtet. Es wurde zu Beginn des 20. Jahrhunderts auch auf die höheren Mädchenschulen übertragen und konnte ungebrochen vorherrschen, bis mit den Auswirkungen der Bildungsexpansion und der vergleichsweise hohen Bildungsbeteiligung gegen Ende des 20. Jahrhunderts seine Exklusivität allmählich zurückging und private Schulen erneut Bedeutung erhielten.

Aber der historische Rückblick offenbart auch ein Zweites, diesmal mit dem Fokus auf die privaten Schulen. Er zeigt, dass es bei privaten Bildungsinstitutionen im 19. Jahrhundert mitnichten nur um Exklusivität ging, wie das bis zur Humboldt'schen Reform der Fall gewesen sein mag, sondern vor allem darum, bestimmte *Nischen* zur Teilhabe zu besetzen. So waren bis zum Ende des 19. Jahrhunderts *private* höhere Töchterschulen die vorherrschende Bildungsmöglichkeit für Mädchen, die eine höhere Bildung anstrebten, und diese Institute modifizierten die im öffentlichen Bereich praktizierte Bildungsungleichheit Frauen gegenüber. Ein ähnliches Muster lässt sich im 20. Jahrhundert bei den Sonderschulen für geistig

Behinderte erkennen, sie wurden von staatlichen Trägern eher vernachlässigt und ihrer nahmen sich vorrangig private (konfessionelle) Träger an. In beiden Fällen trugen private Schulen in Nischen dazu bei, auch denjenigen, die staatlicherseits nicht im Fokus standen, eine Teilhabe an Bildung zu ermöglichen und sie damit für die Gesellschaft vorzubereiten. Auch die ländlichen »nachmodernen« Dorfschulen bilden in diesem Sinne eine Nische, auch sie nutzen eine Lücke im öffentlichen Schulsystem, und zwar die der dörflichen Schulversorgung. Damit geraten sie jedoch – und das ist der Unterschied zu den historischen Beispielen – in Konkurrenz zu den öffentlichen Dorfschulen in Nachbardörfern. Insofern ist es hier die Frage, ob durch die Neugründungen zur Kompensation einer generellen Teilhabe an Bildung beigetragen wird oder durch verminderte Wahlchancen aller Eltern und befürchtete weitere – den Neugründungen geschuldete – Schließungen öffentlicher Schulen die Bildungsgerechtigkeit eingeschränkt wird.

Anders dagegen zeigt sich das Bild bei privaten Schulen, die aus einem breiten Angebot in der Bildungsregion einer Großstadt gewählt werden können. Auch sie können Nischen darstellen. So fungiert die oben erwähnte Gesamtschule offenkundig als Nische, die aus Sicht der Eltern den Kindern besondere Entwicklungs- und Förderungsmöglichkeiten bietet. Äußerungen wie: »meiner wäre woanders untergegangen« betonen, dass hier in bewusster Entscheidung eine Schule gewählt worden ist, die das Eingehen auf die Person des Kindes und dessen größtmögliche Entfaltung und Förderung verspricht. Über die Anerkennung der Individualität des Kindes wird dessen spätere gesellschaftliche Teilhabe in Aussicht gestellt. Ähnliches gilt auch für die reformpädagogisch-alternativen Schulen: Waldorf- und Montessorischulen. Sie bilden eine konzeptionelle pädagogische Alternative zu staatlichen Schulen und werden von den Eltern gewählt, weil sie sich hier in besonderer Weise eine Anerkennung der Kinder in ihrer Einzigartigkeit versprechen. Aus Sicht der Privatschuleltern und auf der Grundlage ihrer Erwartungen und Erfahrungen leisten private Schulen, die in Nischen des staatlichen Bildungssystems verankert sind, damit insofern einen Beitrag zur Bildungsgerechtigkeit, als sie die Schüler/innen in ihrer jeweiligen Individualität anerkennen und ihnen den Respekt zollen, der ihre Teilhabe an Bildung und ihre spätere Teilhabe an Gesellschaft erleichtert.

Ein abschließendes Resümee muss differenziert ausfallen: Aus dem Blick in die Schulgeschichte lässt sich die den privaten Schulen in der öffentlichen Diskussion immer wieder zugeschriebene Exklusivität keineswegs durchgängig bestätigen. Private Schulen haben vielmehr immer wieder Aufgaben wahrgenommen, die von dem staatlichen Schulsystem vernachlässigt wurden. Auch für die Gegenwart ist die Beziehung privater Schulen zur Bildungsgerechtigkeit nicht einfach zu beantworten. Bezüglich der Verteilungsgerechtigkeit lassen sich in Bildungsregionen mit einem breiten Bildungsangebot keine über einen Schulformbezug hinausgehenden sozialen Disparitäten erkennen, die dem Gegensatz staatlich-privat geschuldet sind; in kleinen Gemeinden, in denen private Schulen öffentliche Schulen verdrängen und damit eine Monopolstelle erlangen, sieht das womöglich anders aus. Welche Position private Schulen jeweils einnehmen, ob sie exklusiv und ausschließend oder eine Ergänzung des öffentlichen Schulsystems sind, ist damit immer auch abhängig von dem Zustand und den Zielsetzungen des öffentlichen Schulsystems und den öffentlichen Schulen in ihrer jeweiligen Bildungsregion.

Wendet man den Blick von der Verteilungsgerechtigkeit auf die Teilhabe- und Anerkennungsgerechtigkeit, so sind diese Gerechtigkeitsdimensionen in der Schulkultur einzelner Schulen angesiedelt und können nur jeweils schulspezifisch erforscht werden. Allgemeine vergleichende Aussagen zwischen öffentlichen und privaten Schulen sind auf dieser Ebene daher nur sehr schwer, wenn überhaupt, zu treffen. Schulprogramme und die Wahrnehmung der Unterrichtsprozesse durch die Eltern legen es jedoch nahe, privaten Schulen hinsichtlich der Teilhabe und der Anerkennung eine besondere Aufmerksamkeit zuzuschreiben, tragen doch gerade diese Komponenten erheblich zu der Schulwahl einer bildungsaffinen Elternschaft bei, die sich ›das Beste für ihr Kind‹ etwas kosten lassen will. Dass diese bildungsaffine Elternschaft über das Konstrukt der Anerkennung auch ihren eigenen Habitus reproduziert, ist zu vermuten, dass sie aber durch die Wahl einer privaten Schule für ihre Kinder die Teilhabe und Anerkennung jener Kinder, die auf öffentliche Schulen gehen, gefährdet, lässt sich durch die Projektdaten nicht belegen.

Literatur

Allgemeines Landrecht für die Preußischen Staaten (1794). Zweyter Theil, Zwölfter Titel: Von niedern und höhern Schulen. Verfügbar unter: https://opinioIuris.de/quelle/1623 [25.01.2018].

Bellmann, J. (2006). Bildungsforschung und Bildungspolitik im Zeitalter ›Neuer Steuerung‹. *Zeitschrift für Pädagogik, 52*, 487–504.

Berkemeyer, N., Bos, W., Manitius, V., Hermstein, B. & Khalatbari, J. (2013). *Chancenspiegel 2013. Zur Chancengleichheit und Leistungsfähigkeit der deutschen Schulsysteme mit einer Vertiefung zum schulischen Ganztag*. Gütersloh: Bertelsmann Stiftung.

Berkemeyer, N. & Manitius, V. (2013). Gerechtigkeit als Kategorie in der Analyse von Schulsystemen – das Beispiel Chancenspiegel. In K. Schwippert, M. Bonsen & N. Berkemeyer (Hrsg.), *Schul- und Bildungsforschung. Diskussionen, Befunde und Perspektiven* (S. 223–240). Münster: Waxmann.

Boudon, R. (1974). *Education, Opportunity, and Social Inequality: Changing Prospects in Western Society*. New York: Wiley.

Bourdieu, P. (1973). *Kulturelle Reproduktion und soziale Reproduktion*. Frankfurt am Main: Suhrkamp.

Bourdieu, P. (1983). Ökonomisches Kapital, kulturelles Kapital, soziales Kapital. In R. Kreckel (Hrsg.), *Soziale Ungleichheiten* (S. 183–198). Göttingen: Schwartz.

Bourdieu, P. & Passeron, J.-C. (1973). *Grundlagen einer Theorie der symbolischen Gewalt*. Frankfurt/M.: Suhrkamp.

Bundesagentur für Arbeit (Hrsg.). (2011). *Klassifikation der Berufe 2010. Bd. 1: Systematischer und alphabetischer Teil mit Erläuterungen.* Paderborn: Bundesagentur für Arbeit.

Cortina, K. S., Koinzer, Th. & Leschinsky, A. (2009). Nachwort: Eine international informierte Prognose zur Entwicklung privater Schulen in Deutschland. *Zeitschrift für Pädagogik, 55,* 747–754.

Cortina, K. S., Leschinsky, A. & Koinzer, Th. (2009). Einführung in den Thementeil [Privatschulen]. *Zeitschrift für Pädagogik, 55,* 667–668.

Dronkers, J., Baumert, J. & Schwippert, K. (2001). Erzielen deutsche weiterführende Privatschulen bessere kognitive und nicht-kognitive Resultate? In L. Deben & J. van de Ven (Hrsg.), *Globalisierung und Segregation* (S. 29–45). Amsterdam: Spinhuis.

Dronkers, J. & Hemsing, W. (1999). Effektivität öffentlichen, kirchlichen und privaten Gymnasialunterrichts. *Zeitschrift für Erziehungswissenschaft, 2,* 247–249.

Ecarius, J. & Wigger, L. (Hrsg.). (2006). *Elitebildung – Bildungselite. Erziehungswissenschaftliche Diskussionen und Befunde über Bildung und soziale Ungleichheit.* Opladen: Barbara Budrich.

Ellger-Rüttgardt, S. L. (2013). Historische Aspekte der rechtlichen Orientierung einer Pädagogik für behinderte Schüler und Schülerinnen. Zur Geschichte des Rechts der Sonderschule. *Recht der Jugend und des Bildungswesens, 4,* 445–468.

Esser, H. (1991). Die Rationalität des Alltagshandelns. Eine Rekonstruktion der Handlungstheorie von Alfred Schütz. *Zeitschrift für Soziologie, 20,* 430–445.

Falkenberg, K., Vogt, B. & Waldow, F. (2015). Bildungsmarkt in Bullerbü. Zur aktuellen Debatte über die »Schulkrise« in Schweden. *Die Deutsche Schule, 107* (2), 104–118.

Giesinger, J. (2007). Was heißt Bildungsgerechtigkeit? *Zeitschrift für Pädagogik, 53,* 362–381.

Giesinger, J. (2008). Begabtenförderung an Gymnasien. Entwicklungen, Befunde, Perspektiven. In: H. Ullrich & S. Strunck (Hrsg.), *Begabtenförderung an Gymnasien* (Schule und Gesellschaft, Bd. 41) (S. 271–289). Wiesbaden: VS Verlag für Sozialwissenschaften.

Giesinger, J. (2009). Freie Schulwahl und Bildungsgerechtigkeit. Eine Problemskizze. *Zeitschrift für Erziehungswissenschaft, 12,* 170–187.

Giesinger, J. (2015). Bildungsgerechtigkeit und die sozialen Funktionen der Schule. Zu den normativen Grundlagen des Chancenspiegels. In V. Manitius, B. Hermstein, N. Berkemeyer & W. Bos (Hrsg.), *Zur Gerechtigkeit von Schule. Theorien, Konzepte, Analysen* (S. 150–162). Münster, New York: Waxmann.

Grundgesetz für die Bundesrepublik Deutschland (GG) 1949. Verfügbar unter: https://www.gesetze-im-internet.de/gg/BJNR000010949.html [25.01.2018].

Gutachten zur Ordnung des Sonderschulwesens (1960), erstattet vom Schulausschuß der Ständigen Konferenz der Kultusminister der Länder in der Bundesrepublik Deutschland.

Heinrich, M. (2007). *Governance in der Schulentwicklung. Von der Autonomie zur evidenzbasierten Steuerung* (Educational Governance, Bd. 3). Wiesbaden: VS Verlag für Sozialwissenschaften.

Helsper, W. (2006). Elite und Bildung im Schulsystem. Schulen als Institutionen-Milieu-Komplex in der ausdifferenzierten Bildungslandschaft. In J. Ecarius & L. Wigger (Hrsg.), *Elitebildung – Bildungselite. Erziehungswissenschaftliche Diskussionen und Befunde über Bildung und soziale Ungleichheit* (S. 162–187). Opladen: Barbara Budrich.

Helsper, W. (2009). Elite und Exzellenz. Transformationen im Feld von Bildung und Wissenschaft? Einleitung in den Thementeil. *Zeitschrift für Pädagogik, 55,* 167–174.

Helsper, W., Dreier, L., Gibson, A., Kotzyba, K. & Niemann, M. (2018). *Exklusive Gymnasien und ihre Schüler. Passungsverhältnisse zwischen institutionellem und individuellem Schülerhabitus* (Studien zur Schul- und Bildungsforschung, Bd. 64). Wiesbaden: Springer VS.

Holtappels, H. G. & Rösner, E. (1986). Privatschulen. Expansion auf Staatskosten? *Jahrbuch der Schulentwicklung, 4*, 211–235.

Honneth, A. (2010). *Das Ich im Wir. Studien zur Anerkennungstheorie*. Berlin: Suhrkamp.

Honneth, A. (2016). *Kampf um Anerkennung. Zur moralischen Grammatik sozialer Konflikte*. (9. Aufl. mit einem neuen Nachwort). Frankfurt/M.: Suhrkamp.

Humboldt, W. von (1969). Unmassgebliche Gedanken über den Plan zur Einrichtung des Litthauischen Stadtschulwesens [Litauischer Schulplan 1809]. In Ders., *Werke in fünf Bänden, Bd. IV: Schriften zur Politik und zum Bildungswesen* (S. 187–195), hrsg. von A. Flitner und K. Giel. Darmstadt: Wissenschaftliche Buchgesellschaft.

Jachmann, R. B. (1812). Die Nationalschule. *Archiv Deutscher Nationalbildung*, 61–98.

Koinzer, Th. & Leschinsky, A. (2009). Privatschulen in Deutschland. *Zeitschrift für Pädagogik, 55*, 669–685.

Kraul, M. (1980). *Gymnasium und Gesellschaft im Vormärz. Neuhumanistische Einheitsschule, städtische Gesellschaft und soziale Herkunft der Schüler* (Studien zum Wandel von Gesellschaft und Bildung im Neunzehnten Jahrhundert, Bd. 18). Göttingen: Vandenhoek & Ruprecht.

Kraul, M. (1984). *Das deutsche Gymnasium, 1780–1980*. Frankfurt/M.: Suhrkamp.

Kraul, M. (Hrsg.). (2015a). *Private Schulen* (Schule und Gesellschaft, Bd. 58). Wiesbaden: Springer VS.

Kraul, M. (2015b). Privatschulen in den letzten hundert Jahren. Ein wachsendes vielfältig ausdifferenziertes Feld. In M. Kraul (Hrsg.), *Private Schulen* (Schule und Gesellschaft, Bd. 58) (S. 23–41). Wiesbaden: Springer VS.

Kraul, M. (2015c). Bildung und Erziehung zwischen Staat, Zivilgesellschaft und Elternwillen. *Pädagogische Rundschau, 69*, 253–266.

Kraul, M. (2017). *Pädagogischer Anspruch und soziale Distinktion. Private Schulen und ihre Klientel*. Wiesbaden: Springer VS.

Kraul, M., Bergau, N. & Rapp, S. (2014). Privatschulen zwischen Förderung und Distinktion. Eine Analyse aus Elternsicht. *Pädagogische Rundschau, 68*, 73–94.

Krüger, H.-H., Helsper, W., Sackmann, R., Breidenstein, G., Bröckling, U., Kreckel, R., Mierendorff, J. & Stock, M. (2012). Mechanismen der Elitebildung im deutschen Bildungssystem. *Zeitschrift für Erziehungswissenschaft, 15*, 327–343.

Langer, R. (Hrsg.). (2008). *›Warum tun die das?‹ Governanceanalysen zum Steuerungshandeln in der Schulentwicklung*. Wiesbaden: VS Verlag für Sozialwissenschaften.

Lenzen, D. (2009). Schwerpunkt: Bildungsgerechtigkeit und sozioökonomischer Status. *Zeitschrift für Erziehungswissenschaft, 12*, 167–169.

Lohmann, H., Spieß, C. K. & Feldhaus, C. (2009). Der Trend zur Privatschule geht an bildungsfernen Eltern vorbei. *DIW-Wochenbericht Berlin, 38*, 640–646.

Lundgreen, P. & Kraul, M. (2015). Der Zugang zum Gymnasium: Selektivität in historischer Perspektive. In: W. Helsper und H.-H. Krüger (Hrsg.), *Auswahl der Bildungsklientel. Zur Herstellung von Selektivität in »exklusiven« Bildungsinstitutionen* (Studien zur Schul- und Bildungsforschung, Bd. 55) (S. 373–404). Wiesbaden: Springer VS.

Maaz, K. & Baumert, J. (2009). Differenzielle Übergänge in das Sekundarschulsystem: Bildungsentscheidungen vor dem Hintergrund kultureller Disparitäten. In W. Melzer & R. Tippelt (Hrsg.), *Kulturen der Bildung* (S. 361–369). Opladen: Barbara Budrich.

Maaz, K., Baumert, J. & Cortina, K. S. (2008). Soziale und regionale Ungleichheit im deutschen Bildungssystem. In K. S. Cortina, J. Baumert, A. Leschinsky, K. U. Mayer & L. Trommer (Hrsg.), *Das Bildungswesen in der Bundesrepublik Deutschland* (S. 205–243). Reinbek: Rowohlt.

Maaz, K., Hausen, C., McElvany, N. & Baumert, J. (2006). Stichwort. Übergänge im Bildungssystem. Theoretische Konzepte und ihre Anwendung in der empirischen Forschung beim Übergang in die Sekundarstufe. *Zeitschrift für Erziehungswissenschaft, 9*, 299–327.

Maaz, K., Nagy, G., Jonkmann, K. & Baumert, J. (2009). Eliteschulen in Deutschland. Eine Analyse zur Existenz von Exzellenz und Elite in der gymnasialen Bildungslandschaft aus einer institutionellen Perspektive. *Zeitschrift für Pädagogik, 55*, 211–227.

Mahr-George, H. (1999). *Determinanten der Schulwahl beim Übergang in die Sekundarstufe I.* Opladen: Leske & Budrich.

Manitius, V., Hermstein, B., Berkemeyer, N. & Bos, W. (Hrsg.). (2015). *Zur Gerechtigkeit von Schule. Theorien, Konzepte, Analysen.* Münster, New York: Waxmann.

Merkle, T. & Wippermann, C. (2008). *Eltern unter Druck. Selbstverständnisse, Befindlichkeiten und Bedürfnisse von Eltern in verschiedenen Lebenswelten.* Eine sozialwissenschaftliche Untersuchung von Sinus Sociovision GmbH im Auftrag der Konrad-Adenauer-Stiftung e. V. Hrsg. von Ch. Henry-Huthmacher und M. Borchard. Stuttgart: Lucius und Lucius.

Nussbaum, M. C. (2014). *Die Grenzen der Gerechtigkeit. Behinderung, Nationalität und Spezieszugehörigkeit.* Berlin: Suhrkamp.

Rawls, J. (1997). *Eine Theorie der Gerechtigkeit.* Berlin: Akademie-Verlag.

Rawls, J. (2014). *Gerechtigkeit als Fairneß. Ein Neuentwurf* (4. Aufl.). Frankfurt/M.: Suhrkamp.

(Die) *Reichsschulkonferenz 1920* (1921). Ihre Vorgeschichte und Vorbereitung und ihre Verhandlungen. Amtlicher Bericht, erstattet vom Reichsministerium des Innern (Deutsche Schulkonferenzen, Bd. 3). [unveränderter Neudruck der Ausgabe Leipzig 1921: Glashütten im Taunus: Detlev Auvermann KG 1972.]

Ricken, N. (2015). Was heißt »jemandem gerecht werden«? Zum Problem der Anerkennungsgerechtigkeit im Kontext von Bildungsgerechtigkeit. In V. Manitius, B. Hermstein, N. Berkemeyer & W. Bos (Hrsg.), *Zur Gerechtigkeit von Schule. Theorien, Konzepte, Analysen* (S. 131–149.). Münster, New York: Waxmann.

Rönne, L. von (1855). *Das Unterrichtswesen des Preußischen Staates. Eine systematische Sammlung aller auf dasselbe Bezug habenden gesetzlichen Bestimmungen. 2 Bde. Bd. 2: Die höheren Schulen und die Universitäten des Preußischen Staates* (Die Verfassung und Verwaltung des Preußischen Staates, 8. Teil). Berlin: Veit.

»*Sonderungsverbot*«: Verfügbar unter: https://www.wzb.eu/de/pressemitteilung/genehmigung-von-privatschulen-bundeslaender-missachten-grundgesetz [25.01.2018].

Standfest, C., Köller, O. & Scheunpflug, A. (2004). Profil und Erträge von evangelischen und katholischen Schulen. Befund aus Sekundäranalysen der PISA-Daten. *Zeitschrift für Erziehungswissenschaft, 3*, 359–379.

Standfest, C., Köller, O. & Scheunpflug, A. (2005). *leben – lernen – glauben: Zur Qualität evangelischer Schulen. Eine empirische Untersuchung über die Leistungsfähigkeit von Schulen in evangelischer Trägerschaft.* Münster, Berlin: Waxmann.

Statistisches Bundesamt Deutschland (Hrsg.). (2012). *Wirtschaftsrechnungen. Leben in Europa (EU-SILC) Einkommen und Lebensbedingungen in Deutschland und in der Europäischen Union.* 2011. Fachserie 15, Reihe 3. Wiesbaden: Statistisches Bundesamt.

Statistisches Bundesamt Deutschland (Hrsg.). (2016a). *Bildung und Kultur. Allgemeinbildende Schulen.* Schuljahr 2015/16. Fachserie 11, Reihe 1. Wiesbaden: Statistisches Bundesamt.

Statistisches Bundesamt Deutschland (Hrsg.). (2016b). *Bildung und Kultur. Private Schulen.* Schuljahr 2015/2016. Fachserie 11, Reihe 1.1. Wiesbaden: Statistisches Bundesamt.

Stojanov, K. (2011). *Bildungsgerechtigkeit. Rekonstruktionen eines umkämpften Begriffs.* Wiesbaden: VS Verlag für Sozialwissenschaften.

Ullrich, H. (2015). Die nachmoderne Dorfschule. Privatschulgründungen in neuen Nischen. In M. Kraul (Hrsg.), *Private Schulen* (Schule und Gesellschaft, Bd. 58) (S. 185–201). Wiesbaden: Springer VS.

Ullrich, H. & Strunck, S. (2008). *Begabtenförderung an Gymnasien* (Schule und Gesellschaft, Bd. 41). Wiesbaden: VS Verlag für Sozialwissenschaften.

Ullrich, H. & Strunck, S. (2009). Zwischen Kontinuität und Innovation. Aktuelle Entwicklungen im deutschen Privatschulbereich. *Zeitschrift für Pädagogik, 55*, 228–243.

Ullrich, H. & Strunck, S. (2012). *Private Schulen in Deutschland. Entwicklungen – Profile – Kontroversen* (Schule und Gesellschaft, Bd. 53). Wiesbaden: Springer VS.

Weimarer Reichsverfassung (WRV) 1919. Verfügbar unter: http://www.documentarchiv.de/wr/wrv.html [25.01.2018].

Weiß, M. (1993). Der Markt als Steuerungssystem im Schulwesen? *Zeitschrift für Pädagogik, 39*, 71–84.

Weiß, M. (2011). *Allgemeinbildende Privatschulen in Deutschland. Bereicherung oder Gefährdung des öffentlichen Schulwesens?* Schriftenreihe des Netzwerk Bildung. Berlin: Friedrich-Ebert-Stiftung.

Weiß, M. & Preuschoff, C. (2004). Schülerleistungen in staatlichen und privaten Schulen im Vergleich. In G. Schümer, K.-J. Tillmann & M. Weiß (Hrsg.), *Die Institution Schule und die Lebenswelt der Schüler* (S. 39–73). Wiesbaden: VS Verlag für Sozialwissenschaften.

Weiß, M. & Preuschoff, C. (2006). Gibt es einen Privatschuleffekt? Ergebnisse eines Schulleistungsvergleichs auf der Basis von Daten aus PISA-E. In M. Weiß (Hrsg.), *Evidenzbasierte Bildungspolitik. Beiträge der Bildungsökonomie* (S. 55–72). Berlin: Duncker & Humblot.

Wiese, L. (Hrsg.). (1886). *Verordnungen und Gesetze für die höheren Schulen in Preußen*. 3. Ausg., bearbeitet und bis zum Anfang des Jahres 1886 fortgeführt von O. Kübler, Erste Abtheilung. Die Schule. Berlin: Wiegandt und Grieben.

Wippermann, K., Wippermann, C. & Kirchner, A. (2013). *Eltern – Lehrer – Schulerfolg. Wahrnehmungen und Erfahrungen im Schulalltag von Eltern und Lehrern*. Stuttgart: Lucius & Lucius.

Wrase, M. & Helbig, M. (2016). Das missachtete Verfassungsgebot – Wie das Sonderungsverbot nach Art. 7 IV 3 GG unterlaufen wird. *Neue Zeitschrift für Verwaltungsrecht, 35* (22), 1591–1598.

Zymek, B. (2009). Prozesse der Internationalisierung und Hierarchisierung im Bildungssystem. Von der Beharrungskraft und Auflösung nationaler Strukturen und Mentalitäten. *Zeitschrift für Pädagogik, 55*, 175–193.

Zymek, B. & Richter, J. (2007). International-vergleichende Analyse regionaler Schulentwicklung. Yorkshire und Westfalen. *Zeitschrift für Pädagogik, 53*, 326–350.

Fritz Oser

Das Chancenausgleichsdilemma bei Lehrkräften
Oder: Bildungsgerechtigkeit von innen*

Viele Wissenschaftler/innen und Bildungspolitiker/innen meinen, dass aufgrund der Nicht-Berücksichtigung unterschiedlicher Lebens- und Lernressourcen in der schulischen Bewertungslandschaft (Selektions- und Allokationsfunktion der Schule) unser Bildungssystem ungerecht sei. Ich selber meine, dass das Gegenteil zutrifft. Das Bildungssystem in Deutschland, der Schweiz, Österreichs und anderer europäischer Staaten ist prinzipiell gerecht. Alle Kinder haben ein Anrecht auf freien Zugang zur Schule; es ist sogar umgekehrt: Schulabwesenheit wird rechtlich bestraft. Wenn Kinder bestimmte notwendige Ausgaben nicht aufbringen können, hilft die Gemeinde, der Kanton, der Staat.

Wenn man davon ausgeht, dass die heutigen Schulen in Europa »prinzipiell« bildungsgerecht sind, bleibt doch die Behauptung, dass sie es, wenn es um Details geht, nicht seien, und diese basiert meistens auf komplexen soziologisch orientierten Analysen. Und in der Tat zeigen Untersuchungen, dass es Bildungsdisparitäten gibt. Während die einen diese immer wieder neu vorstellen (z. B. Neumann, Baumert, Radmann, Becker, Maaz & Ohl, 2017, zur Erhöhung des Anteils der Schülerinnen und Schüler [SuS] mit Abitur), versuchen andere zu zeigen, dass vielschichtige Übergangsverfahren von der Grundschule in die Sekundarstufe I den familiären Hintergrund zu neutralisieren vermögen (so etwa Baeriswyl, Wandeler, Trautwein & Oswald, 2006, S. 373–392). Grundsätzlich meinen jene, die Ungerechtigkeit im Bildungssystem monieren, dass eine Teil-Population der Gesamtbevölkerung entsprechend ihrer Größe, ihrer Kapazität und der Intelligenz und Schulleistung einzelner ihrer Mitglieder nicht ausreichend die Möglichkeit hat, an höheren Bildungsgütern teilzunehmen, also nicht ausreichend an den oberen Bildungsgängen vertreten ist. Diese Teil-Populationen sind etwa Frauen, SuS aus armen Verhältnissen, religiöse Gruppen oder Migranten/innen (vgl. Becker, Bühler & Bühler, 2013; Müller, 2013; Blossfeld, 2013). Verweise auf Art. 3 des Grundgesetzes, dass »niemand wegen seines Geschlechts, seiner Abstammung, seiner Rasse, seiner Sprache, seiner Heimat und Herkunft, seines Glaubens, seiner religiösen oder politischen Anschauungen benachteiligt oder bevorzugt werden darf« (Becker, 2010, S. 161), helfen deshalb nicht weiter, weil die primären und sekundären Herkunfts-, Statuserhalt- und Sozialschichteffekte immer wieder durchschlagen und der Index zur Bildungsnähe auf der Aggregatsebene um die Jahrtausendwende etwa nach Ditton (2010,

---

*Ich bin Johannes Bellmann für seine kritischen aber belebenden Anregungen sehr dankbar.

S. 267) immer noch 86,9 % der Unterschiede in den Schulleistungen zwischen den Schulen erklärt. In neueren Untersuchungen wird deshalb von gesellschaftlichen Voraussetzungsunterschieden gesprochen (Neuenschwander & Nägele, 2017).

Es stehen also grundsätzlich gegenteilige Ansichten und verschiedene zentrale Fragestellungen im Raum. Eine Frage a) ist, ob Schulleistung, selbst wenn Disparitäten überwunden würden, die einzige Selektionsgröße sein muss, ob nicht andere Werte zur Geltung kommen müssten. Eine weitere Frage b) lautet, wann diese negativen Zustände, die Bildungsdisparitäten zu sein scheinen, eine moralische Verwerflichkeit darstellen. Eine dritte Frage c) lautet, welches die Rolle der Lehrer und Lehrerinnen (LuL) im Prozess möglicher Überwindung von Status-, Herkunfts- und Sozialschichteffekten ist. In dieser letzten Frage ist jene viel umfassendere enthalten, nämlich d) ob die Schule dazu im Stande sei oder sein müsse, auf der Basis einer allgemeinen Bildungsgerechtigkeit jene Unterschiede auszugleichen, die die Gesellschaft nicht ausgleichen kann.

Freiheit für Unterschiede, Gleichheit für Ermöglichungen

Zur letzten Frage gibt es drei Antwortmöglichkeiten. Man kann sagen, a) Schule und Unterricht seien ein vollständiges Abbild einer ungerechten Gesellschaft und es gäbe keine oder nur wenige Möglichkeiten, sie gerechter zu machen. Es gibt einige Vertreter dieser eher bildungssoziologischen Sichtweise, die ihr – meistens zwar unausgesprochen – zustimmen (vgl. etwa Giddens, 1995, S. 227 ff.). Man kann b) annehmen, dass das Bildungssystem prinzipiell gerecht sei; es seien aber immer wieder einzelne Ungerechtigkeiten quasi als Ausrutscher möglich, etwa bei Übergangsfragen, High-Stake-Prüfungen oder bei der Beurteilung des Lernverhaltens der SuS im Gesamten. Und c) gibt es die Meinung, dass das Bildungssystem, die Schule und der Unterricht – wie oben angedeutet – prinzipiell gerecht seien, aber dass innerhalb dieses basalen Rahmens an jedem Tag in jeder Situation die gelebten feinen Unterschiede, die überall aufscheinen, neu befragt werden müssen und ein Unterschiedsausgleich von allen Protagonisten neu hergestellt werden muss. Dies kann man als Kampf der Lehrperson für geteilte Bildungsgerechtigkeit bezeichnen. Es ist eine nie abgeschlossene Auseinandersetzung mit den Bedingungen, die auch für die Politik gelten, einesteils Gleichheit anzustreben und andererseits die Freiheit Unterschiedliches zu wollen zuzulassen. Ich neige dazu, diese dritte Variante als fruchtbar zu betrachten. Dworkin meint in seinem Buch »Gerechtigkeit für Igel« (2014), dass im Zusammenhang mit der Frage der Verteilungsgerechtigkeit verschiedene Gleichungen parallel berücksichtigt werden sollten. Und dies wäre bei dieser Variante der Fall: »Wir müssen Lösungen finden, die mit beiden Grundprinzipien vereinbar sind, und diese Prinzipien jeweils auf eine Weise verstehen, die beiden gerecht wird, so dass weder das Ideal der gleichen Berücksichtigung noch jenes der individuellen Verantwortung verletzt wird« (S. 17). Es ist hinzuzufügen und zu betonen, dass für den Beruf der Lehrperson dieses Gerechtwerden der beiden Forderungen eine dauernde prozedurale Auseinandersetzung beinhaltet, deren Resultat stets brüchig ist und fragil bleibt. Aber ich denke, dass dieser Kampf das entscheidende professionelle Merkmal, ein Signaturmerkmal (vgl. Shulman, 2007, S. 47 ff.) dieses Berufs darstellt. Ich gehe von folgender Annahme aus: »Gerechtigkeit in Bezug auf Bildung ist hergestellt, wenn jedes Kind ein Bildungsniveau erreicht, das ihm ein gutes Leben in einer modernen Gesellschaft ermöglicht« (Giesinger, 2007, S. 379). LuL können in diesem Prozess wichtige Gleichgewichte herstellen, so etwa, dass SuS nicht überfordert werden und ihr Schulleben unglücklich wird oder dass sie bei schneller Lernenden jene subtile Überforderung setzen, die diese zu hoher Leistung anspornt.

Zwar wird die Abhängigkeit von Herkunft, Ethnie und Geschlecht in diesem Prozess nicht einfach aufgehoben oder gar verleugnet, sondern – und das ist entscheidend – als negatives Wissen mitgetragen und mitverwendet. Um dieses Gleichgewicht herzustellen sind LuL stets in einer inneren Unruhe, in einem Bewusstsein, dass ihr Streben nie zu vollständiger Gerechtigkeit führt. Es ist eine Art inneres Leiden. Man kann auch so sagen: Nur wer beunruhigt oder gar entrüstet ist, verändert. Bildungsdisparitäten festzustellen ist zum Verstehen des fehlenden Zusammenhangs zwischen Egalitarismus und Suffizienz zwar notwendig; aber sie werden dadurch noch lange nicht erschüttert. Erst wenn die Unzufriedenheit über einen Zustand groß genug ist, erst wenn diese Unruhe eintritt, kann man von der »moralischen Notwendigkeit«, sofort neue Bildungschancen zu ermöglichen, sprechen. In einem Review bei 1340 Familien zur Frage der Wirkung einer Literacy Intervention on »Children's Acquisition of Reading« von Sénéchal & Young (2008) heißt es lapidar »Parent involvement has a positive effect on children's reading acquisition« (S. 880). In dieser subtilen Arbeit kommt der Gerechtigkeitsbegriff nicht vor; hingegen wird klar dargestellt, unter welche Bedingungen Eltern einen positiven Einfluss auf die Lesekompetenzen ihrer Kinder haben. Die Normativität des Anspruchs ergibt sich quasi von selbst. Um die in jedem Bereich basale Schwelle eines Leistungsoptimums zu erreichen und wenn möglich zu überschreiten, sind – sofern das Negative durchschlägt – viele Unterstützungen, Rückmeldungen, Aufforderungen, Ermöglichungen, Überzeugungsarbeiten nötig und bedeutungsvoll, aber all dies ist nicht voraussetzungslos und – im Sinne des Begriffs Bildungsungerechtigkeit – moralisierbar. Lehrpersonen sind im Versuch, dauernd Bildungsdisparitäten abzubauen ohne Begabungen und Leistungsansprüche zu verletzen, im Versuch also Freiheit für Unterschiede und Gleichheit der Ermöglichungen immer neu herzustellen, Meister der Balance.

Die Moralisierung des Gerechtigkeitsanspruchs bei Bildungsdisparitäten

Wenn wir meinen, dass Vieles im Zusammenhang mit Disparitäten nicht moralisierbar ist (siehe obiges Leselernen-Beispiel), bleibt die Frage, wann denn Bildungsungerechtigkeit ein moralischer Begriff wird oder allgemein, wann ein Zustand moralisiert werden muss (in der Sprache der Psychologen, wann ein Zustand moralisch »geframed« werden soll). Darauf gibt es drei Antworten. Die erste hat damit zu tun, dass *absichtlich* ein »Bildungs-Unrecht« getan bzw. Bildungsgerechtigkeit verletzt wird, was zu einer Benachteiligung von Menschen führt. Man spricht von unmoralischen Akten, wenn einigen SuS trotz Fähigkeiten, bewusst und absichtlich, aus bösem Willen oder aus überheblichem Eigeninteresse oder wegen Rassismus, Geschlechterdiskriminierung und familiärer Bildungsferne bestimmte Bildungswege verschlossen werden (oder SuS diese anderen SuS verschließen). Auch politische Systeme können institutionelle Regelungen enthalten, die im oben genannten Sinne unmoralisch sind. Sie veranlassen LuL z. B. »unredliche« Beurteilungen vorzunehmen und sie handeln damit unmoralisch. (Dies hat etwa die Leitung der Universität Stanford dahingehend eingesehen, dass heute 50 % plus eine Person aller Studierenden zwar hochbegabt aber nicht aus reichem Hause sein dürfen, d. h. durch Stipendien der Universität selber versorgt werden). – Die zweite Antwort ist viel komplexer. Bildungsdisparitäten werden dann zu einer moralischen Chefsache, wenn die Betroffenen Entscheidungen und Handlungen im Ordnungssystem Schule selber als eine Benachteiligung empfinden und ihre Entrüstung kundtun. Dann sind moralische Sensibilitäten von Lehrpersonen, die diese negativen Reaktionen auffangen, gefordert. Wir sprechen in diesem Zusammenhang von »Sense of pedagogical nessecity« (vgl. Oser & Heinzer, 2010). – Die dritte Antwort bezieht sich auf die Veränderung des Bewertungsmaßstabes im Kontext der Schule selber. Bewertungsmaßstäbe sagen, warum wer was erhält, warum ein Verfahren ausgewogen ist und warum jemand, der weniger leisten kann, die volle Anerkennung erhalten soll für das, was er/sie leistet (vgl. Montada & Kals, 2001, S. 99 ff.) Wenn Politiker/innen etwa versprechen mehr zu tun für bildungsferne Schichten, dann meinen sie normalerweise nicht, dass die vorhergehenden Verantwortlichen unmoralisch gehandelt hätten, sie meinen bloß, dass man mehr tun müsse, um eine andere Verteilung der Chancen z. B. Chancen der gesellschaftlichen Integration und Teilhabe zu ermöglichen. Sie verändern den Bewertungsmaßstab.

Schulwelten

Das folgende Beispiel gehört zur zweiten oben vorgestellten Form. Es verweist nicht mehr auf das Bildungssystem als Ganzes; es betrifft den Unterricht und die Schule.

Leander ist ein fleißiger Erstklässler. Er kommt mit der ersten Note in Sport nach Hause. Es ist eine 4, ein Genügend (6 wäre die beste Note). Leander ist empört und er findet dies unglaublich ungerecht, insbesondere weil die Praktikantin, die den Lehrer vertrat, geschrieben hatte, er hätte im Sport zu wenig »Ausstrahlung« und deshalb gäbe sie ihm nur ein Genügend. Die Empörung von Leander, der schwört, er werde nie mehr freiwillig am Sport teilnehmen, überträgt sich auf die Mutter, die ganze Familie, die Nachbarschaft. Überall fragt man sich, was denn Ausstrahlung bzw. Ausdruckskraft im Sport sei und wie man dies bewerten könne. Die Mutter schreibt einen Brief an die Schulleitung; sie hält sich nicht zurück und spricht von Missachtung der Individualität des Kindes, von ungerechter Zensierung und von der damit zusammenhängenden schulischen Demotivierung. Die Schulleitung lässt die Praktikantin antreten und verbietet ihr, Dinge zu zensurieren, die man nicht zensurieren kann. Die Praktikantin fühlt sich ungerecht behandelt, weil sie eigentlich das Mitmachen und nicht die Ausdruckkraft benoten wollte. Sie ist empört, dass man sich in ihre Klasse, die sie vertritt, in der Weise einmischt. Das dürfe, so findet sie, nur ihr Mentor. Während die einen eine böse Absicht vermuten, finden die anderen, dass das Angemessenheitsprinzip verletzt sei. Die Schulleitung selber, die die Autorität im System schlechthin darstellt, sieht eine böse Absicht bei der Betroffenen.

Hier handelt es sich um die Suche nach schulischer Bildungsungerechtigkeit, die auf vielen Missverständnissen beruht und die leicht zu korrigieren wäre. »Ungerechte« Benotung, fehlende Zuwendung und fehlende Transparenz der Beurteilung im System werden unmittelbar einsichtig. Ähnliche Prozesse werden in Unterricht und Schule überall dort aktuell, wo Beurteilung zu Entrüstung führt, wo Unterschiede, die aufbrechen, als ungerecht empfunden werden oder wo Einschränkungen auferlegt werden, die die Beurteilung von Unterschieden verbieten. Innerhalb des Unterrichts und der Schule geht es stündlich und täglich um Verteilungs-, Verfahrens- und Anerkennungsungerechtigkeit. Und diese drei werden dann akut, wenn sich eine Person über das Resultat der Beurteilung entrüstet oder das Resultat dieser Beurteilung nicht nachvollziehbar ist. Und Lehrpersonen stehen davor und dazwischen und dahinter; sie wollen gerecht sein, sie wollen es unbedingt (vgl. dazu Hofmann, 2017, S. 71, »Das fand ich wirklich ungerecht«). Bildungsgerechtigkeit wird hier zu einem Erfordernis der täglichen Unterrichtsroutine. Sie wird als internes Problem behandelt und an das Tun der Akteure geknüpft.

Fragile Voraussetzungen

Interne unterrichtliche oder schulische Ungerechtigkeit hat also damit zu tun, dass Lehrpersonen auf der einen Seite eine Förderungsorientierung haben; alle sollen entsprechend ihrer Fähigkeiten unterstützt werden. Hier herrscht das Egalitarismusprinzip in einem sehr heiklen Willensakt, nämlich so zu verfahren, dass »entsprechend ihrer Fähigkeiten« verteilt, unterstützt, gemessen, geurteilt und beurteilt wird. Auf der anderen Seite müssen Unterschiede als Endergebnis kundgegeben werden, vor allem Leistungsunterschiede. Hier herrscht das Prinzip der meritokratischen Handhabung einer Verteilung. Der gebieterische moralische Appell, alle sollen in beiden Aspekten gleich behandelt werden, scheitert an der Leistungsorientierung der Gesellschaft. Hier gibt es keine Gleichheit. Hier sind Unterschiede geradezu ein Kennzeichen für alle Formen von Anstrengung. Weniger hohe Leistungen werden – wenn auch meistens nur indirekt – bestraft. Diese Unterscheidung geht in dieselbe Richtung wie Merkens sie in seinem Beitrag im vorliegenden Band vornimmt. Er spricht von zwei Formen von Verteilungsgerechtigkeit, der Bedarfsgerechtigkeit (»Jedem entsprechend seiner Fähigkeiten«) und der Leistungsgerechtigkeit (die meritokratische Handhabung der Verteilung). Highstakes-Auswahlverfahren, die diesen Unterschied manifestieren, werden genau deshalb von Pädagogischen Psychologen wie Berliner abgelehnt, weil sie eine Irreversibilität von Bildungsentscheidungen konstituieren (Berliner, 2009).

»Es ist besser Unrecht zu leiden, als Unrecht zu tun«

In ihren Vorlesungen »Einige Grundfragen der Ethik« beginnt Hannah Arendt – im zweiten Teil – einen Abschnitt folgendermaßen: »In Gorgias stellt Sokrates drei in höchstem Masse paradoxe Behauptungen auf: (1) Es ist besser Unrecht zu leiden, als Unrecht zu tun; (2) für den Täter ist es besser, bestraft zu werden, als ungestraft zu bleiben; und (3) der Tyrann, der straflos alles tun kann, was ihm gefällt, ist ein unglücklicher Mensch« (S. 59). Natürlich macht es keinen Sinn, diese Prinzipien auf die Schule unmittelbar zu übertragen. Aber wir sollten es – abgeschwächt – versuchen.

Ein Kind, das nicht erlebt, dass eine Beurteilung oder eine Entscheidung ungerecht oder seine Leistung ungenügend ist oder dass andere bevorzugt werden, kann kein moralischer Mensch werden. Die Erfahrung von Ungerechtigkeit ist negativ, aber sie hat einen Bildungswert. (Das heißt niemals, dass solche Erfahrungen intentional vermittelt werden dürfen). Der zweite Arendtsche Punkt besagt, dass Ungerechtigkeit aufgedeckt und sanktioniert werden muss. Dies ist im Bildungsbereich aus strategischen Gründen nur indirekt möglich, teilweise weil es sich meistens nur um persönliche, nicht aber um strukturell staatliche Schwächen handelt. Ein Schulleiter kann ungerechte Allokationsentscheidungen treffen und dafür müsste er bestraft werden; aber das System selber würde darunter nicht leiden. Kinder müssen erleben, dass eine Bewertung ungerecht sein kann. Das heißt aber nicht, dass sie deshalb Unrecht tun dürfen. Der dritte Arendtsche Punkt kann prima vista kaum auf die schulische Situation übertragen werden. Immerhin lässt sich vermuten, dass willkürliche Entscheidungen von Schulleitern und -leiterinnen oder von Lehrpersonen nicht zu deren professionellem Glück führen, sondern, sofern sie eine Sensitivität für schulische Gerechtigkeitsfragen entwickelt haben, zu Burnout und Unzufriedenheit.

Verdeckte schulische Ungleichbehandlung

Obwohl Bildungsgerechtigkeit – wie einleitend bemerkt – meistens als ein soziologischer, beziehungsweise ein gesellschaftswissenschaftlicher Topos gebraucht wird, ist auch – wie im vorletzten Abschnitt dargelegt – das Innenleben der Schule von diesen Problemen betroffen. Dies trifft auch auf Fragen zu, ob das Einkommen von Eltern, das Geschlecht oder die Ethnie Zugänge der Kinder (mit)bestimmt und ob der Status die Bildungsverläufe beeinflusst, ob Strukturen den Zugang zu Bildungseinrichtungen behindern, schließlich auch ob Leistungen in gerechter Weise adaptiv gemessen und vielschichtig beurteilt werden. Auch hier geht es darum, dass all dies nicht eine Ermöglichung von gesellschaftlichen Positionen behindert. Im Klassenzimmer ist Bildungsgerechtigkeit aber auch ein ständig herzustellendes dynamisches Gleichgewicht. Nebst SES-Variablen sind es psychologische Dimensionen, die jede Entscheidung beeinflussen und denen Kinder ohne es zu merken ausgeliefert sind. Ungerechte Zugangsweisen und Ressourcen sind hier interaktiv verankert. Ein klassisches Beispiel: Zwei Schülerinnen der 5. Klasse haben eine sehr gute Note erhalten. Die Arbeit wird von der Lehrperson je zurückgegeben. Bei *beiden* schmunzelt die Lehrerin wohlwollend; und sie zeigt ihre Freude über die guten Leistungen ganz offensichtlich bei beiden. Zum Mädchen Josefine sagt sie: »Sehr gut, wie immer«. Zur Elisabeth sagt sie: »Sehr gut. Gestern hast Du wirklich einen guten Tag gehabt«. Was ist hier hinsichtlich der Gerechtigkeitsfrage abgelaufen? »Gerecht«, wie sie ist, hat die Lehrerin der Josefine gesagt, dass ihre Leistung stabil und internal gesteuert sei, »ungerecht« zur Elisabeth hingegen sagt sie, es sei alles nur Zufall, also außengesteuert und instabil. Ungerechtigkeit kann sich hinter Worten, die vorgeben, liebevolles Feedback zu sein, verstecken. Und das ist das noch wenig bearbeitete Bildungsgerechtigkeitsthema. Es geht darum festzustellen, wie innerhalb gerechter staatlicher Basisstrukturen differente Urteile »ungerecht« sein können. Und es geht um eine professionelle Sensibilität, dies zu merken.

Individuelles Lernen

Bildungsgerechtigkeit als Thema des individuellen Lernens und Lehrens hat also vor allem auch mit der direkten Bewertung dessen, was SuS hervorbringen oder leisten, zu tun. Deswegen ist es von Vorteil anzunehmen, dass nicht die Unterschiede in den strukturellen Voraussetzungen allein, sondern – abhängig oder unabhängig davon – die Bewertung des je hervorgebrachten Output in Leistung, Originalität und Anstrengung, der in Bezug auf die urteilende Autorität situiert oder habituiert hervortritt, gerecht oder ungerecht sein kann. Die im Klassenraum hervorgebrachten Unterschiede, die in jedem Moment des Unterrichtens auftreten, müssen sofort beobachtet, bearbeitet und ausbalanciert werden. Sie sind aus verfahrenstheoretischer Sicht dahingehend zu reflektieren, ob Lehrkräfte den Verlauf der Arbeit, die anschließend beurteilt wird, optimieren. Verteilungsmässig geht es darum, wer – im Klassenraum – das beurteilte Resultat in welcher Weise herstellt und welche Ressourcen berücksichtigt werden. Schließlich geht es um Anerkennung von mindestens zwei Seiten her, nämlich um Anerkennung durch die Autorität (Lehrkraft) hinsichtlich basaler Leistungserfordernisse und die Anerkennung der anderen SuS. Anerkennung der Unterschiede, wie sie die Autorität lokalisiert und transparent macht, wird aber unmittelbar zweischneidig.

Auf der Ebene personeller Bemühungen der LuL muss davon ausgegangen werden, dass die Schule Bildungsgerechtigkeit immer und überall im Visier hat und dass Unterschiede in den Bereichen der Leistung und der Intelligenz in gebührender Weise in Übergangsentscheidungen einbezogen werden. Auf der Ebene des Bewusstseins aber wird gesehen, dass diese basale Gerechtigkeit sehr fragil ist und dauernd verletzt wird. Genau dieses Bewusstsein ist es, was uns dazu bringt, von Bildungsungerechtigkeit zu sprechen, das Bewusstsein, dass die Dinge nur teilweise lösbar und die Probleme nicht vollständig aufhebbar sind. Es ist eher so etwas wie ein Leiden darüber, dass die Unterschiede je neu produziert werden. Dieser pädagogische Konflikt ist das eigentlich Interessante, das ich weiterhin erläutern möchte.

Gründe für Disparitätsproduktion im unterrichtlichen Geschehen

Warum ist das so? Auf der einen Seite besteht das pädagogische Ideal – wie angedeutet – darin, jedes Kind dort zu fördern, wo es Stärken hat, und ihm dort beizustehen, wo Schwächen auftreten. Andererseits müssen seine Leistung und sein Arbeitsverhalten beurteilt werden, weil dies die Selektionsfunktion der Schule verlangt. Und diese Beurteilung richtet sich nach dem Ausmaß und der Qualität des

Hervorgebrachten und es unterwirft sich automatisch dem sozialen Vergleich und heute auch internationalen Standards. Lehrpersonen erleben dies als Konflikt, aber auch als entscheidendes Merkmal ihres Berufs. Sie wissen Bescheid über Förderverfahren einerseits und über Kompetenzdiagnostik andererseits. Sie wissen, dass sich Leistung zusammensetzt aus kognitiven Fähigkeiten, Leistungsängstlichkeit, Lesekompetenzen, sozioökonomischem Status (SES), Migrationsstatus, Bildung der Eltern (vgl. etwa Kunter & Voss, 2011, S. 103). Aber sie leiden darunter, dass eine sinnvolle Berücksichtigung oder gar Unterstützung die erkannten und erfahrenen Unterschiede nicht aufhebt. Ihr großes Thema ist nicht die Kompetenzdiagnostik an sich, ihr großes Thema ist das Wissen, dass die beste Förderung die Unterschiede nicht aufzuheben vermag. Und dieses Leiden würde ich als grundlegende pädagogische Dissonanz oder als pädagogisch nicht aufhebbaren Konflikt bezeichnen. In der Kompetenzdiagnostik-Literatur (vgl. etwa Achtenhagen & Baethge, 2007, wo es vor allem um Erhebungsinstrumente geht; Prenzel, Gogolin & Krüger, 2007) wird kaum über diesen Hiatus gesprochen. Die Zurkenntnisnahme des Ausmaßes an pädagogischem Professionswissen, an der Entwicklung pädagogischen Unterrichtswissens, an bildungswissenschaftlichem Wissen etc. (vgl. König & Seifert, 2012) führt nicht dazu, diesen Zwiespalt zu erfassen und positiv zu thematisieren. Auch der übliche Kompetenzerwerbsdiskurs lässt diese Dimension außen vor (vgl. etwa Leutner et al., 2017; Shavelson, 2010). Der Kern aber des professionellen Handelns von Lehrpersonen besteht genau darin, diesen Konflikt immer neu auszuhalten, auszubalancieren und zu verarbeiten. Dieser Konflikt hat eine signaturpädagogische Dimension (vgl. Shulman, 2007). Damit ist gemeint, dass es eine Sache ist, die nur einer spezifischen beruflichen Form eigen ist, etwa den Ärzten die Diagnose am Krankenbett oder den Juristen die Verteidigung eines Täters oder, wie hier, den besprochenen Lehrpersonen, die tausendfach eine Gerechtigkeitsbalance zwischen verschiedenen Ansprüchen herzustellen haben und dies oft als negativ empfinden. Aber diese Negativität macht ihren Beruf einmalig.

Drei Bereiche – ein Berufsleben

Wir haben Interviews mit Lehrpersonen durchgeführt[1] und alle bringen genau das zum Ausdruck: Die Unterschiede bewirken unterschiedliche Bewertungen und diese Bewertungen machen es den Lehrpersonen und am Ende aber auch den SuS schwer.

---

1   Es handelt sich um eine explorative Studie, bei der unterschiedliche Interviewer prüfen, ob Lehrpersonen auf die Frage nach schulischer Ungerechtigkeit überhaupt ansprechen und ob sie eine Vorstellung davon haben, was Bildungs(un)gerechtigkeit meint. Die vorliegenden drei wurden von L. Forsblom durchgeführt und von E. Häfliger verschriftlicht.

Es sind drei Gebiete oder inhaltliche Bereiche, wo dieser Konflikt besonders sichtbar wird, a) die Leistungsheterogenität und damit die Diagnostik bzw. die Messung und Offenlegung der Leistung, b) das, was Kinder als Ressourcen mitbringen, die Herkunft, der Wille und die Unterstützung durch das Elternhaus und c) Motivation und ihr Ausdruck im Durchhaltewillen und in der Zuwendung zur Sache. Bei allen dreien spielen das Bedürftigkeitsprinzip, das Gleichheitsprinzip und das Leistungsprinzip (Verdienst) eine je unterschiedliche Rolle. Und bei allen geht es darum, dass es zum Kern des Lehrerberufs gehört, sie immer wieder neu aufeinander zu beziehen [2].

Zu a) Dem Messen und Belohnen von Leistung. LP_Prim1-2 (81) meint, dass dies mit den Noten gar und überhaupt nicht gerecht sei:

»Zuerst mal, wie diese Noten entstehen, also wenn du diese Prüfungen anschaust, wie unterschiedlich dass diese Prüfungen sind, der ganze Unterricht, wie der aufgebaut ist, sprich schon nur der Lehrplan, der ist so offen formuliert, dass die Lehrpersonen eigentlich individuell einfach so ihre Prüfungen gestalten können, und wenn natürlich dann der Unterricht nicht so gestaltet ist, dass eben alle Kinder angesprochen werden, dann ist es für diese schwierig, dann diese Prüfungen zu bestehen und dann entstehen Noten, die nicht aussagekräftig sind. So kurz zusammengefasst gesagt. Und damit habe ich ja extrem Mühe, weil ich einfach immer wieder versuche, halt Prüfungen zu machen, die alle Lerntypen ansprechen und nicht nur eben den einen. Jetzt halt in der Unterstufe. In der Mittel- und Oberstufe ist es sicher anders, aber darum ... Prüfungen ist sicher ein grosses Thema, das müsste man ein bisschen besser anschauen und Vereinbarungen treffen und vor allem nicht nur an einem Ort, also nicht nur kantonal regeln, sondern das müsste schweizerisch geregelt werden. Ich meine, das ist ja auch ein Thema. Wechselt der Schüler die eine Schule zur anderen ... das sind Welten.«

LP Sek1_w_84 meint zur Frage, ob die Beurteilung von der Person des Lehrers abhänge:

»Ja, total, total. Also erstens einmal, dass jeder Lehrer anders bewertet oder dass ich auch bei mir merke, dass ich je nachdem ... also nicht, ich schaue nicht auf die Schüler, also die Schüler von mir werden gleich behandelt, aber ich merke, wenn ich eine Prüfung nicht gerade am Stück korrigiere, oder schon ... die erste Prüfung korrigiere ich anders als die letzte. Also ich habe das überhaupt nicht ... also ich habe nicht das Gefühl, dass ich total super-objektive Noten gebe.«

LPw91_Prim äußert sich zur oben genannten Frage folgendermaßen:

»Mh, also, eben, »gerecht sein« ist sowieso schwierig, also schwierig, vor allem wenn es gerade um die Benotung geht. Zum Beispiel bei einem Aufsatz ist es ja immer irgendwo ein Stück weit subjektiv und nicht objektiv. Aber ja, dass man halt vielleicht ... ein Vorgang ist gerecht, wenn es vielleicht halt doch, wenn du nicht gerade weisst, von welchem Schüler die Prüfung ist. Dass da nicht noch irgendwie Emotionen oder irgendetwas

---

2 Überzeugend ist dieser Konflikt in der Schrift »Ist differenzierender Unterricht gerecht«, Bloch, 2014, dargestellt.

einfliesst und dass du halt wirklich einfach nur die Leistung anschaust. Logisch, wenn du natürlich im Kopf noch hast, was das Kind jetzt vielleicht gerade für eine Sozialisation hat, schaust du das vielleicht schon wieder eben anders an. Und darum ist es eigentlich wirklich am fairsten, wenn du wie nicht weisst, von welchem Kind jetzt gerade diese Arbeit ist.«

Auf die Frage, ob Noten mit Bildungsgerechtigkeit zu hätten, antwortet sie:

»Oh, das ist eh ... also, Noten sind von mir aus gesehen selten gerecht, selten objektiv ... da fliesst immer irgendwie etwas rein. Und es ist auch schwierig, dass Noten genau die Leistung vom Schüler abbilden. Aber gerecht sind sie sicher, wenn man halt, eben den Kindern, die Probleme haben, die den Nachteilsausgleich haben, dass man das bei denen berücksichtigt und sonst die Kinder gleich bewertet. ... Das ist eine schwierige Frage. Von mir aus gesehen sind Noten einfach allgemein nicht »gerecht« in dem Sinne oder objektiv.«

Diese drei Beispiele zeigen, dass Lehrpersonen ein hohes Reflexionsniveau bezüglich der Frage der Notengerechtigkeit aufweisen. Während die erste Person die Heterogenität direkt in die Benotung einfliessen lassen will (und dann natürlich keine Vergleichbarkeit mehr findet), suchen die beiden folgenden nach einem objektiven Kriterium, das frei vom Wissen, wo die Kinder herkommen, und frei von den die Lehr-Lernprozesse begleitenden Emotionen ist. Alle drei glauben, dass die Herstellung von Gerechtigkeit eine schwierige Sache sei und dass man nur versuchen könne – mehr nicht – auf diese Weise Gerechtigkeit herzustellen. Man kann aus jeder der Aussagen leicht den erwähnten Kampf für eine gerechte Schule erkennen, einen Kampf, der selten ganz zu gewinnen ist.

Das zweite Thema, b) was Kinder mitbringen, hat mit der Herkunft und den sozioökonomischen Ressourcen zu tun. Hier meint LP_Prim1-2 (81):

»Ist das, was ja momentan nicht gerecht ist. Es gibt die Kinder, die betreut werden zu Hause und dadurch eigentlich bessere Voraussetzungen mitbringen in der Schule. Und das ist die Schwierigkeit, dass momentan ... dass es so unterschiedlich ist, dass ich Schüler habe, die einerseits, ja, nichts mitbekommen von zu Hause und an einem ganz anderen Ort stehen als andere. Und dem muss ich ja dann in der Schule gerecht werden. Und das verstehe ich einfach unter Bildungsgerechtigkeit, dass ich, ja. (Unverständlich) ... ob das der falsche Ansatz ist (Lachen).«

Und später sagt sie zur Frage des Elternhauses:

»Sicher finde ich das nicht gerecht (Lachen), mega ungerecht! Aber ich verstehe die Eltern, die arbeiten gehen müssen und es finanzieren müssen, ich meine, es bleibt ihnen nichts anderes übrig. Und sie geben ja auch ihr Bestes. Ich verstehe vielleicht die Eltern nicht, die dann viele Kinder auf die Welt setzen und dann genau wissen, sie können das eigentlich nicht bieten. Das verstehe ich dann nicht. Aber sonst ... manchmal bleibt ihnen einfach keine andere Option und da müsste einfach die Schule – finde ich – auch eine Lösung finden, weil, wenn man in die Zukunft schaut, wird es wahrscheinlich immer mehr so sein, dass das Elternhaus diese Aufgaben abgibt an die Schule, Erziehungsaufgaben.«

Zur Rolle der Schule in Bezug auf das Elternhaus meint sie:

»Dass die Eltern, die jetzt arbeits- ... also ... berufstätig sind und nicht für die Kinder (dasein) können ... ja, sicher eine Tagesschule. Geht nicht anders. Du musst die Kinder betreuen können, du müsstest Leute haben, die mit ihnen genau die Sachen eigentlich machen, die die Eltern zu Hause normalerweise machen, wie eben die Hausaufgaben machen oder die Lernförderung und ... und das kostet alles (Lachen) und wer will Geld investieren in das (Lachen)? ... Und ich hätte ganz gute Ideen, wie man das alles unter einen Hut bringen könnte, ja, aber es fehlt einfach das Geld. Schon bei uns in der Schule fehlt einfach auch der Raum, um optimal fördern zu können. Das ist schon das Erste. Dort müsstest du anfangen ... bei der Schule und dem Platz. Dass du eben das auch auffangen könntest. Ich weiss nicht, wie genau du das wissen möchtest jetzt von der Idee her.«

Die zweite befragte Person LP Sek1_w_84 sagt zur Frage der Hilfe, die bestimmte Eltern ihren Kindern geben:

»Nein, also, gerecht ... es ist halt noch schwierig, da von Gerechtigkeit zu reden. Aber ich finde es einfach traurig zu sehen, dass einfach gewisse Kinder von Grund auf wie gar keine Chance haben, weil niemand eigentlich sich um sie kümmert. Und dass sie eigentlich durchaus das Potenzial hätten, aber dass aus irgendwelchen Gründen und nicht wegen dem Intellekt nicht bringen können. Oder eben auch, dass gewisse Eltern, die viel mehr Geld haben das irgendwie investieren in Nachhilfe oder weiss ich was. Und diese Kinder dann in die Kanti (das Gymnasium) geprügelt werden, quasi. (Lachen).«

Und später wird dies ergänzt:

»Ja, eben und das ist es eben, wenn du nachher auf das kleine System auf die Familie gehst, dann ist es massiv. Dort fängt es eigentlich bereits schon an, dass du siehst, in Klassen, wo die Kinder aus ärmeren Situationen kommen, da kommen die Eltern auch selten an den Elternabend. Und du denkst zuerst, ja, die haben kein Interesse, ja aber vielleicht sind sie auch einfach am Arbeiten, weil sie Geld verdienen müssen und weil sie diesen Aufwand gar nicht erbringen können zum Einsatz lei(sten), ja, aber es ist so ... logisch sagt man dann: »Gopf, also! Und mach mal frei!« ... und die Arbeitgeber müssen da auch schauen, aber ... Eben das und dann eben hast du nachher die Superreichen, die alles an Zusatzunterricht noch zahlen können.«

Und trotzdem wird dann zum Thema Chancen gesagt:

»Gerecht in dem Sinne nicht, also ich sehe es eher so als Auftrag, dass man wirklich schaut, dass man jedem Kind die Möglichkeit gibt, in seinen Fähigkeiten ... also seine Fähigkeiten zu entfalten. Und ich denke, das ist die Aufgabe der Schule und da wirklich möglichst schauen, dass das im Rahmen der Machbarkeit gerecht ist. Nicht wahr, die Schule ist ja auch wieder an ein System gebunden oder die Lehrer oder was auch immer. Einfach dass das so ... ja ..., dass es so in diesem Rahmen ist, aber dass es eben auch (Lachen) in einem gesunden Rahmen bleibt, also man kann ja auch nicht sagen, wir sind da jetzt einfach die Helfer vom Dienst, die versuchen, jedem Kind, ja, einfach diesem Kind alles zu ermöglichen. Gewisse Missstände kann auch die Schule nicht ausloten schlussendlich.«

Die dritte Person LPw91_primar sieht es so:

»Nein, es ist in dem Sinne nicht gerecht für dieses Kind. Aber es ist einfach eine Tatsache und widerspiegelt die Gesellschaft. Dass halt nicht alles gleich ist. Eben, zum Beispiel ein paar Kinder haben Eltern, die ständig mit ihnen lernen und wirklich Zeit auch für das haben oder die finanziellen Mittel haben, Nachhilfe zu organisieren und dann gibt es Kinder, ja, die kommen von einem sozialen Umfeld, wo das halt einfach nicht möglich ist, weil beide Eltern arbeiten und weil sie, die Eltern selber, vielleicht halt nicht so eine hohe Bildung haben und es ihnen nicht erklären können. Und von dem her ... eben, wenn man dann so überlegt, wenn man dann vielleicht dort als Lehrperson einhängt und diesen Kindern eine besondere Förderung gibt oder Materialien nach Hause mitgibt, ist ja das in dem Sinne eigentlich auch wie ... kann das (als) ungerecht ... ja, betrachtet werden, weil man ja einigen Kindern mehr Unterstützung gibt. Aber es ist dann auf der anderen Seite auch eine Gerechtigkeit, weil sie wie die Möglichkeit zu diesen Sachen von zu Hause her nicht haben.«

Später wird dieser Aspekt noch intensiviert:

»Ich finde es ungerecht, also im ... gerade für Kinder, die aus einer schlechten Sozialisation kommen, (es) ist ja eigentlich bekannt, dass arme Leute in dem Sinne arm bleiben. Es ist ja eigentlich wie ein Teufels-, ja, Kreislauf. Du hast keinen Zugriff auf Bücher, Wissen, Kontakte, die deine Eltern einfach sozusagen mitbringen und dann nachher kommst du in die Schule und startest schon auf einem viel tieferen Niveau als Kinder, die vielleicht aus einem guten Haus kommen, wo die Eltern gute Connections haben, wo sie viele Bücher daheim haben und einfach schon viel Wissen da ist, das sie ständig nebenbei so lernen. Der startet ja am ersten Schultag auf zwei verschiedenen Niveaus und das ist dann auch wieder schwierig aufzuholen und dann ist es der Teufelskreislauf, dann haben sie schlechtere Leistungen, kommen in ... also ja, vielleicht in ein schlechteres Niveau in der Oberstufe, schaffen den Sprung in die Kanti (Gymnasium) nicht und müssen einfach viel mehr kämpfen in dem Sinne und dann ... Die Schule unterstützt eigentlich wie das noch quasi fast ein bisschen, wenn sie dort die Kinder nicht aufgreift, die eine schlechtere Ausgangslage haben.«

In diesem Teil kommt zum Ausdruck, dass Schule und Unterricht jenen Kindern, die kein bildungsförderliches Zuhause haben, kompensatorisch helfen müssen und dass die Suche nach dieser Hilfe Bildungsungerechtigkeit verringert (vgl. Reich, 2012). Es wird von zusätzlicher Unterstützung, von Ganztagsschulen, von Privatschulen und von »Nachteilsausgleich« gesprochen. Es wird quasi gefordert, dass die Schule das fehlende Zuhause ersetze, aber es wird auch deutlich gemacht, dass dies nicht leicht zu schaffen sei, vor allem auch aus finanziellen Gründen. Buchna, Coelen, Dollinger & Rother (2017) zeigen allerdings, dass Ganztagsschulen kaum den Aspekt der Bildungsgerechtigkeit in ihr Schulprofil aufgenommen haben (zu Ganztagsschulen vgl. auch Merkens in diesem Band). Es wird aus den Aussagen deutlich, wie sehr Lehrpersonen einen Sinn für zu schaffende schulische Gerechtigkeit entwickelt haben. Sie sehen das Ideal, streben es an, wissen, dass sie es nicht erreichen können, und sind und bleiben trotzdem Lehrpersonen.

Das dritte Thema c) ist der Arbeitsdisziplin von SuS gewidmet. Die Frage lautet hier, ob sich Aspekte der Anstrengung und der unterrichtlichen Beteiligung mit der Leistungsbeurteilung vermischen und so das Urteilsbild verzerrt wird. Vor allem lautet die Frage, was zu machen sei, wenn sich ein Kind anstrengt und es auf keinen grünen Zweig kommt. Hier meint LP_Prim1-2 (81) als erstes auf die Frage, was getan werden müsse, wenn ein Schüler sich Mühe gibt, aber nie erfolgreich ist:

> »Ist mega ungerecht und davon ist unser Notensystem ja auch ein Problem. Eigentlich solltest du ja den Fortschritt benoten können, tu ich ja auch dazu benoten. Oftmals wählen dann die Lehrpersonen so den Schnitt und machen dort ihre Noten und das ist für so einen Schüler eine Katastrophe. Darum finde ich jetzt zum Beispiel so diese Lernzielanpassungen eine super Sache, weil dann hast du auch die Möglichkeiten, ein Kind, das halt dann vielleicht nicht so die grossen Schritte macht, kannst du es trotzdem loben und kannst es trotzdem, ja, unterstützen. Und wenn du ein Kind halt wirklich auch im Positiven stärken kannst, dann macht es Fortschritte. Und wenn du die ganze Zeit, ja, halt die schlechten Noten zurückgibst, nicht wahr, so die 0815-Prüfungen, die wir ja von früher schon kennen, oder (Lachen), dann hat das Kind keine Chance und geht unter.«

LP Sek1_w_84 antwortet ähnlich:

> »Ich finde es immer hart, wenn man sieht, dass sich die Schülerin sehr abmüht und nachher einfach auch die Leistung trotzdem nicht bringt. Ich weiss nicht, ob man da von »gerecht« (reden) kann. Es ist sicher nicht im Sinn vom Ein(satz), also der Einsatz wird sicher nicht belohnt. Das ist sicher in dem Sinne nicht gerecht. Aber die Frage ist, bei uns wird nicht, ja nicht nur das Fachwissen quasi bewertet, also die hat dann in anderen Fächern ihre Bewertung. Aber angenommen, sie muss irgendwie in Mathematik das 1 × 1 können und sie müht sich einen ab und sie kann es auch nicht, dann kann ich ihr dann nicht eine gute Note machen, nur weil sie sich ausserordentlich Mühe gegeben hat. Also wenn ich jetzt einfach nur sage ... eine Aussage machen will, über das, was sie jetzt kann, dann muss ich sagen: »Nein, sie kann es nicht.« Aber, ob das jetzt gerecht ist, also ... (Lachen), das ist noch schwierig. Aber ich finde es, ... ja, also es ist sicher nicht, Aufwand und Ertrag ist nicht gerecht, aber da kann ich wie nichts machen als Lehrperson.«

Die dritte Person LPw91_primar sagt zur Frage hoher Anstrengung und wenig Erfolg:

> »Es ist ungerecht für dieses Kind, weil dieses Kind vielleicht sieht: »Okay, andere machen viel weniger und können es einfach«, ist sicher sehr enttäuschend, andererseits ist es gerecht im Sinne davon, dass es die Leistung abbildet, die das Kind jetzt im Verhältnis zu den anderen leistet. Also wenn du eine Note machst oder du hast einen Test und die anderen schneiden gut ab und dieses Kind ist wieder unterdurchschnittlich gut, dann zeigt es einfach, dass es im Durchschnitt der Klasse halt einfach schlechter ist. Und von dem her ... ja, es ist ungerecht für das Kind, aber es bildet halt einfach dann einigermassen gerecht ab, wo dieses Kind steht.«

Und sie ergänzt, wenn man nach Momenten der Bildungsgerechtigkeit fragt:

> »Momente finde ich eben, dass wirklich ... ja, der Nachteilsausgleich durchgezogen wird, jetzt beim Schweizer Schulsystem. Also logisch, man muss es erwähnen, man muss es testen lassen und wirklich dann auch in der Oberstufe sagen, also ich habe zum Beispiel Legasthenie, in der Kanti (Gymnasium) sagen: »Ich habe Legasthenie«, und dann hat man auch das Recht darauf, dass man diesen Nachteilsausgleich bekommt und das zieht sich weiter bis in die Hochschule eigentlich. Und das finde ich eigentlich schon fair, denn

schlussendlich hindert das ja diese Leute daran, wirklich zu zeigen, was sie können, und dann finde ich das eigentlich fair, dass dann die ihren Ausgleich bekommen und zeigen können, was sie wirklich draufhaben. Und dass man halt doch immer mehr vielleicht probiert, Kinder, die eine schlechtere Sozialisation haben, ... dass man früh anfängt und denen auch Plätze gibt, wo ihnen vorgelesen wird, wo sie dann halt wirklich auch das ein bisschen aufholen können, was sie vom Elternhaus wie nicht bekommen haben. Dass sie vielleicht dort eher noch ein bisschen gleich starten wie Kinder, die aus besserem Hause kommen.«

Bei allen drei Befragten wird die Lösung des Problems, dass Anstrengung oft nicht zu dem erwarteten Resultat führt, zur Kernfrage der Bildungsgerechtigkeit. Die drei Lehrpersonen finden es ungerecht, was geschieht, aber sie vergleichen Leistungen eben trotzdem, nämlich weil sie es tun müssen. Sie halten sich am Begriff »Nachteilsausgleich« fest, aber wissen natürlich, dass er nur in seltenen Fällen (immer hört man das Beispiel Legasthenie) zur Anwendung kommen kann. Sie tun alles, um den SuS einen Zusammenhang zwischen Anstrengung und Leistung offenzulegen und zu ermöglichen, sehen aber schließlich, dass dies als Optimum kaum zu realisieren ist. Was wir oben als Kampf für herzustellende aber nicht zu erreichende Gerechtigkeit als professionelles Merkmal der Lehrerschaft bezeichnet haben, ist hier bildlich und dynamisch gegeben. Die Lehrer und Lehrerinnen bemühen sich, den Lernenden durch Rückmeldung (wenigstens) den Wert ihrer Anstrengung zu bekunden. Aber man kann als Lehrperson dieser Spannung nicht entrinnen, sie ist gegeben durch die Aufrechterhaltung des Leistungsvergleichs bei gleichzeitiger Betonung der Freiheit, mit Unterschieden zu leben. Gleichviel geben bedeutet nicht gleichviel erhalten; das zu akzeptieren und den Lernenden trotzdem zu stärken ist ein Teil der beruflichen Unauflösbarkeit eines gesellschaftlichen Widerspruchs. Immerhin, diese Lehrpersonen ersetzen Verteilungsgerechtigkeit durch Anerkennungsgerechtigkeit; sie legen das Gewicht darauf, dass die Anstrengung und die willentliche Zuwendung gewisser SuS genauso wertvoll sind wie der Outcome anderer SuS.

Egalitarismus im Herzen, Realismus im Alltag

Es ist nicht zu verbergen, dass in den Aussagen der drei Lehrpersonen eine Freude darüber herrscht, wenn Menschen Fortschritte machen, und eine große Trauer, wenn sie die Zustände, die andere leicht erreichen, auf keinen Fall oder nur annähernd schaffen. Auf der einen Seite streben sie einen Egalitarismus an (jeder/jede muss gleich behandelt werden), auf der anderen Seite wird suggeriert, dass jemand mit der Lage, in der er/sie steckt, zufrieden sein kann oder dass er/sie besondere Hilfe braucht oder dass eben ein Nachteilsausgleich hergestellt werden soll. Egalitarismus ist ein Ideal, das frühestens dann zum Scheitern verurteilt ist, wenn auf der Ebene a) der Notengebung, b) der familiären Unterstützung und c) der Anstrengungs-Ertragsbalance Unterschiede überdeutlich werden. Die Lehrperson wird innerlich angehalten, einerseits den Unterschieden ins Auge zu sehen (auch wenn sie diese kompensatorisch aufzufangen versucht) und andererseits stets neu die Gleichwertigkeit der unterschiedlichen erreichten Ergebnisse zu unterstreichen. Man kann Parallelen ziehen zum Ansatz des Philosophen Harry Frankfurt in »Ungleichheit« (2014), wo er betont, dass es nicht das Problem ist, dass es einige gibt, die zu viel haben, sondern dass es viele gibt, die so wenig haben, dass sie nicht leben können. Das Problem für eine Lehrperson besteht darin, denjenigen, die weniger erreichen, den Rücken zu stärken, damit sie mit dem Wenigeren vorankommen. Im letzten Viertel des 20. Jahrhunderts sprach man in diesem Zusammenhang von Mastery Learning oder vom zielerreichenden Lernen, bei dem es darum ging, dass alle SuS in einem bestimmten Fach, immer wieder, einen bestimmten minimalen Sockel (vgl. etwa Heckhausen, 1974; Eigler & Straka, 1978) erreichten, einige aber durch differenzierende Lehr-Lernprozesses weit über den Sockel hinausgehen konnten. Das Minimale war das durch alle zu Erreichende. Wer den Sockel erklomm, war prinzipiell »leistungsanerkannt«. Es war das Ziel, dass alle einer Klasse dies taten. Dass dieses Konzept nicht weiter verfolgt worden ist, hat vermutlich mit der höchst diffizilen Technik des differenzierenden Unterrichts zu tun.

Der Zwiespalt zwischen positivem Wollen, negativem Ertragen hat Benner in seiner Bildungstheorie (2008, vgl. S. 73 ff.) sorgfältig herausgearbeitet. Er moniert, dass das Berichten positiver Erfahrung die notwendige Negativität zu oft ausblendet. Er fordert, dass Auszubildende in allen helfenden und unterstützenden Berufen lernen, mit Irritationen umzugehen: »Das gilt für vergessene Anstrengungen und Probleme beim kognitiven Lernen ebenso für Irritationen in der Begegnung mit Fremdem oder für Enttäuschungen, die im Bereich moralischer Erziehung und Sozialisation durchlaufen worden sind« (S. 74). Und es gilt für das Feld des Suchens nach Bildungsgerechtigkeit in der täglichen beruflichen Arbeit. Diese Negativität macht den Beruf der Lehrperson einmalig.

Balance-Gerechtigkeit im Lehr-Lernprozess: Das Chancenausgleichs-Dilemma

Es ist notwendig, nochmals den Akzent, den ich oben als Signatur und Kern allen didaktischen und pädagogischen Einflusses bezeichne, so zu setzen, dass es die Lehrperson ist, die je nach Schultyp und Alter der SuS dauernd und intensiv eine Balance zwischen Leistungserbringung, Leistungsanstrengung, Leistungszufriedenheit, sozialem Vergleich und Bildungsgerechtigkeit herstellen muss. Es geht um dauernde Bewertung von Sachverhalten (vgl. Heid in diesem Band) und um eine Balancierung der Ansprüche. Die Lehrperson unterstützt jemanden, der sich anstrengt, aber nicht das erreicht, was er/sie möchte, anerkennend, sie muss diejenigen, die Leseschwächen offenbaren, weil sie zuhause in dieser Hinsicht nicht unterstützt werden, mehr motivieren zu lesen und mehr Gelegenheit dazu geben, sie muss die unterschiedlichen Beurteilungsverfahren, die sie verwendet, offenlegen und Sinn damit verbinden. Ja, sie leistet oft auch mit einem/er Schüler/in ein Stück Trauerarbeit für Scheitern, hinter dem ein guter Wille steht. LuL schaffen, das ist ein Kern ihrer Arbeit, dauernd einen nie ganz zufriedenstellenden Ausgleich zwischen den unterschiedlichen Ansprüchen. Und dabei spielt ihre moralische Sensibilität und ihr Ethos die entscheidende Rolle. Es wird deutlich, was Sen (2010) an anderer Stelle herausgearbeitet hat, nämlich: »Es geht darum, anzuerkennen, dass eine vollständige Theorie der Gerechtigkeit durchaus eine unvollständige Rangordnung alternativer Wege zur Entscheidungsfindung bieten kann und dass eine gebilligte partielle Ordnung in manchen Fällen eine deutliche Sprache spricht, in anderen aber keine Entscheidungshilfe leistet« (S. 425). Er spricht in diesem Zusammenhang von der Reichweite partieller Lösungen, bei denen eine immerwährende Suche nach Gerechtigkeit im Zentrum steht. Seine Ideen sind zwar für viele nur politisch relevant, aber in der kleinen und dynamischen Welt einer Schulklasse mag, was er sagt, eine Legitimation der Suche nach der Balancierung von Bildungsgerechtigkeitsansprüchen sein. Lehrpersonen sind stets in diese Suchdynamik eingebunden. Sie versuchen auf Schritt und Tritt die Chancen jedes Lernenden zu optimieren, aber sie akzeptieren – wenn auch mit Bekümmerung –, dass sie immer auf dem Weg dahin irgendwo steckenbleiben. Dieses Chancenausgleichsdilemma ist nicht zu umgehen. Es stellt den Kern dieses gesellschaftlich herausragenden Berufs dar. Und auch neue Annahmen darüber, dass Ungerechtigkeiten im Erziehungssystem durch »youth digital activism« durchbrochen werden können, sind ohne diese Balance-Tätigkeit von Lehrpersonen nicht zu leisten (vgl. Stornaiuolo & Thomas, 2017).

Damit komme ich zurück auf die am Anfang vorgestellte Aussage, dass das Schulsystem, wie wir es haben, gerecht sei. Die Lehrpersonen, die täglich versuchen, die unterschiedlichen Ansprüche zu vereinen, leisten dazu einen bedeutenden Beitrag. Sie haben zwar keine Theorie der prozeduralen Moral, die sie dringend bräuchten. Sie haben nicht einmal Verfahren, die ihr Handeln legitimieren würden. Sie haben auch keine Technik der moral-psychologischen Problemlösung. Aber sie verfügen über eine übergreifende moralische Sensibilität (vgl. Tirri & Nokelainen, 2011). Dies drückt sich aus in ihren Kümmernissen, die sie in den obigen Interviews offenlegen. Wenn wir wissen, dass moralische Sensibilität eine Voraussetzung ist für das moralische Urteil und das moralische Handeln (siehe Rest & Narvaez, 1994), dann ist das Vorfindbare schon außerordentlich umfassend und wichtig. Allerdings ist das Thema in der Lehrerbildung unter dem Aspekt des Lehrerethos zentral zu einer Theorie der schulischen Bildungsgerechtigkeit zu erweitern. Verfahren kennenzulernen, um mit dem, was in den Interviews als Balance-Leistung festgehalten worden ist, einen reflektierten Umgang zu entwickeln, müsste zu einem Kern der Aus- und Weiterbildung gemacht werden. Voraussetzung ist, und die Interviews zeigen es: Lehrpersonen sind in einer dauernden inneren Unruhe. Mit jedem ihrer Akte, mit jeder Aufforderung, mit jedem Feedback schaffen sie eine unvollkommene Bildungsgerechtigkeit. Dazu kommt, dass nur dann Menschen einen Sinn für Gerechtigkeit entwickeln, wenn sie selber Ungerechtigkeit erfahren und ihre Auswirkungen erlebt haben.

Literatur

Achtenhagen, F. & Beathge, M. (2007). Kompetenzdiagnostik als Large-Scale-Assessment im Bereich der beruflichen Weiterbildung. In M. Prenzel, I. Gogolin & H. H. Krüger (Hrsg.), *Kompetenzdiagnostik. Zeitschrift für Erziehungswissenschaft, Sonderheft 8*, 51–70.

Baeriswyl, F., Wandeler, C., Trautwein, U. & Oswald, K. (2006). Leistungstest, Offenheit von Bildungsgängen und obligatorische Beratung der Eltern. Reduziert das Deutschfreiburger Übergangsmodell die Effekte des sozialen Hintergrunds bei Übergangsentscheidungen? *Zeitschrift für Erziehungswissenschaft, 9* (3), 373–392.

Becker, R. (2010). Soziale Ungleichheit von Bildungschancen und Chancengerechtigkeit – eine Reanalyse mit bildungspolitischen Implikationen. In R. Becker & W. Lauterbach (Hrsg.), *Bildung als Privileg. Erklärungen und Befunde zu den Ursachen der Bildungsungleichheit* (S. 161–190). Hamburg: Springer.

Becker, R., Bühler, P. & Bühler, T. (2013). Einleitung: Bildungsgleichheit und Gerechtigkeit – Wissenschaftliche und gesellschaftliche Herausforderungen. In R. Becker, P. Bühler & T. Bühler (Hrsg.), *Bildungsungleichheit und Gerechtigkeit* (S. 9–14). Bern: Haupt.

Benner, D. (2008). *Bildungstheorie und Bildungsforschung*. Paderborn: Schöningh.

Berliner, D. C. (2009). Do High-stakes tests of academic achievement limit economic development? The beginning of a long-term natural longitudinal study. In F. Oser, U. Renold, E. R. John, E. Winther & S. Weber (Hrsg.), *VET Boost: Towards a theory of professional competencies. Essays in honor of Frank Achtenhagen* (S. 55–70). Rotterdam: Sense publishers.

Bloch, D. (2014). *Ist differenzierender Unterricht gerecht? Wie Lehrpersonen die Verteilung ihrer Förderbemühungen rechtfertigen*. Bad Heilbrunn: Klinkhardt.

Blossfeld, H.-P. (2013). Bildungsungleichheiten im Lebensverlauf – Herausforderungen für Politik und Forschung. In R. Becker, P. Bühler & T. Bühler (Hrsg.), *Bildungsungleichheit und Gerechtigkeit* (S. 71–100). Bern: Haupt.

Buchna, J., Coelen, D., Dollinger, B. & Rother, P. (2017). Abbau von Bildungsbenachteiligung als Mythos? *Zeitschrift für Pädagogik, 63* (4), 416–435.

Ditton, H. (2010). Der Beitrag von Schule und Lehrern zur Reproduktion von Bildungsungleichheit. In R. Becker & W. Lauterbach (Hrsg.), *Bildung als Privileg. Erklärungen und Befunde zu den Ursachen der Bildungsungleichheit* (S. 247–276). Hamburg: Springer.

Dworkin, R. (2012). *Gerechtigkeit für Igel*. Frankfurt: Suhrkamp.

Eigler, G. & Straka, G. A. (1978). *Mastery Learning. Lernerfolg für jeden?* München: U&S.

Frankfurt, H. (2016). *Ungleichheit. Warum wir nicht alle gleich viel haben müssen*. Frankfurt: Suhrkamp.

Giddens, A. (1995). *Soziologie*. Graz: Nausner & Nausner.

Giesinger, J. (2007). Was ist Bildungsgerechtigkeit. *Zeitschrift für Pädagogik, 53* (3), 362–381.

Heckhausen, H. (1974). *Die Gleichheit der Bildungschancen als zehnfaches Dilemma*. Göttingen: Hogrefe.
Hofmann, C. (2017) »Das fand ich wirklich ungerecht!« *Religionspädagogische Beiträge, 77*, 71–74.
König, J. & Seifert, A. (Hrsg.) (2012). *Lehramtstudierende erwerben pädagogisches Professionswissen. Ergebnisse der Längsschnittstudie LEK zur Wirksamkeit der erziehungswissenschaftlichen Lehrerausbildung*. Münster: Waxmann.
Kunter, M. & Voss, T. (2011). Das Modell der Unterrichtsqualität in COACTIV: Eine multikriteriale Analyse. In: M. Kunter, J. Baumert, W. Blum, U. Klusmann, S. Krauss & M. Neubrand (Hrsg.), *Professionelle Kompetenz von Lehrkräften. Ergebnisse des Forschungsprogramms COACTIV* (S. 85–114). Münster: Waxmann.
Leutner, D., Fleischer, J., Grünkorn, J. & Klieme E. (Hrsg.) (2017). *Competence assessment in education. Research, models and instruments*. Hamburg: Springer.
Montada, L. & Kals, E. (2001). *Mediation*. Weinheim: Beltz.
Müller, W. (2013). Bildungsgleichheit und Gerechtigkeit – Gesellschaftliche Herausforderungen. In R. Becker, P. Bühler & T. Bühler (Hrsg.), *Bildungsungleichheit und Gerechtigkeit* (S. 27–52). Bern: Haupt.
Neuenschwander, M. P. & Nägele, C. (Hrsg.). (2017). *Bildungsverläufe von der Einschulung in die Erwerbstätigkeit: Theoretische Ansätze – Befunde – Beispiele*. Wiesbaden: VS Verlag für Sozialwissenschaften.
Neumann, M., Baumert, J., Radmann, S., Becker, M., Maaz, K. & Ohl, S. (2017). Leistungs- und Bewertungsstandards beim Erwerb von Übergangsberechtigung in die gymnasiale Oberstufe im neu strukturierten Berliner Sekundarschulsystem. In M. Neumann, M. Becker, J. Baumert, K. Maaz & O. Köller (Hrsg.), *Zweigliedrigkeit im deutschen Schulsystem* (S. 255–294). Münster: Waxmann.
Oser, F. & Heinzer, S. (2010). »Sense of necessity«. Zur Modellierung des Prinzips der »Pädagogischen Notwendigkeit« als Qualitätsmerkmal der Lehrerprofessionalität. *Lehrerbildung auf dem Prüfstand, Sonderheft*, 148–172.
Prenzel, M., Gogolin, I. & Krüger, H.-H. (2017). Editorial. In: M. Prenzel, I. Gogolin & H. H. Krüger (Hrsg.), *Kompetenzdiagnostik. Zeitschrift für Erziehungswissenschaft, Sonderheft 8*, 5–8.
Reich, K. (2012). *Inklusion und Bildungsgerechtigkeit. Standards und Regeln zur Umsetzung einer inklusiven Schule*. Weinheim u. a.: Beltz Verlag.
Rest, J. & Narvaez, D. (1994). *Moral development in the professions*. Hillsdalle: Erlbaum.
Sen, A. (2010). *Die Idee der Gerechtigkeit*. München: Beck.
Sénéchal, M. & Young, L. (2008). The effect of family literacy intervention on children's acquisition of reading from Kindergarten to Grade 3: A meta-analytic review. *Review of Educational Research, 78* (4), 880–907.
Shavelson, R. J. (2010). On the measurement of competency. In: *Empirical Resaearch in Vocaional Education and Training, 2* (1), 41–63.
Shulman, L. (2007). *Educating lawyers*. San Francisco: Jossey-Bass.
Stornaiuolo, A. & Thomas, E. E. (2017). Disrupting educational inequalities through youth digital activism. In: *Review of Research in Education, 41*, 337–357.
Tirri, K. & Nokelainen, P. (2011). *Measuring multiple intelligence and moral sensitivities*. Rotterdam: Sense.

Florian Waldow

Akteurskonstellationen und die Gerechtigkeit von schulischer Leistungsbeurteilung in Deutschland, Schweden und England

Einleitung: Meritokratie, Fairness und Leistungsbeurteilung

In allen westlich-demokratischen Gesellschaften, die dem Leitideal der »Meritokratie«[1] folgen, sollen Lebenschancen auf der Basis von individueller Leistung bzw. Leistungsfähigkeit (englisch *merit*) vergeben werden, nicht auf der Basis von askriptiven Faktoren wie Vermögen, sozialem oder ethnischem Hintergrund, Migrationsstatus etc. Leistung bzw. Leistungsfähigkeit wird in der Regel in der Form von Bildungszertifikaten operationalisiert, die wiederum auf Leistungsbeurteilung basieren. Bildungszertifikate stellen also die »basic currency« (Deutsch, 1979) dar, in der Leistung ausgedrückt und in Lebenschancen konvertiert wird. Nicht das Faktum des Gebildetseins an sich oder des Besitzes bestimmter Kompetenzen lässt sich konvertieren; vielmehr müssen Kompetenzen, Fähigkeiten, Wissen etc. in Zertifikatsform kodifiziert werden, um in Lebenschancen umsetzbar zu sein (vgl. Solga, 2005).

Bildungszertifikate basieren üblicherweise auf summativer Leistungsbeurteilung in der einen oder anderen Form; insofern ist die schulische Leistungsbeurteilung die Schlüsseloperation bei der Allokation von Lebenschancen in Gesellschaften, die dem meritokratischen Ideal folgen. Die Akteure, die die Leistungsbeurteilung durchführen bzw. überwachen bzw. ihre Regeln festlegen, werden auf diese Weise zu »Gatekeepers« im Hinblick auf den Zugang zu Lebenschancen. Damit ihr *gatekeeping* als legitim aufgefasst wird, muss die mit ihm verbundene Leistungsbeurteilung als gerecht wahrgenommen werden (vgl. Struck, 2001). Die Frage, was in Bezug auf Leistungsbeurteilung als gerecht gilt, ist mit einer ganzen Reihe anderer Fragen verknüpft, wie etwa der, was als Leistung gilt und wer sie misst. Die Antworten auf diese Fragen sind weder selbstverständlich noch universell gültig. Vielmehr fallen sie in hohem Maße kontext- und akteursspezifisch aus.

Die empirische Gerechtigkeitsforschung untersucht neben Einstellungen und Diskursen auch Gerechtigkeitskonzeptionen, die in institutionellen »Bauplänen« sozialer Institutionen eingelassen sind (vgl. Liebig, 2006). Der vorliegende Beitrag hat zum Ziel, einige der unterschiedlichen Konzeptionen von Gerechtigkeit aufzu-

---

[1] Das Leitideal der »Meritokratie« ist jedoch keineswegs das einzige normative Ideal, dem diese Gesellschaften folgen; vgl. den Beitrag von Helmut Fend in diesem Band.

decken, die in den institutionellen Bauplänen der Systeme der Leistungsbeurteilung von Schüler_innen in Deutschland, Schweden und England eingelassen sind. Der Beitrag konzentriert sich in seiner Institutionenanalyse auf Gerechtigkeitskonzeptionen, die in den Akteurskonstellationen hinsichtlich der Leistungsbeurteilung in der Schule eingeschrieben sind. Betrachtet wird der Bereich der allokationsrelevanten summativen Leistungsbeurteilung, da dies die Art der Leistungsbeurteilung darstellt, die am relevantesten für die Zuweisung von Lebenschancen ist. Vorrangig geht es also um Abschlussexamina und dergleichen sowie deren funktionale Äquivalente.

Der Beitrag konzentriert sich auf die Rolle der Akteure, die Schüler/innen beurteilen, wie etwa Lehrkräfte oder Examinationsagenturen. Es wäre jedoch ein Trugschluss anzunehmen, dass die Schüler_innen im Prozess der Beurteilung sowie der Zuweisung von Lebenschancen eine völlig passive Rolle einnehmen. Die Leistungsbeurteilung in der Schule produziert nicht nur Wissen, auf dessen Basis Schüler_innen von anderen Akteuren »sortiert« werden können, sondern auch Wissen, auf dessen Basis Schüler_innen Akte der Selbstselektion durchführen, etwa indem sie ihre Pläne auf das abstimmen, was erreichbar scheint (vgl. Falkenberg & Kalthoff, 2008).

Die »Meritokratie« stellt ein mächtiges normatives Ideal dar, die bildungssoziologische Forschung hat jedoch immer wieder zeigen können, dass in der Praxis Kriterien wie sozialer oder ethnischer Hintergrund und finanzielles Vermögen auch in Gesellschaften, die sich als meritokratisch verstehen, eine entscheidende Rolle für den Bildungserfolg und somit in der Verlängerung auch für die Allokation von Lebenschancen spielen (vgl. Becker & Schulze, 2013). Die Charakterisierung einer Gesellschaft als »meritokratisch« bezieht sich daher auf deren »normative Selbst-Definition« (Solga, 2005) und nicht darauf, wie die Allokation von Lebenschancen tatsächlich vonstatten geht. Auch in Gesellschaften, die sich als meritokratisch verstehen, können Familien also soziale Vorteile von einer Generation zur nächsten weitergeben. Es ist jedoch ein Zeichen für die Macht des meritokratischen Ideals, dass Familien Privilegien zunehmend nicht mehr auf direktem Wege weitergeben können, sondern den »Umweg« durch das Bildungssystem nehmen müssen, wobei sie hinsichtlich der Allokation von Lebenschancen als Kriterium illegitime askriptive Merkmale in legitime Vorteile in Gestalt von Bildungszertifikaten verwandeln (vgl. Baker & LeTendre, 2005).

Eine institutionelle Analyse der Akteurskonstellationen, die für die Leistungsbeurteilung von Schüler/innen eine Rolle spielen, macht deutlich, in welchem Maße Gerechtigkeitskonzeptionen in die Baupläne von Systemen der Leistungsbeurteilung eingelassen sind. Welche Akteure in welcher Weise ein spezifisches soziales Gut verteilen und welche Sicherungsmechanismen (*safeguards*) die Gerechtigkeit dieses Prozesses gewährleisten sollen, sind Aspekte des Allokationsprozesses, die wichtig für seine Wahrnehmung als gerecht sind (vgl. Leventhal, 1980 & Leventhal,

Karuza jr. & Fry, 1980). Die grundlegenden Regeln der Leistungsbeurteilung – einschließlich der Akteurskonstellationen, wie sie in Gesetzen und Verordnungen festgelegt sind – mögen die Gerechtigkeitsüberzeugungen der beteiligten Akteure nicht vollständig determinieren, sie geben jedoch gewisse Grundmuster vor, die prägend auf die Überzeugungen der Akteure einwirken.

Alle Bildungssysteme, die dem meritokratischen Ideal folgen, müssen sicherstellen, dass allokationsrelevante Leistungsbeurteilungen für alle Schüler/innen eine mehr oder weniger vergleichbare Form aufweisen. Dies ist ein wichtiger Aspekt der Forderung nach »Chancengleichheit«, die üblicherweise mit dem meritokratischen Ideal verbunden ist – und gleichzeitig zu ihm in einer gewissen Spannung steht (vgl. Giesinger, 2007). Vergleichbarkeit kann indessen auf verschiedene Weise hergestellt werden, unter Beteiligung verschiedener Akteure in verschiedenen Funktionen und Rollen:

> At one extreme this has taken the form of highly formalized »standardized tests« which are entered under standard conditions and marked in a common way and where considerable efforts are devoted to the attempt to maintain »standards« across time and space. At the other extreme there has been a reliance on »professional judgement« to try to ensure an acceptable level of comparability (Goldstein & Lewis, 1996).

Die meisten Bildungssysteme können zwischen diesen beiden Extrempolen verortet werden. Deutschland befindet sich relativ nahe am »professional judgement«-Pol, während England nahe am »standardized tests« bzw. »examinations«-Pol verortet ist, mit Schweden in einer Mittelposition. Aufgrund dieser unterschiedlichen Arten und Weisen, das Ideal der »Chancengleichheit« zu verfolgen, stellen diese drei Systeme interessante Vergleichsfälle im Sinne der Vergleichsstrategie des »variation finding« nach Charles Tilly (1984) dar.[2]

Der Beitrag wird Unterschiede zwischen den deutschen Bundesländern weitgehend außer Acht lassen. In vielen Hinsichten sind diese Unterschiede zwar erheblich, die grundlegenden Akteurskonstellationen bezüglich der Leistungsbeurteilung unterscheiden sich jedoch nicht fundamental, zumal im kontrastiven Vergleich mit Schweden und England (vgl. Helbig & Nikolai, 2015).

Der folgende Abschnitt bietet einen kurzen Überblick über die Akteurskonstellationen in der Leistungsbeurteilung in den drei untersuchten Systemen. Bereits in diesem Abschnitt werden einige vorläufige Interpretationsangebote hinsichtlich der mit den jeweiligen Akteurskonstellationen verknüpften Gerechtigkeitskonzeptionen gemacht. Der dann folgende Abschnitt diskutiert einige ausgewählte Aspekte in systematisch-komparativer Weise. Das Schlussresümee fasst die Ergebnisse zu-

---

2 Die Wahl dieser drei Länder als Vergleichseinheiten kann auch aus der Perspektive der »educational regime«-Forschung gerechtfertigt werden. Jedes der drei hier betrachteten Länder kann einem unterschiedlichen Regimetyp zugeordnet werden. Vgl. West & Nikolai, 2013.

sammen, eröffnet einige theoretische Perspektiven und diskutiert Beschränkungen und mögliche Erweiterungen der Studie.

Der vorliegende Beitrag entstand im Kontext eines gerade abgeschlossenen Forschungsprojekts, das sich mit den in die »institutionellen Logiken« von Beurteilungssystemen eingelassenen Gerechtigkeitskonzeptionen sowie mit den Gerechtigkeitsüberzeugungen von Lehrkräften, Schüler/innen und Schulinspektor_innen in Deutschland, Schweden und England beschäftigte.[3]

1. Akteurskonstellationen und Leistungsbeurteilung in Deutschland, Schweden und England

1.1 Deutschland

Traditionellerweise wurden im deutschen Kontext eine zentralisierte Bildungsadministration (d. h. zentralisiert auf Bundeslandebene), detaillierte Lehrpläne und ein mehr oder weniger zentralisiertes bzw. zentral kontrolliertes System der Lehrkräftebildung und -zertifizierung als ausreichender *safeguard* für die Gewährleistung einer vergleichbaren Beurteilung angesehen. Bereits seit der ersten Hälfte des 20. Jahrhunderts wurde wiederholt Kritik an der »Fragwürdigkeit der Zensurengebung« (Ingenkamp, 1989) geübt unter Verweis auf die empirisch belegte Tatsache, dass unterschiedliche Lehrkräfte die gleiche Leistung (etwa eine Klassenarbeit) unterschiedlich bewerten und auch ein und dieselbe Lehrkraft die gleiche Arbeit zu unterschiedlichen Zeiten unterschiedlich bewertet. Diese Befunde führten jedoch nicht zu einer grundlegenden Umgestaltung des Beurteilungssystems oder gar der Einführung einer psychometrischen Testkultur wie in den USA oder Schweden (vgl. Waldow, 2010). Generell ist die Entwicklung des Systems der Leistungsbeurteilung in Deutschland im Laufe des 20. Jahrhunderts von bestenfalls langsamem und inkrementellem Wandel gekennzeichnet. Im Laufe der letzten 15 Jahre scheint sich die Entwicklung ein wenig zu beschleunigen, aber gewisse grundlegende Charakteristika dessen, was man als die deutsche »Bewertungskultur« bezeichnen könnte, sind immer noch zu beobachten. Hierzu zählt vor allem die vergleichsweise hohe Autonomie der einzelnen Lehrkraft im Hinblick auf Beurteilungsentscheidungen.

Die existierenden Regularien zur Leistungsbeurteilung sind in der Regel relativ unspezifisch hinsichtlich des eigentlichen Beurteilungsaktes. Sie regeln hauptsäch-

---

3 Bei dem Projekt handelte es sich um eine im Emmy-Noether-Programm der DFG geförderte Nachwuchsgruppe. Der Projekttitel war »Unterschiedliche Welten der Meritokratie? Schulische Leistungs-beurteilung und Verteilungsgerechtigkeit in Deutschland, Schweden und England im Zeitalter der ›standards-based reform‹«. Nähere Informationen unter http://gepris.dfg.de/gepris/projekt/164723734.

lich »technische« Details, etwa die Zahl der zu schreibenden Klassenarbeiten und die Befugnisse der jeweiligen Schulleitungen hinsichtlich möglicher Eingriffe in die Beurteilungspraxis einzelner Lehrkräfte. Selbst Fragen, die für die Leistungsbeurteilung von fundamentaler Wichtigkeit sind, wie die nach der anzulegenden Bezugsnorm, sind in den Regularien in der Regel nicht eindeutig festgelegt (vgl. Richter, 2006). Falko Rheinberg (2002) zufolge gehen viele Regularien implizit davon aus, dass die Beurteilung kriterienbasiert erfolgen soll. Die Kriterien sind jedoch in der Regel bestenfalls vage formuliert. Eine explizite Verbindung zwischen in den Curricula definierten Zielen und Notenkriterien, wie sie beispielsweise im schwedischen Falle besteht, existiert im deutschen Falle nicht. Die Notenstufen selbst sind in den Landesschulgesetzen in einer sehr generellen Weise definiert, basierend auf dem Hamburger Abkommen von 1964.[4]

Die offiziellen Regularien lassen den individuellen Lehrkräften also bei der Leistungsbeurteilung, insbesondere auch der Zensurengebung, einen weiten Raum. Zentrale Begriffe in diesem Zusammenhang sind die »pädagogische Verantwortung« und, komplementär dazu, die »pädagogische Freiheit« der einzelnen Lehrkraft. Die pädagogische Freiheit der Lehrkräfte ist in allen Landesschulgesetzen festgeschrieben und legt den Spielraum fest, innerhalb dessen die Lehrkräfte ihre unterrichtliche und erzieherische Tätigkeit autonom ausüben können (vgl. Richter, 2006). Die individuelle pädagogische Freiheit ist nicht uneingeschränkt, sondern findet ihre Grenze an den Regularien einerseits und den Befugnissen von Schulleitungen, Schulaufsicht und Fachbetreuungen andererseits. Die Bundesländer und Schultypen unterscheiden sich hinsichtlich der Frage, wieviel Einfluss Fachbetreuung und Schulleitung eingeräumt werden. Welcher Akteur wieviel Spielraum genießt, ist zudem bis zu einem gewissen Grade Interpretationssache und wird immer wieder Gegenstand von Auseinandersetzungen, die bis auf die gerichtliche Ebene gehen.

1999 charakterisierte Ewald Terhart das System der Leistungsbeurteilung von Schüler/innen in Deutschland als eine teilweise nicht explizit gemachte Praxis, die von einer Generation von Lehrkräften an die nächste weitergegeben wird:

> Die tatsächliche Praxis [der Schülerbeurteilung] sowie auch deren mentale Begleitprozesse werden primär abgestützt durch eine als Teil der Berufskultur und des schulformbezogenen bzw. einzelschulischen Selbstverständnisses existierende *gelebte, wenig explizierte Tradition*. In die allgemeinen Prinzipien dieser Tradition werden Berufsneulinge (die ja bereits mindestens 13 Jahre Schule und de facto 6–8 Jahre Lehrerausbildung incl. permanenter passiver Benotungserfahrung hinter sich haben und insofern eigentlich

---

4 Das Abkommen wurde 1971 modifiziert. See Kultusministerkonferenz, »Abkommen zwischen den Ländern der Bundesrepublik zur Vereinheitlichung auf dem Gebiete des Schulwesens (Vom 28.10.1964 in der Fassung vom 14.10.1971)«. Online unter: https://www.kmk.org/filead min/Dateien/veroeffentlichungen_beschluesse/2001/2001_05_10-Weiterentw-Schulw-seit-HH-Abkommen.pdf

keine Systemfremden sind!) allmählich hineinsozialisiert. Alltägliches Weiterschreiben der Tradition führt zur kontinuierlichen Sicherung bei *gleichzeitiger* Weiterentwicklung einer Praxis, die als ›im breiten Konsens‹ befindlich beschrieben und erlebt wird, ohne daß dieser Konsens jemals tatsächlich genau überprüft bzw. ursprünglich einmal direkt gestaltet und verabredet worden wäre (Terhart, 1999, S. 281).

Seit 1999, als der oben zitierte Text publiziert wurde, hat sich das deutsche Bildungssystem in manchen Hinsichten erheblich gewandelt. So haben beispielsweise fast alle Bundesländer zentrale Abschlussprüfungen eingeführt (vgl. Kühn, 2010). Der Grad der Zentralisierung und Standardisierung dieser Prüfungen ist im internationalen Maßstab jedoch außerordentlich bescheiden, verglichen etwa mit dem englischen System (vgl. Klein et al., 2009, S. 618). Der lokal determinierte Anteil etwa von Abiturprüfungen und noch mehr Abiturnoten ist auch im Zeitalter des (fast) deutschlandweit eingeführten »Zentralabiturs« weiterhin erheblich (vgl. ebd. S. 607).

Eine weitere Reform, die seit dem Erscheinen von Terharts Text durchgeführt wurde, betrifft die Einführung von Bildungsstandards (vgl. Köller, 2009). Im Zuge der »standards-based reform« wurden eine Reihe von Testinstrumenten eingeführt, die Leistungsvergleiche möglich machen, die über die einzelne Schulklasse hinausgehen (etwa zwischen einzelnen Klassen, einzelnen Schulen oder auch verschiedenen Bundesländern) (vgl. van Ackeren & Bellenberg, 2004 und Richter et al., 2014). Die Einführung dieser Instrumente wurde jedoch üblicherweise nicht durch ihren potentiellen Beitrag zu einer Angleichung der Bewertungsniveaus und damit einer Erhöhung der Beurteilungsgerechtigkeit gerechtfertigt. 2006 verabschiedete die Kultusministerkonferenz eine »Gesamtstrategie [...] zum Bildungsmonitoring« (Kultusministerkonferenz, 2015). Diese sieht die Hauptzwecke der neuen Testinstrumente zum einen im Bereich des Systemmonitoring, zum anderen im Bereich der Schulentwicklung. Die Erhöhung der Beurteilungsgerechtigkeit spielt demgegenüber keine Rolle (vgl. Kultusministerkonferenz, 2006).[5] Hinsichtlich der Frage, wie intensiv die Lehrkräfte die neuen Testinstrumente in ihrer Leistungsbeurteilung nutzen, gehen die Befunde auseinander (direkt sollen die Testergebnisse in der Regel gar nicht in die Leistungsbeurteilung eingehen); vieles deutet jedoch darauf hin, dass die neuen Instrumente eine eher geringe Rolle spielen.[6] Trotz der Veränderungen im Zuge der »standards-based reform« fußt also die Gerechtigkeit der Leistungsbeurteilung weiterhin in hohem Maße auf dem nicht standardisierten

---

5   2015 wurde eine revidierte Version verabschiedet, die ebenfalls die Beurteilungsgerechtigkeit nicht erwähnte, »Gesamtstrategie der Kultusministerkonferenz zum Bildungsmonitoring: Beschluss der 350. Kultusministerkonferenz vom 11.06.2015,« (Berlin: Kultusministerkonferenz, 2015). However, the potential of these instruments for a standardisation of assessment has not passed unnoticed among researchers in the field; vgl. van Ackeren & Bellenberg, 2004, S. 125.

6   Die Befunde unterscheiden sich hauptsächlich zwischen verschiedenen Bundesländern bzw. verschiedenen Fächern. Vgl. Maier, 2009 und Richter et al., 2014.

und »holistischen« Urteil individueller Lehrkräfte, die Schüler/innen beurteilen, die sie selber unterrichtet haben und persönlich kennen.

Es ist jedoch nicht gesagt, dass diese Situation in dieser Form andauern wird, angesichts von Entwicklungen wie beispielsweise der Einrichtung gemeinsamer Aufgabenpools für das Abitur. Dies und andere Entwicklungen mögen Anzeichen sein, dass sich die Struktur der deutschen Bewertungskultur langsam ändert. Auch wenn institutionelle Strukturen wie etwa Beurteilungssysteme sich in der Regel nur langsam verändern, sind sie doch nicht komplett unveränderlich.

1.2 Schweden

Das schwedische System weist im Gegensatz zum englischen und deutschen keine Abschlussprüfungen auf. Stattdessen werden die Zensuren des letzten Jahres der unteren Sekundarschule (d. h. dem neunten Schuljahr der *grundskola*) bzw. die Zensuren der oberen Sekundarschule (Klasse 10–12 der *gymnasieskola*) zu Allokationszwecken herangezogen. Die Abschlussnoten der *grundskola* spielen eine Rolle beim Zugang zu den unterschiedlichen Programmen der *gymnasieskola* bzw. einzelnen Schulen und die Abschlussnoten der *gymnasieskola* beim Hochschulzugang.[7]

Die entsprechenden Zensuren werden von den Lehrkräften vergeben, im Gegensatz zum deutschen Fall gibt es in Schweden jedoch ein System zentralisierter nationaler Tests, dessen wichtigste Aufgabe darin besteht, die Leistungsbeurteilung landesweit zu standardisieren. Dieses System wurde im Primar- und unteren Sekundarsektor bereits in den 1940er Jahren eingeführt. Der höhere Sekundarsektor folgte in den 1960er Jahren. Zunächst wurden Tests für die Hauptfächer Schwedisch und Mathematik eingeführt. Das explizite Ziel dieser Tests war es, die Leistungsbeurteilung der Lehrkräfte im ganzen Lande zu standardisieren (vgl. Lundahl, 2009). Christian Lundahl zufolge kann die Debatte um die Einführung und Verwendung standardisierter Tests in den Schulen aus der Perspektive der Professionssoziologie als ein Kampf zwischen Lehrkräften und Psychologen um die »Beurteilungshoheit« gesehen werden: auf der einen Seite die Lehrkräfte mit ihren traditionellen, »holistischen« Beurteilungsmethoden und ihrer persönlichen Kenntnis der beurteilten Schüler/innen, auf der anderen Seite die Psychologen mit ihren szientifischen psychometrischen Methoden. Auch wenn die Lehrkräfte schlussendlich verantwortlich für die Leistungsbeurteilung blieben und auch wenn die nationalen Tests ihrer Anlage nach die Leistungsbeurteilung der Lehrkräfte *unterstützen*, nicht *ersetzen* sollten, interpretiert Lundahl (2006, S. 262) den Ausgang dieses Kampfs als einen

---

7 Die höhere Sekundarschule (gymnasieskola) in Schweden ist in 18 nationale Programme aufgeteilt (mit lokalen Varianten). Einige davon haben einen primär studienvorbereitenden, andere einen primär berufsvorbereitenden Fokus.

Sieg der Psychologen. Der »klinische Blick« der Psychologen ersetzte ein Stück weit die Perspektive der Lehrkräfte. Lundahl sieht diesen Autonomieverlust im Bereich der Leistungsbeurteilung als eine partielle Deprofessionalisierung der Lehrerprofession. Seit Einführung der Tests waren Wissenschaftler an ihrer Entwicklung beteiligt. Heute werden sie im Auftrag der nationalen Schulbehörde *Skolerket* von Universitätsinstituten erstellt.

Bis in die frühen 1990er Jahre hatte Schweden ein normbasiertes Beurteilungssystem, wobei die gesamte Altersgruppe landesweit als Referenzgruppe diente (Andersson, 1991). Dies bedeutet, dass die gesamte Altersgruppe nach Leistung in eine Normalverteilung »einsortiert« wurde; welcher Prozentsatz an Schüler/innen eine bestimmte Note erreichen konnte, war von vornherein festgelegt. Die Zensurengrenzen wurden mit Hilfe der nationalen Tests kalibriert. Die Testergebnisse gingen nicht zwingend in die Berechnung individueller Zensuren ein, die Durchschnittsnote einer Schulklasse durfte jedoch nur innerhalb enger Grenzen von den Durchschnittsergebnissen der Tests in dieser Klasse abweichen.

In den frühen 1990er Jahren wurde das schwedische Schulsystem einer tiefgreifenden Reform unterzogen. Die traditionellen Lehrpläne wurden durch Bildungsstandards und das normbasierte Beurteilungssystem durch ein kriterienbasiertes Beurteilungssystem ersetzt. Kompetenzniveaus wurden definiert und bestimmte Zensuren an sie gekoppelt. Die Zensuren sollten nun nicht mehr die relative Position von Schüler/innen innerhalb ihrer Altersgruppe widerspiegeln, sondern anzeigen, ob die Schüler/innen ein gewisses Kompetenzniveau erreicht hatten, unabhängig davon, wie viele andere Schüler/innen innerhalb der Altersgruppe das gleiche Niveau erreichten.

Das System der Leistungsbeurteilung wurde 2011 nochmals gründlich reformiert. Die kriteriale Bezugsnorm wurde beibehalten, die radikale Kompetenzorientierung jedoch ein Stück weit rückgängig gemacht. Die Curricula enthielten nun wieder mehr Lerninhalte. Die Curriculumdokumente enthalten auch detaillierte Notenkriterien, mit einer engen Verknüpfung von Kompetenzen einerseits und Zensuren andererseits. Im Gegensatz zum deutschen Fall sind die »technischen« Details wie etwa das Gewicht der schriftlichen gegenüber der mündlichen Leistung wenn überhaupt bestenfalls vage festgelegt.

Mit Einführung des kriterienbasierten Systems in den frühen 1990er Jahren entfiel die systemische Notwendigkeit der Existenz von Tests zur Notenkalibrierung, da die Zensurengrenzen ja nun durch Kriterien festgelegt und somit unabhängig davon sind, wie viele Schüler/innen die jeweiligen Kompetenzniveaus erreichen. Die Tests wurden jedoch nicht abgeschafft. Im Gegenteil, die Anzahl der Tests sowie die Zahl der Fächer, in denen Tests durchgeführt werden, stieg sogar noch an. Die Gewährleistung eines einheitlichen Beurteilungsniveaus im ganzen Land wird immer noch als wichtigste Funktion der Tests angesehen, auch wenn Schulentwicklung und Systemmonitoring als neue Aufgaben hinzugetreten sind (vgl. Lundahl, 2009). Die nationale Schulbehörde und große Teile der Medien sehen weiterhin das Testsystem als wichtigen *safeguard* der Beurteilungsgerechtigkeit an. Anzeichen dafür, dass die von den Lehrkräften vergebenen Zensuren zu weit von den Testergebnissen abweichen, werden als massives Gerechtigkeitsproblem gewertet (vgl. Skolverket, 2007).

Die Tests sollen die Leistungsbeurteilung auf ein rationales, wissenschaftsbasiertes Fundament stellen. Die Intention und symbolische Funktion der Tests besteht darin, sicherzustellen, dass eine bestimmte Zensur das gleiche Könnens- und Wissensniveau in verschiedenen Schulen bzw. Klassenzimmern repräsentiert. In der Praxis ist dies nur bis zu einem gewissen Grade erfolgreich. Die Testvorbereitung unterscheidet sich stark zwischen einzelnen Schulen. Ebenso gewähren die Testformate den Schüler/innen gewisser höherer Sekundarprogramme einen Vorteil gegenüber den Schüler/innen anderer Programme (vgl. Korp, 2006).

Die nationale Schulbehörde *Skolverket* ist nicht nur über das Testwesen an der Leistungsbeurteilung der Lehrkräfte beteiligt, sie produziert auch eine Fülle von Materialien, die den Lehrkräften bei der Leistungsbeurteilung behilflich sein sollen. Hierzu zählen beispielsweise Beurteilungsmatrizen, detaillierte Handreichungen und diagnostisches Material unterschiedlicher Art.[8] Die Verantwortung für die Leistungsbeurteilung liegt somit in der Hand der Lehrkräfte. *Skolverket* ist jedoch gleichsam »abwesend präsent« und bietet Unterstützung bzw., negativ formuliert, schränkt die Freiheit der Lehrkräfte in Fragen der Leistungsbeurteilung ein.

1.3 England

In England werden die Bildungszertifikate, die für Allokationsprozesse wie etwa den Hochschulzugang am wichtigsten sind, nicht von den Schulen selbst vergeben, sondern von schulexternen Examinationsagenturen. Die allokationsrelevante Leistungsbeurteilung liegt somit hauptsächlich in der Hand (bzw. wird zumindest bis ins Detail kontrolliert) von einer nicht direkt mit der Schule verbundenen Instanz.

England besitzt eine lange Tradition schulexterner Examina, die sich zurückführen lässt auf die ersten Examina zum Universitätszugang, die es seit der ersten Hälfte des 19. Jahrhunderts gibt, und die Auswahlexamina für den öffentlichen Dienst, die Mitte des 19. Jahrhunderts eingeführt wurden (vgl. Broadfoot et al., 1988, S. 266). Höhere Schulabschlüsse, die nicht mit dem Hochschulzugang in Verbindung stehen, wurden erst im Jahre 1911 eingeführt (vgl. Baird, 2009).

Gegenwärtig werden die für Allokationsprozesse wie den Hochschulzugang relevanten Examina von Examinationsagenturen erstellt, durchgeführt und bewertet. Die wichtigsten Examina sind das GCSE (General Certificate of Secondary

---

8 Vgl. z. B. Skolverket, »Bedömningsportalen,« https://bp.skolverket.se/.

Education) am Ende der Sekundarstufe I und die A-levels am Ende der Sekundarstufe II. Gegenwärtig existieren fünf konkurrierende Examinationsagenturen, die diese Examina anbieten. Daneben bieten zahlreiche weitere Organisationen eine ganze Reihe von weiteren Qualifikationen an (vgl. Accredited Qualifications). Die Schulen kaufen die Examina bei den Examinationsagenturen ein. Es ist möglich, Examina für unterschiedliche Fächer von unterschiedlichen Agenturen zu beziehen. Die Schüler/innen genießen hohe Wahlfreiheit hinsichtlich der Fächer, in denen sie die Examina ablegen wollen. Gewisse Teile der Beurteilung der Examina können lokal durchgeführt werden (früher als »coursework«, heute als »controlled assessment« bezeichnet). Auch diese Teile der Examina werden jedoch von den Examinationsagenturen eng überwacht (vgl. Isaacs, 2010). In letzter Zeit wurde zudem das »controlled assessment« in den meisten Fächern stark zurückgefahren.[9]

Lange Zeit gelangte bei der Beurteilung der Examina ausschließlich die soziale Bezugsnorm zur Anwendung. In den 1980er Jahren wurden für einige Zensuren Notenkriterien eingeführt. Diese sind jedoch vergleichsweise vage formuliert. Die Festlegung der Notengrenzen für die Umrechnung von Punkten (*marks*) in Zensuren erfolgt auf der Basis des professionellen Urteils der Beurteiler (*awarder*) in den Examinationsagenturen. Viele dieser Beurteiler sind Lehrkräfte bzw. ehemalige Lehrkräfte. Die Beurteilung der Examina kann also hinsichtlich der verwendeten Bezugsnorm als teils normbasiert, teils kriterienbasiert charakterisiert werden (vgl. Robinson, 2007). Die an der Erstellung und Beurteilung der Examina beteiligten Akteure agieren in einem engen Korsett von Regularien und ihre Arbeit wird von einer Aufsichtsbehörde, dem Office of Qualifications and Examinations Regulation (Ofqual), im Detail überwacht. Zudem wird das professionelle Urteil der *awarders* in den Examinationsagenturen in hohem Maße von statistischen Daten zu den Ergebnissen und Notengrenzen vergangener Jahre geleitet.

Das System der externen Examina bedeutet, dass sich die Akteurskonstellation hinsichtlich der Leistungsbeurteilung von Schüler/innen in England signifikant von der in Deutschland und Schweden zu findenden unterscheidet. In Deutschland und Schweden vereinen die Lehrkräfte in sich die Rollen des Unterrichtenden und des »Richters« bzw. Beurteilers dessen, was die Schüler/innen gelernt haben. In England beurteilen die Lehrkräfte die Schüler/innen nicht selber (zumindest nicht in den Examina), sondern agieren als eine Art Coach, der den Schüler/innen dazu verhelfen soll, möglichst gute Ergebnisse in den externen Examina zu erreichen (vgl. Zymek, 2015). Im direkten Kontrast zum deutschen und zum schwedischen Fall dürfen die Beurteiler hier die Schüler/innen, die sie beurteilen, nicht persönlich

---

9 Hier sollte angemerkt werden, dass die Rolle der Lehrkräfte bei anderen Formen der Leistungsbeurteilung (d. h. solchen, die nicht den Charakter von Examina haben) seit den 1990er Jahren ebenfalls zurückgefahren wurde. Nach Black & Wiliam reflektiert dies ein tiefes Misstrauen gegenüber der Lehrerprofession. Siehe Black & Wiliam, 2005, S. 259.

kennen. Auch zur Schule, die diese Schüler/innen besucht haben, dürfen keine direkten Verbindungen bestehen.

Im englischen Examenssystem stellt die Tatsache, dass die Examina von einer schulexternen Instanz durchgeführt werden, einen wichtigen *safeguard* für die Wahrnehmung der Examina als gerecht dar. Selbst Erschütterungen wie etwa die Krise, die 2002 die A-levels betraf (es wurden Vorwürfe laut, dass der Examinationsprozess manipuliert worden sei, um der Noteninflation entgegenzuwirken, vgl. Nisbet & Greig, 2007) konnten das Vertrauen in das System der externen Examina an sich nicht erschüttern: »Regardless of the demonstrable inherent unreliability of all forms of assessment, public confidence in the reliability of externally provided assessment remained high, as did the belief that assessments carried out by teachers could not be relied on« (Tattersall, 2007, S. 81).

Die Existenz konkurrierender Anbieter des gleichen Examens erzeugt spezifische Vergleichbarkeitsprobleme, eine Tatsache, die bereits Anfang des 20. Jahrhunderts Beachtung fand (vgl. Nisbet & Greig, 2007). Ob die verschiedenen Examinationsagenturen gleiche Standards anlegen, ist Gegenstand ständiger Debatten, die ab und zu zu der Forderung führen, die Examinationsagenturen zu einer einzigen Agentur zusammenzulegen (vgl. Stewart, 2010). Im Internet existieren Diskussionsforen, in denen die Frage verhandelt wird, wie sich die Examinationsagenturen hinsichtlich ihrer »Strenge« unterscheiden (»Edexcel vs Cambridge (OCR/CIE), which one is tougher?«). Auch wurden über die Jahre verschiedene offizielle Untersuchungen der Examensniveaus durchgeführt (vgl. Tattersall, 2007). Fragen der Vergleichbarkeit der Standards zwischen verschiedenen Fächern wurden ebenfalls breit diskutiert (vgl. Newton, 2012). Dieses Problem erhält im englischen System besondere Dringlichkeit aufgrund der Tatsache, dass die Schüler/innen typischerweise nur eine sehr begrenzte Zahl an A-levels wählen (in der Regel zwischen drei und fünf) und sich dann ausschließlich auf diese Fächer konzentrieren.

Das Vertrauen, das in externe Examina gesetzt wird, ist möglicherweise zum Teil auf den stark dezentralisierten und hinsichtlich der Schulträgerschaft fragmentierten Charakter des englischen Bildungssystems zurückzuführen. Das englische Bildungssystem ist traditionell viel weniger staatszentriert als das deutsche oder schwedische, und auch die Lehrerprofession war lange Zeit weniger einheitlich (hinsichtlich ihrer Ausbildung und anderer Charakteristika). Lange Zeit waren externe Examina fast das einzige Überprüfungs- und Kontrollinstrument.

2. Unterschiedliche Akteurskonstellationen, unterschiedliche Gerechtigkeitskonzeptionen

2.1 Die Lehrkraft: Beurteiler oder Coach?

Für das Thema dieses Abschnitts zentral ist die Frage, wer die »Beurteilungshoheit« besitzt, d. h. wer die Leistungsbeurteilung durchführt und ihre Kriterien festlegt: Schulen und Lehrkräfte selber, oder aber eine schulexterne Instanz wie eine Examinationsagentur oder ein Ministerium? (vgl. Fend, 2008, S. 356) Ist letzteres der Fall – wie im englischen System –, wird die Schule zum »Verbündeten« der Schüler/in gegenüber der examinierenden Instanz. Ist ersteres der Fall – wie in Deutschland und Schweden –, ist die Schule selbst diese examinierende Instanz. Dies hat Konsequenzen, beispielsweise bzgl. der Neigung von Schüler/innen, vergebene Zensuren anzufechten. Im deutschen Falle richtet sich die Anfechtung gegen die Schule, was dazu führt, dass Schulen ein Interesse daran haben, die Zahl der Anfechtungen so gering wie möglich zu halten. Im englischen Falle ist es dagegen nicht unüblich, dass Schulen Schüler/innen sogar ermutigen, die von den Examinationsagenturen vergebenen Zensuren anzufechten, insbesondere dann, wenn sie sich hierdurch ein besseres Ergebnis bei der Schulinspektion erhoffen.[10]

Akteurskonstellationen in der Leistungsbeurteilung sind eng verknüpft mit Konzeptionen der Rolle der Lehrkraft und der Lehrerprofessionalität (vgl. Terhart, 2011). Die Art und Weise, wie die Lehrerprofessionalität verstanden wird, ist ein Schlüsselelement der institutionellen Logik jedes Bildungssystems, einschließlich seiner »Bewertungskultur«. Schlüsselfragen sind in diesem Zusammenhang die nach der Autonomie der individuellen Lehrkraft hinsichtlich der Leistungsbeurteilung sowie die Frage danach, welche Instrumente zur Unterstützung der Leistungsbeurteilung der Lehrkräfte existieren (bzw., negativ gewendet, welche Instrumente die Freiheit der Lehrkräfte in der Leistungsbeurteilung einschränken).

2.2 Objektive Methoden vs. holistische Beurteilung

Mit der Frage nach der Beurteilungshoheit verbunden ist die Frage danach, ob die Beurteiler die Beurteilten persönlich kennen sollten oder nicht. In Deutschland und Schweden ist es in Bezug auf die Gerechtigkeit der Leistungsbeurteilung ein Vorteil oder sogar eine Voraussetzung, die beurteilten Schüler/innen persönlich zu kennen. Im ersten schwedischen Gesamtschullehrplan von 1962 wird dies explizit

---

10 Die Zahl der Schüler/innen, die mindestens die Note »C« in den Examina erreicht hat, ist ein wichtiges Kriterium, das bei der Schulinspektion herangezogen wird. Im schwedischen Fall ist es nicht möglich, formal gegen die Zensuren Widerspruch einzulegen. Siehe Waldow, 2014.

Akteurskonstellationen und die Gerechtigkeit von schulischer Leistungsbeurteilung   267

gemacht: Der Lehrplan empfiehlt, mit den besten und schlechtesten Notenstufen im Halbjahreszeugnis sehr sparsam umzugehen, da zu diesem Zeitpunkt die Lehrkräfte ja noch keine Gelegenheit gehabt hätten, die Schüler gut kennenzulernen (vgl. Skolöverstyrelsen, 1962, S. 90). Der institutionelle Bauplan des Systems verlangt also eine »holistische« Beurteilung der Schüler/innen auf Basis intensiver persönlicher Kenntnis. Dies gilt auch für die »zentralen« Examina in den deutschen Bundesländern, in denen die Lehrkraft die Examina ihrer eigenen Schüler/innen korrigiert (dies ist in den meisten deutschen Bundesländern der Fall). Im Gegensatz hierzu dürfen im englischen Falle die Beurteiler die beurteilten Schüler/innen nicht kennen und dürfen auch keine Verbindung zu deren Schule haben. In dieser Systemlogik erscheint es als Voraussetzung für gerechte Beurteilung, die beurteilten Schüler/innen nicht zu kennen. Was also im deutschen und schwedischen Kontext als »holistisch« gilt, erscheint im englischen Kontext als unerwünschter Halo-Effekt. Was im deutschen und schwedischen Kontext also als *Voraussetzung* für gerechte Beurteilung gilt, gilt im englischen Kontext als *Hindernis*. In England gilt wiederum die Tatsache, dass die Examina schulextern durchgeführt und anonym beurteilt werden, als Garant für die Gerechtigkeit der Beurteilung.

2.3 Unterschiedliche Bewertungskulturen weisen unterschiedliche neuralgische Punkte auf

Unterschiedliche Bewertungskulturen weisen spezifische neuralgische Punkte bzw. institutionelle »Sollbruchstellen« auf, deren Lage von der Systemarchitektur abhängt, insbesondere den Akteurskonstellationen. Diskussionen über die Gerechtigkeit des Systems treten tendenziell an diesen Punkten auf und der Vorwurf der Ungerechtigkeit konzentriert sich oft auf sie. Häufig betreffen diese neuralgischen Punkte Fragen der Vergleichbarkeit (zwischen Beurteilern, Fächern, über die Zeit, …).

Schon seit längerer Zeit ist beispielsweise die Vergleichbarkeit der in verschiedenen deutschen Bundesländern vergebenen Abiturnoten ein derartiger neuralgischer Punkt, bedingt durch die Wichtigkeit des Abiturs für die Hochschulzulassung (vgl. Heidenheimer, 1997, S. 76, 121). Aufgrund der Tatsache, dass England und Schweden nicht föderal verfasst sind, spielt diese Frage dort keine Rolle. Dafür wird in England etwa die Frage intensiv diskutiert, ob die verschiedenen Examinationsagenturen an Examina den gleichen Maßstab anlegen. Diese Frage spielt wiederum in Deutschland und Schweden keine Rolle, da es dort keine externen Examinationsagenturen nach englischem Muster gibt. Häufig werden spezielle *safeguards* eingeführt, die gewährleisten sollen, dass an den neuralgischen Punkten die Vergleichbarkeit gewährleistet ist. So hat in Deutschland die *Zentralstelle für die Vergabe von Studienplätzen* (ZVS) über die Jahre unterschiedliche Verfahren angewendet, um die

Unterschiede zwischen den Notenniveaus der verschiedenen Bundesländer und ihrer Auswirkungen auf die Chance zum Hochschulzugang auszugleichen (vgl. Braun & Dwenger). In England soll die Regulierungsbehörde Ofqual sicherstellen, dass die verschiedenen Examinationsagenturen gleiche Standards anlegen.

Die Tatsache, dass Diskussionen über die Gerechtigkeit der Beurteilung häufig um die neuralgischen Punkte kreisen, lenkt manchmal die Aufmerksamkeit von Bereichen ab, in denen sich Vergleichbarkeitsprobleme in mindestens der gleichen Schärfe stellen wie an den neuralgischen Punkten. Als beispielsweise die Möglichkeiten der Fächerwahl in der Sekundarstufe II in den deutschen Gymnasien im Zuge der sogenannten Oberstufenreform massiv ausgeweitet wurden, entstanden massive Probleme hinsichtlich der Vergleichbarkeit von Abiturnoten: Kann eine gute Note in Mathematik als äquivalent zu einer guten Note im Fach Kunsterziehung angesehen werden? Diese Probleme waren der Bildungsadministration zur Zeit der Oberstufenreform nicht unbekannt (vgl. Abteilung Gymnasium Staatsinstitut für Schulpädagogik, 1974), und auch unter Schüler/innen galten gewisse Fächerkombinationen als »weicher« als andere. Dennoch führten diese Unterschiede nicht zur Einführung spezieller *safeguards*.

Allgemein gesprochen kann konstatiert werden, dass die Existenz verschiedener Anbieter der gleichen Qualifikation (etwa unterschiedlicher Examinationsagenturen oder unterschiedlicher Bundesländer) vielfach zu der Wahrnehmung führt, es bestehe ein Vergleichbarkeitsproblem. Diese Probleme werden von speziellen Instanzen wie der ZVS oder Ofqual behandelt und damit in ihren Auswirkungen auf die Legitimität des Gesamtsystems kontrollierbar gemacht, wenn auch in der Regel nicht gelöst.

2.4 Die Rolle der Schüler/innen bei der Leistungsbeurteilung

In allen drei untersuchten Kontexten sollen die Schüler/innen über die Kriterien informiert werden, auf deren Basis die Leistungsbeurteilung durchgeführt wird, sie sollen jedoch keine aktive Rolle in ihrer eigenen Beurteilung und der ihrer Peers spielen. Vor der 2011 durchgeführten Reform des schwedischen Beurteilungssystems sollten schwedische Schüler/innen dabei mitwirken die (sehr allgemeinen) Lernziele, die in den Curriculumdokumenten festgeschrieben wurden, in konkrete (und schulspezifische) Ziele und Notenkriterien zu »übersetzen«. Da die konkreten Notenkriterien seit der Reform nicht mehr schulspezifisch sein sollen, ist dies nicht mehr der Fall.

Keines der drei untersuchten Länder bricht also die (ungeschriebene) Regel, dass (summative) Leistungsbeurteilung in der Regel nicht von den Schüler/innen selbst bzw. deren Peers durchgeführt werden sollten. Dies ist weniger selbstverständlich, als es evtl. auf den ersten Blick scheinen mag, da Morton Deutsch (1979) zufolge in manchen Situationen und Hinsichten Schüler/innen in einer besonders guten Position sind, das Wissen und die Fähigkeiten ihrer Peers einzuschätzen (vgl. Deutsch, 1979, S. 395).

Verbunden mit der Frage der Beteiligung der Schüler/innen an der Leistungsbeurteilung ist die Frage nach den Möglichkeiten, eine einmal vorgenommene Leistungsbeurteilung anzufechten, etwa eine Examensnote. Diese Frage kann hier jedoch nicht diskutiert werden, sie war andernorts Gegenstand einer ausführlichen Erörterung (vgl. Waldow, 2014).

2.5 An wen ist Gerechtigkeit adressiert?

Die Frage nach der Gerechtigkeit von Leistungsbeurteilung betrifft zuallererst diejenigen, die am unmittelbarsten von ihr betroffen sind, d. h. die beurteilten Schüler/innen und, indirekter, ihre Eltern. Aufgrund der angesprochenen Wichtigkeit der Leistungsbeurteilung für die Allokation von Lebenschancen in meritokratischen Systemen betrifft die Frage der Gerechtigkeit von Leistungsbeurteilung jedoch auch die Gesellschaft als Ganze, insofern sie die Legitimation ihrer normativen Grundlagen betrifft. Wenn Beurteilungssysteme nicht als gerecht angesehen werden, steht die Legitimation der Allokation ungleicher Lebenschancen und in letzter Konsequenz die Legitimation sozialer Ungleichheit insgesamt auf dem Spiel.

Daher geht der Kreis der »Adressaten« von Bemühungen, Beurteilungssysteme gerecht zu machen bzw. als gerecht erscheinen zu lassen, weit über den Kreis der direkt Betroffenen hinaus. Hier ist eine starke symbolische Komponente im Spiel, die mit umfassenderen Vorstellungen bzgl. der Legitimität der sozialen Ordnung insgesamt verknüpft ist.

Das Ausmaß, in dem die Öffentlichkeit als Adressatin der Gerechtigkeit von Leistungsbeurteilung gesehen wird, differiert deutlich zwischen den drei hier betrachteten Ländern. Die englischen Regularien betonen immer wieder, dass die für die Leistungsbeurteilung verantwortlichen Akteure sicherstellen müssen, dass das Vertrauen der Öffentlichkeit in das System der Leistungsbeurteilung nicht schwindet. In den deutschen und schwedischen Regularien wird dies nicht in gleichem Maße betont. Speziell im deutschen Fall ist die Gerechtigkeit der Beurteilung fast ausschließlich an individuelle Schüler/innen und deren Eltern adressiert.

Eine mögliche Erklärung für diese Differenzen (die zum gegenwärtigen Zeitpunkt jedoch noch sehr tentativ ist und weiterer empirischer Belege bedürfte) ist der unterschiedliche Grad, in dem der Mythos der »Rechenschaftslegung« (*accountability*) die betreffenden Bildungssysteme durchdrungen hat (vgl. Power, 1997). England und Deutschland markieren hier die zwei Extrempole unter den hier untersuchten Bildungssystemen. Im englischen System spielt *accountability* eine wichtige Rolle für die Steuerung des Systems. Die Leistung der einzelnen Schulen, ausgedrückt in numerischen Daten, wird im Detail erhoben und die erhobenen Daten zu großen Teilen publik gemacht. Der englischen Schulinspektion stehen starke Eingriffsmöglichkeiten und harte Sanktionen zur Verfügung; diese reichen bis zur Schließung der Schule (vgl. Oehme, 2015). Der wichtigste Indikator für die Schulleistung, der von der Schulinspektion herangezogen wird, besteht in der Schüler/innenleistung. Das deutsche System ist demgegenüber nach wie vor stark von der Tradition der »process control« (Hopmann, 2003) gekennzeichnet, mit relativ geringen Elementen der »product control« (auch wenn dies möglicherweise langsam in Veränderung begriffen ist) und geringer *accountability* von Schulen. Die Schulinspektionssysteme in den einzelnen Bundesländern unterscheiden sich zum Teil beträchtlich, nirgendwo hat die Schulinspektion jedoch die Möglichkeit, Schulen in der harten Weise zu sanktionieren, wie dies die englische Schulinspektion kann und auch tut. Das schwedische System nimmt eine Mittelposition zwischen dem deutschen und dem englischen ein, mit stärkeren Elementen der *accountability* und einer mächtigeren Schulinspektion als in Deutschland, jedoch weniger *accountability* und einer schwächeren Schulinspektion als in England.

3. Schlussresümee: Gerechtigkeit, Leistungsbeurteilung und Beurteilungskulturen von Schüler/innen

3.1 Zusammenfassung: Gerechtigkeit und unterschiedliche Akteurskonstellationen in den drei Ländern

Der Ausgangspunkt dieses Beitrags bestand in der Annahme, dass in die institutionellen »Baupläne« oder »Logiken« von Systemen der Schülerbeurteilung Gerechtigkeitskonzeptionen eingebettet sind. Der Beitrag hat sich auf einen Aspekt dieser institutionellen Logiken konzentriert, nämlich auf die Gerechtigkeitskonzeptionen, die sich mit den Akteurskonstellationen verknüpfen. Es ist offenbar geworden, dass die Rolle der Lehrkräfte und die Konzeptionen von Lehrerprofessionalität für diese Frage zentral sind. Dies ist auch nicht weiter verwunderlich, sind doch die (geschriebenen und ungeschriebenen) Regeln und Strukturen der Lehrerprofessionalität ein Schlüsselelement der institutionellen Logiken jedes Bildungssystems (vgl. Grosvenor & Lawn, 2001).

In Deutschland gründet die Leistungsbeurteilung von Schüler/innen immer noch hauptsächlich in einer nicht-expliziten professionellen Praxis, in die die Lehrkräfte während ihrer Ausbildung hineinsozialisiert werden. Trotz der Einführung zentraler Tests und Examina ist die individuelle Lehrkraft immer noch der Schlüsselakteur bzgl. der Gewährleistung einer gerechten Leistungsbeurteilung.

Im schwedischen Fall erscheint die Leistungsbeurteilung von Schüler/innen als eine Praxis, deren Regeln und Grundlagen in stärkerem Maße explizit gemacht werden, zumindest, wenn man sich die intendierte »institutionelle Logik« des Systems ansieht. Im Vergleich zum deutschen Fall soll die Leistungsbeurteilung von Schüler/innen in stärkerem Maße auf wissenschaftlicher Rationalität im Sinne psychologischer Diagnostik gründen. Die von der nationalen Schulbehörde produzierten landesweiten Tests stellen einen wichtigen *safeguard* für die Gerechtigkeit der Beurteilung dar. Ihnen wohnt auch eine starke symbolische Komponente inne (siehe Abschnitt 4.4). Individuelle Lehrkräfte spielen im schwedischen System der Schüler/innenbeurteilung zwar die wichtigste Rolle, ihre Tätigkeit ist jedoch in starker Weise durch die Tests und Materialien, die von der nationalen Schulbehörde produziert werden, eingeschränkt.

In England befinden sich die Schlüsselakteure für allokationsrelevante summative Leistungsbeurteilung nicht innerhalb der Schulen, sondern in Gestalt der Examinationsagenturen außerhalb. Rational-szientifische, psychometrische Methoden und statistische Auswertungsverfahren der in früheren Jahren gewonnenen Ergebnisse spielen eine wichtige Rolle für das Beurteilungshandeln. Die Lehrkräfte »coachen« ihre Schüler/innen, spielen jedoch bei deren Beurteilung keine Rolle.

3.2 Umfassendere Akteurskonstellationen

In diesem Beitrag wurden die hauptsächlich an der Leistungsbeurteilung beteiligten Akteure und ihre Konstellationen in drei verschiedenen Schulsystemen betrachtet. Zu den analysierten Akteursgruppen zählten Lehrkräfte, Schüler/innen, schulexterne Instanzen wie Examinationsagenturen und die Nationale Schulbehörde Schwedens, zum Teil die Öffentlichkeit. Diese Akteursgruppen sind eingebettet in umfassendere Akteurskonstellationen, die ebenfalls in die institutionelle Logik von Beurteilungssystemen eingebunden sind, die jedoch in diesem Beitrag aus Platzgründen nicht diskutiert werden konnten. Zu den hier nicht diskutierten Akteursgruppen zählen beispielsweise Arbeitgeber und Hochschulen. Speziell in Systemen, die auf Eingangsprüfungen aufgebaut sind (d.h. Ad-itur statt Abitur), wie etwa dem englischen, haben Universitätszugangsverfahren massive Effekte auf die Leistungsbeurteilung von Schüler/innen (vgl. Baird, 2009). Eine weitere Akteursgruppe, die hier nur am Rande erwähnt werden konnte, sind die Eltern der beurteilten Schüler/innen.

3.3 Wahrnehmungen der Akteure vs. »institutionelle Logik«

Der Beitrag hat auf die Gerechtigkeitskonzeptionen fokussiert, die in die institutionellen »Baupläne« bzw. »Logiken« von Beurteilungssystemen eingebettet sind. Diese Konzeptionen stehen nicht notwendigerweise im Einklang mit den Gerechtigkeitsüberzeugungen der beteiligten Akteure bzw. Akteursgruppen.

Wie oben bereits erwähnt, entstand der vorliegende Beitrag im Kontext eines gerade abgeschlossenen Forschungsprojekts, das sich nicht nur mit den »institutionellen Logiken« von Beurteilungssystemen befasste, sondern auch – bzw. sogar hauptsächlich – mit den Gerechtigkeitsüberzeugungen von wichtigen Akteursgruppen, d. h. Lehrkräften, Schüler/innen und Schulinspektor_innen. Es zeigt sich, dass die Gerechtigkeitsüberzeugungen der Akteure zwar durch die in den Regularien eingebetteten Konzeptionen gerahmt, jedoch keineswegs determiniert werden (vgl. Falkenberg, 2017, Falkenberg, Vogt & Waldow, 2017 & Vogt, 2017).

3.4 Bewertungskulturen als symbolische Ordnungen

Barbara Stollberg-Rilinger zufolge basiert jedwede institutionelle Ordnung auf geteilten Mythen und benötigt »symbolisch-rituelle Verkörperungen« (Stollberg-Rilinger, 2008, S. 9). Bewertungskulturen stellen hier keine Ausnahme dar; sie benötigen Elemente, die als symbolische Garanten der gerechten Beurteilung fungieren und die Legitimität des Beurteilungssystems stützen. Bewertungskulturen können also wenigstens zum Teil als symbolische Ordnungen gesehen werden, und dies schließt Aspekte der Konstellationen der an der Leistungsbeurteilung beteiligten Akteure ein. Elemente von Bewertungskulturen, die über hohen symbolischen Gehalt verfügen, sind beispielsweise die nationalen Tests in Schweden oder die externen Examina in England.

Die »symbolisch-rituellen Verkörperungen« eines meritokratischen Systems der Leistungsbeurteilung müssen nicht notwendigerweise einen »spektakulären« Charakter haben oder besonders auffällig sein. Unter »Normalbedingungen« soll ein Beurteilungssystem Beurteilungen produzieren und dabei so wenig Reibung und Aufmerksamkeit erzeugen wie möglich. Gelingt dies, wird die Frage, ob die vorgenommenen Beurteilungen gerecht sind, gar nicht gestellt (vgl. Terhart, 1999, S. 290). Es handelt sich hierbei um die hauptsächliche Funktion einer solchen institutionellen und symbolischen Ordnung: Sie stabilisiert Erwartungen bzgl. des Verhaltens und der kollektiven Sinnverarbeitungsprozesse der Akteure und stellt auf diese Weise sicher, dass nicht jede Operation des Systems auf ihre Legitimität und Gerechtigkeit überprüft werden muss. Die symbolische Ordnung stellt sicher, dass das System reibungs- und geräuschlos funktioniert, indem sie die existierenden Institutionen stabilisiert und plausibilisiert.

3.5 Ein meritokratischer Mythos – verschiedene Meritokratien

Es hat sich gezeigt, dass in unterschiedlichen Systemen der Leistungsbeurteilung unterschiedliche Konzeptionen von Gerechtigkeit eingebettet sind. Trotz verschiedener Reformversuche sind diese Unterschiede oft über die Zeit sehr stabil und können nur vor dem Hintergrund der Geschichte der betreffenden Bildungssysteme verstanden werden. Welche Formen von Beurteilung als legitim angesehen werden, hängt stark vom kulturellen und historischen Hintergrund ab und kann nicht auf die Frage der diagnostischen Qualität von Leistungsbeurteilung aus einer psychometrischen Perspektive reduziert werden. Bewertungskulturen entwickeln sich in einer stark pfadabhängigen Weise. In letzter Konsequenz ist jede Gerechtigkeitskonzeption ein kulturelles und politisches Konstrukt, auf das sich die Beteiligten – explizit oder häufiger implizit – geeinigt haben (vgl. Wegener, 1995), wobei sicher nicht davon ausgegangen werden kann, dass bei diesem Einigungsprozess alle Akteure über die gleiche Macht verfügten.

Für diese Übereinkünfte sind die von wissenschaftlich-diagnostischer Seite postulierten Qualitätskriterien von Leistungsbeurteilung – d. h. in erster Linie Objektivität, Validität und Reliabilität – sicherlich nicht bedeutungslos; ganz deutlich sind sie jedoch nicht auf diese Kriterien zurückzuführen oder gar auf sie reduzierbar. Ewald Terhart (2006) bringt den Übereinkunft-Charakter der als legitim und gerecht akzeptierten Grundsätze der Leistungsbeurteilung und ihre nur lose Verbindung mit den wissenschaftlich anerkannten Qualitätsmerkmalen von Leistungsdiagnostik für den deutschen Fall plastisch auf den Punkt:

> In a way it is strange that society in general and we all have learned to accept a weak, unclear and personal practice leading to most important decisions on the individual and on the societal level. And it is very often demonstrated by research that this practice of giving marks is full of mistakes according to the standards of diagnostic testing and decision making. But it is also possible to see it the other way round: Maybe an unclear, weak, situated and personal practice full of substantial mistakes is better accepted than the dominance of cold and objective, mechanical and centralized testing and selection. Despite its immense weaknesses and overt faults the cultural regulation in this field seems to be preferred when compared with the mechanical sorting of persons (students) (Terhart, 2006, 123).

Terharts Charakterisierung bezieht sich, wie gesagt, auf den deutschen Fall. In Schweden und England spielen diese in Deutschland skeptisch betrachteten Aspekte des »centralized testing and selection« (wenn auch in jeweils deutlich unterschiedlicher Form) eine sehr viel wichtigere Rolle, ja in ihnen gründet teilweise geradezu die Beurteilungs- und Allokationsgerechtigkeit. Was als gerecht und akzeptiert gilt, kann insofern nicht unabhängig von den Überzeugungen bestimmt werden, die in einem bestimmten System oder bei einer bestimmten Akteursgruppe gelten (vgl. Black & Wiliam, 2005).

Bildungssysteme in westlich-demokratisch verfassten politischen Gemeinwesen mögen zumindest in ihrer großen Mehrzahl dem meritokratischen Mythos anhängen, ihre diesbezügliche faktische Isomorphie endet jedoch vermutlich auf einer relativ hohen Abstraktionsebene. Der geteilte Mythos führt nicht zu identischen Bewertungskulturen. Was im Sinne der meritokratischen Norm als gerecht gilt, hängt stark davon ab, wohin man blickt und wen man fragt.

Literatur

Accredited Qualifications. »Accredited Qualifications.« http://www.accreditedqualifications.org.uk/qualification-types-in-the-uk.html [zuletzt Juni 2018].

Andersson, H. (1991). *Relativa betyg: Några empiriska studier och en teoretisk genomgång i ett historiskt perspektiv*, Akademiska avhandlingar vid Pedagogiska Institutionen, Umeå universitet, 29. Umeå: Universität.

Avenarius, H. (2003). Welche Rechte und Pflichten haben Lehrkräfte, Schulleitungen und Schulaufsicht bei der Qualitätsentwicklung der Schulen und bei der Sicherung gleicher Lebenschancen? *DIPF informiert*, 4, 9–15.

Baird, J.-A. (2009). Country-Case Study: England. In B. Vlaardingerbroek & N. Taylor (Hrsg.), *Secondary School External Examination Systems: Reliability, Robustness and Resilience*. (S. 29–54). Amherst, NY: Cambria.

Baker, D. & LeTendre, G. K. (2005). *National Differences, Global Similarities: World Culture and the Future of Schooling*. Stanford, Calif.: Stanford University Press.

Becker, R. & Schulze, A. (2013). Kontextuelle Perspektiven ungleicher Bildungschancen – Eine Einführung. In R. Becker & A. Schulze (Hrsg.), *Bildungskontexte* (S. 1–30). Wiesbaden: Springer.

Black, P. & Wiliam, D. (2005). Lessons from around the World: How Policies, Politics and Cultures Constrain and Afford Assessment Practices. *Curriculum Journal*, 16 (2), 249–261.

Braun, S. & Dwenger, N. *Success in the University Admission Process in Germany: Regional Provenance Matters*. DIW. Online unter: http://www.diw.de/documents/publikationen/73/83278/dp789.pdf [zuletzt Juni 2018].

Broadfoot, P., Osborn, M., Gilly, M. & Paillet, A. (1988). What Professional Responsibility Means to Teachers: National Contexts and Classroom Constants. *British Journal of Sociology of Education*, 9 (3), 265–287.

Deutsch, M. (1979). Education and Distributive Justice – Some Reflections on Grading Systems. *American Psychologist*, 34 (5), 391–401.

Falkenberg, K. (2017). *Gerechte Noten? Eine Grounded Theory-Studie zu Gerechtigkeitsüberzeugungen von Lehrkräften in Bezug auf schulische Leistungsbeurteilung im deutsch-schwedischen Vergleich*. Unpublizierte Doktorarbeit, Humboldt-Universität zu Berlin.

Falkenberg, M. & Kalthoff, H. (2008). Das Feld der Bildung: Schulische Institutionen, Schulbevölkerung und gesellschaftliche Integration. In H. Willems (Hrsg.), *Lehr(er)Buch Soziologie: Für die pädagogischen und soziologischen Studiengänge* (S. 797–816). Wiesbaden: VS Verlag für Sozialwissenschaften.

Falkenberg, K., Vogt, B. & Waldow, F. (2017). Ständig geprüft oder kontinuierlich unterstützt? Schulische Leistungsbeurteilung in Schweden zwischen formativem Anspruch und summativer Notwendigkeit. *Zeitschrift für Pädagogik, 63*(3), 317–333.

Fend, H. (2008). *Schule gestalten: Systemsteuerung, Schulentwicklung und Unterrichtsqualität.* Wiesbaden: VS Verlag für Sozialwissenschaften.

Giesinger, J. (2007). Was heißt Bildungsgerechtigkeit? *Zeitschrift für Pädagogik,* 53 (3), 362–381.

Goldstein, H. & Lewis, T. (1996). The Scope of Assessment. In H. Goldstein & T. Lewis (Hrsg.), *Assessment: Problems, Developments, and Statistical Issues: A Volume of Expert Contributions* (S. 1–7). Chichester: Wiley.

Grosvenor, I. & Lawn, M. (2001). This Is Who We Are and This Is What We Do: Teacher Identity and Teacher Work in Mid-Twentieth Century English Educational Discourse. *Pedagogy, Culture & Society,* 9 (3), 355–370.

Heidenheimer, A. J. (1997). *Disparate Ladders: Why School and University Policies Differ in Germany, Japan, and Switzerland.* New Brunswick, N.J.: Transaction Publishers.

Helbig, M. & Nikolai, R. (2015). *Die Unvergleichbaren: Der Wandel der Schulsysteme in den deutschen Bundesländern seit 1949.* Bad Heilbrunn: Klinkhardt.

Hopmann, S. T. (2003). On the Evaluation of Curriculum Reforms. *Journal of curriculum studies,* 35 (4), 459–478.

Ingenkamp, K. (1989). *Die Fragwürdigkeit der Zensurengebung: Texte und Untersuchungsberichte.* Weinheim: Beltz.

Isaacs, T. (2010). Educational Assessment in England. *Assessment in Education: Principles, Policy & Practice,* 17 (3), 315–334.

Klein, E. D., Kühn, S. M., van Ackeren, I. & Block, R. (2009). Wie zentral sind zentrale Prüfungen? Abschlussprüfungen am Ende der Sekundarstufe II im nationalen und internationalen Vergleich. *Zeitschrift für Pädagogik,* 55 (4), 596–621.

Köller, O. (2009). Bildungsstandards. In R. Tippelt & B. Schmidt (Hrsg.), *Handbuch Bildungsforschung* (S. 529–548). Wiesbaden: VS Verlag für Sozialwissenschaften.

Korp, H. (2006). *Lika chanser i gymnasiet? En studie om betyg, nationella prov och social reproduktion.* Malmö: Holmbergs.

Kühn, S. M. (2010). *Steuerung und Innovation durch Abschlussprüfungen?* Wiesbaden: VS Verlag für Sozialwissenschaften.

Kultusministerkonferenz. *Abkommen zwischen den Ländern der Bundesrepublik zur Vereinheitlichung auf dem Gebiete des Schulwesens (vom 28.10.1964 in der Fassung vom 14.10.1971).* Online unter: https://www.kmk.org/fileadmin/Dateien/veroeffentlichungen_beschluesse/2001/2001_05_10-Weiterentw-Schulw-seit-HH-Abkommen.pdf [zuletzt Juni 2018]

Kultusministerkonferenz (2015). *Gesamtstrategie der Kultusministerkonferenz zum Bildungsmonitoring: Beschluss der 350. Kultusministerkonferenz vom 11.06.2015.* Berlin: Kultusministerkonferenz.

Kultusministerkonferenz (2006). *Überblick: Gesamtstrategie zum Bildungsmonitoring.* Online unter: http://www.kmk.org/bildung-schule/qualitaetssicherung-in-schulen/bildungsmonitoring/ueberblick-gesamtstrategie-zum-bildungsmonitoring.html [zuletzt Juni 2018]

Leventhal, G. S. (1980). What Should Be Done with Equity Theory? New Approaches to the Study of Fairness in Social Relationships. In J. Kenneth, M. Gergen, S. Greenberg & R. H. Willis (Hrsg.), *Social Exchange: Advances in Theory and Research* (S. 27–55). New York: Plenum Press.

Leventhal, G. S., Karuza jr., J. & Fry, W. R. (1980). Beyond Fairness: A Theory of Allocation Preferences. In G. Mikula (Hrsg.), *Justice and Social Interaction: Experimental and Theoretical Contributions from Psychological Research* (S. 167–218). Bern: Hans Huber.

Liebig, S. (2006). Soziale Gerechtigkeit – Modelle und Befunde der soziologischen Gerechtigkeitsforschung. In O. Höffe, S. Liebig & B. von Maydell (Hrsg.), *Fachgespräch Gerechtigkeit* (S. 23–44). Berlin: Berlin-Brandenburgische Akademie der Wissenschaften.

Lundahl, C. (2006). *Viljan att veta vad andra vet: Kunskapsbedömning i tidigmodern, modern och senmodern skola*, Arbetsliv i omvandling 8. Stockholm: Arbetslivsinstitutet.

Lundahl, C. (2009). *Varför nationella prov? Framväxt, dilemman, möjligheter*. Stockholm: Skolverket.

Maier, U. (2009). *Wie gehen Lehrerinnen und Lehrer mit Vergleichsarbeiten um? Eine Studie zu testbasierten Schulreformen in Baden-Württemberg und Thüringen*. Baltmannsweiler: Schneider Verlag Hohengehren.

Newton, P. E. (2012). Making sense of decades of debate on inter-subject comparability in England, *Assessment in Education: Principles, Policy & Practice*, 19 (2), 251–273.

Nisbet, I. & Greig, A. (2007). Educational Qualifications Regulation. In P. Vass (Hrsg.), *Centre for the Study of Regulated Industries (Cri) Regulatory Review 2006/2007* (S. 49–69). Bath: CRI.

Oehme, F. (2015). Konzeptionen ›gerechter Schulinspektion‹ aus einer institutionen- und einstellungsanalytischen Perspektive: Ein Blick nach England. In V. Manitius, B. Hermstein & N. Berkemeyer (Hrsg.), *Zur Gerechtigkeit Von Schule*. Münster: Waxmann.

Power, M. (1997). *The Audit Society: Rituals of Verification*. Oxford: Oxford University Press.

Rheinberg, F. (2002). Bezugsnormen und schulische Leistungsbeurteilung. In F. E. Weinert (Hrsg.), *Leistungsmessungen in Schulen* (S. 59–71). Weinheim: Beltz.

Richter, D., Böhme, K., Becker, M., Pant, H. A. & Stanat, P. (2014). Überzeugungen von Lehrkräften zu den Funktionen von Vergleichsarbeiten. Zusammenhänge zu Veränderungen im Unterricht und den Kompetenzen von Schülerinnen und Schülern. *Zeitschrift für Pädagogik*, 60 (2), 225–244.

Richter, I. (2006). *Recht im Bildungssystem: Eine Einführung*, Grundriss der Pädagogik/ Erziehungswissenschaft, 23, Stuttgart: Kohlhammer.

Robinson, C. (2007). Awarding Examination Grades: Current Processes and Their Evolution. In P. Newton, J.-A. Baird, H. Goldstein, H. Patrick & P. Tymms (Hrsg.), *Techniques for Monitoring the Comparability of Examination Standards* (S. 97–123). London: Qualifications and Curriculum Authority.

Skolöverstyrelsen (1962). *Läroplan för grundskolan*. Stockholm: Skolöverstyrelsen.

Skolverket. Bedömningsportalen. Online unter: https://bp.skolverket.se/ [zuletzt Juni 2018]

Skolverket. Nationella prov. Skolverket. Online unter: http://www.skolverket.se/bedomning/ nationella-prov [zuletzt Juni 2018].

Skolverket (2007). *Provbetyg-slutbetyg-likvärdig bedömning? En statistisk analys av sambandet mellan nationella prov och slutbetyg i grundskolans årskurs 9, 1998–2006*, Skolverkets rapport 300. Stockholm: Skolverket.

Solga, H. (2005). Meritokratie – Die moderne Legitimation ungleicher Bildungschancen. In P. A. Berger & H. Kahlert (Hrsg.), *Institutionalisierte Ungleichheiten: Wie das Bildungswesen Chancen blockiert* (S. 19–38). Weinheim: Juventa.

Staatsinstitut für Schulpädagogik, Abteilung Gymnasium (1974). *Handreichungen für die Leistungsmessung in der Kollegstufe*. München: Staatsinstitut für Schulpädagogik.

Stewart, W. (2010). Poll Backs Merger to Create Single Exam Board. *TES*. Online unter: https://www.tes.com/news/poll-backs-merger-create-single-exam-board [zuletzt Juni 2018]

Stollberg-Rilinger, B. (2008). *Des Kaisers alte Kleider: Verfassungsgeschichte und Symbolsprache des Alten Reiches*. München: C. H. Beck.

Struck, O. (2001). Gatekeeping zwischen Individuum, Organisation und Institution: Zur Bedeutung und Analyse von Gatekeeping am Beispiel von Übergängen im Lebensverlauf.

In L. Leisering, R. Müller & K. F. Schumann (Hrsg.), *Institutionen und Lebensläufe im Wandel: Institutionelle Regulierungen von Lebensläufen* (S. 29–54). Weinheim: Juventa.

Tattersall, K. (2007). A Brief History of Policies, Practices and Issues Relating to Comparability. In P. Newton, J.-A. Baird, H. Goldstein, H. Patrick & P. Tymms (Hrsg.), *Techniques for Monitoring the Comparability of Examination Standards* (S. 42–96). London: Qualifications and Curriculum Authority.

Terhart, E. (1999). Zensurengebung und innerschulisches Selektionsklima – Die Rolle der Schulleitung. *Zeitschrift für Soziologie der Erziehung und Sozialisation,* 19 (3), 277–292.

Terhart, E. (2006). Giving Marks: Constructing Differences: Explorations in the Micro-Politics of Selection in Schools. In H. Drerup & W. Fölling (Hrsg.), *Gleichheit und Gerechtigkeit: Pädagogische Revisionen* (S. 114–25). Dresden: TUDpress.

Terhart, E. (2011). Lehrerberuf und Professionalität: Wandel der Begrifflichkeit – Neue Herausforderungen. In W. Helsper & R. Tippelt (Hrsg.), *Pädagogische Professionalität* (S. 202–24). Weinheim: Beltz.

The Student Room (2008). *Edexcel Vs Cambridge (Ocr/Cie), Which One Is Tougher?* Online unter: http://www.thestudentroom.co.uk/showthread.php?t=547887 [zuletzt Juni 2018].

Tilly, C. (1984). *Big Structures, Large Processes, Huge Comparisons.* New York: Russell Sage Foundation.

van Ackeren, I. & Bellenberg, G. (2004). Parallelarbeiten, Vergleichsarbeiten und zentrale Abschlussprüfungen: Bestandsaufnahme und Perspektiven. *Jahrbuch der Schulentwicklung,* (13), 125–159.

Vogt, B. (2017). *Just assessment in school – a context-sensitive comparative study of pupils' conceptions in Sweden and Germany.* Växjö: Linnaeus University.

Waldow, F. (2010). Die internationale Konjunktur standardisierter Messungen von Schülerleistung in der ersten Hälfte des 20. Jahrhunderts und ihr Niederschlag in Deutschland und Schweden. *Jahrbuch für Pädagogik,* 21, 75–86.

Waldow, F. (2014). Conceptions of Justice in the Examination Systems of England, Germany and Sweden: A Look at Safeguards of Fair Procedure und Possibilities of Appeal. *Comparative Education Review,* 58 (2), 322–343.

Wegener, B. (1995). Auf dem Weg zur Interdisziplinarität in der sozialen Gerechtigkeitsforschung? Anmerkungen zu Scherer, Elster, Rawls und Walzer. *Berliner Journal für Soziologie,* 5, 251–64.

West, A. & Nikolai, R. (2013). Welfare Regimes und Education Regimes: Equality of Opportunity und Expenditure in the EU (and US). *Journal of Social Policy,* 42 (3), 469–493.

Zymek, B. (2015). Auslese und Selbsteliminierung. Die Gymnasien zwischen elitärem Selbstanspruch und Multifunktionalität, 1945–1970. *Zeitschrift für Pädagogik,* 61 (1), 8–23.

Hans Merkens

Bildungsgerechtigkeit
Eine nicht einlösbare Herausforderung?

Das Thema Bildungsgerechtigkeit ist in den letzten Jahren oft bearbeitet bzw. zumindest erwähnt worden. Bei FIS-Bildung erzielt man beispielsweise zum Suchbegriff Bildungsgerechtigkeit 372 Treffer bei Publikationen, von denen 360 ein Erscheinungsdatum ab 2003 aufweisen (abgerufen am 23.4.2018). Es handelt sich um eine Fragestellung, die nach PISA und IGLU an Aktualität gewonnen hat und bei der sehr schnell Bezüge zu den Aufgaben der Integration der Kinder von Migranten, zur besseren Eingliederung von Benachteiligten und allgemein zu den Fragen der Ungleichheit im Bildungssystem sowie der Leistungsgerechtigkeit hergestellt worden sind. Gleichzeitig wurden Themen weiterverfolgt, die in der Schulpädagogik bzw. Erziehungswissenschaft schon seit den 70er Jahren des vergangenen Jahrhunderts wiederkehrend behandelt worden waren: Chancengleichheit, Chancengerechtigkeit, kompensatorische Erziehung usw., die sich allgemein der Thematik »systematische Benachteiligungen im Bildungssystem« zuordnen lassen. Deshalb kann gefragt werden, ob das Thema Bildungsgerechtigkeit nur den Versuch darstellt, unter einer neuen Begrifflichkeit Probleme zu behandeln, die schon traditionell im Blickfeld der Erziehungswissenschaft bzw. der Bildungsforschung gewesen sind. Nach den Beiträgen dieses Bandes lässt sich das nicht bestätigen. Neben Fragen der Praxis, des Umgangs mit Benachteiligung im Bildungssystem, haben auch jeweils Fragen des pädagogischen Ethos sowie Fragen des angemessenen Umgangs mit dem Anspruch auf Bildungsgerechtigkeit Beachtung gefunden. Das Thema ist weiterhin eng mit der zunehmenden Hinwendung zur Bildungsforschung in der Erziehungswissenschaft und den Bildungswissenschaften verknüpft. Dabei wird, was nicht verwunderlich ist, der mit Gerechtigkeit verbundene normative Anspruch in verschiedenen Varianten formuliert.

Angesichts der vielfältigen Themen in der Diskussion über Bildungsgerechtigkeit stellt sich allerdings die Frage, wo die Beiträge des vorliegenden Bandes Akzente gesetzt haben und vor allem weiterführende Fragen nennen. Die Beiträge zeigen aus verschiedenen Blickwinkeln auf, dass die Forderung nach Bildungsgerechtigkeit leicht zu formulieren ist, es aber offensichtlich prinzipielle Schwierigkeiten gibt, sie auch zu erfüllen. Das hängt mit dem Begriff der Gerechtigkeit selbst zusammen. Gerechtigkeit kann einerseits den Aspekt der Gleichheit betreffen. Alle haben das gleiche Recht auf Bildung. Andererseits kann der individuelle Anspruch z. B. bei der Bildung gemeint sein: Jedem das Seine. Abgesehen davon, dass damit nicht einmal die Spannweite der mit Bildungsgerechtigkeit verknüpften möglichen Ziele eindeutig beschrieben ist, stellt sich dann die Frage, was Gleichheit und Besonderung bedeuten, wie in verschiedenen Beiträgen festgestellt wird. Sowohl auf der gesellschaftlichen Ebene als auch bei den Individuen sowie deren Interaktionsverhältnissen erweist es sich als nicht einlösbar, zu einer allgemeingültigen Bestimmung zu gelangen. Das gilt sowohl für die theoretischen Überlegungen zum Thema als auch für die Versuche einer empirischen Annäherung.

In der bildungswissenschaftlichen und der erziehungswissenschaftlichen Forschung hat beim Thema Bildungsgerechtigkeit bisher das Hauptaugenmerk bei der Frage gelegen, ob sich innerhalb des Bildungssystems Verteilungsgerechtigkeit realisieren lässt bzw. realisiert wird. Als unerwünschter und störender Effekt wurde dabei vor allem auf die soziale Herkunft verwiesen, wenn Schulleistungen von Schüler/innen verglichen worden sind. Daneben sind auch die Teilhabe- sowie die Anerkennungsgerechtigkeit als Varianten benannt worden. Das Ungenügen dieser Schwerpunktsetzungen sowohl bei theoretischen Überlegungen als auch empirischen Untersuchungen ist in verschiedenen Beiträgen dieses Bandes belegt worden. Die Kritik am vorherrschenden meritokratischen Modell in der empirischen Bildungsforschung lässt sich folgendermaßen zusammenfassen: Neben der Frage, ob Gerechtigkeit als Norm überhaupt so selbstverständlich ist, wie das in der empirischen Bildungsforschung hin und wieder formuliert wird, wird deutlich, dass zu wenig geprüft worden ist, ob die öffentlichen allgemeinbildenden Schulen einer solchen Norm genügen können. Denn die einfache Annahme, dass z. B. private Schulen prinzipiell zur Bildungsungerechtigkeit beitragen würden, bedarf einer empirischen Bestätigung. Ebenso kann die Rolle der Familie nicht nur als störend gesehen werden, wenn es um Bildungsgerechtigkeit geht. Vielmehr müsste im Kontext der Bestimmung von Herkunft Familie genauer erfasst werden. Bildung wird auch in privaten Schulen und in Familien vermittelt. Deren Beiträge zur Bildungsgerechtigkeit werden bei Kraul und Merkens erfasst.

Als ein gemeinsames Merkmal der verschiedenen Beiträge in diesem Band ist zu benennen, dass sich der Bedeutungsgehalt von Bildungsgerechtigkeit in Abhängigkeit von Kriterien verändert, die oft in der Diskussion nicht benannt werden. Eindrucksvoll hat das Waldow für den meritokratischen Ansatz bewiesen, indem er dessen Umsetzung in Deutschland, England und Schweden beschreibt. Dabei zeigt sich eine beachtliche Spannweite in der Praxis des Beurteilens. Während in England auf der Basis psychometrischer Methoden von außerschulischen Examensagenturen die Leistungen der Schüler/innen ermittelt werden, urteilen in Deutschland die Lehrkräfte ganzheitlich auf der Basis ihres professionellen Habitus. In Schweden urteilen zwar ebenfalls die Lehrkräfte, hier gibt es aber curriculare Kriterien, die ihren Bewertungsrahmen bestimmen. Während in England scheinbar objektiv der Leistungsstand unabhängig von den spezifischen Bedingungen seines Zustandekommens bewertet werden soll, soll in Deutschland der individuelle Leistungsstand professionell unter Berücksichtigung der spezifischen Voraussetzungen der Schüler/innen bewertet werden. Das trifft auch für Schweden zu, wo aber zusätzlich der curriculare Rahmen einbezogen werden soll. Es ist der Rahmen, innerhalb dessen die Leistungen bewertet werden, der zwischen den drei Ländern differiert. Obwohl Leistungsbewertungen in allen drei Fällen die Grundlage bilden, unterscheidet sich das Zustandekommen dieser Bewertungen. Dieses Beispiel wird vor allem deshalb erwähnt, weil es eindrucksvoll belegt, dass selbst das, was unstrittig zu sein scheint, das Erheben von Leistungen im Bildungssystem, einem kritischen Hinterfragen allein schon deshalb nicht standhalten kann, weil die Praxen des Bewertens von Leistungen Differenzen aufweisen.

Heid geht von der These aus, dass Bildungsgerechtigkeit nur dann thematisiert werde, wenn es darum gehe, Ungleichheit zu rechtfertigen oder zu kritisieren. Er führt dann das Thema ein, das auch für andere der Beiträge interessant ist: Wann ist es gerecht, Gleiches gleich und Ungleiches ungleich zu behandeln? »Die Antwort auf diese Frage hängt davon ab, ob die Ursache der Ungleichheit gerechtfertigt werden kann.« Damit wird eine der zentralen Fragen, die im Kontext von Bildungsgerechtigkeit wiederkehrend behandelt worden sind, auf den Prüfstand gestellt: Heid verneint im Ergebnis, dass natürliche, gottgewollte oder auf Sachzwängen beruhende Begründungen für Ungleichheit einer kritischen Nachfrage standhalten können. Im Prinzip entwickelt er eine Position, bei der die Frage gestellt wird, ob die Thematisierung der Bildungsgerechtigkeit nicht nur der Rechtfertigung oder Kritik von Ungleichheit dienen solle. Dies ist eine für Heid typische Fragestellung an die Praxis und die Ergebnisse der Forschungen zu diesem Thema, weil er auch in früheren Überlegungen zur Chancengleichheit und Begabungsgerechtigkeit ähnliche kritische Positionen vertreten hat. Er kommt zu dem Schluss, dass Gerechtigkeit kein Ziel pädagogischer Praxis sein kann, dass es aber erforderlich ist, in einem öffentlichen Diskurs die Qualität der Argumente zu überprüfen, mit denen die Befürwortung oder Kritik bestehender Ungleichheit begründet wird. Eine Forschung oder ein Diskurs mit dieser Zielrichtung fehlt bisher. Beides ist aber dringend erforderlich, wenn man davon ausgeht, dass Bildungsgerechtigkeit kein Begriff ist, mit dem sich objektiv eine bestimmte Qualität des Bildungssystems beschreiben lässt. Vielmehr wird sich, wie schon Waldow gezeigt hat, in Abhängigkeit vom jeweils gewählten Referenzrahmen eine Bewertung ergeben.

Eine beispielhafte Argumentation dafür, was Bildungsgerechtigkeit in der Praxis des Bildungswesens bedeutet und welchen Anforderungen bei ihrer Anwendung im Bildungssystem genügt werden muss, findet sich in dem Essay von Fend, der ausgehend vom meritokratischen Grundverständnis in der Bildungssoziologie zunächst die Differenz zwischen Familie und Schule beschreibt und darauf hinweist, dass der Forderung nach Gleichbehandlung in der Schule die Forderung nach Berücksichtigung der individuellen Eigenart in der Familie gegenübersteht: Die Familie stellt bei ihm nicht nur einen Störfaktor für das Erreichen von Bildungsgerechtigkeit dar, sondern muss als Akteur im Bildungsprozess einbezogen werden, wie sich in weiteren Beiträgen ebenfalls erweist. Fend thematisiert anschließend auch die Grenzen des Prinzips der Verteilungsgerechtigkeit in Bezug darauf, dass Schüler/innen in der Schule ein Recht darauf haben, individuell gerecht behandelt zu werden. Daraus leitet er das Recht auf individuelle Förderung ab. Wichtig für die zukünftige Forschung ist seine Unterscheidung von drei Gerechtigkeitsbegriffen:

– der oberste Gerechtigkeitsbegriff, der besagt, dass allen das Gleiche zukommen und niemand ausgeschlossen werden solle,
– ein zweiter, der die jeweilige Gleichbehandlung von Ungleichen einfordert, und
– ein dritter, der die gerechtfertigte Ungleichbehandlung postuliert.

Daraus folgt für ihn, dass unterhalb des meritokratischen Prinzips als Richtlinie im Bildungssystem alle Schüler/innen ein Recht haben, dass man ihnen gerecht wird. Das setzt voraus, dass man ihre Talente entdeckt und wo das erforderlich ist, ihnen erforderliche Unterstützungsleistungen anbietet. Für die Bildungsforschung resultiert daraus die Trennung normativer Konzepte von empirischen Realitätsanalysen, wobei die drei Gerechtigkeitsbegriffe berücksichtigt werden müssten, die als Folie für die empirischen Analysen dienen sollten. Diese Empirie bedarf wiederum zum Erkenntnisgewinn theoretischer Konstrukte. Es wäre für die Zukunft wünschenswert, wenn zu dieser Thematik empirische Untersuchungen in der Bildungsforschung durchgeführt werden würden. Eine weitere Facette hat hier Oser eingebracht, der anschaulich schildert, wie schwierig es ist, Bildungsgerechtigkeit in die Praxis des Unterrichts einzubringen.

Benner und Ruhloff haben beschrieben, dass das Verhältnis von Bildung und Gerechtigkeit sowie das Thema Gerechtigkeit seit der Antike in philosophischen und pädagogischen Diskursen behandelt worden sind. Dabei haben sie gezeigt, dass auf einer allgemeinen theoretischen Ebene nicht abschließend geklärt werden kann, wie die Forderung nach Bildungsgerechtigkeit eingelöst werden kann. Es ist interessant bei Ruhloff zu verfolgen, wie und warum Platon im Staat daran gescheitert ist, das Thema zu einem Abschluss zu bringen. Viele der heute noch bestehenden Schwierigkeiten bei der Behandlung des Themas sind offensichtlich prinzipieller Natur. Sowohl Benner als auch Ruhloff verweisen auf die prinzipiellen Probleme eines Strebens nach Bildungsgerechtigkeit und sehen dennoch die Notwendigkeit, auf einer pragmatischen Ebene zu einer Lösung dieser Probleme zu kommen, die dann allerdings auch jeweils infrage gestellt werden kann.

Vernachlässigt worden sind in der bisherigen Forschung Fragen, wie sie Oser in seinem Beitrag und auch Benner gestellt haben: Neben Problemen der Bestimmung von Bildungsgerechtigkeit und einer angemessenen Operationalisierung der Gerechtigkeit in empirischen Untersuchungen auf der Makroebene des Bildungssystems interessiert ebenso, wie Gerechtigkeit konkret in pädagogischen Kontexten gesichert werden kann. Was bedeutet es für die Praxis der Schule bzw. des Unterrichts, wenn Bildungsgerechtigkeit zu gewährleisten ist? Zu dieser Fragestellung geben

Benner und Oser wichtige Anregungen, es wären aber weitere Untersuchungen wünschenswert.

Benner schlägt vor, der Ermittlung von Ungerechtigkeiten in Erziehungs- und Bildungsprozessen einen Vorzug gegenüber Beschreibungen und Messungen zu geben, die von positiven Gerechtigkeitsnormen ausgehen. Fragen nach Ungerechtigkeiten stellen sich Benner zufolge dann auf verschiedenen Ebenen: Ungerechtigkeiten gegenüber Schüler/innen, deren Lernfortschritte nicht angemessen gefördert werden, gegenüber Gruppen, wenn die Normalverteilung als Grundlage von Beurteilungen gewählt wird, und der Ausgestaltung von Erziehungssystemen, wenn Urteile der Schule als endgültig für den weiteren Lebensweg angesehen werden, ohne dass Korrekturmöglichkeiten oder Kontextbezüge berücksichtigt werden. Diese Differenzierungen scheinen geeignet, die Gerechtigkeitsdiskussion mit einem pädagogischen Bezug fortzuführen. Das ist ein Ansatz, der in der bisherigen Forschung zu wenig berücksichtigt worden ist.

Zu diesem Ansatz passt auch Osers Beitrag, der zunächst vielleicht überraschend formuliert, dass das Bildungssystem und die Schule prinzipiell gerecht seien, sich dann aber den Abläufen in der Schule und im Unterricht zuwendet. Dabei sieht er, was auch mit Beispielen belegt wird, ein prinzipielles Dilemma der Lehrkräfte, die sobald sie bewerten müssen, mit unterschiedlichen Anforderungen konfrontiert sind, wenn es um Fragen der Gerechtigkeit geht. Der der meritokratischen Handhabung, der »gerechten« Bewertung der Leistung, stellt Oser die Notwendigkeit entgegen, die unterschiedlichen Voraussetzungen der Schüler/innen und die Anstrengung mit zu bewerten, die jeweils zur konkreten Leistung beigetragen haben. Damit wird deutlich, dass es die konkrete pädagogische Situation, in der Lehrkräfte handeln, ist, in der Gerechtigkeit unter unterschiedlichen Prämissen eine Rolle spielt. Hier besteht ein Forschungsbedarf aber auch ein Bedarf in der Lehrerbildung und der Weiterbildung, wie er zu Recht bemerkt. Es ist diese Ebene des konkreten pädagogischen Handelns, die in den bisherigen Untersuchungen zur Bildungsgerechtigkeit nicht hinreichend berücksichtigt worden ist. Zugleich wird aber auch das Spannungsverhältnis deutlich, in dem die Schule und das Bildungssystem stehen: Neben der Forderung nach Egalität muss jeweils auch dem Anspruch der individuellen Förderung und damit der Differenz Genüge getan werden.

In mehreren Beiträgen ist auch das Verhältnis privater und öffentlicher Schulen sowie die mögliche Auswirkung der privaten Schulen auf die Bildungsgerechtigkeit in einer Region oder Stadt in die Überlegungen einbezogen worden. Das ist insofern eine interessante Fragestellung, als in der Fachliteratur mit privaten Schulen häufig Exklusivität verknüpft wird. Es zeigt sich allerdings, dass die damit verbundene Zuschreibung, zur Bildungsungerechtigkeit beizutragen, nicht stichhaltig sein muss. Kraul konnte nachweisen, dass in Bezug auf die soziale Zusammensetzung der Elternschaft bei privaten und öffentlichen Gymnasien einer Stadt keine systematischen Differenzen sichtbar wurden. Das ist noch keine Antwort auf die Frage, ob nicht durch eine Erweiterung des Angebots an Schulplätzen im leistungsorientierten Segment der Gymnasien durch das Hinzufügen privater Gymnasien die soziale Selektivität gefördert wird, es zeigt aber auf, dass die bisherige Argumentation zu wenig berücksichtigt, welche Nischen die privaten Schulen im Bildungssystem ausfüllen. Das Nischenargument wird bei ihr auch durch den Einbezug einer privaten Gesamtschule gestärkt. Offensichtlich gehen Eltern bei der Wahl privater Schulen nicht nur von leistungsorientierten Zielen aus. Für sie ist vielmehr in vielen Fällen die Anerkennungsgerechtigkeit bedeutsam. Sowohl Kraul als auch Merkens konnten dokumentieren, dass private Schulen von Eltern auch aus anderen Gründen gewählt werden können als nur dem, die relative Position der Kinder im Leistungsvergleich mit anderen zu verbessern. Außerdem haben sie verdeutlicht, dass andere Varianten der Bildungsgerechtigkeit als die der Verteilungsgerechtigkeit zu anderen Bewertungen der Stellung von privaten Schulen zumindest in großstädtischen Gebieten führen können.

Im Beitrag von Merkens werden zunächst neue Begrifflichkeiten zur Bildungsgerechtigkeit eingeführt, von denen die Bedarfsgerechtigkeit auf der individuellen und der kollektiven Ebene sowie die Startchancen- und die Prozesschancengerechtigkeit geeignet sind, differenziertere Analysen im Bildungssystem durchzuführen. Es konnte gezeigt werden, dass in Berlin die Start- sowie die Prozesschancengerechtigkeit im Bildungssystem formal betrachtet zugenommen haben. Für die Bedarfsgerechtigkeit auf der kollektiven Ebene konnte die Nähe zu Mindeststandards als Kriterium formuliert werden. Die Bedarfsgerechtigkeit auf der individuellen Ebene bietet eine Möglichkeit, den Beitrag der Familie systematisch in die Analysen einzubeziehen. Es fehlt aber nunmehr an Untersuchungen, ob sich das auch inhaltlich nachweisen lässt.

Allgemein lässt sich als ein Ertrag der Beiträge dieses Bandes für die zukünftige Bildungsforschung feststellen, dass es erforderlich sein wird, Bildungsgerechtigkeit nicht nur auf der Systemebene zu thematisieren, sondern auch die Beziehungen in pädagogischen Kontexten mit einzubeziehen. Ebenso ist bisher offensichtlich die Rolle der Familien nicht hinreichend mit untersucht worden. In klassischen Untersuchungen zu den Übergängen im Bildungssystem stellen sie eher einen Störfaktor dar, weil über sie die Ungleichheit eher befördert wird. Sie müssen aber auch als eine für Bildung wichtige Institution begriffen werden. Deshalb muss die Frage lauten, an welchen Stellen im Bildungssystem ergänzende Institutionen erforderlich sind, damit Benachteiligungen, die aus der sozialen Herkunft resultieren, kompensiert werden können. Auf der Ebene des Bildungssystems ist das die Frage nach der Bedarfsgerechtigkeit, die in den bisherigen Untersuchungen keinen großen Stellenwert eingenommen hat. Ebenso ist die Frage nach der Prozesschancengerechtigkeit, die eine Variante der Teilhabegerechtigkeit ist, bisher nicht hinreichend berücksichtigt worden.

Obwohl in dem Band sehr unterschiedliche Positionen zum Thema Bildungsgerechtigkeit versammelt worden sind, bleibt festzuhalten, dass auch Lücken und Defizite vermerkt werden müssen. So fehlen zur Beantwortung der Frage, welche Anforderungen mit Bildungsgerechtigkeit im Zeitalter der Globalisierung verbunden sind, wesentliche Positionen. Weder das Thema Kinder aus Familien von Arbeitsmigranten noch das Thema Flüchtlinge und Asylbewerber sind im Band gestreift worden. Es gibt allenfalls indirekte Hinweise zu diesen Fragestellungen, wenn Inklusion als neue Herausforderung für das Bildungssystem benannt wird. Bei diesen Fragestellungen herrscht ein großer Forschungsbedarf. Das betrifft sowohl theoretische Überlegungen als auch empirische Untersuchungen. Wenn Leistungen von Kindern aus Familien von Arbeitsmigranten, Flüchtlingen oder Asylbewerbern Gegenstand von Überlegungen zur Bildungsgerechtigkeit sind, wird in empirischen Untersuchungen schnell ein Defizit hinsichtlich der Verteilungsgerechtigkeit oder der Teilhabegerechtigkeit bilanziert. Das ist, wie die Ergebnisse der Bildungsforschung belegen, ein triviales Resultat. Zu fragen ist vielmehr, wieweit es gelingt, die Bedarfsgerechtigkeit auf der individuellen Ebene an die neue Klientel im Bildungswesen anzupassen. Ähnliches gilt für die Bedarfsgerechtigkeit auf der kollektiven Ebene. Hier wäre beispielsweise als Kriterium das Erreichen von Mindeststandards eine Forschungsfrage.

Prinzipiell ist es erstaunlich, dass in den Diskussionen zur Bildungsgerechtigkeit bisher wenig Bezug auf den internationalen Stand der Diskussion genommen wird, der sich unter den Termini *social justice* und *social inequality in education* zusammenfassen lässt. Gerade die Arbeiten zum Thema *social justice in education* lassen bereits vom Ansatz her eine breitere Fragestellung erkennen, als das für die deutschen Untersuchungen zum Thema Bildungsgerechtigkeit typisch ist. Der Fragehorizont wird in Richtung der strukturellen Bedingungen des Bildungssystems erweitert, es geht dann nicht nur um die Frage der Übergänge bzw. der Gliederung des Bildungssystems, es werden vielmehr Bezüge zu den alltäglichen Bedingungen im Bildungssystem mit der Frage hergestellt, ob dadurch nicht eine prinzipielle Benachteiligung bestimmter Gruppen von Schüler/innen verbunden ist. Das ist für Deutschland auch deshalb in Zukunft eine wichtige Fragestellung, weil, wenn es bei der Situation des Einwanderungslandes bleiben sollte, die Frage der Integration von Zugewanderten für das Bildungssystem noch zentraler werden wird, als das bisher der Fall gewesen ist. Die bisher praktizierten Methoden haben im Endeffekt zu erheblichen Nachteilen für große Gruppen der Zugewanderten und deren Kindern geführt.

Der bisherige Schwerpunkt der Forschung bei theoretischen Beiträgen zur Bedeutung und bei bildungswissenschaftlichen Untersuchungen zur Umsetzung von Bildungsgerechtigkeit im Bildungssystem erweist sich angesichts dieser Fülle von neuen Aspekten als unzureichend. Dabei sind die großen neuen Themen, wie die Frage der Integration der Flüchtlinge und Asylanten in das Bildungssystem und die Gesellschaft, bisher noch gar nicht angesprochen. Hier stellt sich für Bildungsgerechtigkeit eine neue Herausforderung, die dann auch entsprechende Untersuchungen nach sich ziehen müsste. Die alten Forderungen nach Integration durch Assimilation bzw. Inklusion reichen nicht mehr aus, wenn es um eine gemeinsame Beschulung geht. Das ist aber gegenwärtig der Fall, weil die Kinder der Migranten, die im schulpflichtigen Alter nach deutschem Recht sind, die Schule in Deutschland für die Dauer ihres Aufenthaltes besuchen müssen.

Allgemein wird in den Beiträgen ersichtlich, dass Bildungsgerechtigkeit, wenn sie untersucht oder eingefordert werden soll, jeweils der Benennung von Kriterien bedarf, die erfüllt sein müssen. Dabei ist sowohl auf der individuellen wie auf der Ebene des Bildungssystems Pragmatismus gefordert. Allgemeingültige Bestimmungen von Bildungsgerechtigkeit lassen sich nicht identifizieren.

Autoren und Autorin

Prof. Dr. Johannes Bellmann, Professor für Allgemeine Erziehungswissenschaft an der Westfälischen Wilhelms-Universität Münster

Prof. em. Dr. Dr. h. c. mult. Dietrich Benner, bis 2009 Professor für Allgemeine Erziehungswissenschaft an der Humboldt-Universität Berlin

Prof. em. Dr. Dr. h. c. mult. Helmut Fend, bis 2006 Ordinarius für Pädagogische Psychologie an der Universität Zürich

Prof. em. Dr. Dr. h. c. Helmut Heid, bis 2002 Professor für Pädagogik der Universität Regensburg

Prof.'in em. Dr. Margret Kraul, bis 2010 Professorin und seit 2010 Niedersachsenprofessorin für Pädagogik an der Georg-August-Universität Göttingen; seit 2017 Seniorprofessorin an der Johann Wolfgang Goethe-Universität Frankfurt

Prof. em. Dr. Dr. h. c. Hans Merkens, bis 2006 Professor für Empirische Erziehungswissenschaft an der Freien Universität Berlin

Prof. em. Dr. Dr. h. c. mult. Fritz Oser, bis 2007 Professor für Pädagogik und Pädagogische Psychologie an der Universität Fribourg (Schweiz)

Prof. em. Dr. Dr. h. c. Jörg Ruhloff (†), bis 2006 Professor für Systematische und Historische Pädagogik an der Bergischen Universität Wuppertal

Prof. Dr. Florian Waldow, Professor für Vergleichende und Internationale Erziehungswissenschaft an der Humboldt-Universität zu Berlin